Ingrid Loschek
Accessoires

*»Gott sei Dank, ich habe nichts vergessen.«*
*Karikatur von A. Vallée, 1925*

Ingrid Loschek

# Accessoires

## Symbolik und Geschichte

Bruckmann

Schutzumschlag – Vorderseite:
Accessoires von Hertie, München, Krumm's, München, und Archiv Loschek, Krailling/München (Foto: Bernd Heisig, München)

Schutzumschlag – Rückseite:
Modell Krizia 1992/93 (Foto: © Andreas Them, München)

Gedruckt auf chlorarm gebleichtem Papier

Die Deutsche Bibliothek – CIP-Einheitsaufnahme

**Accessoires** : Geschichte und Symbolik / Ingrid Loschek. –
München : Bruckmann, 1993
ISBN 3-7654-2629-6
NE: Loschek, Ingrid


Gesamtherstellung: Bruckmann, München
Druck: Gerber + Bruckmann, München
Printed in Germany
ISBN 3-7654-2629-6

# Inhalt

# Vorwort

Weder Mode noch Tracht oder Uniform kommen ohne Accessoires aus. Accessoires drücken Persönlichkeit, individuellen Geschmack und Stimmung aus. Accessoires differenzieren und setzen Akzente. Von ihnen gehen sowohl modische als auch symbolische Aussagen aus.

Accessoires verändern das Körperbild und das Erscheinungsbild der Kleidung. Ein Hut verwandelt das Gesicht, Schuhe verändern die Bewegung, große Knöpfe akzentuieren das Kleid, ein Gürtel differenziert den Mantel.

Sprach man früher von Aufputz, spricht man heute von Styling, um Mode zur Mode zu machen. Das Seidentuch gibt dem schlichten Kostüm seine Eleganz, die bunte Krawatte läßt den grauen Anzug vergessen.

Faßt man das Wort Accessoire in seiner Grundbedeutung Akzessorium auf (von lateinisch *accedere: beitreten, beistimmen*), so bedeutet es Zusatz, Zubehör und Beiwerk. (Die korrekte Aussprache von Accessoire ist übrigens *akse'swa:r* und nicht, wie häufig zu hören, *aßesoa:r.*)

Accessoires sind älter als die Bekleidung. Ihr Aufkommen hängt nicht ausschließlich mit funktionellen Gründen zusammen wie bei der Tasche, die ihren Ursprung in der Notwendigkeit von Sammel- und Transportgefäßen hat. Jene vermeintlich aus praktischen Gründen entstandenen Accessoires wie Handschuhe oder Schirm waren einstmals reine Prestigeobjekte. Sie fanden ihre Verbreitung als Würdezeichen und als hierarchische Symbole. Hohe Kopfbedeckungen waren Symbole von Würde und Macht, anliegende Hauben und Kopftücher ein Demutszeichen der verheirateten Frau, und dem Handschuh kam sogar die Bedeutung eines Rechtssymbols zu. Diese Accessoires waren von praktischen Nutzgegenständen weit entfernt.

Andere Akzessorien entstammen dem Bereich des Glaubens und stimmten somit stark mit der Lebensauffassung der Menschen überein. Sie nahmen weltliche Symbolfunktionen an. Taschentücher wurden zu Werbeträgern, der Spazierstock in der Hand einer Frau ein Zeichen von Emanzipation. Zur Tradition geworden, ging manches Beiwerk in die Mode über, wo seine Berechtigung, denken wir an die Krawatte, kaum mehr hinterfragt wird.

Accessoires wurden als Mittel der Verführung entdeckt wie der hauchdünne Schal, der das Dekolleté kaum verhüllt, die aufdringliche Federboa, die über die nackten Schultern gleitet, die dunkle Sonnenbrille, die interessant macht. Und ein Medium sozialpolitischer Anschauungen waren Accessoires schon immer; der Bundschuh der Bauern, die Kappe des Proletariats oder die Springerstiefel heutiger Radikaler.

Accessoires unterstreichen den Lebensstil einer Epoche. Sie sind ablesbare Zeichen, die die sozialen und ökonomischen Verhältnisse einer Zeit widerspiegeln. Der breite Prunkgürtel war Standessymbol des Adeligen im späten Mittelalter, das spitzenverzierte Taschentuch ein Mittel höfischer Etikette im Zeitalter der Renaissance, der Fächer diente der weiblichen Koketterie im Rokoko, der Spazierstock gehörte zum bürgerlichen Gentleman im 19. Jahrhundert, und der allen Schichten zur Verfügung stehende Modeschmuck ist typisch für das 20. Jahrhundert. Und steht der High-tech-Schuh nicht für das 21. Jahrhundert?

Der vorliegende Band will Geschichte, Aussage und Funktion von Accessoires bewußtmachen. Dargestellt wird, welche Botschaften von heutigen Accessoires, zum Beispiel dem Männerohrring, ausgehen; warum die Jugend auf Baseballmützen und Bandanas steht, wo doch Kopfbedeckungen »out« zu sein scheinen; welches Tragegefühl Cowboystiefel vermitteln; warum der Mann auch heute noch Krawatte trägt.

Auch Accessoires gehören zu der »Verführung und Notwendigkeit« von Mode. In diesem Sinn erweitert die Beschäftigung mit dem Beiwerk der Mode gleichsam das Thema meiner Publikation »Mode – Verführung und Notwendigkeit«.

Konzipiert als übersichtliches Nachschlagewerk werden in alphabetischer Reihenfolge alle Accessoires in ihrer Symbolik und nach historischen Epochen behandelt, innerhalb derer die modischen Merkmale männlicher beziehungsweise weiblicher Accessoires hervorgehoben werden.

Ingrid Loschek

*1 Boa aus weißem Pelz, Haarnadel.*
*François-Pascal Gérard, Portrait einer jungen Frau, 1806*

# Boa

Boas sind eigentlich aus der Mode gekommen. Bunte Federboas sind als begehrtes Faschingsutensil bekannt, in der Annahme, sie seien in den 1920er Jahren zum Charlestonkleid getragen worden. Von der Boa wird eine verführerische Wirkung erhofft, wenn der »zarte Federhauch von der dekolletierten Schulter der Damen auf den Schoß des Mannes gleitet«. Manchen jedoch erscheint sie als zeitgemäßere Form der Stola, die nie das Flair der 1950er Jahre ablegte *(s. S. 234)*.

## Geschichte

Die Boa war ursprünglich ein langer, schmaler ***Pelzschal***, der um den Hals geschlungen oder um die Schultern gelegt und vorne gekreuzt wurde. So schmal die Boa auch ist, kam sie dennoch auf, um bei den dünnen Chemisenkleider der **Directoire- und Empire-Zeit** (1795–1815) etwas Wärme zu geben, ohne das Dekolleté ganz zu verhüllen. Auf den handkolorierten Aquatinta-Blättern von Niklaus Wilhelm von Heideloffs berühmtem Modejournal »The Gallery of Fashion« (1794–1803) tauchte die Boa seit 1794 immer wieder auf *(Abb. 138)*. In England wurde sie *tippet* (soviel wie *spitzes Lieblingstier*), in Frankreich *palatine de cygne (Schwanen-Palatine)* genannt, die es schon im Spätbarock zur Fontangenmode gegeben hatte *(s. S. 234)*. Bald wurde jedoch der Ausdruck *Boa* allgemein – wegen ihres der Riesenschlange Boa constrictor ähnlichen Aussehens.

Mit den Chemisen kamen auch die Boas aus der Mode und wurden von Stolen, Schals und Umhangtücher verdrängt.

Erst zu Beginn des **20. Jahrhunderts**, um 1900, als Pelzstolen überaus begehrt waren, wurde auch die Boa wieder modern. Da die Damen gleichzeitig dem Federschmuck sehr zugetan waren, begann man Boas aus Federn zu machen. Besonders kostbar waren ***Federboas*** aus den flaumigen Steißfedern der Marabus, aus denen man auch Jäckchen machte. Eine Boa aus Marabufedern heißt bis heute auch ***Marabu***.

Mit dem Ersten Weltkrieg kamen Boas aus der Mode. Pelzstolen oder dünne Seidenschals traten in den 1920er Jahren an ihre Stelle.

Zu Beginn der 1970er Jahre erhielten Federboas einen neuen modischen Impuls durch die Nostalgie-Welle, die Plüsch und Plunder aus Omas Zeiten wieder schick machte. Im Londoner Kultladen Biba von Barbara Hulanicki hingen Federboas zu Hunderten über Kleiderständern. Natürlich waren sie nicht aus echten Marabufedern, sondern aus preisgünstigen Federn, die man auf »Marabu trimmte«.

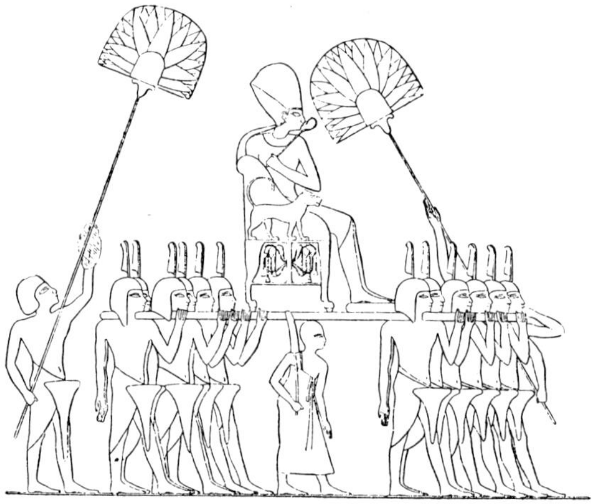

## Fächer

Der Fächer war in südlichen Ländern aus der praktischen Annehmlichkeit aufgekommen, sich damit kühlen Wind zuzufächeln oder Mücken zu vertreiben.[1]

Wie die meisten Accessoires aber erhielt der Fächer schon früh ***symbolische Bedeutungen***. Er wurde allgemein gleichgesetzt mit dem Geist, der die Lüfte bewegt. Seine Form symbolisiert das Leben, das, gleich ihm, an einem Punkt beginnt und sich dann ausweitet, in dem Maße, wie die Lebenserfahrung zunimmt. Der Faltfächer wird als Bild für den wechselnden Mond und die Unbeständigkeit der Frauen gedeutet. Das Wedeln des Fächers soll böse Kräfte vertreiben.

Geht man vom praktischen Gebrauch eines Fächers aus, so bedeutet dies, daß der Verwender eines solchen zumindest eine Hand frei haben muß, also keine körperliche Arbeit ausübt. Oder der Benutzer war wohlhabend oder angesehen und konnte die anstrengende Tätigkeit des Zufächelns einem Sklaven oder Diener überlassen. Es ist diese Art des Fächergebrauchs, die in Darstellungen aus dem Altertum überliefert ist. Das heißt, Diener übernahmen die Aufgabe des Fächelns, weshalb der Fächer an einen mehr oder weniger langen Stiel montiert war. Der Fächer entwickelte sich somit zum ***Standes- und Hoheitszeichen***, ähnlich dem Schirm. Er stand nur Personen, zumal Männern, höchsten Standes zu. Eine besondere Form des Fächers, der aus einer großen, auf einem Griff stehenden Feder bestand, galt hohen ägyptischen Hofbeamten als Abzeichen ihrer Würde. Ferner wurde der Fächer zum reinen ***Zeremonialgerät*** sowohl im weltlichen als auch religiösen Bereich. In der christlichen Kirche wurde der ***Flabellum***[2] zum liturgischen Gerät und darüber hinaus zur besonderen Insignie des Papstes.

*2 Links: Pharao Haremheb wird von Fächerträgern begleitet. Nach Lepsius*

*3 Griechin mit Fächer. Ausschnitt einer Darstellung auf einer Hydria aus Kertsch*

Schon in der griechischen Antike aber ist der Fächer auch als persönliches Accessoire der Frau belegt. Abgesehen von dem praktischen Nutzen des Zufächelns kühler Luft unterstützte er die Gestik. Die Frau verbarg hinter dem Fächer ihr Gesicht, einerseits, um unliebsamen Begegnungen aus dem Wege zu gehen, andererseits, um innere Emotionen zu verbergen. In China und Japan ist gerade deshalb der Fächer stark verbreitet, auch um die endlosen Grußzeremonielle zu umgehen. Es ist anzunehmen, daß der Fächer in allen früheren Jahrhunderten ein ***Verlegenheitsgegenstand*** war, ähnlich dem Taschentuch im 16. und 17., dem Sonnenschirm im 18. und 19. Jahrhundert und der Zigarette im 20. Jahrhundert.

Im Deutschen hieß der Fächer *Ventulin* oder *Wedel*, norddeutsch *Waier* und österreichisch *Waderl*. Das Wort *Fächer* (von lateinisch *focare, anfachen*, im Sinne von *ein Feuer anfachen*) setzte sich erst gegen Ende des 18. Jahrhunderts durch.[3]

## Geschichte[4]

Die frühesten Fächer bestanden vermutlich aus einem großen vegetabilen Blatt. Bereits aus den frühen Kulturen des Altertums sind Fächer aus Federn belegt, die in einem bezeichnenderweise so genannten Blatt zusammengefügt waren. Diese Form des ***Wedels*** bestand im mesopotamischen und ägyptischen **Altertum** aus Palm- und Papyrusblättern oder aus Straußen- und Pfauenfedern, die in einer Platte zusammengefaßt waren. Der älteste erhaltene Fächer stammt aus dem Grab des Pharao Tutanchamun von 1350 v. Chr. Das aus Gold getriebene Fächerblatt, an das Federn montiert sind, stellt den jungen König bei der Straußenjagd dar. Fächer waren Hoheits- und Würdezeichen und wurden von einem Diener an einem sehr langen oder einem kurzen abgewinkelten Stiel gehalten. Diese Art Fächer dienten auch als Standarten.

In der **Antike** trat der Fächer, wie erwähnt, in den persönlichen Gebrauch der Frau, ohne seine kultischen Verwendungen zu verlieren. Zwei unterschiedliche Fächerformen waren den Griechinnen gebräuchlich: der blatt- oder herzförmige ***Blattfächer*** und der ***Federfächer***. Wir finden Blattfächer, auch ***Handschirme*** genannt, aus dünnem, geschnitztem, bemaltem oder vergoldetem Holz oder aus Flechtwerk. Hochrote Fächer oder weiße Fächer mit rotem Rand waren keine Seltenheit.[5] Römerinnen kannten darüber hinaus den ***Fahnenfächer***, dessen eckiges Blatt seitlich an einen Stiel geschnürt war.

Aus der **byzantinischen Kultur** stammt der zusammenfaltbare ***Radfächer***, der zu 360 Grad geöffnet und in seinem hohlen Stiel aufbewahrt werden konnte *(Tafel 13)*. Wahrscheinlich war er von Japan über China übernommen worden. Der älteste in Europa erhaltene Fächer dieser Art ist jener, den die langobardische Königin Theodolinde im 6. Jahrhundert der Basilika von Monza (Italien) geschenkt hatte.[6] Er besteht aus pupurfarbenem Pergament mit Gold- und Silberornamenten und wird in der originalen Holzkapsel mit silberbeschlagenem Griff aufbewahrt.

Im **frühen Mittelalter** schieden all jene Akzessorien als profane Modebeiwerke aus, die in die kirchliche Zeremonie des Christentums aufgenommen worden waren; so auch der Fächer.

*Von links oben:*

*4 Straußenfedernfächer, in einem mit Edelsteinen verzierten Goldschmiedeblatt montiert.*
*Unbekannter Meister, Königin Elizabeth I. von England, um 1585–1590*

*5 Handschirm mit Ansicht von Schloß Versailles, Frankreich, 18. Jahrhundert*

*6 Fahnenfächer aus italienischem Strohgeflecht mit Griff aus Elfenbein, Venedig (?), um 1560*

*7 Papierfächer mit den Kostümentwürfen der Abgeordneten des Direktoriums, Paris, 1792*

*8 Rokoko-Fächer, Stäbe aus Elfenbeinschnitzwerk, Blatt: Aquarell mit idyllischer Genreszene auf Papier, 1785*

membre de Haute cour de justice
membre Du Tribunal Civil

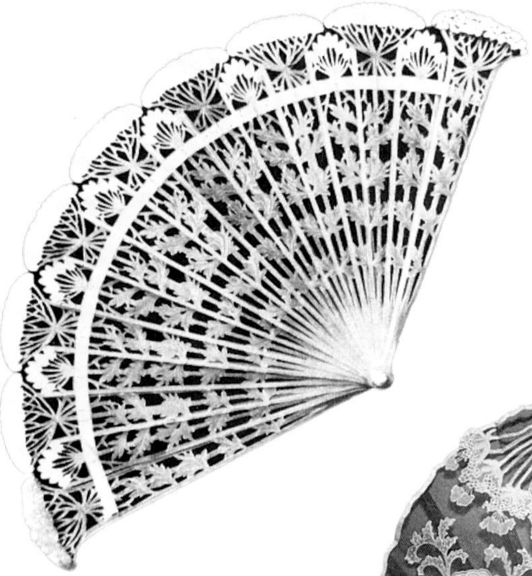

Erst im **14. Jahrhundert** wurde der Fächer als modisches Accessoire neu belebt. In Frankreich ***Esmouchoir*** *(Fliegenvertreiber)* genannt, wurde er von den Damen in Form eines Fahnen-, Rad- oder Federfächers verwendet.

Die eigentliche Blütezeit des Fächers begann in der Renaissance des **16. Jahrhunderts**. Die Patrizierin, die in den Adelsstand erhobene reiche Bürgerin, benutzte ihn zum Unterstreichen ihrer individuellen Persönlichkeit. Der Fahnenfächer war in Italien besonders als Brautgeschenk beliebt, während die verheiratete Frau den Federfächer benutzte. Das Blatt, in dem die Straußenfedern gehalten wurden, war symbolisch mit Spiegelchen, Perlen und Edelsteinen verziert.[7] Derartige Fächer blieben adeligen Damen vorbehalten. Neu war der halbkreisförmige ***Faltfächer*** – im 16. Jahrhundert noch aus einem ledernen Blatt –, der aus China und Japan über Venedig oder über Portugal und Spanien importiert wurde. Die Stäbe bestanden aus Edelhölzern, Perlmutter, Schildpatt, Knochen oder Elfenbein. Eine Sonderform war der ebenfalls aus Ostasien stammende ***Brisée-Fächer***[8] aus Stäben, die oben von einem Band zusammengehalten wurden.

Die Auswahl an Materialien wurde im Laufe der Zeit immer ausgefallener, die Machart kunstvoller. Zu Stoff, Leder und Elfenbein kamen im **17. Jahrhundert** geleimtes Papier, Spitzen und die aus dem sehr feinen Leder junger Lämmer bestehende sogenannte Schwanenhaut. Die Ausgestaltung der Fächer folgte den Stilrichtungen der jeweiligen Kunstepochen.

Im **18. Jahrhundert** waren ***Chinoiserien*** mit Blumenmotiven und Genredarstellung aus dem Fernen Osten beliebt sowie mythologische und biblische Themen, die das ganze Fächerblatt überzogen. Ab Mitte des Jahrhunderts unterteilte sich das Blatt zunehmend in kleine Felder mit ***Genrebildern***, ländlichen Idyllen und Schäferszenen. Berühmte Maler wie Watteau, Fragonard und Lancret gestalteten Fächerblätter. Im letzten Viertel des Jahrhunderts verstärkten sich als Bilddarstellung aktuelle Ereignisse und technische Motive, wie die Darstellung des ersten bemannten Gasballonflugs 1783.

*Von links oben:*

*9 Brisée-Fächer, aus Elfenbein geschnitzt, 1904*

*10 »Le pavot«, Jugendstilfächer mit Nadel- und Chantilly-Spitze, Entwurf und Malerei von Gabrielle Darcy, 1904*

*11 Oskar Kokoschka, Erster Fächer für Alma Mahler, Wasser- und Deckfarben, Feder und Tusche auf »Schwanenhaut«, 1912*

In der höfischen Etikette des Rokoko erfuhr der Fächer erneut eine starke Ritualisierung, und zwar als Mittel weiblicher ***Koketterie*** und ***Erotik***. Die Sprache des Fächers wurde in Tanz- und Etiketteschulen vermittelt. 1757 erschien in Paris »Le Livre de Quatre Couleurs«, das »Vierfarbige Buch«, das einzige Handbuch, in dem Fragen der Toilette und des Benehmens für junge Damen besprochen wurden. Es gab einen Überblick über die symbolhafte Handhabung des Fächers; was es bedeutete, wenn der Fächer das ganze Gesicht oder nur ein Auge verdeckt, wenn er den Busen berührt oder abrupt zusammengeklappt wird. Als besonders kokett eignete sich dafür der ***Surprise-Fächer*** *(Überraschungsfächer)* mit vorne und hinten bemalten Stäben, die, je nachdem, ob sie nach rechts oder links geöffnet wurden, ein unterschiedliches Bild zeigten.

Während der **Französischen Revolution** nahm auch der Fächer Bezug auf aktuelle politische und soziale Ereignisse. Es gab ***Freiheitsfächer*** bedruckt mit der »Déclaration des Droits de l'Homme«, den Noten zur »Marseillaise«, dem »Testament de Louis-seize« oder dem »Grab von Marat«. In den 1790er Jahren gab es ***Assignaten-Fächer***, bedruckt mit dem kurzlebigen Papiergeld der Zeit.[9]

Im **19. Jahrhundert** etablierten sich zur Zeit der Restauration (1818–1829) jene Accessoires in der großbürgerlichen Damenmode, die im 18. Jahrhundert Teil der höfischen Etikette gewesen waren. Die Blattverzierungen ahmten nun häufig Rokokoszenen nach. Sehr beliebt waren auch Signaturen von Künstlern. Durch die beginnende industrielle Fächer-Herstellung drangen preisgünstige Surrogate in die Mittelschicht vor. So standen einfache papierene Faltfächer mit ornamentalen Mustern edelsten Seidenfächern, handbemalt von Kaulbach, Liebermann oder Makart, gegenüber. In Mode kam der Fächer als Reisesouvenir mit Bildern aus Pompeji oder vom Vesuv, wie erhaltene Exemplare beweisen.

Zu Beginn des **20. Jahrhunderts** erreichte der Fächer-Kult im Jugendstil einen letzten Höhepunkt. Nicht selten verfügte die Dame von Welt, noch um ihre vornehme Blässe bemüht, über mehrere Fächer, passend zum jeweiligen Kleid. Absoluter Modefavorit war der Straußenfächer. Er wurde »ein letztes Mal« zu den tiefdekolletierten, straßbesetzten Hängerkleidern in den Bars der 1920er Jahre als Kokettiermittel benutzt. Aber ihm haftete, als sich der sportliche Frauentyp durchgesetzt hatte, schon damals etwas Nostalgisches an.

Als Mann entdeckte der bekannte Modeschöpfer ***Karl Lagerfeld*** den Fächer, zum Teil seinem Image dienend, zum Teil zum Zufächeln von Luft bei gesellschaftlichen Großereignissen, wie man annehmen darf.

*12 Karl Lagerfeld, Autoportrait mit Fächer, 1989*

# Feder

Geschmeidigkeit, Glanz, Farbenpracht und Auffälligkeit machten Federn zu einem der beliebtesten Aufputzmittel modischer Accessoires. Federn schmückten Hüte, Fächer, Boas und Schirme und ergeben, zusammengefaßt in einem Bouquet, eine Kunstblume.

Federn riefen in allen Kulturen die Assoziation von Fliegen hervor. Sie waren ein vielsagendes Attribut von Göttern, denn Federn ***symbolisieren*** Souveränität, Wahrheit und Schwerelosigkeit. Im ägyptischen Altertum repräsentierte die Federkrone die Strahlen der Sonne. Der Totengott Osiris wog die Seelen der Verstorbenen gegen Federn der Wahrheit auf. Und die Flügel des Götterboten Hermes bestanden natürlich ganz aus Federn. In der altnordischen Sage besaß Freyja ein magisches Federgewand, das das Fliegen ermöglichte. Der Adlerfederschmuck der Indianer stellt den Großen Geist, den Donnervogel, wie auch die Strahlen des Lichtes dar. Im Schamanismus gewähren Federn die Macht, in andere Reiche zu fliegen. Im Christentum stehen Federn für Kontemplation und Glaube.

In Antike und Mittelalter waren Federn eine weit verbreitete Helmzier. Sie erregten nicht nur Aufmerksamkeit, sondern waren durch ihre unterschiedlichen Färbungen weit sichtbares ***Erkennungszeichen.***[10] Als solches wurden sie häufig auch in der Heraldik eingesetzt. In der mittelalterlichen Bildsprache kennzeichnet Federkopfschmuck häufig den Orientalen.

## Geschichte

Als Hutschmuck sind Federn erstmals im **13. Jahrhundert** erwähnt, und zwar belegten ***Pfauenspiegel*** die Hüte Vornehmer beiderlei Geschlechts. Der aus Südasien stammende Pfau wurde seit der Antike wegen seiner Schönheit in Gärten gehalten. In vielen Minneschriften, so der »Manessischen Liederhandschrift«, um 1300–1315, wird auf den Pfauenhut Bezug genommen.

In der zweiten Hälfte des **14. Jahrhunderts** war es große Mode, ***Straußenfedern*** in einer Agraffe an der Kopfbedeckung steil über der Stirn zu befestigen. Straußenfedern wurden Unheil abwehrende Kräfte zugesprochen, sie standen für Wahrheit und Gerechtigkeit. Seit dem 13. Jahrhundert wurden sie über Venedig importiert. Dazu kamen ***Papageien***- und ***Reiherfedern*** und im **15. Jahrhundert** lange schmale ***Fasanen***- sowie ***Kranichfedern.*** Die büschel- oder strahlenförmig hochstehenden weißen Reiherfedern nannte man nach der französischen Bezeichnung für Reiher ***Aigrettes***. Federn waren um so kostbarer und begehrter je seltener sie waren, so daß Federschmuck in vielen Kleiderordnungen standesgemäß festgelegt war. Niederen Ständen waren nur ***Hahnen***- und ***Pickersfedern*** (Elsterfedern) als Kopfschmuck erlaubt. Albrecht Dürer sollte für seinen Freund Pirckheimer 1506 in Venedig, dem bedeutendsten Umschlagplatz für exotische Federn, grüne Kranichfedern besorgen. Er mußte ihm jedoch berichten: »[...] ich habe noch keine gfunden. Aber Schwanenfedern, domit man schreibt, der sieht ihr viel. Wie wenn Ihr ein Weil derselben auf die Hüt stecket?« In Italien war ein ***Pfauenkranz***, eine zuweilen mit Edelsteinen verzierte Ghirlanda, begehrt. Da der Pfauenkranz Zeichen von Liebe und Treue war, wurde er mancherorts zum Brautkranz.

Mit dem Aufkommen des bei beiden Geschlechtern beliebten Baretts Anfang des **16. Jahrhunderts** änderte sich die Art der Anbringung des Federschmucks. Die begehrten Straußenfedern lagen nunmehr flach und hingen seitlich über den Rand der Kopfbedeckungen. Unter dem Einfluß der spanischen Hofmode in der zweiten Hälfte des Jahrhunderts wurden die Straußenfedern am Hut kleiner und verschwanden zum Teil ganz. Als Fächermaterial blieben sie aber sehr begehrt.

Das **17. Jahrhundert** markiert die Blütezeit des Federschmucks. Die Soldaten des Dreißigjährigen Kriegs (1618–1648) wußten mit üppigen Straußenfedern am Schlapphut ebenso zu imponieren wie die französischen Modekavaliere. Die wehenden Straußenfedern unterstrichen ihre angeberische Verbeugungsgeste, wie sie bis heute aus vielen Musketier-Filmen bekannt geblieben ist *(s. S. 117, Abb. 89)*.

Zu einem Randbesatz des Dreispitzes verkümmerte der Straußenfedernschmuck im **18. Jahrhundert** und verschwand in den 1770er Jahren gänzlich als männlicher Schmuckzierat. Dagegen gewannen Federn als weiblicher Hut- und Haarschmuck an Bedeutung.

Eines der Abzeichen der **Französischen Revolution** (1789–1792), die ***Kokarde*** (von französisch *coq* für *Hahn*) war ursprünglich – zum Beispiel bei den Inkas – eine rundes Federbouquet in den Stammes- oder Wappenfarben des Besitzers. In der ersten Hälfte des 17. Jahrhunderts wurden die Kokardenfedern durch Bandschleifen, zur Zeit der Französischen Revolution auch durch eine Stoffrosette ersetzt und nunmehr in den Nationalfarben zur *Cocarde nationale (Abb. 94)*. Stutzer zackten diese Bandrosette aus, so daß sie auf den Kopfbedeckungen einem Hahnenkamm glich.

Gegen Ende des **19. Jahrhunderts** kamen Damenhüte kaum ohne Federputz aus. Dies führte weltweit zu einer Dezimierung vieler Vogelarten. Strauße, obwohl wegen ihrer Federn bereits auf Farmen gezüchtet, wurden ebenso rigoros dezimiert wie südamerikanische und australische Paradiesvögel.[11] Glücklicherweise wurden Paradiesfedern häufig durch Hahnenfedern, auf »Paradies getrimmt«, ersetzt.

Zu Beginn des **20. Jahrhunderts** waren geknüpfte oder gekräuselte Straußenfedern, sogenannte ***Pleureusen***[12] *(Abb. 110)*, neben ganzen Federbälgen als Hutschmuck sehr beliebt. In Mode kamen Boas, Stolen und Jäckchen aus den flaumigen Steißfedern des ***Marabus***. Die seltenen Paradiesvogelfedern wurden 1905 international verboten. Kurz vor dem Ersten Weltkrieg machte der neue Modetanz Tango ***Aigrettes*** als Kopfputz wieder aktuell, da sie so spielerisch im Wiegeschritt mitwippten *(Abb. 163)*.

In den 1920er Jahren, aber auch in den 1970ern, erfreuten sich ***Federbouquets*** neben Kunstblumen als Brustschmuck an Kleid oder Kostüm großer Beliebtheit. In den 1930er Jahren zierte eine lange ***Fasanenfeder*** ausgefallene Hüte à la Tyrolien.

Seit den 1950er Jahren – sieht man von den preisgünstigen Federboas zu Faschingskostümen ab – schmückt der Großteil farbenprächtiger Riesenfedern Tanzgirls in Revuetheatern. Allein für eine Revue des Pariser Lido werden 50 000 Federn verarbeitet.

## Flohpelz

Ein kurzfristig sehr begehrtes Accessoire war das im 16. Jahrhundert besonders in Italien verbreitete ***Flohpelzchen***.[13]

Flohpelze waren aus dem Fell von Zobel, Marder, Iltis oder Wiesel und hatten ausgestopfte Köpfe und Klauen. Meist war das Maul mit einem goldenen Kettchen versehen, das die Dame in den Fingern hielt, als führe sie ein lebendiges Tierchen mit sich. Auch konnte das Flohpelzchen am Gürtel angebracht sein oder es lag in der Art einer Stola über der Schulter. Der Flohpelz hatte allerdings nicht die wärmende Aufgabe der Stola, sondern sollte lästige Flöhe auf sich ziehen und damit von der Trägerin fernhalten. Insbesondere aber war der Flohpelz ein schmückendes Standesprestige, waren doch Klaue, Maul und Augen oft mit Gold und Edelsteinen eingefaßt. Die Herzogin von Ferrara hatte von ihrem Gatten einen Zobel mit einem aus Gold nachgebildeten Kopf mit zwölf Rubinen, drei Diamanten, drei Smaragden und vier Perlen geschenkt bekommen. Diese Schmuckgarnituren wurden stets separat in einer Schatulle aufbewahrt.

*13 Flohpelzchen der Herzogin Anna von Bayern. Nach der Miniatur von Hans Mielich, um 1550*

Solcher Art Pelzchen finden sich schon 1467 im Inventar der Herzöge von Burgund. Die berühmteste Darstellung ist jene von Parmigianino, eine italienische Patrizierin mit einem über die rechte Schulter gelegten Flohpelzchen von zirka 1540.[14]

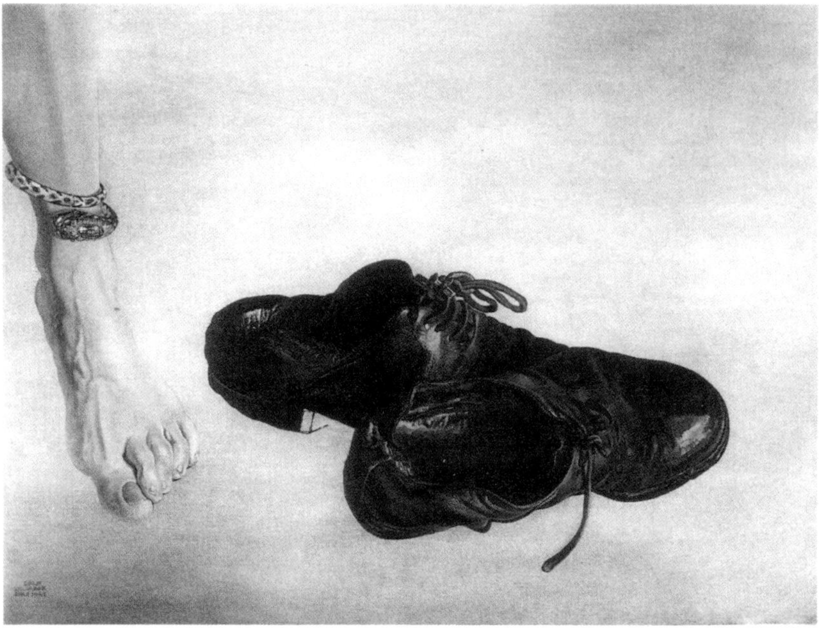

*14 Salvador Dalí, Sündenfall, 1941*

## Fußbekleidung

Wozu braucht der Fuß Schuhe? Zum Gehen? Millionen von Menschen brauchen dafür keine Schuhe, mehr noch können mit Schuhen *gar* nicht gehen, denn – an Freiheit gewöhnte Füße vertragen kein Korsett.[15] Aber robuste Füße mit Hornhaut und Schweiß gelten bei beschuhten Völkern als unästhetisch und unhygienisch.[16] Einzig und allein Eiseskälte vertragen die Füße nicht, mangels ausreichender Durchblutung.

Schmerzhafte Hühneraugen waren, laut literarischen Zeugnissen, schon in der Antike keine Seltenheit. Ende des 19. Jahrhunderts waren die Zeitschriften voll mit Werbung für Präparate gegen ***Schäden***, die von nicht passendem Schuhwerk herrührten. Besonders empfohlen wurde eine Paste aus »gemeinem Hauswurz« oder eine solche, die man auf ein Heftplaster aus Ochsenleder gab. Außerdem soll es durchaus üblich gewesen sein, daß adelige Herren ihre Maßschuhe dem Kammerdiener »zum Einlaufen« gaben. Salvador Dalí setzt demnach den »Sündenfall« der ersten Menschen mit dem Beginn der Herrschaft und des Martyriums des Schuhetragens gleich. Der Maler Vincent van Gogh stellte die schmerzgebeugte Welt durch ausgetretene Schuhe dar.[17]

Aber Schuhe sind ein ***Kulturgut***. Schuhe reflektieren wie kein anderes Bekleidungsbeiwerk Epoche, Kultur und Umweltbedingungen. Sie sind Standeszeichen, drücken Aberglauben aus, spiegeln gesellschaftliche Veränderungen und Umweltbedingungen und strahlen Erotik aus. Schuhe geben Auskunft über die Persönlichkeit des Trägers.

Fußbekleidung wurde zwar nach den Erfordernissen der Umgebung gestaltet wie die wasserdichten Seehundstiefel der Eskimos oder die breitsohligen Sandalen der Sahara-Bewohner, aber sie erhielten gleichzeitig eine standesdifferenzierte Ausführung. Bunte Stickereien, Applikationen, Perlstickerei oder Gravuren waren dem Häuptling, König oder Führer vorbehalten oder wurden zu Festtagstrachten verwendet.

Fußbekleidung kam auch völlig unbeachtet eines praktischen Zwecks, *allein* als ***Standeszeichen*** auf wie die Sandalen ägyptischer Könige. Sie waren als Symbol von Würde und Macht Göttern und Pharaonen vorbehalten und wurden deshalb von einem Diener nachgetragen *(Tafel 14)*. Das gemeine Volk ging stets barfuß. Auch die langen Schnabelschuhe des späten Mittelalters dienten als Mittel standesgemäßer Selbstdarstellung, deren Länge in Kleiderordnungen je nach Stand – je länger desto vornehmer – festgelegt werden mußte. Noch heute erinnert daran die Redewendung »Auf großem Fuß leben«.

Ein besonderes Vorrecht stellten ***Zeremonialschuhe*** dar. Sie gehen in manchen Kulturen auf das Erdberührungstabu des Häuptlings oder des Schamanen zurück. Diese mußten vor der Berührung mit dem »unreinen« oder aber mit dem geweihten Boden geschützt werden. Das Erdeberührungstabu diente auch umgekehrt dem Zweck, den Berührenden vor unbekannten magischen Wirkungen zu schützen. (Ein ähnliches Berührungstabu bezog sich auf die Hände; *s. S. 79*.) Ein kaiserliches Privileg waren Schuhe aus Purpur. Am kostbarsten waren die ***Sandalia***, Krönungs- und Pontifikalschuhe, die mit Saphiren, Amethysten und Perlen bestickt waren.

In der römischen Antike bedeuteten Schuhe ***Freiheit*** und Unabhängigkeit, denn der Sklave lief barfuß.

Noch heute gilt Fußbekleidung als wichtiger Besitz, nicht allein zum Schutz, sondern aus gesellschaftlichen Gründen. Ohne Schuhe darf man keine öffentlichen Gebäude, keine Restaurants, Bars oder Kinos und keine christliche Kirche betreten – so der Besitz von Fußbekleidung allgemein ist beziehungsweise Barfüßigkeit als religiöses oder politisches Gesinnungszeichen gelten kann –, denn ein »anständiger« Mensch hat eben Schuhe.

*15 Lilienschuh mit schwarzer, bemalter Seide und gemusterten Seidenborten, China, 19. Jahrhundert*

Ein Standeszeichen besonderer Art hat seinen Ursprung in der ***Erotik*** kleiner Füße: die ***Lilienschuhe*** chinesischer Adelsdamen. Der kleine Fuß soll liebessteigernde Eigenschaften haben, ein großer derber Fuß dagegen wirkt wenig stimulierend; nicht nur im fernen China.[18] Jahrhundertelang preßten chinesische Prinzessinnen ihre Füße in zu kleine Schuhe. Die Füße hatten sich nach den Schuhen zu formen, nicht umgekehrt. Ihre Schuhe waren zehn bis höchstens fünfzehn Zentimeter lang und liefen vorne in einer Spitze aus. Unbeachtet blieben bequemes Gehen oder körperliche Schädigungen. Für die erstrebenswerten Lilien- oder Lotusfüße wurden so starke Verkrüppelungen des Fußes in Kauf genommen, daß Gehen – insbesondere barfuß – fast unmöglich wurde.[19]

Kleine Füße deuteten auf adelige Herkunft beziehungsweise auf einen edlen Charakter, auch in europäischen Märchen. Am deutlichsten wird dies bei »Aschenputtel«, verdankt Aschenputtel doch ihr eheliches Glück und die Befreiung von der grausamen Stiefmutter ihren kleinen Füßen. Denn der Prinz läßt sich in seiner Brautwahl von dem zierlichen Schuh leiten, über den er die »rechte Braut« finden will.[20]

Die ästhetische Grundauffassung des kleinen Fußes ist bis heute geblieben. Beim Schuhkauf wird darauf geachtet, daß der »Schuh einen kleinen Fuß macht«.

Von besonders ***erotischer Ausstrahlung*** ist der hochhackige Schuh, verleiht er doch der Frau einen wiegenden, sinnlichen Gang. Denn der hohe Absatz bewirkt ein Hohlkreuz, das Busen und Gesäß herausdrückt. Sexidole setzen daher auf die unvermeidliche Wirkung von Stökkelschuhen, in der Wiener Umgangssprache *Hurenhackerln* genannt.[21]

Die sexuelle Symbolik des Schuhs bezeugt auch seine bis heute begehrte Rolle als ***Fetisch*** für den Mann. Der Schuhfetischist setzt das »Gefäß« Schuh mit dem weiblichen Geschlechtsteil gleich. Als Fetisch begehrt sind hochhackige Stiefel, die eng sitzen müssen und deshalb häufig geschnürt werden, was sich mit masochistischen Schmerzvorstellungen, auch im Getretenwerden durch eine Frau, mischt. Nicht umsonst tritt die Domina in hohen, spitzen Stiefeln auf. Der Schuhfetisch ersetzt die begehrte Person.

Bereits im Altertum kam der Fußbekleidung eine sexuelle Symbolik zu, die sich bis heute in ***Fruchtbarkeitsritualen*** erhalten hat. Der Schuh als Gefäß symbolisiert Weiblichkeit. Der Fuß dagegen wird mit dem männlichen Genitale verglichen und steht für Mannbarkeit. In alten Volksrätseln und Sagen wird darauf eindeutig Bezug genommen, ebenso wie im Braut- oder Jungfernschuh.[22] Den ***Brautschuh*** als Symbol der Jungfräulichkeit auszuziehen, ist eine sinnbildliche Handlung des Deflorierens, ähnlich wie das Lösen des Brautgürtels *(s. S. 57)*. »Einen Schuh austreten«, das heißt »auslatschen«, bedeutet in Sachsen »geschlechtlich ausschweifen«, »Ehebruch begehen«. Ein Mann wird vor Ehebruch gewarnt, denn wie es heißt: »Man muß nicht die Füße in fremde Schuhe stecken.«

Auf sexuellen ebenso wie animistischen[23] Vorstellungen beruht der ***Trinkschuh***. Es gibt ihn seit der Antike in vielen Kulturen. Im Mittelalter war es üblich, daß der Bräutigam aus dem Schuh der Braut den ersten Schluck Wein nahm als Liebes- und Treueversprechen sowie als Fruchtbarkeitssymbol. Erfolg und Glück dagegen verspricht der Trinkschuh der Schuhmacherzunft ebenso wie der Trinkstiefel. Im Volksglauben heißt es, »ist man am Fuß gesund, ist man überhaupt gesund«, weshalb man in manchen Gegenden krankes Vieh aus Schuhen fressen ließ.

Der Schuh ist als unheilabwehrendes ***Amulett*** und Glücksbringer weit verbreitet. Schon in Kulturen des östlichen Mesopotamien waren Schuh- und Stiefelgefäße Grabbeigaben, um auf diese Weise Gottheiten im schützenden Sinn wirksam werden zu lassen. In der Neuzeit wurde in Italien Kindern ein Schuhamulett gegen den sogenannten Bösen Blick umgehängt. Der Kinderschuh im Auto, heute mehr zur Erinnerung, war ursprünglich ein Gegenstand, um Gefahren abzuwehren. Im Rokoko sandte man Liebesbriefe, die berühmten Billets doux, in Glück versprechenden Miniaturschuhen aus Porzellan. Als ***Glücksbringer*** bekannt sind auch die Fayence-Pantoffeln aus Delft, die mit Pralinen gefüllten Porte-bonheurs oder die geschnitzten Schuhleisten in Nordfriesland. Selbstbestickte Pantoffeln schickte man dem Geliebten, zog er sie an, war dies ein positives Zeichen. Johann Wolfgang von Goethe empfing solch ein Liebespfand von Marianne von Willemer zu Weihnachten 1816, dem er sich jedoch nicht beugte.[24]

Der Schuh als ***Symbolobjekt*** hat keineswegs an Aktualität eingebüßt. Seine Symbolik hat sich entsprechend der Zeiten geändert, wurde immer wieder neu definiert. Heute steht der Joggingschuh für Jugend und Vitalität, der Doc Martens für Unabhängigkeit *(Tafel 15)*. Die Schuh-Symbolik ist so vielsagend, daß sogar schuhfremde Produkte, wie Zigaretten,

Kaugummis oder Getränke sich der Werbung über das Schuh-Image bedienen. Der Cowboystiefel, der für Abenteuer, Männlichkeit und Freiheit steht, gönnt dem Träger sogar eine Pause für eine Zigarette, für die sich ein langer Weg lohnt. Mit dem Schuhwerk eng verbunden ist das Material. Leder als tierische Haut und Symbol des Unverwüstlichen wird ebenfalls in Zusammenhang mit Cowboystiefeln gebracht, wo das Leder selbst zum Fetisch wird.

Tatsache ist, daß der Schuh die ***Bewegung diktiert***. Der hochhackige Schuh bewirkt einen steifen, mit dem Becken leicht nach vorne fallenden Gang, Joggingschuhe ein leicht federndes Gehen, Skistiefel einen Schlurfstelzgang, Moonboots einen Robotergang.[25] Diese Eigenschaften der Schuhe setzen sich fort bis zu jenem Eigenleben magischer Schuhe in Märchen wie »Die Siebenmeilenstiefel« und »Der gestiefelte Kater«. Der Siebenmeilenstiefel diktiert dem Träger übermäßig große Schritte und hilft so, der irdischen Begrenztheit zu entfliehen.

Die ***Gestaltung von Schuhwerk*** ist äußerst schwierig, da es eine Synthese aus weichem Innerem und widerstrebendem Äußerem, aus biegsam und fest bilden muß. Obwohl der Schuh aus relativ festem Material ist, nimmt er die Form des Fußes an, ist nach Gang- und Gebrauchsart ausgetreten und saugt Schweiß und Geruch auf. In der Antike hatte nur die Sandale gehobener Stände eine ***rechts-links-verschiedene Sohle***. Danach geriet diese komplizierte Machart in Vergessenheit. Im frühen Mittelalter, als man die Individualität des menschlichen Körpers so sehr verneinte, schlug man auch die Schuhsohle »über einen Leisten«. Die Arbeitsweise wurde zur bekannten Redewendung und drückt bis heute eine undifferenzierte Urteilsweise aus. Vom 12. bis ins 16. Jahrhundert finden sich zwar rechts-links-gearbeitete Sohlenformen, aber sie setzten sich erst Ende des 19. Jahrhunderts endgültig durch. Die maschinelle Schuhherstellung hat die Schuhe nicht »über einen Leisten gespannt«, sondern wurde zunehmend der menschlichen Anatomie gerecht.

Dennoch sind streng nach den Füßen geformte Schuhe bis heute kaum anzutreffen. Mit Ausnahme weniger Gesundheitsschuhe liegt die Spitze immer in der Mitte des Schuhs, obgleich die große Zehe seitlich liegt. Nach den Füßen gestaltete Schuhe erscheinen sogar ***surreal***. Der Modeschöpfer Pierre Cardin gestaltete 1986 einen Herrenschuh mit modellierten Zehen, so wie René Magritte wiederholt Schuhe mit geformten Zehen malte.[26] Und Schuhe müssen – der menschlichen Symmetrieauffassung gemäß – immer wie ein Paar aussehen. Warum darf nicht ein Schuh rot, der andere grün, der eine gestreift, der andere getupft sein?[27] Wenn der Schuh nicht dem Fuß gerecht wird, warum sollte er nicht auch auf

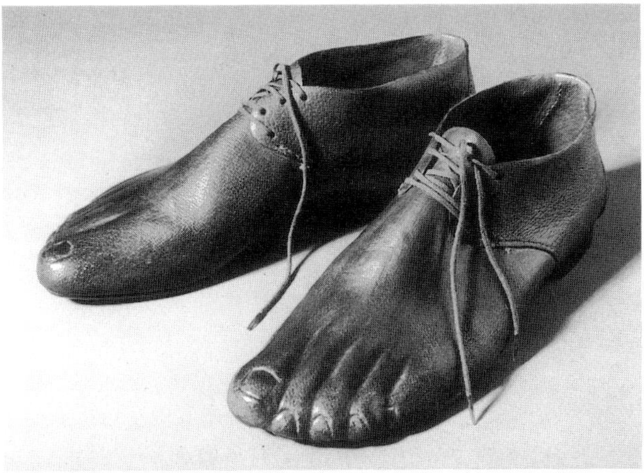

*16 Pierre Cardin, Herrenschuhe mit Zehen, 1986*

dem Kopf getragen werden? Als Antwort auf diese Frage formte Elsa Schiaparelli ihren berühmten Schuhhut *(Abb. 112)*. Und warum trägt die Hand einen Schuh, den Handschuh?

Die Verwendung des Begriffs *Schuh* ist im ***Sprachgebrauch*** bis heute gestört. Ist es nicht der Fuß, der schmerzt, wenn *der Schuh drückt*? Sind es denn »Fußspuren«, die der erste Mensch auf dem Mond hinterlassen hat, oder »Schuhspuren«, nämlich jene der Moonboots? »Wie geht's« – eine Nachfrage aus Pilger- und Wandererzeiten – müßte heute durch »wie fährt's« ersetzt werden! *Fußbekleidung* – ein kostümkundlicher Terminus technicus – wäre der korrekte Oberbegriff, stattdessen ist das Wort *Schuh* zum Allgemeinbegriff geworden für Schuhe, Pantoffeln, Halbstiefel, Stiefel und Sandalen. Wir sprechen vom *Schuhgeschäft* und nicht vom *Fußbekleidungsgeschäft*, auch fragt niemand: »Wo ist meine Fußbekleidung?«

Von dem Augenblick an, als das Tragen von Schuhen selbstverständlich geworden war, wurde das ***Barfußgehen*** zu einem besonderen Symbol. Es wurde im Christentum zum Zeichen der Armut, der Reinheit und der Unterwerfung. Märtyrer und Heilige sind zum Zeichen des Büßens und der Demut barfuß dargestellt.[28] Der Gott geweihte Boden soll – auch bei Moslems und Hindus – nur mit bloßen, reinen Füßen betreten werden.[29]

Im ägyptischen Altertum kam dem Fuß die Bedeutung des Fortschreitens, Lebenswanderns und des Lebens überhaupt zu. Bei den germanischen Völkern bedeutete »mit dem Fuß auf eine Person oder ein Stück Land treten« Besitzergreifung. Im Mittelalter drückte der Tritt des Lehensherrn mit seinem rechten Fuß auf den rechten Fuß des Vasallen die

Gewalt über diesen aus. Daraus entwickelte sich der Tritt des Bräutigams auf den Fuß der Braut nach der Trauung als Symbol des Antritts der Gewalt über und des Rechts auf die Braut.[30]

Der Fuß war ***Maßstab*** seiner selbst. Allein in Deutschland gab es vor Einführung des metrischen Systems über hundert verschiedene Fußmaße zwischen 25 und 34 Zentimeter Länge. In England machte 1320 König Edward II. seinen Fuß zur Maßeinheit in seinem Reich. Sein Fuß maß 36 Gerstenkörner, von denen ein jedes ein Drittel eines Inch (= 1Zoll = 2,54 Zentimeter) maß, woraus sich 12 Inches für seinen Fuß ergaben, das sind 30,48 Zentimeter.

## Geschichte

Das älteste erhaltene Schuhwerk, beziehungsweise Teile davon, wurde erst vor kurzem entdeckt. Es handelt sich um die mit Stroh gefütterten, ledernen Bundschuhe eines im Ötztaler Gletscher vor rund 5300 Jahren wandernden Mannes. Sie dienten ihm zum Schutz gegen Eis und Schnee.[31]

Ein reines Hoheitszeichen dagegen waren die ersten ***Sandalen*** im **ägyptischen Altertum** von um 3000 v.Chr. Sie waren, wie erwähnt, Symbol von Würde und Macht und blieben den Göttern und Pharaonen vorbehalten *(Tafel 14)*. Die ägyptischen Sandalen der Privilegierten waren aus Papyros, Leder oder Blattgold, allgemein aus Stroh- oder Palmblattgeflecht.

In den frühen Kulturen **Mesopotamiens** verloren die Sandalen allmählich ihre Exklusivität. Die Entwicklung zum Schuh sowie zum Stiefel war weniger standesmäßig als funktionsgebunden. Die Sandale entwikkelte sich zum Schuh hin, denn sie erhielt eine Fersenkappe. Nach etwa 1300 v. Chr. boten Schnabelsandalen besseren Schutz der Zehen und ermöglichten ein besseres Abrollen des Fußes. Als neuer Fußbekleidungstypus entwickelte sich in der neuassyrischen Epoche (1048–612 v. Chr.) der ***Stiefel***.[32] Er war vorne geschnürt und noch ohne separate Sohle. Nicht ohne Grund kam er zum Reiten, zur Jagd und zu kriegerischen Auseinandersetzungen auf, denn bis heute gilt der Stiefel als besonders trittfeste Fußbekleidung.

**Syrer, Meder, Phönizier, Perser** und **Hebräer** sind mit geschlossenen ***Schuhen***[33] dargestellt. Sie waren aus einem Stück Leder, das um den Fuß bis zum Knöchel gelegt und vorn mit Riemen oder Schlingen zusammengehalten wurde. Schuhe wurden in der **griechischen Antike** *Periskai*, die *Persischen*, genannt, waren aber erst in der klassischen Epoche gebräuchlich. Darüber hinaus kannten die Griechen eine Fülle an Sandalenformen. Die Sandale war anfänglich nur den Vornehmen vorbehalten. Götter wurden barfuß oder in goldenen Sandalen dargestellt. Sandalen vornehmer Frauen waren bestickt, purpurn gefärbt, mit Metall verziert, und ihre Sohlen wurden durch eine Lage Kork erhöht. Anders als die Bezeichnung Kothurn heute vermittelt, war der griechische ***Kothurn***[34] in der Frühzeit ein anliegender Schaftstiefel ohne zusätzliche Sohle und wurde von beiden Geschlechtern getragen. Mit einem Pelzstreifen am oberen Rand war er charakteristisch für den Gott Dionysos. Daneben wurde um 500 v. Chr. der Kothurn Fußbekleidung der Tragödiendarsteller und erhielt allmählich eine immer dickere Holzsohle, die einerseits den Schauspieler auf der Bühne größer erscheinen ließ, andererseits durch ihre Höhe den sozialen Status der dargestellten Person ausdrückte. Im römischen Theater wurden die dicken Sohlen zu hohen Holzböcken, auf die die Bezeichnung Kothurn überging. Gemäß der Körpersensibilität der Griechen war es ihnen selbstverständlich, das Schuhwerk für den rechten und den linken Fuß sorgfältig auszuarbeiten.

Bei den **Römern** war der ständesgemäße Gebrauch der sehr verschiedenen Arten, Ausstattungen und Farben der Fußbekleidung streng geregelt; ein freies Auswählen war nicht möglich. Diese Tatsache stand keineswegs einer Prunkentfaltung im Wege, so daß Kaiser Aurelian (270–275) gegen modische Exzesse einschreiten mußte. Der Schuh für Senatoren und Patrizier war der ***Calceus***. Er war aus einem Stück Leder bis über den Knöchel gearbeitet, der Ristschlitz wurde von einer Lederlasche bedeckt und von vier bis über die Knöchel gewickelten Lederbändern mit zwei Knoten gehalten. Er wurde nur über einen Leisten gearbeitet und hatte selten eine separate Sohle. Die einfache Sandale, die ***Solea*** (Sohle), wurde nur im Haus verwendet oder für einen Besuch von einem Diener nachgetragen. Die Halbstiefel, ***Caligae***, der römischen Legionen waren zehenfrei und mit einer genagelten Sohle (80 bis 100 Nägel) ausgestattet, um sie haltbarer zu machen. Sklaven gingen barfuß. Von besonders eleganter Ausführung war der Schuh vornehmer älterer Frauen, der ***Calceolus***.

Das Schusterhandwerk war in Schuh- und Sandalenschuster sowie den Flickschuster differenziert. Es war sehr leistungsfähig; Werbung war alles. Mancher Schuster nagelte seinen Namen in die Sohle, um auf weichem Boden seinen Abdruck zu hinterlassen. Auch Hetären bedienten sich dieses Werbemittels und ließen anstelle des Schusternamens die Liebesaufforderung »Folge mir« einnageln.

Bei den **Germanen** war der ***Bundschuh*** verbreitet. Er war aus einem Stück Leder, das unter die Fußsohle bis zu den Fesseln gelegt wurde. Am

Schuhrand waren Einschnitte, durch die ein Lederriemen fest gezogen wurde. **Kelten** vornehmen Standes trugen Schnabelschuhe mit Ziernähten und Ristlasche.[35]

Spätestens ab dem 2. Jahrhundert machte sich römischer Einfluß auf europäische Kleidung deutlich bemerkbar. Im **4. Jahrhundert** wurde der römische ***Soccus***[36] in Form eines wadenlangen »strumpfartigen« Schuhs (davon wurde später das Wort *Socke* abgeleitet) zur Fußbekleidung der Oberschicht, während der Bundschuh zu jener des einfachen Volkes degradiert wurde. Der Soccus wurde als ***Halbstiefel*** generell zur mittelalterlichen Schuhform. Sein Aussehen variierte nach Region und Epoche. Es gab ihn mit verschiedenen Verschlüssen, wie Knebelverschlüssen, mit vorderer oder seitlicher Schnürung, oder mit seitlichen Schlitzen. Er entwickelte auch die Form eines Schlupfschuhs.

Im **12. Jahrhundert** hatte der mit Stickereien und Borten verzierte ***Schlupfschuh*** Vornehmer eine ausgeprägte Spitze, französisch Pigache genannt. Ihr Aufkommen soll auf den normannischen Adeligen Fulco d'Anjou zurückgehen, der um 1090 seine Frostbeulen in einer weiten Spitze verborgen haben soll. Andere machten dies nach.[37] Inwieweit er damit auch Urheber des späteren Schnabelschuhs ist, bleibt dahingestellt. Der alltägliche Schuh der höheren Stände war von einfacher Ausführung und hieß daher ***Niderschuh***, was so viel wie *geringer Schuh* bedeutete. Seit dem 12. Jahrhundert war der rechts-links unterschiedene, gewendete Schuh üblich, das heißt Sohle und Oberleder, die verschieden stark waren, wurden über dem Rahmen zusammengenäht und gewendet.

Im **13. Jahrhundert** verbreitete sich der schaftlose Schlupfschuh. Der Frauenschuh unterschied sich von dem des Mannes weniger in Schnitt und Verschluß als in der Weichheit des Leders und dessen Verzierung. Doch galt es für die Frau als überaus unschicklich, den Fuß beziehungsweise Schuh zu zeigen.

Bauern durften nur Bundschuhe tragen. Meist waren sie aus Rindsleder, nutzten sich mangels einer verstärkten Sohle schnell ab und boten keinen Schutz gegen Nässe und Kälte, da sich das Leder mit Wasser vollsaugte. Deshalb waren Bundschuhe oft mit einer Holzsohle verbunden. Die Bauern Frankreichs und der Niederlande durften im Mittelalter angeblich nur Holzschuhe tragen, die in Frankreich ***Sabots***, in den Niederlanden ***Klompen*** genannt wurden. Wollte sich ein Bauer an seinem Herrn rächen, leistete er hintertriebene Zerstörung, sogenannte Sabotage, indem er die Felder mit seinen Sabots zertrampelte. Es ist jedoch anzunehmen, daß Bauern in den wärmeren Jahreszeiten barfuß gingen, ihre Füße waren abgehärtet.[38]

*Von links oben:*

*17 Halbstiefel mit durchgehender Staublasche und zwei Riemen zum Schnallen, am Schaftrand fehlt die farbige Einfassung, Köln, um 1450–1480*

*18 Trippe als Unterschuh, London, 15. Jahrhundert*

*19 Schnabelschuh mit getrocknetem Moosfutter, das die Spitze absteifte und den Fuß abrollen ließ. London, spätes 14. Jahrhundert*

*20 Hornschuhe, süddeutsch, um 1530–1540*

*21 Mit Durchbrucharbeit (mittels Stempeleisen) reich ornamentierter Frauenschuh aus sehr feinem Leder, Spanien, um 1590–1600*

Nach Mitte des **14. Jahrhunderts** kamen die eigenwilligen ***Schnabelschuhe***, Poulaine oder Kraniche genannt[39], in Mode und gleichzeitig ihre hölzernen Unterschuhe, die Trippen. Das Aufkommen des Schnabelschuhs beruht auf Vermutungen. Im Prinzip handelt es sich jedoch um eine Wiederaufnahme und nachfolgende Steigerung der ausgeprägten Schuhspitzen. Das unmittelbare Aufkommen des Schnabelschuhs Mitte des 14. Jahrhunderts könnte durch die Kreuzritter angeregt worden sein, die im Nahen Osten vielen Schuhformen mit aufgebogenen Spitzen begegnet waren.[40] Hinzu kommt, daß nach der großen Pestepidemie in Europa (1347–1352) eine überfeinerte höfische Ritter- und Minnekultur ausgebildet wurde, die Nährboden für modische Übertreibungen war. Verbreitet waren zwei unterschiedliche Schnabelschuhformen; die eine mit bis zum Knöchel hinaufgeschnittenem Schaft, dessen Rand zuweilen umgestülpt oder seitlich geschnürt wurde; die andere war so stark ausgeschnitten, daß eine mit einer Metallschnalle geschlossene Lasche Halt geben mußte. Bei beiden Formen waren die Schuhspitzen mit Werg, das sind Baumwollabfälle, oder getrocknetem Moos ausgestopft, die durch ihre Weichheit ein Abrollen des Fußes zuließen.

Anfang des **15. Jahrhunderts** bildeten sich die Schuhspitzen fast ganz zurück, doch begannen sie sich schon vor 1450 wieder zu verlängern. Der Schnabelschuh erlebte zwischen 1450 und 1490 eine zweite, formal extremere Blütezeit als ein Jahrhundert zuvor.[41] Die elongierten Schnabelschuhe und die hohen Kopfbedeckungen entsprachen so ganz der Ästhetik des 15. Jahrhunderts, wie sie besonders in der schlanken spätgotischen Architektur zum Ausdruck kommt. Es wird deutlich, daß der menschliche Körper ein künstlich gestalteter Teilbereich zeitästhetischer Normen war.

Die Tendenz zur Übertreibung wurde durch wirtschaftliche und soziale Entwicklungen gefördert: Das durch Handel und Gewerbe vermögender und selbstbewußter gewordene Bürgertum trat in Konkurrenz zu den privilegierten Adelsständen. Dies führte von seiten des Bürgertums zu einer Aneignung der Moden des Adels, seitens der Ritter zu einer Distinguierung mittels modischer Übertreibungen. In diversen Kleiderordnungen mußte somit die jedem Stand zustehende Mode und damit auch die Länge der Schuhspitzen reglementiert werden. Zum Beispiel durften für Fürsten und Prinzen die Schuhspitzen 2½ Fuß, für höhere Adelige 2 Fuß und für Gewöhnliche nur einen ½ Fuß messen. Höflinge trugen die Schuhspitzen bald so lang, daß sie mit einer Kette zum Bein hin befestigt werden mußten. Die Schuhe Vornehmer fielen außerdem durch gepunztes Lederdekor und farbige Behandlungen auf. Zum modischen Standeszeichen geworden, konnten die Spitzen der Schnabelschuhe gar nicht hinderlich genug gewesen sein, als daß sie nicht auch in der Ritterrüstung nachgeformt worden wären. Die Kirche wetterte gegen diese modische Übertreibung, obgleich sie auch unter Mönchen getragen wurden. In der sexuell interpretierten Schuhsymbolik *(s. S. 24)* finden sich immer wieder Hinweise, daß die extreme Schuhspitze als Phallussymbol interpretiert wurde.[42] Dies obgleich auch die Frauen Schnabelschuhe trugen, wenn auch durch die hinderlichen langen Kleider in etwas kürzerer Form.

Der lange Schuhschnabel war als sichtbares Zeichen vornehmen Müßiggangs so sehr willkommen, daß eitle Jünglinge auch die Spitzen der Strumpfhosen verlängerten, sie mit einer Ledersohle versahen und ohne Schuhe, nur mit den Holztrippen darunter, trugen. Waren diese Art Strumpfschuhe aus Leder, wurden sie ***Ledersen*** genannt (*s. S. 238* und *Tafel 1*).

***Trippen***[43] schützten den flachen Schnabelschuh vor Straßenschmutz und Wasserlachen seit dem 12. Jahrhundert. Die hölzernen Unterschuhe waren entweder sehr dick oder mit zwei Holzstegen, seltener mit einem Eisenring versehen. Um die Sohle flexibler zu machen, war sie zuweilen auf der Höhe des Ballens unterteilt und zusammengenagelt. Anfangs gab eine Lederschlaufe über dem Spann, im späten 15. Jahrhundert verschafften verschieden gekreuzte Riemen Halt. In der zweiten Hälfte des 15. Jahrhunderts wurden Trippen ausgesprochen Mode, ungeachtet einer praktischen Notwendigkeit. Auch sie waren mit einer langen Spitze gearbeitet. Lederne Trippen wurden als offene Sandalen und als Unterschuhe auch im Haus verwendet, wofür ihre farbige Behandlung und ihr gepunztes Dekor sprechen.

Als eigentlicher Hausschuh neu war der ***Pantoffel.*** Seine Verbreitung im 15. Jahrhundert spricht für das häuslichere Leben des Bürgertums im Gegensatz zum repäsentativen Lebensstil adeliger Ritter. Der Pantoffel besteht aus Sohle und Zehenkappe (nicht zu verwechseln mit erwähnten Trippen[44]). Er hat seinen Ursprung im persischen Altertum (persisch *papusch* von *pa*, *Fuß* und *pusch* für *Decke*; daher österreichisch *Patschen*). Er kam über Italien (*pantofola*) nach Frankreich (*babouches*) und Deutschland (deutsch *Schlappen*).[45]

Als winterliche, robuste Fußbekleidung gab es flache bis zu den Waden reichende Stiefel, die besonders von Reisenden und Jägern, in pelzgefütterter Form auch von adeligen Damen getragen wurden.[46]

Zu dieser Zeit wurden in größeren Städten einfache Schuhe bereits vorfabriziert unter Verwendung weniger Standardmuster.

In Italien war das wohlhabende Bürgertum, das Patriziat, bereits im 15. Jahrhundert (früher als in den anderen europäischen Ländern) in den gesellschaftlichen Mittelpunkt getreten. Die Fortschritte in den Naturwissenschaften, die das Weltbild veränderten, setzten den Beginn der sogenannten **Neuzeit** fest. Der von der Kirche unbevormundete, selbständig denkende Mensch wurde zum neuen Ideal. Als ästhetischer Antipode zum Schnabelschuh bildete sich der breite Renaissance-Schuh, der ***Kuhmaulschuh***, aus, der erstmals 1480 erwähnt wurde.[47] Es scheint, als wollte dieses realitätsnahe Zeitalter sicher auf beiden Beinen stehen, und die breite Form des Kuhmaulschuhs korrespondierte mit jener der Architektur. Den Übergang von einem zum anderen Extrem leistete der ***Entenschnabel*** (um 1480–1505) mit seiner kurzen, abgesetzten Spitze.

Für den Kuh- oder Ochsenmaulschuh der ersten Hälfte des **16. Jahrhunderts** wurde die sehr schmale, stumpfe Kappe und der sehr weite Ausschnitt charakteristisch, die nur ein Schlurfen, ohne Beineheben, erlaubten. Nur zuweilen gab eine Ristlasche Halt. Oft war die Kappe beidseitig zu ausgestopften Hörnern verlängert, so daß vom ***Hornschuh*** die Rede war. Pressungen und Stanzungen des Leders betonten die Formen oder imitierten Schlitze. Auch konnten die Schuhe echte Schlitze haben, die mit farbigem Stoff unterlegt waren. Damit war die Schuhmode in den Gesamteindruck der von den zerhauenen und geschlitzten Stoffen und Strümpfen bestimmten Mode voll integriert. Zuweilen sollen auch die Strümpfe in der Art von Kuhmäulern mit Leder verstärkt gewesen sein. Der Kuhmaulschuh wurde in weniger extremer Form auch von Frauen getragen. Der Kuhmaulschuh gehörte – durch seine Benutzbarkeit nur auf festen Straßen – zur gepflegten, bürgerlichen Kultur und war ein kurzlebiges Konsumgut. Im Haushaltsbuch des Nürnbergers Anton Tucher ergaben die Abrechnungen mit seinem Schuster von 1507 bis 1517 einen jährlichen Durchschnittsverbrauch von 20 bis 30 *kleiner Schuhe* (Kuhmäuler); dabei sind Winterschuhe »mit zweifacher Sohle« jeweils als zwei Paare berechnet.[48]

In kühleren Jahreszeiten waren flache ***Halbstiefel*** mit umgeschlagenem Schaft verbreitet. Einfache Leute kauften getragene Schuhe. Die Fußbekleidung des Bauerntums blieb der Bundschuh. Er war im Laufe der Jahrhunderte zum Symbol des unterdrückten Bauernstandes geworden. Der Bundschuh erhielt in den deutschen Bauernkriegen (1524/25) – landläufig auch ***Bundschuhkriege*** genannt – zweifache Bedeutung, zum einen als Symbol bäuerlicher Unterdrückung, zum anderen bezeichnete er auch den »Bund« – dem auch Bürger angehörten – als Zusammenschluß freiheitlich gesinnter Aufrührer gegen die Landvögte.[49]

In der zweiten Hälfte des 16. Jahrhunderts setzte sich in der Spanischen Mode für beide Geschlechter ein der natürlichen Form des Fußes angepaßterer ***Schlupfschuh*** durch; obgleich die fast natürliche Schuhform der sonst sehr steifen, die menschlichen Körperformen negierende Spanischen Mode widerspricht. Der Schlupfschuh hatte ein bis zum Rist führendes Vorderblatt, zuweilen auch Ristlasche und Ristband aus weichem Leder. Bis in die 1580er Jahre war er mit Schlitzen oder Lochmustern verziert. Die Verwendung von schützenden Überschuhen blieb erhalten *(Abb. 195)*.

Neben dem Schlupfschuh trug der Mann über die Waden reichende ***Stiefel*** aus schwarzem Maroquinleder oder aus feinem Corduanleder, deren Schaft modisch geschlitzt sein konnte. Um ein enges Anliegen zu ermöglichen, war an der Innenseite ein vertikaler Schlitz zum Schnüren. Die Stiefel waren zum Teil mit einer Stulpe ausgestattet, so daß sie beim Reiten über das Knie gezogen und an den Saum der kurzen Spanischen Hose gebunden werden konnten.

Durch die bodenlange Kleidung kam der Frauenschuh wenig zur Geltung, zumal in Spanien weder Fuß noch Bein im Zusammenhang mit Weiblichkeit ausgesprochen werden durften *(s. S. 239)*. Dennoch war seine Ausführung kostbar und detailfreudig mit Perforierungen, Durchbrucharbeiten und Goldstickereien.[50]

Die eigenwilligsten und ersten rein weiblichen Fußbekleidungen waren die bis zu sechzig Zentimeter hohen ***Stelzpantoffeln***. Sie kamen im 16. Jahrhundert in zwei unterschiedlichen Formen vor, dem spanischen Chapíne und dem venezianischen Zoccolo. Der meist unter der französischen Bezeichnung übliche ***Chopine*** bestand aus mehreren, innen zusammengenähten Lagen Kork, die mit Leder, Samt oder Seide überzogen, auch mit Edelsteinen oder Emailplättchen verziert waren. Der Korksockel war gleichmäßig dick oder verjüngte sich zur Sohle hin.[51] Vornehme Damen trugen den Chopine außerhalb des Hauses über den eigentlichen Schuhen, die in der Länge den Stelzpantoffel leicht überragten. Halt gab die breite, geschnürte Lasche des Chopine. Bei sehr hohen Chopines mußte die Dame beim Gehen von einem Begleiter oder einer Zofe gestützt werden; beim Tanzen oder beim Niederknien in der Kirche zog sie den Schuh jedoch aus.[52] Da das Kleid beziehungsweise der Manteau nur bis zu den Knöcheln reichte, blieben die Chopines stets sichtbar. Der Chopine, in Spanien erstmals um 1300 erwähnt, wird als rein spanische Eigenform bewertet.

Der venezianische ***Zoccolo*** dagegen wird auf orientalischen Ursprung zurückgeführt, und zwar auf den hölzernen, mit zwei Stelzen versehenen ***Kapkap***.[53] Der Holz- oder Korksockel des Zoccolo war geschwungen oder zweigeteilt. Die Vorderkappe war meist geschlossen. Die Annahme, der Schuh sei entwickelt worden, um bei Hochwasser trockenen Fußes über die venezianischen Straßen gehen zu können, ist unzutreffend; zum einen, da die Zoccoli nur von der Frau getragen wurden und die erhaltenen Schuhe keine Wasserschäden aufweisen; zum anderen blieben die Zoccoli unter dem Kleid, dessen Saumlänge dafür verlängert wurde, verborgen.[54] Hinzu kommt, daß die venezianischen Stelzpantoffeln von Kurtisanen bevorzugt wurden, womit ihre Person etwas Auffallendes, Dominantes erhielt.

**Um 1600** verbreitete sich der ***Absatz***. (Zuvor hatte es in Europa keine Schuhe mit Absätzen gegeben; Stelzpantoffeln sind keine Absatzschuhe!) Einer der ersten Hinweise findet sich bezüglich der Garderobe Königin Elizabeths I. von England 1595: »pair of Spanish leather shoes with high heels and arches.«[55] Es gibt zwei unterschiedliche Theorien für das Aufkommen des Absatzes. Zum einen soll sich der Absatzschuh sehr wohl aus dem Stelzpantoffel entwickelt haben, um diesen leichter zu machen. Das heißt, man versuchte, die hohe Plateausohle in der Mitte auszuhöhlen, wodurch ein Bogen in der Höhe des Ristes entstand. Und allmählich ließ man die dicke Sohle unter den Ballen ganz weg.

Zum anderen wird die Meinung vertreten, das Aufkommen des Absatzes hinge mit jenem des Steigbügels für den Reiter zusammen. Im Altertum wurde ohne Steigbügel mit weit nach vorn gestreckten Füßen geritten. Als es im frühen Mittelalter aus Bequemlichkeitsgründen zum Gebrauch des Steigbügels gekommen war, lief der Reiter – wenn er keine Rüstung trug – beim Aufstehen im Sattel Gefahr, durch den Steigbügel zu rutschen. Bei persischen Reiterarmeen sind erstmals im 12. Jahrhundert kleine, dornenförmige Hacken unter der Stiefelferse belegt, und eine erste Abbildung ist von 1307 bekannt.[56] Im 16. Jahrhundert läßt sich das Vordringen des orientalischen Absatzes und seiner eisenbesetzten Hufform über den Balkan, Ungarn und Polen (jedoch nicht weiter) verfolgen. Von Anfang an aber hatte der europäische Absatz jene heute noch übliche Form, also keine Hufform.

Bei der raschen Verbreitung des Absatzes spielte zweifelsohne dessen Veränderung der ***Körperhaltung*** eine wichtige Rolle. Der Mensch erscheint einerseits aufrecht und größer, was dem Imponiergehabe zugute kommt. Andererseits läßt der hohe Absatz ein Hohlkreuz entstehen und drückt Brustkorb und Gesäß hinaus, was einen sehr erotischen Gang bewirkt. Dies spielte in der effeminierten Zeit des nachfolgenden Barock auch in der Herrenmode eine Rolle. Im folgenden Jahrhundert gab es

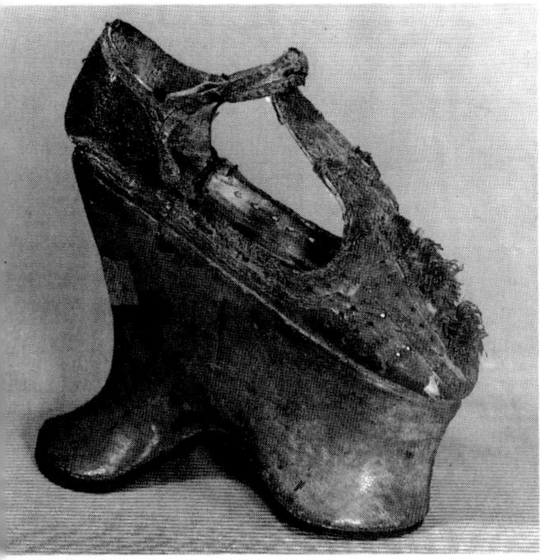

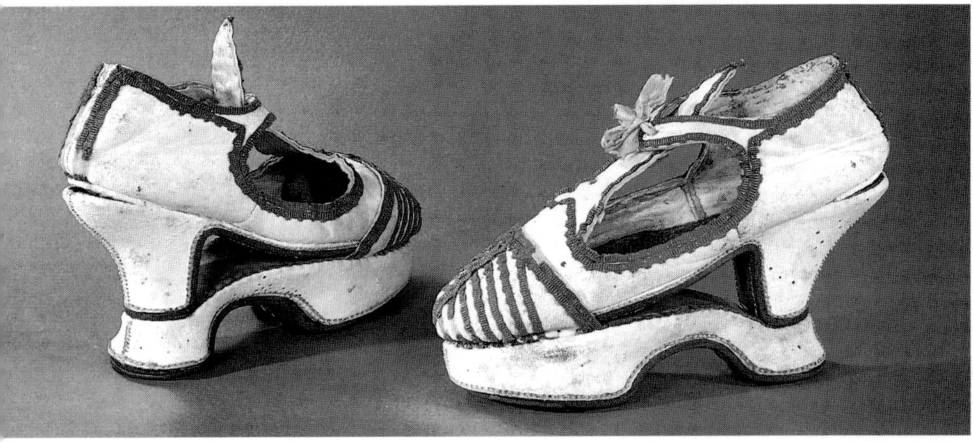

*22 Deutscher Zoccolo mit weit ausgeschnittenen Seitenteilen und deutlichem Übergang zum Absatzschuh, Dresden, um 1610*

*23 Damenschuh mit Doppelspitze, nach vorn gestelltem Absatz (8 cm!), weißes Leder mit Metallbordüre und Blüten bestickt. Schnalle fehlt, um 1640/1680*

*24 Damenstöckelschuhe mit fixierten Unterschuhen aus weißem Ziegenleder mit dunkelbraunen Seidenbändern verziert, um 1640/1660*

*25 Lederpatten, Leder, Samt, Holzkern, 1. Hälfte 18. Jahrhundert* keine Fußbekleidung, weder Stiefel noch Pantoffel, die nicht einen Absatz erhielten. Der Absatz bewirkte jedoch, daß man keine rechts-links-unterschiedliche Machart mehr bewerkstelligen konnte.

In der ersten Hälfte des **17. Jahrhunderts** trat Spanien seine politische und wirtschaftliche Vormachtstellung mehr und mehr an Frankreich ab, an dessen Hof stets eine extrovertiertere, verspieltere Mode als in Spanien geherrscht hatte. Unter dem Einfluß des Dreißigjährigen Kriegs (1618–1648) verlor die Mode ihre bisherige steife, strenge Linie und nahm eine lockere, scheinbar willkürliche, aber martialisch-renommistische Prägung an. Die männlichen Träger dieser Mode wurden als À-la-Mode-Kavaliere bezeichnet. Typisch waren die zu einem Art Becher umgestülpten Schäfte ihrer Stiefeln – deshalb der Ausdruck ***Becherstiefel*** *(Abb. 89)*. Sie waren mit weißen Leinen- und Spitzengamaschen, den sogenannten Canons, ausgeschlagen (*s. S. 240*; *Tafel 3*). Beim Reiten wurde der Stiefelschaft hinaufgezogen und mittels Lederbändern an der Hose befestigt. Die Stiefeln hatten einen hohen, schrägen Absatz und eine langgezogene, eckige Fasson. Die großen gelappten Spornleder und ihre glänzenden Sporen wurden auch bei gesellschaftlichen Anlässen nicht abgelegt.

Der ***Absatzschuh*** war die Mode der oberen Stände. Durch die Höherstellung der Ferse infolge des Absatzes wurde die Kappe über den Rist hinaufgeführt. Um den Schuh nicht zu schwer zu machen, versah man ihn an den Seiten mit runden Ausschnitten. Der Schuh wurde mit Bändern, Laschen und Schnallen geschlossen, die gleichzeitig dem übermäßigen Prunk dienten, dem sogar in den Kleiderordnungen Einhalt geboten werden mußte *(Tafel 2)*. Auf der Straße bewahrte man das Einsinken des Absatzes im Schmutz durch verschiedene Arten von ***Unterschuhen*** oder Untersohlen, die im 17. Jahrhundert noch fest mit Absatz und Sohle von Schuh oder Stiefel verbunden waren.

Am Hofe des Sonnenkönigs Ludwig XIV. (1643–1715) vertrugen sich die überfeinerten Manieren nicht mehr mit dem derben Stiefel. Allein der Schuh wurde deshalb zur korrekten Fußbekleidung des Herrn bis ins letzte Viertel des 18. Jahrhunderts. Der Schuh beider Geschlechter hatte eine über den Spann hinausragende, breite Vorderkappe, war knöchelfrei, vorne eckig bis spitz. Er wurde über dem Spann mit einer Quer- oder Kreuzlasche aus dem Material des Schuhs geschlossen, die beim Adel mit einer großen Schmuckschnalle versehen war.[57] Sohlen und Absätze waren entweder aus Kork, aus einzelnen Schichten starken Leders, der Absatz auch aus Holz. Der Männerschuh hatte einen derben Blockabsatz, rote Absätze waren dem männlichen Adel vorbehalten.[58]

Zu der effeminierten Rheingrafenmode (um 1655–1680) paßte der mit großer Schleife und Bandrosetten verzierte Herrenschuh. (Diese extrovertierte Herrenmode bestand aus einer reich mit Schleifen versehenen Rockhose, zu der ein kurzes Wams und ein herausquellendes, reich mit Spitzen verziertes Hemd getragen wurden, *Tafel 5*). Ende des 17. Jahrhunderts wurden die üppigen Rosetten durch kleine, ovale Schuhschnallen abgelöst.[59] Selbst zum Reiten gab es speziell ausgeführte ***Reitschuhe***.

Nur Militärs und Berufsreiter trugen Reitstiefel. Besonders groß und derb waren die ***Postillonstiefel***, die als Überstiefel dienten. Bürgern und Handwerkern waren bestickte oder bordierte Schuhe verboten.

Der ***Damenschuh*** unterschied sich in seiner Form nicht wesentlich vom Herrenschuh. Hier verlief der Absatz schräg zur Sohlenmitte, wodurch der Schuh zusätzlich erhöht wurde. Er war höher (bis zu sieben Zentimeter) als der des Mannes und wurde nach unten schmäler. Auch die zierlichen Frauenpantoffeln, die unter der französischen Bezeichnung ***Mules*** bekannt wurden, erhielten einen Absatz. Die Spitze des Frauenschuhs konnte um 1680 schnabelartig verlängert sein. Damenstiefel wurden, damit sie eng anlagen, an der Schaftinnenseite geschnürt.

Anfangs des **18. Jahrhunderts** änderte sich die Form des Schuhs beider Geschlechter. Das Seiten- und Vorderleder wurde wesentlich höher zum Bein hinaufgeschnitten, es entstand eine lange Zunge, über die eine Querlasche seitlich oder kreuzweise geschlossen wurde. Beim Herrenschuh bildete die ***Schnalle*** den Hauptschmuck. In den 1760er und 1770er Jahren wurden die Schuhschnallen beim Adel zu großen, eckigen Schmuckstücken aus Edelmetall mit Edelsteinen und Diamanten verziert. Sie waren zum Auswechseln gearbeitet und bildeten mit den edlen Gewandknöpfen eine Garnitur, die in der Schmuckschatulle aufbewahrt wurde. (Ein Grund, weshalb sich Schuhe oft ohne dazugehöriger Schnalle erhalten haben.) Männerpantoffeln waren reine Hausschuhe und flach und bequem gearbeitet.

Die zweckmäßige Mode englischer Provenienz, die ab den 1770er Jahren so sehr den Kontinent beeinflußte, verhalf dem Stiefel zu neuen Ehren. Der knapp kniehohe, sportliche ***Jockeystiefel*** mit hellem, nach außen gestülptem Lederfutter sowie der ***Husarenstiefel*** (in Frankreich und England Hessenstiefel genannt) wurden ausgesprochene »Jugendschuhe«. »Stürmer und Dränger« trugen sie, ebenso gehörten sie zur Werthertracht. Als Pendant zum Stiefel bürgerte sich der ***Escarpin***[60] ein, dem der Ruf des Verweichlichten anhaftete. Es war ein leichter, sehr weit ausgeschnittener, absatzloser Schuh (dem heutigen Ballerinaschuh ähnlich, *Tafel 8*).

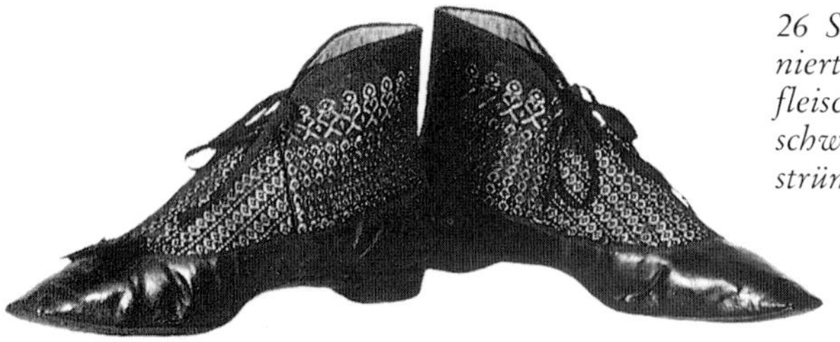

*26 Schwarze Lederschuhe, kombiniert mit einem Halbschaft aus fleischfarbenem Leder, über das schwarze, durchbrochene Seidenstrümpfe gezogen sind, so daß der Eindruck eleganter Pumps mit Seidenstrümpfen entsteht, um 1840*

Während der **Französischen Revolution** (1789–1792) wurden in revolutionären Proletarierkreisen die Holzpantoffeln der Bauern, die ***Sabots***, zum Symbol der Unterdrückung. Der höfische Schnallenschuh aber wurde 1790 in einer Volksversammlung symbolisch auf dem »Altar der Freiheit« geopfert.

In der napoleonischen Zeit war der Escarpin reiner Ballschuh, während sonst – wie immer in kriegerischen Zeiten – auch in Gesellschaft Stiefel getragen wurden, die es in vielen Abwandlungen gab *(Tafel 7)*.

Der **Damenschuh** wurde im 18. Jahrhundert stärker als bisher zum modischen Beiwerk und vor allem zum Mittel der Koketterie. Der Reifrock ließ durch sein Wippen sowie durch das kokette Hochnehmen desselben, das gekonnt verführerische sogenannte ***Retroussé***[61], mehr denn je den Blick auf den Fuß frei. Außerdem konnten die Schuhe an der Ferse mit einem Schmuckstück verziert sein, zum Zwecke des *Venez-y-voir* (Komm und schaue). Weiterer Blickfang waren Schleifen sowie kostbare, aus Gold- oder Silberfäden gewobene oder geflochtene Senkelbänder. Alle Nähte waren mit Metallspitzen verziert. Der leicht geschwungene Absatz erhöhte sich auf neun bis zehn Zentimeter. Die Pantoffeln mit ihren hohen Absätzen – französisch Mules – waren, besonders im Régence (1715–1723), gleichwertige Straßenkleidung zum geschlossenen Schuh. Sie erhielten sich in den rosafarbenen oder himmelblauen Boudoirslippers mit Federtuff bis heute.

Schützende ***Überschuhe*** fand man weiterhin zweckmäßig. Unterschuhe aus Holz mit einem Eisenring oder Holzstegen und einem angenagelten ledernen Ristriemen hießen ***Clogs***, im Umgangsdeutsch Kothschuhe. Eleganter wirkten ***Patten*** aus Leder oder aus dem Material des Schuhs, die den Raum zwischen Absatz und Sohle ausfüllten *(Tafel 14)*.

Um die Jahrhundertmitte änderte sich die Form der Damenschuhe. Sie wurden über dem Rist weit ausgeschnitten, die Spitze verkürzte sich, der Absatz wurde niedriger, rückte aber zum Teil stark in die Sohlenmitte. Das Obermaterial wurde einfarbig, kleingemusterte oder gestreifte Seiden bevorzugte man.

Das große Augenmerk, das nunmehr auf das Schuhwerk gerichtet wurde, wird durch den Aufstieg des Schuhmachers zum namentlich bekannten ***Handwerker*** bestätigt. Allerdings richtete es sich mehr auf das Äußere des Schuhs, die Trageweise wurde höchstens durch gepolsterte Einlagen unter den Ballen verbessert.[62]

*27 James Mason knöpft seine Bottinen mittels eines Knopfziehers*

Gegen Ende des Jahrhunderts fanden die aufklärerischen Ansichten über »Zurück zur Natur« auch in der Schuhmode ihren Niederschlag. Orthopäden prangerten die Deformierungen und Fußschäden verursachende bisherige Schuhmode an. Ärzte, wie Petrus Camper (1722–1789), kritisierten die gar nicht vernünftige Mode »beyde Schuhe auf nämlichen Leisten zu machen« und Cornwall 1788 die »hohen Hakken«.[63]

Im **Directoire** (1795–1799) huldigten modebegeisterte Damen dem griechisch-antiken Ideal des Barfußgehens oder trugen allerhöchstens Sandalen. Auch der Damenabsatz war der Französischen Revolution geopfert worden. Allgemein trugen Frauen einen dem männlichen Escarpin ähnlichen flachen Schlupfschuh. Angenähte Bänder, die kreuzweise um den Unterschenkel gebunden wurden, sollten an antike Sandalen erinnern *(Abb. 148)*. Da die Fußbekleidung die Art des Gehens diktiert, stellte sich durch den flachen Schuh nicht nur ein anderes Gehabe ein, sondern man war auch offen für eine neue Form des Tanzens, die im 19. Jahrhundert zum Walzer führte: »Die marionettenhafte Zierlichkeit des Ganges der Rokokomenschen wich dem gleitenden Schwung [...] Man kann das an dem Wandel des Tanzstiles erkennen. Das abgezirkelte Menuett begann durch schleifende und drehende Tanzschritte und Figuren abgelöst zu werden.«[64]

Das **19. Jahrhundert** ist das Jahrhundert des Halbstiefels, der als ***Bottine*** oder ***Stiefelette*** bekannt war. Die Bottine wurde an der Innenseite geschnürt, nach etwa 1865 mit kleinen Kugelknöpfen mittels eines Knopfziehers geknöpft. ***Knopfzieher*** waren kleine Haken, deren Stiel oft aus kostbaren Materialien, wie Elfenbein, Horn oder Silber, gefertigt

*28 Links: Brautstiefelette aus blaßrosa Seide, deren Sohle mit Liebessymbolen verziert ist. Barcelona, um 1830*

*29 Rechts: Damenreitstiefel aus Lackleder in ungarischer Form mit Kordelverzierung, Pinet-Absatz und Sporn, Mainzer Fabrikat, um 1860/65*

war. Der niedrige Absatz der Bottine hatte die Aufgabe, den bis Mitte des Jahrhunderts üblichen Hosensteg, den Spanner, zu halten. Ein beliebtes männliches Schmuck-Attribut waren kleine Ziersporen am Absatz. Dank der Erfindung der Vulkanisation des Gummis kam 1839 die ***Zugstiefelette*** mit seitlichem Gummieinsatz auf. Man machte nun auch Überschuhe, ***Galoschen***[65], aus Gummi, einem Material, das jedoch noch nicht ausgereift war, und in der Sonne klebrig, in der Kälte aber steif und brüchig wurde. Um 1880 begann sich der zum Sakkoanzug passende ***Halbschuh*** in verschiedenen bis heute aktuell gebliebenen Arten durchzusetzen. Es waren durchwegs Schnürschuhe. Der ***Brogue*** hat sich aus einem derben irischen Laufschuh entwickelt[66] und war Golfschuh. Als Fullbrogue wurde er zu Knickerbockers getragen, als Halfbrogue ist er bis heute ein eleganter, sportlicher Schuh. Charakteristisch ist seine Lochmusterverzierung, die er erhalten haben soll, um die Feuchtigkeit aus den Socken zu bekommen. Für den eleganten ***Oxford*** typisch ist die abgesteppte Zehenkappe. Beim ***Derby*** bilden die Seitenteile einen Flügel. ***Tanzschuh*** war weiterhin der Escarpin, der im 20. Jahrhundert zum Pumps wurde. Ende des Jahrhunderts waren ***Einsatzstiefeletten*** Mode, deren Schuhteil aus dunklem Leder und deren Schaft aus hellem Stoff, meist Pepita, oder Leder gearbeitet waren *(Abb. 102)*. Militärs und ein Großteil des Adels, die der bürgerlichen Mode durch Tragen »schneidiger« Uniformen auswichen, traten in martialischen Stiefeln auf.[67]

In der Frauenschuhmode hielt sich im Biedermeier (1815–1848) der schon im Directoire aufgekommene ***Kreuzbandschuh***. Er wurde zusammen mit über dem Rist bestickten Strümpfen getragen. Die nur knöchellange Kleidmode ließ seit den 1820er Jahren die bis an die Waden reichende ***Stiefelette*** aufkommen. (Auch in der Frauenmode war es das Jahrhundert der Stiefelette.) Die Stiefelette war anfangs absatzlos und wurde an der Innenseite geschnürt. Gelackte Schuhspitzen waren modern und boten, da die Schuhe nur aus Stoff bestanden, ein wenig Schutz. Um 1850/1855, zur Zeit der Krinoline, eroberte der Absatz wieder die Mode, was auf das Können des Schuhmachers F. Pinet zurückzuführen war. Pinet[68] entwickelte einen dem Louis-quinze-Absatz ähnlich geschwungenen Absatz, der jedoch wesentlich leichter war, da er aus einem Stück Leder geschnitten und in einer Metallform gepreßt wurde. Der sogenannte ***Pinet***- oder Bobine-***Absatz*** (französisch Fadenspule) unterstrich vorzüglich die steißbetonende Mode der Turnüre (1869–1875) und des Cul de Paris (1882–1888). Ab 1860 erhielt auch die Frauenstiefelette einen seitlichen Gummizug und wurde dann *Bottine* genannt. Schnallen und Quasten waren als Verzierung beliebt.

Gegen Ende des Jahrhunderts differenzierte sich die Frauen-Fußbekleidung mehr dem Anlaß entsprechend. Tagesschuh war die Schnürstiefelette, die nun häufiger aus Leder gefertigt wurde oder deren Schaft mit einem streublümchengemusterten Stoff überzogen war. Seit den 1880er Jahren unterstrich den neuen emanzipatorischen Modestil von Kostüm und Paletot-Mantel der bequeme *Trotteur*-Halbschuh, der noch die Knöchel bedeckte und geschnürt wurde. Selbst ***Bergschuhe*** für die Frau kamen auf. Ballschuh war der mit Perlen bestickte Spangenschuh, der aus Goldleder besonders auffiel und ***Goldkäferschuh*** genannt wurde.

Ab 1821 konnte der Schuhleisten auf der Drehbank und damit als ***Serienprodukt*** hergestellt werden. 1856 gab es die erste Nähmaschine für Leder, Schuhfabriken wurden gegründet. Dennoch wurden die Schuhsohlen bis Ende des 19. Jahrhunderts gleich gearbeitet, das heißt geradleistig. Schuhe wurden zuweilen sogar wechselseitig getragen, um eine gleichmäßige Abnutzung zu erreichen.

Im **20. Jahrhundert** sind die bereits bekannten Halbschuhformen die gängigsten ***Schnürschuhe*** des Mannes geworden: der Oxford als eleganter Schuh, der Brogue als idealer Allrounder *(s. S. 41)*. Der ***Pumps***, ein Schlüpfer aus schwarzem Lack, ist der eleganteste Abendschuh zu Smoking und Frack. Jedoch dominierte in den beiden ersten Jahrzehnten des Jahrhunderts noch die elegante ***Einsatzstiefelette*** oder der Halbschuh mit

*30 Klassische Herrenschuhe von Eduard Meier, 1992.*
*Von links: Brogue, Oxford, Diamond-Loafer, Monk*

Gamasche. Die ***Gamasche*** war nicht nur Kälte- und Staubschutz, sondern modisches Zubehör des eleganten Mannes. Es gab sie in verschiedensten, genau festgelegten Ausführungen, prinzipiell aber nur zum Tagesanzug und zur gestreiften, knöchellangen, meist stulpenlose Hose.[69] Im Zuge gesundheitlicher Mode-Reformbewegungen zu Beginn des Jahrhunderts hatte sich die rechts und links verschiedene Ausführung von Sohle und Blattzuschnitt entschieden verbessert.

Im Ersten und ähnlich im Zweiten Weltkrieg behalf man sich mit ***Ersatzschuhen***, die meist nur auf Bezugsschein erhältlich waren. Ihre Schäfte waren aus Lederstücken, Stoff, Jute oder Papier, die Sohlen aus Holz oder geteerten Papierbindfäden.

In den 1920er Jahren legte sich die Herrenschuhmode noch nicht zwischen der Schnürstiefelette und dem Halbschuh fest. Beide erhielten nach 1925 eine Karreespitze. Von allen Tanzbegeisterten wurde der flache, extrem spitze ***Shimmy-Schuh*** erworben.

Erst in den 1930er Jahren löste der Halbschuh, besonders der Brogue (der Lückerlschuh), die Stiefelette ab. Der elegante ***Einsatzschuh*** mit dunkelledener Zehen- und Fersenkappe und auffällig hellem Blatt war bei Gigolos und Mafiosi begehrt. Als sportlicher Sommerschuh neu war der ***Mokassin***. Seine Besonderheit ist, daß – als ursprünglicher Schuh der Indianer – die Sohle seitlich hochgezogen ist und dort an das Oberleder ansetzt. Durch seine Biegsamkeit wurde der Mokassin in den USA als idealer Bootsschuh erkannt und 1936 mit einer ***Kreppsohle*** versehen.[70] Seine bekannteste Form ist der nach seinem Hersteller benannte ***Timberland*** mit Lederschnürsenkel, die sich durch Ösen am Schaftrand ziehen. In Deutschland war ein aufmerksamkeits- bis furchterregendes »Accessoire« der Zeit der stets gewichste und faltenlose Nazistiefel.

Um nach der deutschen Währungsreform 1948 die Bevölkerung mit soliden Lederschuhen auszustatten, wurde der ***Jedermannsschuh*** (für Männer, Frauen und Kinder) durch den damaligen Wirtschaftsminister Ludwig Erhard initiiert. Hauptkriterien waren erstklassiges Material, solide Verarbeitung ohne modische Finessen und ein Preis unter 30,– Mark.

In den 1950er Jahren begannen sich spezielle Schuhmoden für Jugendliche durchzusetzen und, besonders bemerkenswert, so gut wie alle waren geschlechtsneutral. Es fing mit dem sogenannten ***College-Schuh*** an, dem bequemen Schlüpfer der Schüler und Studenten, dessen Gummizug unter oder zu beiden Seiten der Zunge Halt gibt. Der College-Schuh ging auf den ***Loafer*** (eigentlich Faulenzer) zurück, einen bequemen, mokassinartigen Halbschuh. Er ist bis heute weit verbreitet; selbst Michael Jackson trägt ihn auf der Bühne wegen seiner Weichheit. Den Loafer gibt es in verschiedenen Ausführungen: als Diamond-Loafer hat er eine ausgestanzte Raute in dem Lederriegel über dem Rist; als Penny-Loafer einen Schlitz im Riegel, in den die Ivy-League-Studenten es schick fanden, einen Penny zu stecken; als Kiltie mit Fransen an der Lasche oder als Tassel-Loafer mit zwei Quasten.

Teenager schwärmten von den bequemen Tennisschuhen, den ***Sneakers***[71] *(Tafel 15)*. Der Sneaker aus weißem Segeltuch und mit dicker Gummisohle war dank des verbesserten Vulkanisierverfahrens schon 1875 in den USA als Schuh zum beliebten Krocket, einem Rasenspiel, aufgetaucht. Er war ein idealer Schuh zum Rock-'n'-Roll-Tanzen, da die extreme Beweglichkeit der Füße nach weichen Schuhen[72] verlangte. Aber auch dem folgenden Schuhtyp wurde dafür gehuldigt: es waren Schuhe, deren extreme Spitzen und Absätze mit einem ***Eisenplättchen*** belegt waren und die das »rotzige Imponieren« von Teddy-Boys und Halbstarken akustisch ankündigten. Letztere, auch Rocker genannt[73], verzichteten nicht auf die Symbolkraft von Stiefeln. Sie waren die ersten, die ***Cowboystiefel*** (die Arbeitsschuhe texanischer Kuhhirten) zur Mode machten. Als Asphalt-Cowboys gaben sie sich ein hartes, freiheitsliebendes Image, auch wenn sie das Pferd gegen ein Motorrad tauschten. Der schräge, hohe Absatz des Cowboystiefels entspricht keiner Gehfunktion, sondern jener eines Hackens für den Steigbügel, und verleiht dem Träger einen gestelzten Gang. Cowboystiefel werden auch zu Hause nicht abgelegt und schon gar nicht gegen Pantoffeln getauscht, die den »sich aufgebenden Pantoffel-Helden« symbolisieren. Cowboystiefel sind längst zu Kultschuhen geworden *(Tafel 15)*.

In den 1960er Jahren löste der elegante italienische Schuh mit seiner

*31 Beatle-Stiefelette mit Torero-Absatz und breitem Gummizug, 1964*

schmalen Fasson, der dünnen Sohle und dem weichen Leder die plumpen Modelle der 1950er Jahre ab. Ein neuer Tanzstil initiierte eine neue Schuhform. 1964 kam die ***Beatle-Stiefelette***[74] mit weitem, seitlich mit breitem Gummizug versehenen Schaft auf. Sie war vorne extrem spitz und hatte einen trichterförmigen Torero-Absatz, der einen etwas gestelzten Gang vermittelt, wie er bei Bühnenauftritten eines Mick Jagger bis heute unverkennbar ist. Bequeme, eher unmodische, aber dennoch beliebte Freizeitschuhe waren die ***Clarks*** aus Sämischleder mit dünner Gummisohle, benannt nach dem gleichnamigen britischen Schuhhersteller[75]. Zurück zur Natur und Ausstieg aus der Konsumgesellschaft lautete das Motto der Hippies, das sich konsequenterweise in ihrer Vorliebe für Barfußgehen oder im Tragen von ***Jesus-Latschen*** äußerte.

Anfang der 1970er Jahre trat auch die männliche Jugend auf dicken Sohlen auf. 1972/73 erreichten die ***Plateausohlen*** mit einer Höhe von über zehn Zentimetern ihren Höhepunkt. In ihrem grellen Rot, Blau, Gold oder Silber, mit großen Sternen, Blumen oder US-Flagge verziert, waren sie als Stiefel oder Halbschuh besonders bei Schwarzafrikanern beliebt. Popstars – nicht nur Elton John – nutzten die Kothurnschuhe, um auf der Bühne größer zu erscheinen.

Eine vollkommen neue Generation von Winterstiefeln, geschlechtslos noch dazu, kam mit den ***Moonboots*** auf. Sie hatten sich aus jenem Schuh entwickelt, mit dem der erste Astronaut seine Spuren auf dem Mond (1969) hinterlassen hatte. Moonboots sind zeitüberdauernd, nur Farben und Muster wechseln.

Schließlich wird eine ganze Menschheitsgeneration weltweit nach ihren Schuhen benannt, die ***Turnschuhgeneration***. Der erste Gehversuch des Turnschuhs wurde zu einem großen Schritt für die Menschheit.[76] 1868 formte der Erfinder Heinrich Franck eine Fußbekleidung aus Leder und Tuch, die leichter als bisherige feste, geschlossene Schuhe waren. Erst Anfang des 20. Jahrhunderts spezialisierten sich Hersteller auf Schuhe für Athleten: 1900 gründete Joseph W. Forster in England ***Ree-***

***bok***, 1908 folgte ***Converse*** (seit 1917 gibt es Converse All Star), 1923 ***adidas*** von Adi und Rudi Dassler[77] und 1948 ***Puma***. Alle Hersteller von Turnschuhen experimentierten mit Schaumgummi, seit den späten 1940er Jahren mit polymeren Schaumstoffen als Dämpfungs- und Polstermaterial. 1971 gründeten Phil Knight und Bill Bowerman die Firma ***Nike***, letzter erfand 1972 die Waffelsohle und 1979 die bahnbrechende Air-Sohle, bei der ein Gas in eine Plastikhülle eingeschweißt ist. In den 1980er Jahren kamen zahlreiche neue Systeme auf, Pumpsysteme für mehr Stabilität, Torsion für die natürliche Abrollbewegung und der Disc als Schnürsenkel-Ersatz. Der Schuh mit eingebautem Computer[78] in der Lasche gibt heute Auskunft über die zurückgelegte Wegstrecke, die Durchschnittsgeschwindigkeit, den Kalorienverbrauch, so daß die Frage der vorindustrialisierten Zeit wieder an Aktualität gewonnen hat: »Wie geht's?« *(Tafel 15)*

Als sogenannter ***Joggingschuh*** ist der Turnschuh ein High-Tech-Produkt[79] geworden. Aerobic, durch Jane Fonda in Mode gekommen, und Jogging wurden bei allen Altersgruppen in; Wälder und städtische Grünanlagen füllten sich mit Joggern. Die ursprünglich für Athleten bestimmten Schuhe wurden von Millionen von Menschen gekauft, die sportsüchtig geworden waren. Joggingschuhe sind längst kein Gebrauchsgegenstand mehr, sondern eine Weltanschauung. An Vielfalt, Prestige und Preisniveau hat der Joggingschuh bereits den Lederschuh übertroffen. Ein Anhänger des adretten Lederschuhs schildert seine anfänglichen Abneigungen gegen den Turnschuh: »In der Welt der Erwachsenen erschien es [das Tragen von Turnschuhen] mir als ein Instrument unzulässiger Verjüngung, ein unseriöses, schmuddeliges Utensil, das den aufrechten zivilisatorischen Gang zu einem vorsintflutlichen Schleichschritt zurückentwickelte. Zudem konnte man den Turnschuh nicht auf die gewohnte Art säubern.« – »Schließlich hatte ich noch mein soziokulturelles Argument: den letzten Schustern würde mit dem unflickbaren Wegwerfprodukt Turnschuh die letzte Arbeit genommen werden [...].« Seine Überzeugung für den Lederschuh revidierend drückte er sein Pro für den Turnschuh aus: »Vermutlich wirke ich auch dynamisch mit meinen Turnschuhen, aber ich komme mir nicht so vor. Ich komme mir nur unbeschwert vor. Ich nehme zwei Stufen auf einmal. Ich laufe Straßenbahnen hinterher, wozu ich mir früher zu fein war. Also ziehe ich immer dann Turnschuhe an, wenn ich es eilig habe. [...] Manchmal ziehe ich sie auch zum Schreiben an, ich kann dann flotter formulieren.«[80]

Der Turnschuh übertraf sich selbst, als er 1985 anläßlich der Vereidi-

*32 Abendschuh aus hellgrauem Glattleder mit Stahlperlen und Glassteinen verziert, um 1905*

gung des Grünen-Politikers ***Joschka Fischer*** zum ersten hessischen Umweltminister zum Politikum wurde. Die Frage war: was ist wichtiger, den Anlaß oder die politische Überzeugung im Outfit zur Geltung zu bringen. Der Schuh ist zum Medium ***politischer Anschauungen*** geworden; Meinungsforscher fanden heraus, daß Turnschuhträger mehrheitlich links wählen. Fragt sich nur, ob der Turnschuh in zwanzig oder dreißig Jahren zur etablierten konservativen Fußbekleidung wird, gleichsam wie einst die revolutionäre lange Herrenhose die Kniehose des Adels verdrängt hatte.

Einen Höhepunkt radikal-grüner Lebensäußerung stellte in den 1980er Jahren die ***Birkenstock-Sandale*** der Müsli-Generation da; ein seit 1774 bewährter Gesundheitsschuh erfreute sich großer Nachfrage, kam in Mode.

Ähnlich erging es anderen, längst zum Jugendkultobjekt gewordenen Schuhen, den ***Dr. Martens*** *(Tafel 15)*. Sie sind Modeschuhe, die sich seit über dreißig Jahren nicht verändert haben – ein Widerspruch? Das »Modewunder« der Doc's begann Ende der 1950er Jahre. Der englische Schuhhersteller R. Griggs & Co. Ltd. bekam die Exklusivlizenz zur Herstellung der in Deutschland kurz nach dem Zweiten Weltkrieg von dem Arzt Dr. Klaus Maertens und dem Techniker Dr. Ing. Herbert Funk erfundenen Luftpolstersohle, der Air Cushion Sole. Was in Deutschland dem Bequemschuh vorbehalten blieb, ging in England in die Fabrikation für Working Shoes für Polizisten, Busfahrer, Postboten und Schulkinder. Die bequemen und preisgünstigen englischen Lederschuhe, mit und ohne Sicherheitsstahlkappen, wurden zum Markenartikel Jugendlicher. Rock- und Popgruppen laufen als freiwillige Werbeträger – besonders seit der Plateausohlenzeit – darin herum, Prince Charles trug sie angeblich zur Jagd, Punks tragen sie in Stiefelform und der ausgeflippte Modeschöpfer Jean-Paul Gaultier schwört auf die klobigen, dicksohligen Doc Martens.[81] Das Angebot von Doc's oder DM's, wie sie

*33 Riemchen-Sandalette in Rot, Hellblau, Gelb und Grün mit hohem Absatz, Fersenriemen und Fesselspange, Bally 1952*

noch kürzer genannt werden, reicht vom 1460er Stiefel mit acht Ösen (seine Produktion begann am 1.4.60), über den »klassischen« 1461er Halbschuh in glatter Rub-off-Optik bis zur Brogue-Version mit Lochmuster. Obgleich Kultschuh in Schwarz und in Cherry-red[82] gibt es Doc's mit gelber Naht, neuerdings in allen Farben und für die gesamte Familie. Rechtsextreme Jugendliche fallen durch ihre paramilitärischen ***Springerstiefel*** (mindestens elf Ösenpaare und mit Stahlkappe) auf – oft als Boxhandschuh für den Fuß beschrieben; aber auch diese haben eine Dr.-Maertens-Luftpolstersohle. Da dieses martialische Laufwerk jedoch sowohl in der rechten als auch in der linken Szene beliebt ist, liegt der Unterschied im Detail: rechte Skins haben weiße Schnürsenkel, linke Punks schwarze oder rote.

Der **Frauenschuh** des 20. Jahrhunderts ist der ***Pumps***. Da er als weit ausgeschnittener Schuh wenig Halt bietet, war er zunächst Fußbekleidung der Oberschicht. Während des Ersten Weltkriegs als sich die modische Saumlänge auf nur wadenlang verkürzte, verdeckten der Schnürstiefel oder hohe anliegende Gamaschen das Bein.

In den 1920er Jahren wurden die Beine der Frau allmählich und bald endgültig den Blicken freigegeben. Dies aber stellte keinen Einschnitt in die Schuhmode dar, sondern das Aussehen des Strumpfes änderte sich *(s. S. 248)*. In Mode war der ***Spangenschuh***, der Bewegungsfreiheit und Halt – auch beim Charleston – bot. Dem Glamour der eleganten Abendroben des Art déco entsprachen straß- oder perlmuttbesetzte Schuhschnallen und Absätze sowie das Gold- oder Silberleder. Dem Herrenschuh ähnlich war der ***Trotteur*** mit hoch hinaufgezogener Kappe und mit Loch- oder Flechtmuster, der zum emanzipierten Lebensstil der Frau paßte.

In den 1930er Jahren veränderte sich der Pumps. Die Schuhkappe wurde betont rund, Schlangen- und Eidechsenhaut kam in Mode. Wie kaum je zuvor verlangte die elegante Garderobe dem Anlaß passende

*34 Pull-over. Stiefelette aus elastizierter Seide mit Goldbrokateffekt und hohem Absatz von Salvatore Ferragamo, 1955/56*

und gepflegte Schuhe. Einer der kreativsten Schuhmacher war der Italiener ***Salvatore Ferragamo.*** 1936 erfand er den hohen ***Keilabsatz,*** dem er beim eleganten Schuh Leichtigkeit und Transparenz gab, indem er ihn aushöhlte oder vielfarbig gestaltete *(Tafel 14).* Wenig später kreierte er die ersten ***Plateausohlen,*** die jedoch dank seiner einfallsreichen Gestaltung nie plump wirkten. Ferragamo experimentierte mit unterschiedlichsten Materialien wie Bast, Posamentschnüren, Fischhaut, Segeltuch, Zellophanschnüren, Hanf und bemaltem Holz anstelle nur herkömmlichen Leders. Ferragamo leistete damit wertvolle Anregungen für viele, von Frauen während der entbehrungsreichen folgenden Jahre selbst gestalteten Schuhe.

Während des Zweiten Weltkriegs hatten Trotteur- und Sportschuhe, die nur auf Bezugsschein erhältlich waren, eine Sohle aus Buna, einem synthetischen Gummi; das Obermaterial war aus dünnem Spaltleder, das Futter aus Stoff. Dieser noch »hohe« Materialstand konnte aber nicht aufrechterhalten bleiben, so daß es den Ressourcen und dem Einfallsreichtum jeder Frau überlassen blieb, eigene Schuhe anzufertigen. Meist hatten die Schuhe Sohle und Keilabsatz aus Holz oder Kork, ein Riemengeflecht aus Bast, Lederabfällen oder Stoffresten; auch Sohlen aus alten Autoreifen waren keine Seltenheit *(Tafel 11).*

1947 veränderte Christian Dior mit seinem ***New Look,*** dessen Signifikanz der weite, wadenlange Rock war, auch die Schuhmode. Der vorne rund gestaltete Pumps mit hohem, aber kräftigem Stöckel wirkte elegant und feminin nach all den Kriegsmodellen. Der hohe Absatz, der ein Hohlkreuz und damit eine Betonung von Gesäß und Brust bewirkt, ist aus dem neuen, sexbetonten Filmgenre der 1950er Jahre nicht wegzudenken. Extravagant waren Schuhe aus durchsichtigem Kunststoff mit Straßnieten verziert, ***Flamenco-Schuhe*** mit schmalem Zehenloch und Schuhe aus Spitze. Für den Winter gab es pelzgefütterte Pumps. Namhafte Pariser Modehäuser begannen mit Schuhkreateuren zusammenzuarbeiten wie ***Charles Jourdan,*** der 1921 eine Schuhfabrikation gegründet

*35 Extrem spitzer Damenpumps aus Leinennetzwerk mit Stilettoabsatz von Charles Jourdan, um 1962*

hatte, und ***Roger Vivier***, der 1932 als Schuhdesigner begann und seit 1953 zwei Schuhkollektionen für Dior kreiert. Zu den ersten Jungmädchenschuhen zählten absatzlose ***Ballerinaslipper***. 1955 kam aus Italien der dünne, geschweifte Bleistift- oder ***Pfennigabsatz***, der anfangs noch sehr hoch war und erst in der ersten Hälfte der 1960er Jahre niedrig wurde. Als Parkettbodenzerstörer waren die ***Stilettos*** (italienisch *kleine Dolche*) gefürchtet. Dem dünnen Absatz entsprach die langgezogene extrem lange Schuhspitze, die nur um 1958 einem Karree wich. Diese Schuhform paßte zur koketten Petticoat-Mode[83]. Da nur wenige Frauen mit hochhackigen Pantoletten gehen können, gab es in den USA patentierte Innensohlen mit Gummizug von den Zehen bis zum Absatz – sogenannte ***Spring o Lator*** –, die das starke Abknicken des Fußes mildern und ihn somit stützen *(Tafel 14)*.

1963 waren unter dem Einfluß der ***Op-art*** geometrische Schwarz-Weiß-Muster modern. 1963/64 revolutionierte der französische Modedesigner ***André Courrèges*** die Schuhmode. Er lehnte Bleistiftabsätze als

*36 Links: Markenzeichen von Charles Jourdan und von Roger Vivier für Christian Dior*
*37 Rechts: Damenschuh aus Schlangenhaut, 1940er Jahre*

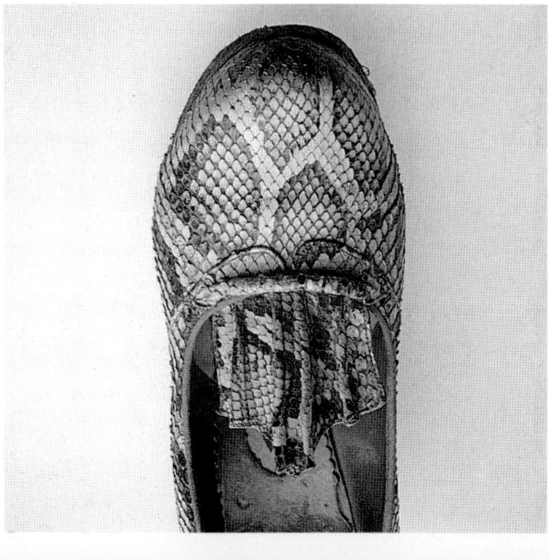

unzeitgemäß, da unbequem, ab. Statt dessen schlug er zu Minirock und Hose flache weitschaftige Stiefeletten aus schwarzem und weißem Lackleder vor. Folglich erhielten auch Pumps einen breiten, niedrigen Absatz und waren vorne betont rund.

Anfang der 1970er Jahre wurden die Sohlen immer dicker, bis um 1972/1973 kothurnartige ***Plateausohlen*** entstanden waren *(Abb. 38)*. Sie gaben dem schlanksten Bein eine Klumpfußoptik. Eine Journalistin schrieb, eine geheime Macht müsse den Frauen eingeredet haben, daß diese Schuhe schön seien. Ein wenig zierlicher wirkten nur die sommerlichen Leinenschuhe mit Keilabsatz. Der Stiefel bekam einen hohen Absatz und einen langen, anliegenden Schaft und wurde ***City-Stiefel*** genannt. Die anliegende Form wurde durch einen elastischen Kunststoff und einen Reißverschluß an der Schaftinnenseite erreicht. Seit Mitte der 1970er Jahre fällt der Absatz beim Abendschuh meist sehr hoch, beim Tagesschuh moderat aus. Flache Ballerinas und College-Schuhe bilden Alternativen.

Zu der Vielfalt an speziellen Damenschuhen stehen seit den 1980er Jahren so gut wie alle Herren- und Sportschuharten – Brogues, Cowboystiefel, Joggingschuhe – dem weiblichen Geschlecht zur Verfügung, so daß ein wesentlich größeres Fußbekleidungsrepertoire für die Frau selbstverständlich geworden ist.

In den 1990er Jahren fällt die Zunahme an Farben, nicht nur der gängigen Primärfarben neben Schwarz und Weiß, in der Schuhmode auf. Die winterliche Schuhmode kommt nicht ohne halbhohe Schuhe mit Pelzverbrämung aus. Der seit 1992 waden- bis knöchellange Saum brachte die Plateausohle wieder in Mode, wenn auch nicht in so extremer Form wie zwanzig Jahre zuvor.

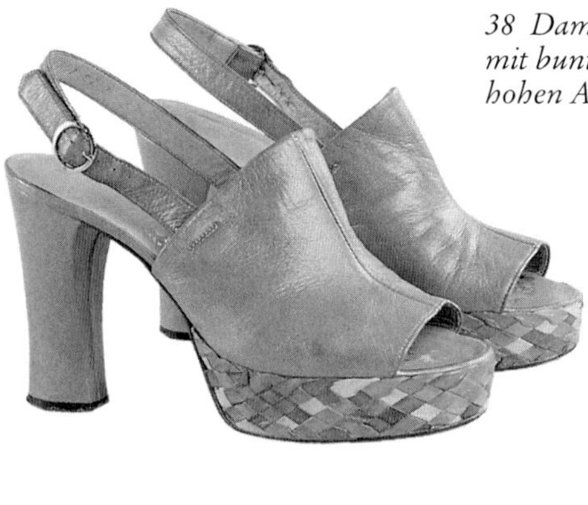

*38 Damensandalen mit Plateausohlen mit buntem Ledergeflecht und mit hohen Absätzen, um 1974*

*39 Rechts: Mode von André Courrèges mit flachen weitschaftigen Stiefeletten aus weißem Lackleder, 1965*

# Gürtel

*40 Weibliche Science-fiction-Figur mit »Funktionsgürtel«*

Der Gürtel ist jenes Beiwerk mit den vielfältigsten Funktionen, Bedeutungsinhalten und Ausdrucksmöglichkeiten. Er ist Kleidungszubehör, wenn er ein Gewand am Körper hält, praktisches Beiwerk, wenn an ihm Tasche oder Waffe hängen. Er hat ästhetische und schmückende Funktionen, ist akzentuierender Blickfang und er hat religiöse ebenso wie soziale Bedeutungen. Außerdem werden dem Gürtel magische Kräfte zugesprochen.

Der Gürtel kam – entgegen den allgemeinen Vorstellungen – nicht auf, um Kleidung am Körper zu befestigen. Auch die meisten unbekleidet lebenden Naturvölker sind gegürtet. Der Gürtel ist ihnen magischer Schutz, soziale Bindung ebenso wie Schmuck, aber auch die ursprünglichste aller Funktionen, die der ***Transporthilfe***. In den Gürtel steckt der archaische Mensch Faustkeil, ein primitives Beil, die Beute eines Kleintiers oder eine Jagdtrophäe *(Abb. 41)*. Dieser praktische Gebrauch des Gürtels wurde beibehalten, als er längst auch dem Umgürten von Kleidung diente. Bis in die Renaissance befestigten sowohl Männer als auch Frauen Tasche oder Beutel am Gürtel. Dies auch deshalb, weil sich in vielen Kulturen der Glaube entwickelte, daß dem Gürtel magische Abwehrkräfte innewohnen (siehe unten). Dies wiederum führte dazu, daß gerade der Geldbeutel an den Gürtel gehängt wurde, in der Meinung, ihn dort sicher aufzubewahren. Die Abwehrkräfte des Gürtels hielt aber die »Beutelschneider« nicht von einem Raub ab. Deshalb bevorzugten ab dem 17. Jahrhundert Reisende und Kaufleute aus Sicherheitsgründen in den Gürtel eingearbeitete Taschen, wie bis heute bei Reisegürteln aktuell. Da sich diese um den Leib schmiegten, wurden sie *Geldkatzen* genannt.[84]

Nicht nur in dieser praktischen Weise, sondern auch in der abstrakten Vorstellung bildet der Gürtel einen Schutzring um den Körper. Er umschließt die Körpermitte, welche gleichbedeutend mit dem Zentrum der Energie des Menschen ist. Seine ***magische Bedeutung*** ist in allen Ethnien tief verwurzelt. Der Gürtel des Schamanen bannt die herbeigerufenen Geister in den Gürtel, so daß sie nicht vollkommen Besitz von ihm ergreifen können. Auch im alpenländischen Raum verband man mit dem Gürtel die Vorstellung, daß man in ihm unheilvolle Dämonen einfangen und dort halten kann; schlug man auf den Gürtel, hörte man sie darin winseln. Die Unheil abwehrenden Kräfte des Gürtels wurden oft durch herabhängende Amulette, Klapperbleche, klirrende Knochen, Rasseln und Schellen verstärkt, deren Lärm böse Geister verscheucht oder gute anlockt. Noch heute wird mancherorts mit Schellengeläut der Winter ausgetrieben. Edelsteine, mit denen man besonders in der Renaissance Gürtel besetzte, verstärkten seine heilende und schützende Wirkung.[85] Schutz und Hilfe boten natürlich auch Inschriften wie »Gott segne mich«. In vielen Religionen bietet der Gürtel dem Priester Schutz und Abwehr vor bösen Mächten.

Im Christentum spielt der Gürtel auch als ***sexuelles Reinheitssymbol*** eine Rolle, denn der Gürtel trennt zwischen dem »sündigen« Unterkörper und dem »vergeistigten« Oberkörper. Zur Zeit der Karolinger trugen Büßer und Büßerinnen unter dem härenen Gewand einen Stachelgürtel, um das sündige Fleisch zu töten.[86] Außerdem wird der Gürtel durch das Zusammenhalten der Kleidung als entscheidendes Mittel angesehen, den sündhaften, nackten Körper zu verhüllen. Juden gewöhnten frühzeitig ihre Kinder, Gürtel um den Leib zu tragen, denn »der Gürtel macht einen Unterschied zwischen dem Herzen und der Scham, damit das Herz im Gebet nicht die Scham ansehe, oder etwas Unzüchtiges gedenke [...] Und hätte das Kind keinen Gürtel an, so wäre das Gebet umsonst und vergebens und würde ihm für eine Sünde gerechnet.«[87] (Dies erinnert daran, daß bis heute das Erzählen von Unflätigem charakterisiert wird mit »es war unter der Gürtellinie«.) Auch die von der christlichen Religion geforderte ***Enthaltsamkeit*** von weltlichen Genüssen wurde durch den Gürtel zum Ausdruck gebracht. Der katholische Priester trägt den Gürtel als Zeichen seiner Keuschheit, Demut und Wachsamkeit.[88]

Die Symbolik des Gürtels bezieht sich auch auf seine Weite oder Enge sowie auf seine hohe oder tiefe Positionierung am Körper. Ein weiter Gürtel wurde zumal im Mittelalter als Zeichen irdischer Völlerei verachtet. So ist das Schlankheitsideal zur Zeit der Gotik auch als ein religiös geprägtes Leitbild zu verstehen. Das ***Schönheitsideal*** einer schlanken Taille hat sowohl religiöse als auch soziale Hintergründe. Es taucht in verschiedensten Kulturen auf, bei den minoischen Prinzen im Altertum oder noch im 20. Jahrhundert bei den Mekeo-Männern auf Papua-Neuguinea. Ihre schlanken Taillen wurden durch eine enge Gürtung von Kindheit an erzielt.[89] Zumeist aber bewirkt der Gürtel nur eine rein optische ***Stilisierung*** durch seine Position *(Abb. 42 und 45)*: eine extrem hohe Gürtung wie in der Frauenmode des späten Mittelalters überlängt die Figur optisch. Sie bewirkt eine sehr weibliche, zugleich aber vornehm zurückhaltende Gestalt. Im Gegensatz dazu negiert die tiefe Hüftgürtung weibliche Formen, wirkt emanzipiert und entsprach so dem Bestreben der Frauenmode der 1920er Jahre.

Durch die Stilisierung des Körpers erzielt der Gürtel außerdem eine ***Erotisierung***. Die Art der Gürtung betont in unterschiedlicher Weise die Körperformen der Geschlechter. Der enge Frauengürtel läßt die Rundungen von Hüften und Brust hervortreten. Material und Verzierung steigern den erotischen Zweck. Im ägyptischen Altertum trugen Dienerinnen und Tänzerinnen als »Berufstracht« nur einen Hüftgürtel aus Perlschnüren oder aus Samenhülsen. Letztere waren mit Sand oder Körnern gefüllt, um ein aufreizendes Rasseln zu erzeugen. Bekannt ist, daß ein häufiger Bestandteil von Frauengürteln Kauri-Muscheln waren, die auch in Fayence oder Edelmetall nachgemacht wurden. Die Form der Kauri-Muschel symbolisierte die Vulva und wurde als Garant für Fruchtbarkeit und zugleich als sexuelle Aufforderung angesehen.[90]

Der ***Frauengürtel*** war ein weitverbreitetes Symbol der Liebe, Reinheit und Jungfräulichkeit. Im traditionellen japanischen Theater wird die Vergewaltigung einer Frau allein durch Antasten ihres Gürtels dargestellt. Die im Vorderen Orient verehrte Mutter-, Himmels- und Fruchtbarkeitsgöttin Astarte[91] wurde nur mit Gürtel und Schleier bekleidet dargestellt. In der vorindischen Götterwelt erscheint sie als Große Mutter nur mit dem heiligen Gürtel bekleidet.[92] In den Liebesgürtel der griechischen Göttin Aphrodite waren alle Verlockungen der Liebe hineingewoben. Im Mittelalter entwickelte sich der Gürtel zum Symbol von Jungfräulichkeit und Keuschheit. Ein gewichtiger Grund, Dirnen das Tragen eines Gürtels – unter schwerer Polizeistrafe – zu verbieten.

Der vielzitierte mittelalterliche ***Keuschheitsgürtel*** war in Wirklichkeit ein erotisches Verführungsmittel. Das scheinbar gut Verschlossene zu öffnen, steigerte die Lust des Mannes. Bis ins 16. Jahrhundert finden sich Darstellungen einer Dirne, die nur mit einer Bruch (Unterhose) bekleidet ist, an der ein Schloß hängt, gleichsam ein Überbleibsel des Keuschheitsgürtels. (Zumal Dirnen aus Standesgründen keinen Gürtel tragen durften.) Ursprünglich war der tatsächlich existente Keuschheitsgürtel nur symbolisch umgelegt worden, um die uneingeschränkte Verfügungsgewalt des Mannes über die geehelichte Frau zu dokumentieren.[93]

In der christlichen Tradition galt der ***Brautgürtel*** als jungfräuliches Insignium, das zu lösen dem Bräutigam vorbehalten war (ähnlich dem Keuschheitsgürtel). Der Brautgürtel war Symbol ehelicher Treue. Er sollte den »Bösen Blick« abwehren und dem Erhalt der Fruchtbarkeit dienen. Der Brautgürtel der oberen Stände bestand aus »gutem Gold«, meist aber aus Perlschnüren, da die Perle ein Symbol der Reinheit ist. Die bürgerliche und bäuerliche Braut trug silberbeschlagene Gürtel. Der Verzierung mit Medaillons und Münzstücken, die einen Teil der Mitgift ausmachten, wohnte die Symbolik von Unheil abwehrenden Augen inne.

Der ***Männergürtel*** ist Sinnbild für Herrschaft und Kraft. Da man den Sitz der Lebenskraft in den Lenden und Nieren vermutete, symbolisiert der tiefsitzende Gürtel männliche Kraft und Erotik. Männliche Lebenskraft war stets gleichbedeutend mit sexueller Potenz. Bei vielen archaischen Völkern erfolgte die Mannbarkeitserklärung und die Initiation durch Umgürtung des Leibes. Bei Römern und Germanen war der Gürtel Zeichen der freien Manneswürde, weshalb Schuldner und Gefangene entgürtet wurden.[94] Den Gürtel umschnallen bedeutete, sich zu einer Tat rüsten, nicht zuletzt, weil am Gürtel auch die Waffe hing. Das Ablegen des Gürtels symbolisierte Unterwerfung. Wurde ein Mann als Gast in einem Haus empfangen, war es Sitte, den Waffengürtel abzulegen.[95] Im heutigen nietenbeschlagenen Ledergürtel kommt die enge Verbindung zwischen Sexualität *(Abb. 53)* und Gewalt zum Ausdruck. Er ist in sadomasochistischen Abteilungen von Bordellen und Sex-Shops ein erotisches Utensil.

Wie tief im Volksglauben die symbolische Kraft des Gürtels verwurzelt ist, zeigt das Auftauchen eines ***Zaubergürtels*** in vielen Märchen und Mythen. Zaubergürtel stellen für Magier und Hexen ein unverzichtbares Attribut ihrer magischen Kräfte dar. Der Zwergenkönig Laurin erreicht mit Hilfe seines Gürtels die Stärke von zwölf Männern. Hier liegt die Vorstellung zugrunde, daß bei den Zwergen die Stärke, die in ihren kleinen Körpern keinen Platz fand, im Gürtel steckt. Die Kraft des germanischen Gottes Thor verdoppelt sich durch das Umschnallen seines Gürtels, denn die Asen (germanische Götter) verschließen die Hälfte ihrer Kraft im Gürtel, den sie nur im Kampf umschnallen, weil sie sonst zu stark wären. In der Nibelungensage steht der Siegesgürtel der Brunhilde für Macht und Kraft. Eine besondere Wunderkraft besitzt der Wolfsgürtel, der zum Werwolf macht, sowie gewisse Hexengürtel, die ihre Träger nach Wunsch in Tiere verwandeln können. Auch in aktuellen Science-fiction-Märchen wie Flash Gordon, Superman, Batman, Spiderman oder

Ator verleiht der breite Gürtel den Helden übernatürliche Kräfte, abgesehen davon, daß er zum Einstecken von Laserschwert und Zauberkanonen dient. (Die praktische Notwendigkeit mit Hilfe des Gürtels die Kleidung zu halten, liegt wohl bei den anliegenden Bodysuits nicht vor.) Außerdem haben die Gürtel stets eine auffallend große, metallene Gürtelschließe, die blenden beziehungsweise Blicke bannen soll, einem apotropäischen, das heißt Unheil abwehrenden Mittel gleich.[96] Science-fiction bedient sich hier magischer Vorstellungen aus Naturreligionen und Märchen.

Der Gürtel als Kraftspender kommt sogar in einer christlichen Marien-Legende vor: Maria läßt während ihrer Himmelfahrt ihren Gürtel auf den ungläubigen Thomas herabfallen, damit dessen Glaubenskraft nicht entschwindet.

In der Antike wie auch im Mittelalter stand der Gürtel in Verbindung mit der Symbolik von »binden« und »lösen«. Noch heute bedeutet, »jemanden von etwas entbinden«, ihn von einer Verpflichtung zu entlassen, was auf den Gürtel als Kennzeichen des freien Mannes zurückgeht.

Das ***Entbinden*** galt als wichtiges magisches Mittel, um die Geburt zu erleichtern. Die griechische Göttin Artemis und die römische Diana gehörten zu den gürtellösenden Geburtshelferinnen. In der christlichen Religionsgeschichte werden die Heiligen Verena, Maria und Elisabeth als Geburtshelferinnen dargestellt, indem sie ihren Gürtel gebärenden Frauen leihen, damit diese weniger Schmerzen erleiden.[97] Zur Erleichterung der Geburt wurde gleichsam der Gürtel gelöst, die Gebärende wurde »entbunden«, heute in den »Entbindungs«-Stationen der Kliniken.

Der Gürtel machte die ***soziale Stellung*** des Trägers deutlich. Römern und Germanen war der Gürtel Zeichen des freien Bürgers. Deshalb war Dirnen und Sklaven bis ins Mittelalter das Tragen eines Gürtels verboten. Die Römer zeigten durch die Position des Gürtels, ob hohe (*alticinctus*) oder tiefe (*succinctus*) Gürtung der Tunika, den sozialen Stand, Alter und Geschlecht an. Frauen hatten sich tiefer zu gürten als Männer.

Im Mittelalter bedeutete die feierliche Umgürtung der Ritter ihre Aufnahme in den privilegierten Ritterstand. Ein Grund, weshalb Ritter Roland, das Wahrzeichen der Hansestadt Bremen, seinen schweren Plattengürtel so demonstrativ trägt.

In der militärischen Uniform drücken Farb- und Form des Gürtels, zumal der Schärpe *(s. S. 66)*, den Rang des Trägers aus. Auch in der katholischen Kirche stellt der Gürtel die Hierarchie der Geistlichkeit dar: bei Prälaten ist die Leibbinde violett, bei Kardinälen rot, beim Papst weiß.

Am differenziertesten werden die sozialen Stellungen im Gürtel der japanischen Tracht, dem Obi, dargestellt. Etwa 300 bis 500 verschiedene Obischleifen werden unterschieden.[98]

Material und Verzierung des Gürtels mitsamt der Gürtelschnalle galt in Europa bis zur Französischen Revolution als ***ökonomisches Abbild*** des Trägers. In der mittelalterlichen Rechtsprechung bedeutete der Ausdruck »den Gürtel auflösen oder ablegen« im übertragenen Sinn »all sein gesamtes Hab und Gut zu verlieren«.

## Geschichte

Aus der Tatsache, daß der Gürtel bereits dem unbekleideten Frühmenschen als Transporthilfe diente, stellt der Gürtel das älteste Accessoire dar. Lianen und Baumrindenfasern sowie Tiersehnen werden sein ursprüngliches Material gewesen sein. Denn die Herkunft des Wortes *Gürtel* deutet auf vegetabile Fasern hin, kommt es doch aus dem indogermanischen *gher* und bedeutet *umzäunen*, *einfassen* wie auch *Zaun* und *Flechtwerk*.[99] Darstellungen und Funde aus der **Jüngeren Altsteinzeit** (37000–10000 v. Chr.) deuten darauf hin, daß an den Gürtel Tierzähne, Knochen, Federn und Muscheln als Schmuck und magisches Zubehör gehängt wurden.

Im **Altertum** sind Gürtel aus gewebten Bändern sowie aus Lederstreifen belegt. Assyrer und Babylonier (2150/2030–612 v. Chr.) höherer Stände hatten Gürtel aus bemaltem und mit Goldplättchen verziertem Leder. Der Gürtel hielt ihr Wickelgewand zusammen und diente zum Einstecken von Schwert, Messer und Insignien. Die ägyptischen Gürtel bestanden meist aus Perlen- und Metallbändern. Eine besondere Funktion nahm der Gürtel in der kretisch-minoischen Tracht ein. Er diente dem von beiden Geschlechtern erstrebten Schönheitsideal einer schlanken Taille, weshalb er schon seit frühester Kindheit angelegt und eng gehalten wurde.

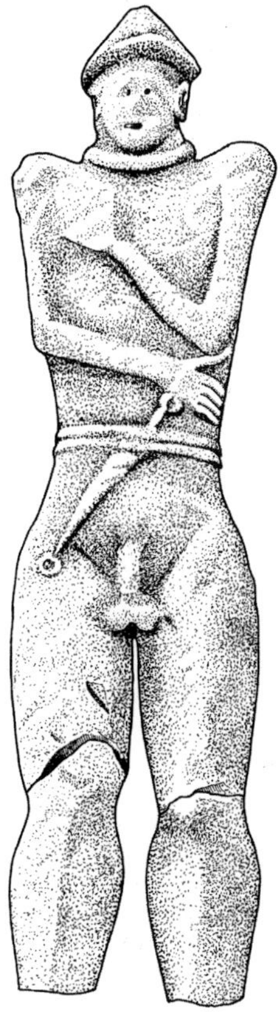

*41 Leibgurt, Dolch, Halsring und Kegelhut als wichtige Attribute. Grabstele der Hallstattzeit in Gestalt eines unbekleideten, ithyphallischen Mannes. Bestattungshügel bei Ditzingen-Hirschlanden, Baden-Württemberg, nach Zürn 1970*

In der **griechischen Antike** stand die praktische Funktion des Gürtels zum Zusammenhalten der weiten Gewänder im Vordergrund. Dabei wurde die Art und Weise der Gürtung speziell in der Frauenkleidung modisch variiert: Es gab Zeiten, in denen der Peplos und der spätere Chiton durch eine doppelte Gürtung oder eine hochliegende – wie in hellenistischer Zeit (330–30 v. Chr.) – oder durch Hochschoppen des Gewandes über den Gürtel sein unterschiedliches Aussehen erhielt. Die gewobenen Gürtelbänder der Griechen waren mit Tier- und Fabelwesen verziert.

Den **Römern** war der Gürtel (lateinisch *cingulum*) nicht nur Kleidungszubehör, sondern ein Mittel zur sozialen Differenzierung, angedeutet durch die Position der Gürtung am Körper, zum Teil auch durch seine Ausstattung.[100]

Die Germanen der **Bronzezeit** (1800–750 v. Chr.) hielten den um den Leib gewickelten Rock mit einem Gürtel fest. Es handelte sich dabei sowohl um einen mit einem großen Bronzeknopf geschlossenen Ledergürtel, einen Riemen[101], als auch um ein in Brettchenweberei[102] ausgeführtes Band, das geknotet wurde. Die von beiden Geschlechtern getragenen textilen Gürtel endeten in je einer schönen Quaste aus gewebtem Wollstoff. Der Gürtel der Frau, mit dessen Hilfe der bundlose Rock gehalten wurde, wurde mit einer bronzenen Scheibenfibel geschlossen.

Während der **Hallstattkultur** (800–400 v.Chr.) kamen in Mitteleuropa jene Gürtelformen auf, die bis heute modisch variiert werden: Ledergürtel mit Metallbeschlägen, ganz aus einem verzierten Metallband bestehende Gürtel und aus Eisen- und Bronzegliedern zusammengesetzte Gürtel; natürlich auch metallene ***Gürtelschließen***, sogenannte Schnallen[103], und Ösen. Die archäologischen Funde, meist Grabfunde, beschränken sich auf die metallenen Gürtelteile und bilden bis in die Neuzeit die wichtigsten Beweise für Datierung und Art der Gürtel.[104] Wogegen das meist textile oder lederne Gürtelband in den seltensten Fällen, wie in den Baumsärgen der Bronzezeit, erhalten geblieben ist. Der meist aus Edelmetall mit reichen Verzierungen im Stil der Zeit ausgeführten Schließe kam bis in die Neuzeit besondere symbolische und kunsthandwerkliche Bedeutung zu. Von besonderer Schönheit und Farbigkeit waren die germanischen Schmuckschließen des **frühen Mittelalters** durch ihre Filigranarbeiten, Preßverzierungen, Kerbschnitten, Zellenverglasungen und Edelsteine. Die Langobarden zeichneten Standespersonen durch prächtig ausgestattete Gürtel aus.

Bis ins hohe Mittelalter unterschieden sich Männer- und Frauengürtel nicht wesentlich voneinander, allerdings waren Frauengürtel schmäler als Männergürtel. Und die oft reich bestickten Bandgürtel der adeligen Damen waren so lang, daß sie zweimal um den Leib, um Taille *und* Hüften, geschlungen wurden und zudem vorne lang herabhingen.

Männer und Frauen pflegten bis ins 16. Jahrhundert Beutel oder Tasche und Besteckfutteral am Gürtel zu befestigen, der Mann auch ein Messer in einer Lederscheide und das Schwert an einem extra Riemenverteiler oder einem extra Schwertgurt. Die Männerhose wurde vom Leibgurt gehalten. Eine Besonderheit des Frauengürtels vom Mittelalter bis in das 16. Jahrhundert aber war das reiche ***Gürtelgehänge***.[105] Von einem seitlichen oder mittigen Riemenverteiler hingen Kamm, Toilettenbesteck (Zahnstocher, Ohrlöffel und Fingernägelputzer etc.), Schere, Messer, Schlüssel, Amulett, Sieblöffel, Wirtel, Miniaturgerät und Altsachen. Zusammensetzung, Material und Ausführung dieser Bestandteile zeigten Alter beziehungsweise Lebensphase sowie Besitzstand, individuelle Motivation der Trägerin sowie religiöse Bräuche der Region an. Der Frau vorbehalten waren auch verschiedene Schlüsseltypen am Gehänge, zu denen silberne Zierschlüssel gehörten. Letztere hatten Symbolgehalt für die absolute Schlüsselgewalt von Haus und Vorratsraum sowie für Ehe und Geburt.[106] Des weiteren hingen vom Frauengürtel verschiedenste, auch standesmäßig differenzierte Fruchtbarkeitsamulette sowie Tierzähne zur Kraftübertragung *(Abb. 92)*.[107]

In der zweiten Hälfte des **12. Jahrhunderts** begann man den Rock des Mannes und das Kleid der Frau, die beide einem Hemdgewand nahekamen, im Oberteil anliegend zu gestalten. Dadurch verlor der Gürtel die Aufgabe des Zusammenhaltens der Kleidung.

Der Gürtel der Frau rutschte tief auf die Hüften, um in der ersten Hälfte des **13. Jahrhunderts** wieder in die Taille zu rücken. In der zweiten Hälfte des 13. Jahrhunderts wurde, infolge zusätzlicher Obergewänder, der Gürtel selten außen sichtbar. Der Frauengürtel wurde um die Taille des unteren Kleides geschnallt, während die ärmellose Oberkleidung, Suckenîe und Surcot, ungegürtet blieb. Diese Variationen sind durchaus im Sinne wechselnder, damals regional unterschiedlicher Moden zu verstehen, wenn auch – wie in der gesamten Lebenshaltung – die einzelnen Moden überaus lange Epochen kennzeichnen. Bäuerinnen schürzten bei der Feldarbeit den unpraktisch langen Kleidrock mit Hilfe des Gürtels bis zu den Knien hoch. Besonders kostbar waren die Limoger Schnallen mit ihrem buntfarbigen Email und ihren Fabeltieren sowie die profilierten Schnallen.[108]

Der Gürtel zählt zu den wenigen Accessoires, deren **Herstellung** sich, infolge seiner unterschiedlichen Materialien, auf mehrere Berufsgruppen

*42 Lysbeth van Duvenvoorde mit Schellengürtel, 1430*

*43 Plattengürtel mit prächtig ausgestaltetem Gürtelschloß in der Art eines Schloßportals als Hüftgürtel und schmälerer Taillengürtel. Chaperon mit Straußenfedern. Kolorierter Holzschnitt, um 1430*

verteilte. Für die Vorbereitung des Leders waren der Gerber, danach der Riemenschneider und für textile Gürtelbänder der Bortenweber zuständig. Der Gürtler selbst besorgte das Unterfüttern und Beschlagen mit Schnalle, Riemenzunge und Metallgliedern. Die Metallteile erhielt er vom Schnallenmacher, der auch Schnallen für Schwertgurt, Schuhe, Zaumzeug, etc. herstellte, in seltenen Fällen vom Goldschmied. Diese Aufteilung der Arbeiten variierte regional. Zum Beispiel nennt das »Livre des Métiers« im Paris des 13. Jahrhunderts acht verschiedene Gewerbe für die Gürtelherstellung, die zum Teil auf das frühe 12. Jahrhundert zurückgehen.[109]

Im **14. Jahrhundert** waren überlange schmale Bandgürtel mit dicht aneinandergereihten Besatzgliedern modern (Blütezeit 1330–1400). Sie zeigen Blüten, Sterne, Köpfe oder heraldische Motive und verdecken die

*44 Breiter Brokatgürtel mit Goldschnalle, Goldhaube. Bartholomäus Bruyn, Bildnis einer jungen Frau, 1530*

*45 Gürtel der heiligen Barbara: Demi-ceint mit Medaillonbeschlägen, innen mit Haken und Öse, und Kettengliedern. Hans Memling, Triptychon mit der Beweinung Christi (Ausschnitt), 1485*

Borte fast gänzlich. Das Bortenende mündete in eine Metallzunge in Form eines Tropfens, Blattes, Tierkopfs oder einer Eichel. Selbst der Schnallenrahmen nahm figürliches Dekor an, meist ein weibliches Fabelwesen. Dekor und Verklammerung der Beschläge mit der Borte zeigen eine starke Beeinflussung aus der gotischen Architektur.[110]

**Nach 1350** begann mit dem Ende der europäischen Pestepidemie eine extrovertierte, körperbetonte Mode bei beiden Geschlechtern. Der ehemals weite, lange Männerrock wurde so eng, daß er nicht mehr über den Kopf gezogen werden konnte, sondern vorne mittels Knöpfen geschlossen werden mußte. Der anliegende Schnitt der neuen, gerade das Gesäß bedeckenden Schecke ließ die Funktion eines Gürtels überflüssig werden; dennoch wurde er als Standesprivileg beibehalten. Seine kostbaren Materialien machten ihn als standesgemäßen Schmuck – bei beiden Geschlechtern – unentbehrlich, obwohl sich die Gürtel von Mann und Frau klar zu unterscheiden begannen.

Der breite Männergürtel saß nun tief auf den Hüften, so daß er am Gewand angehängt werden mußte, um nicht hinunterzugleiten. Daneben gab es weiterhin den einfachen Gurt, an den die modische Art Strumpfhose angehängt wurde. Ein Privileg des Ritterstandes war der kurze breite ***Platten- und Scharniergürtel***, der sich bis ins 15. Jahrhundert hielt. Er bestand aus großen Metallgliedern *(Tafel 1)*.[111] Schnalle und Riemenzunge waren durch eine prunkvolle »Brosche« ersetzt *(Tafel 13)*. ***Schellen*** und Glocken wurden im 14. Jahrhundert große Mode, bei der Frau allerdings erst nach 1370. Der mit Schellen und Glocken behängte Gürtel wurde als ***Dusing***[112] bezeichnet. Er wurde um Hüfte oder Taille getragen, während die sogenannte ***Hornfessel*** quer um die Schulter hing. Selbst über den Turnierharnisch wurden mit Schellen besetzte Gürtel geschnallt.

In der Frauenmode hatte sich das Kleidoberteil durch seitliche Schnürung so stark verengt, daß es bis 1380 gürtellos blieb. Danach wurden Kleidoberteil und Kleidrock erstmals getrennt geschnitten und in Hüfthöhe angesetzt. Aufgabe des breiten Gürtels war es, die Nahtstelle zu verdecken. Dieser Kleidschnitt war ein Privileg der oberen Stände. Sonst blieben – regional unterschiedlich – weite Kleidformen erhalten, so daß der Gürtel weiter eine funktionale Berechtigung hatte. Die Frauengürtel waren überlang aus einem Webband aus Brokat, Samt und Seide oder aus Leder mit metallenen Medaillons beschlagen. Die metallenen Gürtelschließen waren oft reich mit Ornamenten wie Blüten, Sternen, Köpfen, Tiere, Fabelwesen, Buchstaben und Monogrammen verziert.

Das Gürtelende war von einer metallenen, oft reich verzierten Riemenzunge eingefaßt, die ein Abwetzen verhinderte und das Gürtelende schwer herabhängen ließ. War der Gürtel durch seine Überlänge beim Gehen hinderlich, so wurde er hochgenommen und mit einem besonderen Haken, dem ***Passant***, befestigt. Es gab auch Gürtel von halber Länge, sogenannte ***Demi-ceints***, die vermutlich erste Gürtelform, die ausschließlich von Frauen getragen wurde und bis ins 16. Jahrhundert vor allem in der Patrizierkleidung aufscheint. Besonders kurze Gürtel endeten in einer Kette, in deren Glieder der Haken beliebig eingehängt werden konnte.

Der außen sichtbare Männergürtel dagegen verlor im **15. Jahrhundert** an Bedeutung. Beibehalten wurde der einfache, unter dem Obergewand getragene Leibriemen, an dem die Strümpfe befestigt wurden. Sichtbar blieb allerdings der bei beiden Geschlechtern sehr beliebte ***Schellengür-***

*46 Oben: Überlanger Brokatgürtel mit Goldschmiedebeschlag, um 1525*

*47 Links: Überlanger Brokatgürtel, dessen schwere, blattgeschmückte Zunge den nur locker umgelegten Gürtel nach unten ziehen soll. Hans Holbein d.J., Kostümzeichnung einer Baseler Bürgerin mit Bundhaube, um 1523–1526*

***tel***, der häufig in bürgerlichen Testamenten und städtischen Kleiderordnungen erscheint.

Um 1400 setzte in der Frauenmode eine Verschiebung der Taille ein. Zuerst kehrte sie an die natürliche Stelle zurück und wanderte allmählich nach oben, bis dicht unter die Brust, wo sie durch einen meist breiten ***Brokatgürtel*** betont wurde.

In der zweiten Hälfte des **16. Jahrhunderts** trat der Gebrauchs- und Symbolwert des bürgerlichen Gürtels zugunsten des dekorativen adeligen Gürtels zurück. In der Spanischen Mode, die an den meisten Adelshöfen übernommen wurde, wäre der Gürtel infolge der versteiften Kleidung von Mann und Frau praktisch überflüssig geworden; nicht so der Gürtel als reines Schmuckobjekt. Abgesehen davon war der Männergürtel zugleich Degengurt und aus metallbeschlagenem Leder oder einer festen Goldborte.

Der Frauengürtel bestand aus einem ***Gliedergürtel***, einer reichen Goldschmiedearbeit, die mit Hals- und Armschmuck eine Garnitur bildete *(Tafel 4)*. Er wurde so um den Körper gelegt, daß er sich der in einer spitzen Schneppe auslaufenden Taillenform anpaßte und vorne, in der

Mitte des Manteaus, des steifen Mantelkleids der Dame, bis zu den Füßen hinabhing. An ihm konnte ein Fächer oder ein Flohpelzchen *(s. S. 20)* befestigt sein.

Vom 17. bis ins 19. Jahrhundert hatte der Gürtel bei beiden Geschlechtern nur geringe modische Bedeutung.

In der Männermode trat im **17. Jahrhundert** während des Dreißigjährigen Krieges (1618–1648) eine abgewandelte Form des Gürtels, die ***Schärpe***, in Erscheinung *(Tafel 3)*. Unter Schärpe versteht man ein breites, unversteiftes Stoffband. Die von der rechten Schulter zur linken Hüfte umgelegte Schärpe hatte sich aus dem militärischen Wehrgehenk entwickelt. Als Baudrier oder Degenband war die Schärpe gleichzeitig militärisches Erkennungszeichen (Feldbinde, Offiziersbinde etc.). Offiziere liebten es, in ihrer Gesellschaftskleidung durch eine breite Schärpe von leuchtender Farbe aufzufallen. Sie wurde nun um die Leibesmitte zu einer großen Schleife oder Rosette seitlich oder im Rücken gebunden. Diese Schärpenform hielt sich als seidene ***Écharpe***[113] bis gegen Ende des 18. Jahrhunderts. Sie wurde über den Justaucorps um den Leib seitlich oder vorne gebunden und endete zuweilen in einem üppigen Fransenbesatz. Daneben diente – zur Zeit Ludwigs XIV. – ein lederner oder schärpenähnlicher Gürtel, die ***Passacaille***, als Haltegurt für den modischen Herrenmuff *(Abb. 122)*.

Im 17. Jahrhundert suchte die Frau der bürgerlichen Oberschicht vermehrt Anschluß an das Vorbild des Adels. Aus diesem Grund wurde der gerade in der bürgerlichen Mode durch seine Aufnahme von Beutel und anderen Gebrauchsgegenständen stark vertretene Gürtel durch Accessoires »betonten Müßigangs« wie Handschuhe, Fächer und Ziertaschentücher ersetzt. Höchstens ein ***Kettengürtel*** oder eine schmale Stoffschärpe zog die Taillenform des Kleides mehr oder weniger unauffällig nach.

*48 Breite Schneppengürtel, 1892*

Dezent und meist aus dem Stoff des Kleides gefertigt blieb der Frauengürtel auch im **18. Jahrhundert**. Im Directoire und Empire (1795–1815) überdeckte höchstens ein schmales, pastellfarbenes ***Seidenband*** die hochliegende Taillennaht beziehungsweise das unter der Brust geführte Zugband der dünnen Chemisenkleider, die der Antike nachempfunden waren.

Im **19. Jahrhundert** verbreiterte

sich nach 1815 das Seidenband zuweilen zu einem ***Miedergürtel***, der um 1819 eine nach oben weisende Spitze erhielt und französisch *ceinture corsage* genannt wurde. Nach 1820 rutschte das breite Taillenband wieder an die natürliche Stelle und kam nach 1835 ganz aus der Mode: zuweilen höchstens durch eine attraktive Schleife ersetzt. Danach war der Gürtel kein Modethema. Er kam erst wieder gegen Ende des Jahrhunderts zum separaten Halbrock auf.

Im **20. Jahrhundert** verblieb der funktionsgebundene Gürtel der Herrenkleidung. Da zu Beginn des Jahrhunderts beim sportlichen Sakkoanzug die Weste außer Mode kam, wären die unschönen Hosenträger sichtbar geworden. An ihrer Stelle übernahm der Herr den, besonders in den USA bei Sporthosen verbreiteten, einfachen ledernen ***Hosengürtel*** *(Abb. 124)*.

In den 1930er Jahren setzte sich beim kleinen Abendanzug, dem Smoking, eine Vereinfachung durch. Die Smokingweste wurde, anfangs nur im Sommer, durch den breiten ***Kummerbund*** ersetzt. Der Kummerbund (von Hindi *kamarband*) ist die im Orient weit verbreitete Leibbinde, die den Kaftan beziehungsweise die weiten orientalischen Hosenformen mit der innen getragenen Weste zusammenhält. Als Indien dem britischen Empire angehörte, nahmen britische Offiziere die Leibbinde, da kühler, anstelle der Weste an. Auf diese Weise ging der Kummerbund in die Gesellschaftskleidung der Militärs ein und wurde auch in Großbritannien beibehalten.[114] Ende des 19. Jahrhunderts tauchte die Leibbinde in der Sportkleidung des Herren, zum Beispiel der Tenniskleidung, auf, wo sie als kühlerer Ersatz für die Weste willkommen war. Gleichzeitig verhinderte die Leibbinde das Herausquellen des Hemdes aus der Hose. Der seit den 1930er Jahren zum Smoking getragene Kummerbund ist fertig zugeschnitten, verjüngt sich nach hinten und wird mit einer Schnalle geschlossen. Seine ursprüngliche waagrechte Fältelung wurde aus praktischen Gründen beibehalten, da dadurch die im Sitzen entste-

*49 Kummerwesten und Kummerbunde sowie Schleifen, Werbeanzeige 1954*

henden Falten weniger zur Geltung kamen. Anfangs wurde er in Burgunderrot, seit den 1960er Jahren, als er sich endgültig durchsetzte, fast nur aus schwarzem Satin getragen.

Seit den 1960er Jahren, als kaum mehr eine Weste den Herrenanzug komplettierte und dadurch die Hosenträger gänzlich der Altherrenkleidung verblieben, ist der Hosengürtel nicht mehr aus der Herrenkleidung wegzudenken. Allein elegante Abendhosen, zumal Smoking- oder Frackhose, blieben gürtellos den Hosenträgern treu. Einen wichtigen Stellenwert erhielt der Gürtel Ende der 1970er Jahren durch die zur Mode gewordenen Kleidung der Punks. Bei den Punks spielte der Gürtel als martialisches Attribut eine Rolle. Er sollte, wie ihr gesamtes Aussehen, vom normalen (das ist der »normierte«) Bürger als bewußte Provokation empfunden werden. Der Gürtel war aus schwarzem Leder mit gebuckelten Nieten oder Stacheln besetzt oder aus metallenen Hundehalsbändern zusammengesetzt. Der ***Nietengürtel*** war im Grunde eine Übernahme aus der Rockerkleidung mit einer Steigerung ins Brutale. Der Gürtel der Skinheads wird darüber hinaus mit Waffen- und Militärgürtel assoziiert und tatsächlich als Schlagwerkzeug verwendet.

Im wechselseitigen Einfluß standen Punk-Kleidung und die Image-Klamotten der Rocksänger. Auch hier spielt der Gürtel eine große Rolle. Der breite Hüftgürtel eines Mick Jagger oder Michael Jackson entspricht einer aggressiv männlichen, bis zu eindeutig phallischen Gebärdensprache.

In der Damenmode entwickelte sich der Gürtel zum rein modischen, optische Akzente setzenden Accessoire und entfaltete eine enorme Formenvielfalt. Anfangs des 20. Jahrhunderts unterstrich ein pastellfarbener Seidengürtel die schmale Taille der Sans-Ventre-Linie.[115] Während des Ersten Weltkriegs kreierte Gabrielle Chanel die ersten bequemen Jacken aus Jersey, die sie nur mit einem schmalen Binde- oder Ledergürtel zusammenhielt. Der sportliche Charakter ihrer Mode fand großen Anklang. In den 1920er Jahren fiel der Gürtel durch die aktuelle Hängerlinie ganz weg. Nur zuweilen saß ein ***Jettgürtel***[116] tief auf der Hüfte. Dagegen wurde die sehr schmale Kleid- und Mantelmode der 1930er Jahre durch einen schmalen Gürtel, an der natürlichen Taillenstelle, unterbrochen. Wie Schuhe und Handtasche war der Gürtel häufig aus Krokoleder. Ende der 1940er Jahre kamen breite Gürtel in Mode *(Tafel 11)*. Zur stark taillenbetonten Mode der 1950er Jahre waren sie aus Lack- oder Kunstleder und mußten so eng gegürtet werden, daß das Material oft ausriß. Es gab kaum einen Petticoat-Rock oder Fischer- oder Caprihosen, die ohne Gürtel auskamen. Zur darauffolgenden Minimode

*50 Weißes Jersey-Kleid mit breitem Schärpengürtel aus Aléoutienne-Gaze, Modell von Jacques Heim, 1952*

*51 Original Chanel-Kostüm aus marineblauem und weißem Tweed mit Chanel-Gürtel von Karl Lagerfeld, 1984*

(1964–1973) wurde der Gürtel als witziger Blickfang genutzt; er fiel durch poppige Uhren oder lustige Apfelscheiben als Schnalle auf. Immer saß er lässig auf den Hüften. In den 1970er Jahren kamen breite ***Stretchgürtel*** mit Metallschließen in allen erdenklichen Farben auf. Ihr bequemer Gebrauch entsprach den wenig stilvollen Kleidern jenes Jahrzehnts.

In den 1980er Jahren bekam der Gürtel neue modische Impulse, einerseits durch die Punk-Mode (siehe oben), andererseits aus dem neuen japanischen Modedesign. Außerdem deutete der Gürtel zur Zeit der

*52 Breiter Nierengürtel, Modell Jil Sander, 1982*

*53 Michael Jackson mit breitem, männlichem Gürtel mit Metallbeschlag und Riemengeflecht, 1988*

Oversize-Mode der 1980er Jahre die dennoch schlanke Figur an. Beliebt war es auch, mehrere schmale Gürtel zugleich oder einen besonders breiten ***Nierengürtel*** zu tragen. Einer rein gestalterischen Funktion dagegen entsprang der Gürtel japanischer Mode-Designer, wie Issey Miyake, Yohji Yamamoto und Rei Kawakubo. »Ihre« Gürtel wurden aus der Tradition des breiten, seidenen Obi verstanden, jedoch aus dem zeitgemäßeren Material Leder gearbeitet. Sie hielten die gerafften, verschlungenen und drapierten Gewandteile zusammen und verliehen der Mode das eigentliche Aussehen.

Zum »modischen Klassiker« – obwohl sich »Mode« und »Klassik« widersprechen – ist der ***Chanel-Gürtel*** geworden. Die Metallkette mit runden Scheiben dazwischen oder die lederdurchflochtene Kette wird von Karl Lagerfeld, dem Designer des Hauses Chanel, gekonnt variiert. Der Chanel-Gürtel wird von vielen Accessoireherstellern kopiert.

In den 1990er Jahren sind auch die Metallgürtel mit den Medaillons, auf denen das Haupt der Medusa als Markenzeichen des italienischen Designers Gianni Versace geprägt ist, zu einem viel kopierten Begriff geworden *(Tafel 12)*.

# Halstuch

Das Halstuch ist eines jener sehr vielseitigen Accessoires, die im Laufe der Geschichte immer wieder ihre Bedeutung änderten und oftmals nur vom Mann oder nur von der Frau, dann wieder von beiden getragen wurde. Das Halstuch ist – im Unterschied zum länglich rechteckigen Schal – ein mehr oder weniger quadratisches Zeugstück. Es ist gewöhnlich aus Seide oder Baumwolle, der Schal dagegen *meist* aus Wolle.

Sein Aufkommen war mit dem rein praktischen Zweck des ***Kälteschutzes*** verbunden. Da es schwierig ist, eine Kleidung dicht am Hals abzuschließen, bot sich ein extra um den Hals gelegtes Tuch an.[117] Erstaunlicherweise findet sich dennoch sehr selten ein Halstuch bei bildlichen Darstellungen von Menschen egal welchen Standes. Es scheint jedoch bei den unteren Ständen, vor allem bei Menschen, die ihre Arbeit größtenteils im Freien verrichteten, verbreitet gewesen zu sein.

Hinzu kommt, daß die willkürliche Bindeform und sein lockerer Fall im 18. und 19. Jahrhundert der Auffassung einer exakten Herrenmode mit korrekt sitzenden Accessoires zuwiderlief. Nicht umsonst symbolisierte das individuelle Halstuch eine liberale und unkonventionelle Einstellung und war bei Freidenkern und Künstlern beliebt.

Da sich weder Halstuch noch Schal zu Würde- und Ehrenzeichen ausbildeten wie so viele andere Accessoires, beispielsweise der Handschuh, blieben sie lange Zeit mehr oder weniger unbedeutende Gebrauchsartikel. Daraus ergab sich, daß ihre geschichtlichen Ursprünge im dunkeln liegen.

## Geschichte

Als früher geschichtlicher Beleg des Halstuches ist lediglich bekannt, daß die in Gebieten des heutigen Rumäniens lebenden Daker eine Art Halstücher trugen. Die Daker wurden 106 n. Chr. von römischen Truppen unter Kaiser Trajan erobert. Fortan trugen die römischen Soldaten, wenn sie in ihren nördlich der Alpen gelegenen Provinzen stationiert waren, ein Halstuch als Wärmeschutz. In Rom selbst wurde das sogenannte ***Focale***[118] nur kranken und schwachen Personen wie auch Rednern zugestanden. Über die Form des Focale ist wenig bekannt, lediglich, daß es aus Wolle war.[119] Es scheint jedoch, daß das Halstuch der Soldaten – nach den Reliefs an Trajan- und Antoninsäule sowie am Severusbogen zu schließen – eine quadratische Form hatte, während der Redner Apinosus Iclius mit einem länglichen Schal mit Fransen darge-

*54 Köchin Anna Maria Huffnagel mit Halstuch, Nerzhaube und Schürze. Aus dem Hausbuch der Mendelschen Zwölfbrüderstiftung, 1663*

*55 Der Maler Jean Baptiste Perronneau mit großem, kariertem Halstuch, 1766*

stellt ist *(Abb. 139)*. Das Focale der Soldaten gilt auch als Ursprung der Krawatte, wobei zu bedenken ist, daß das Halstuch *immer* eine Alternative zur Krawatte darstellte. Das Halstuch war gleichsam die »Krawatte« des untersten Standes, aber auch von Freigeistern und Künstlern.

Das Halstuch wurde von Pilgern, Reitern, Fuhrleuten und von niederen Hausangestellten wie Köchinnen getragen.[120] In der Kleidung Vornehmer und Wohlhabender konnte es sich wenig durchsetzen, da es nicht zu ihren aufwendigen Moden, zumal zur Mode der Halskrausen und breiten Spitzenkragen des 16. und 17. Jahrhunderts, paßte.

Im **17. Jahrhundert** kann man der in der Männerkleidung aufkommenden ***Krawatte*** ein halstuchartiges Aussehen nicht absprechen, doch bewahrte die Krawatte ihre Eigenständigkeit durch ihre schmale längliche Form. Das Halstuch hatte sich in den unteren Ständen weiterhin erhalten.

In der Herrenkleidung des **18. Jahrhunderts** demonstrierten ***Künstler*** sowie Anhänger der Aufklärung ihre Geisteshaltung durch karierte Halstücher anstelle der royalistischen Jabots und Halsbinden. Zur Zeit der Französischen Revolution wurde das Halstuch des Vierten Standes ein unverkennbares politisches und soziales ***Gesinnungszeichen***. Während des Directoire (1795–1799) gefielen sich jugendliche Stutzer mit überaus großen Halstüchern, den ***Cachenez***, was auf deutsch so viel wie *Versteck die Nase* heißt.[121] Es paßte zu ihrer auch sonst eigenwilligen, auffallenden Mode, dem überdimensionalen Zweispitz, dem engen Frack mit großem Revers und der sogenannten Hundeohrenfrisur; eine Mode, die den Trägern den Namen ***Incroyables***, zu deutsch die *Unglaublichen*, einbrachte *(Tafel 7)*.

Die Damenmode entdeckte zu Beginn des 18. Jahrhunderts in Frankreich das ***Fichu***, eine Verbindung von Brust- und Halstuch.[122] Es hatte sich aus dem bürgerlichen Brusttuch entwickelt, dessen Aufgabe das Bedecken des Halsausschnittes war *(Tafel 6)*. Das Fichu war aus dünnem Leinen, Baumwolle oder Seide (Flor), meist in Weiß, mit Spitzen, Durchbrucharbeit, farbigen Applikationen oder Stickereien um die Kanten verziert. Es war meist quadratisch und zu einem Dreieck gefaltet, aber auch als Dreieck zugeschnitten. Mit dem größer werdenden Dekolleté der höfischen Damenmode begannen die Damen, dieses tagsüber mit dem Fichu zu bedecken. Es wurde um Hals und Schultern gelegt und vorne in der Mitte in das Mieder gesteckt. Es konnte auch seitlich in das Dekolleté gesteckt werden. Im Gegensatz zum Fichu war das ***Folette***[123] ein kleines Tüchlein, das das überaus freizügige Dekolleté der höfischen Mode zumindest im Ansatz verdeckte. Nicht üblich war ein Fichu zur höfischen Galarobe. In der bürgerlich orientierten Englischen Mode um 1780 war das Fichu jedoch unerläßlich. Beliebt war nun die mehr bürgerliche Trageweise, das Fichu vorne über Kreuz zu legen und hinten in der Taille zu knoten. Daneben blieb ein einfaches Fichu fester Bestandteil der bürgerlichen, zumal servilen Kleidung.

Um 1790 wurde das Fichu zu einem ausgesprochenen Modetuch. Große, dick gebauschte Fichus wurden mit Sprungfedern, sogenannten Carcasses[124], oder Busenpolstern unterlegt. Im Französischen hießen sie *gorge postiche*, was so viel wie *falsche Brust* bedeutet. Diese gebauschten Fichus nannte man in Deutschland ***Trompeusen*** (von französisch *Betrügerinnen*), in Frankreich *fichus menteurs* und in England *liars* (*Lügner*). Im Winter trugen die Damen, um sich gegen Kälte zu schützen, unter den hohen Halstüchern Pelzstückchen aus Weißfuchs oder Kaninchen, sogenannte Busenfreunde. Die Trompeusen bildeten ein optisches Pendant zum modischen Cul de Paris, jener Rockbauschung über dem Gesäß. 1795 kamen mit den Chemisenkleidern der antikisierten Mode à la Grecque die großen Fichus aus der Mode. Es blieben jedoch einfarbige Halstücher, die gleichsam als farbiger Akzent um den Hals geschlungen wurden und vorne lose herabhingen *(Abb. 148)*.[125]

*56 Dame mit großem Fichu, der sogenannten Trompeuse, und einer mit Kunstblumen und einem Straußenfedernpaar geschmückter Haube, Handschuhen und Fächer, 1788*

*57 Dame im Caraco mit Fichu und voluminöser Dormeuse, Modekupfer, 1779(?)*

Neben den Fichus waren Tücher aus Baumwolle, Seide oder Leinen verbreitet, auf denen geschichtliche Ereignisse mittels Zeugdruck dargestellt waren.[126] Es waren eine Art ***Souvenir- und Erinnerungstücher***. Sie wurden in Europa den Taschentüchern zugerechnet *(s. S. 274f.)*, die damals noch allgemein von enormer Größe (zirka 60×70 cm) waren und meist in der Hand gehalten wurden. In Nordamerika dagegen wurden sie jedoch um 1770 als Halstuch entdeckt und zu dem seit dem 19. Jahrhundert stark verbreiteten Bandana.

Im **19. Jahrhundert** spielte das Halstuch weder in der Herren- noch in der Damenmode eine nennenswerte Bedeutung. Das Modetuch der Dame war allein der Kaschmirschal, der Herr trug ***Seidenschal*** *(s. S. 207)*.

Das charakteristische Halstuch von Handwerkern, Fuhrleuten und Feldarbeitern war erwähntes ***Bandan(n)a***[127]. Das Bandana war ein indisches Seidentuch, das bereits anfangs des 18. Jahrhunderts mit den Ostindischen Handelskompanien nach Großbritannien und Holland gekommen war. Von England aus wurde es nach Nordamerika exportiert, wo es typisch für die neuen Siedler, Pioniere und Cowboys wurde. In den USA wurden Bandanas mit eigenen, nationalen politischen, sozialen und kulturellen Themen bedruckt.[128] Besonders die Vielfalt der Verwendungsmöglichkeiten als Hals- und Kopftuch *(s. S. 151)*, Mundschutz, Schweißtuch machte das Bandana beliebt. Das europäische Bandana wird im 19. Jahrhundert als die »Krawatte der Arbeiter« bezeichnet und paßte zu ihren blusenartigen Hemden. Während der bürgerlichen Revolution von 1848 kennzeichneten sich die Anhänger der Demokratie durch blutrote Halstücher *(Abb. 96)*. (Alle Revolutionstücher, auch die der Kommunisten, sind durch die rote Farbe des Blutes gekennzeichnet.) Für den eleganten Herrn aber war das Halstuch kein Modethema; allerhöchstens zum bequemen Hausmantel.

Erst in den dreißiger Jahren des **20. Jahrhunderts** kam das Halstuch in die elegante Herrenmode. Als ***Cachenez*** wurde es in Weiß zu allen eleganten Herrenmänteln getragen.[129] Selbstverständlich wurde es zu Morgenmantel oder Hausjacke. Erst jetzt ersetzte das Halstuch – wofür es prädestiniert erscheint – die Krawatte in der Sportbekleidung der Oberschicht, zum Beispiel beim Segeln und Tennis. Zur Mode der Jugend gehörten die sehr auffallenden, meist mit persischen Mustern groß ornamentierten ***Korahtücher***. Sie waren ein »gewagtes« Modeaccessoire, denn damals stand der Ausdruck »Rotte Korahs« allgemein für eine aufrührerische Bande; ein Begriff, der sich auf die Anhänger Korahs, die Aufrührer gegen Moses, bezog. »Es waren Tücher, wie sie früher bei Demonstrationen von asozialen Elementen getragen wurden [...].«[130]

In den 1950er Jahren kamen die wesentlich kleineren ***Carrés*** (*Vierekke*) auf, die auch Souvenirtücher oder ***Nikitücher*** genannt wurden. Sie wurden bei den Jugendlichen beiderlei Geschlechts beliebt.

Einen neuen Kommunikationswert erhielt das Tuch bei den Hippies der 1960er Jahre. Sie schlangen ***Indientücher*** und Tücher mit Paisley-Muster *(s. S. 203)* um Hals oder Stirne als Symbol grenzenloser Freiheit und Solidarität mit anderen Ethnien, insbesondere mit unterdrückten Völkern.

In den 1970er Jahren begann die politisch links orientierte Jugend als Erkennungs- und Solidaritätszeichen, sich das ***Arafat- oder Palästinensertuch*** um den Hals zu wickeln; nicht nur zum Zeichen unterdrückter Minderheiten, sondern allgemein als Symbol für Anti-Autorität. Außerdem ermöglichte die Größe (90×90 cm) des Tuches bei Auseinandersetzungen mit der Polizei eine schnelle Vermummung. Nicht jeder Träger oder jede Trägerin war sich der politischen Bedeutung dieses Tuches bewußt, sondern man übernahm es einfach als »Modetuch«.

Seit Ende der 1980er Jahre stehen Skateboard und Rollerblade fahrende Jugendliche wieder auf Bandanas, die um Hals oder Kopf – à la Seefahrer – geknotet werden.

In der Damenmode trat *das **Tuch*** als modisches Accessoire seinen Siegeszug im 20. Jahrhundert an. Das große Vierecktuch war Hals- und Kopftuch zugleich. Ausgangspunkt für diese Entwicklung war seine große Beliebtheit zu Beginn des Jahrhunderts. Amerikanische Tänzerinnen wie Loïe Fuller und Isadora Duncan entdeckten große Schleiertücher als Mittel der Raumergreifung und des Ausdrucks der Körperbewegung. Die Duncan hatte auch privat eine Schwäche für lange Tücher.[131] Daraufhin kamen Tücher »als Mittel der Verführung und Vorführung« in Mode, wie man sich schon Ende des 18. Jahrhunderts darauf verstand, gekonnt den Kaschmirschal zu drapieren.

In den 1920er Jahren wurde das Tuch zum modischen Aufputzmittel der kragenlosen einfarbigen Kleider schlechthin. Vor allem paßten Tücher als sportlich-feminines Accessoire zu Jumper und Strickjacke. Mehr noch, das Tuch wurde als Kunstobjekt entdeckt. Sonia Delaunay und Henri Matisse ebenso wie Künstler des Bauhauses entwarfen Tücher oder bemalten sie von Hand.

In den 1930er Jahren brachte Elsa Schiaparelli Tücher in den französischen Nationalfarben. Der amerikanische Modeschöpfer Charles James lancierte zwei ineinandergedrehte Tücher verschiedener Farben, die apart um Hals, Kopf oder Taille geschlungen wurden. Die erwähnten Korahtücher wurden von der Frau auch als Kopftuch getragen, was aber für eine Dame der Gesellschaft als nicht standesgemäß betrachtet wurde.

Die Art, ein Tuch zu tragen, wie auch die Wahl des Musters wurden zum Symbol von Stimmungen. Die Magie des Tuches wurde im Film eingesetzt, wenn es verführerisch im Wind flatterte, wie bei Marlene Dietrich in »The Garden of Allah« (1936). Es wurde zur Kopfbedeckung der schiffsreisenden Dame und zum romantischen Backfischsymbol in den 1950er Jahren, wenn es um den Hals geschlungen war. Tücher wurden zu teuren Accessoires und als ***Markenzeichen*** von Modefirmen entdeckt. ***Jacqmar*** war die erste britische Manufaktur, 1935 gegründet, die ihr Logo auf ihre Tücher setzte.[132] 1937 folgte ***Hermès***, der ehemalige Hersteller für Reitgeschirr, Sättel und Lederwaren, mit seinen ersten handbedruckten Tüchern mit typischen Reitmotiven.[133] Seither wurden Hermès-Tücher – 1989 kam das achthundertzwanzigste Motiv auf den Markt – zu einem Begriff. Insider erkennen noch heute heiratswillige

*58 »Indientücher« und Modeschmuck der Hippie-Generation, um 1967. Popgruppe Ready Steady Gowe*

Töchter adeliger oder großbürgerlicher Familien an ihrem um den Hals drapierten Hermès-Tuch.

Während des Zweiten Weltkriegs und in den ersten Jahren danach hatte das Tuch mehr den praktischen Zweck als Kopftuch und Turban zu dienen *(s. S. 138)*. In den USA und England wurden Tücher aus Kunstseide ebenso wie aus Chemiefaser mit patriotischen Motiven preisgünstig auf den Markt gebracht, mit Slogans wie: »Save for Victory« oder »Lend to Defend the Right to Be Free«.[134]

In den 1950er Jahren wurde das Tuch durch so berühmte Trägerinnen wie Königin Elizabeth II. von England, die Schauspielerinnen Grace Kelly, nachmals Fürstin Gracia Patricia von Monaco, und Audrey Hepburn wieder in Mode gebracht. Sie trugen Tücher nicht nur von Hermès, sondern auch aus dem Hause Gucci[135] oder ***Designer-Tücher*** von Emilio Pucci[136]. Seither dessinieren alle führenden Haute Couture- und Prêt-à-porter Häuser eigene Tücher.[137]

In den 1960er Jahren wurden Seidentücher als farbiger Blickfang um den Henkel der Handtasche geknotet, da dies weniger »spießig« als Hals- oder Kopftuch aussah.

In den 1980er Jahren wurden Tücher zu den beliebtesten Modeaccessoires, weil die Art, sie zu tragen, dem individuellen Geschmack und Ideenreichtum der Trägerin überlassen bleibt. Hermès bietet in einem kleinen Anleitungsbuch allein 51 Arten an, ein Tuch zu binden. Denn: »A scarf is the only garment designed by a famous name that allows you to decide how to wear it.«[138] Die japanischen Modedesigner verstanden es, das Tuch ihrer intellektuellen Mode zu integrieren. Sie ließen nur schwarze oder weiße Tücher gelten, die sie um so phantasievoller um den ganzen Oberkörper zu drapieren verstanden.

*59 Druck der Hermès-Tücher mit charakteristischen Pferde- und Reitmotiven*

## Handschuh

Das Aufkommen des Fingerhandschuhs stand nicht im Zusammenhang mit seiner Schutzfunktion, wie man heute annehmen möchte, sondern vielmehr mit seiner Funktion als Standeszeichen und seinen ***symbolischen Aussagen***. Den Anfang machten die Pontifikalhandschuhe und die Krönungshandschuhe der Mächtigen, die reich bestickten, mit Perlen und Edelsteinen verzierten Handschuhe der Reichen. Diese kostbaren Handschuhe hätte es nie gegeben ohne die Eitelkeit und das Standesdenken der Menschen. Darüber hinaus wurde der Handschuh zum bedeutungsvollen »Stellvertreter« der rechten Hand und als solcher zum Symbol von Macht sowie zum Rechtsmittel. Der Handschuh übernahm die Symbolsprache der Gestik und intensivierte sie durch seine auffällige Gestaltung. Nur der Fausthandschuh war Kälteschutz und Arbeitshandschuh.

Der ***»Schuh für die Hand«*** hat wenig gemein mit der rauhen, starren Hülle des Fußes. Der Hand-Schuh ist eigentlich ein Hand-Kleid, das ausgezogen in sich zusammenfällt, platt und zusammenlegbar wird.[139] Der Handschuh stellt, wie der Schuh, immer ein Paar dar und ist – der menschlichen Symmetrieauffassung und der Tradition gemäß – in Farbe und Verzierung stets gleich gestaltet. Die Herstellung des Fingerhandschuhs ist sehr kompliziert, denn er muß, wie kein anderes Bekleidungsstück, Bewegungsfreiheit gewährleisten, nämlich jene von zehn Fingern.

Dem Aufkommen des Fingerhandschuhs, kurz Handschuh genannt, lag die Vorstellung eines abstrakten Schutzes zugrunde. Herausragende Personen wie Könige oder Priester mußten vor der Berührung durch »Unreine«, was meist gleichbedeutend war mit niedrigen oder ungeweihten Personen, geschützt werden. Diese Forderung wurde zum Gebot, das sich weiter zum sogenannten ***Ritus der verhüllten Hände*** entwickelte. In vielen Kulturen dürfen bis heute göttliche oder geweihte Wesen oder Gegenstände nur mit verhüllten Händen berührt werden. Dies dient auch umgekehrt dem Zweck, den Berührenden vor unbekannten magischen Wirkungen zu schützen. In der griechischen Antike durfte bei den Eleusinischen Mysterien das Heiligtum nur unter einem Tuch verborgen berührt werden. Im persischen Altertum schrieb das Hofzeremoniell das Tragen von Handschuhen vor, das sich in manchen Kulturen weiter erhalten hat.[140] In der byzantinischen Zeremonialtracht war der Mantel, das Paludamentum, mit einem auf der rechten Seite in Bauchhöhe aufgenähten viereckigen Stoffstück, dem Tablion[141], versehen. Damit bedeckte man die Hände, wenn ein zumal heiliger Gegenstand überreicht wurde. Für diesen Zweck tauchte der Fingerhandschuh im christlich-liturgischen Bereich auf.[142] So wurde auf dem gallikanischen Konzil von Autun (573–603) ausdrücklich verlangt, das eucharistische Opfer mit Handschuhen vorzunehmen. Um 960 wurde im »Ordo Romano-Germanicum« der Handschuh als offizielles Attribut der Bischofswürde bestimmt. Seither ist der vom Papst, den Kardinälen und den Bischöfen getragene ***Pontifikalhandschuh***[143] Zeichen der Reinheit und des göttlichen Segens und der niederen Geistlichkeit verwehrt. Im Grunde bis zum 13. Jahrhundert handelte es sich um genähte Handschuhe aus ungefärbtem oder weißem Leinen- oder Seidenstoff, die auf dem Rücken mit Plättchen aus Gold, Silber oder Email, seltener mit Stickerei verziert waren. Der Bischofsring wurde darüber getragen *(Abb. 63)*.

Am karolingischen Hof (752–987) wurde der Zeremonialhandschuh von weltlichen Würdenträgern übernommen.[144] Aber erst seit der Krönung Kaiser Friedrichs II. 1220 gehörten ***Krönungshandschuhe*** zu den kaiserlichen Insignien. Diese sind wahrscheinlich von sarazenischen Hofstickern in Palermo (Sizilien) hergestellt worden. Sie sind außen und innen aus rotem Purpurstoff, mit Goldstickerei, Lothperlen, Edelsteinen und Emailstücken verziert.[145] Gebrauch und Bedeutung von Königshandschuhen als Insignie sind kulturell unterschiedlich.[146] Insignien kennzeichnen die Person des Herrschers, denn nur ihm allein stehen sie zu und können ihn daher vertreten.

Deshalb konnte der Handschuh zum Beispiel als ***Rechtszeichen*** für die Banngewalt des Herrschers stehen. Auch der Richter benutzte im Mittelalter den Handschuh zur Urteilsverkündung. Warf der Richter seinen Handschuh, erklärte er damit den Verbrecher für außerhalb des Rechtes stehend und seiner Güter für verlustig. Französische Chroniken um 1100 berichten darüber als *droit des gants*.

Die Übergabe eines Handschuhs ersetzte Pergament und Siegel. Bereits in der ersten Hälfte des 9. Jahrhunderts ist im fränkischen Recht die Übertragung von Gütern durch die Übergabe eines Handschuhs beurkundet.[147] Die Handschuhübergabe ist gleichzusetzen mit der Symbolik des Handschlags zur Bekräftigung einer Abmachung. Die Benutzung von Symbolen war sehr verbreitet, da die meisten Menschen nicht schreiben konnten. Der Handschuh war Garantie für ***Eigentums- oder Lehensrechte***, eine Rechtssitte, die 1235 im »Sachsenspiegel« schriftlich niedergelegt wurde.[148]

Der Handschuh besiegelte in Deutschland auch das ***Marktrecht*** (womit meist das Münzrecht verbunden war) und wurde daher auf dem Marktkreuz aufgehängt. »Wo man neue Städte bauet«, heißt es im

*60 Handschuh als Marktzeichen einer mittelalterlichen Stadt. 14. Jahrhundert. Miniatur aus der Dresdener Bilderhandschrift Sachsenspiegel*

»Sachsenspiegel«, »muß man da ein Creutze setzen auf den Markt, durch das man sehe, daß Weidfried da sei und man hanget auch des Königs Handschuh daran, daß man sehe, daß es des Königs Wille sei.«[149]

Vielerorts gab der Bauer zusammen mit der jährlichen Zinsabgabe dem Grundherren auch Handschuhe als ***Lehenspfand***. In England gab es das *glove money*, das umgekehrt am Jahresende den Dienstboten als Treuegeld gezahlt wurde.

Handschuhe waren eine traditionelle Hochzeitsgabe des Bräutigams an die Braut. Der Ursprung der ***Brauthandschuhe*** liegt im erwähnten mittelalterlichen Usus, Verträge durch die Symbolik der Handschuhübergabe zu besiegeln. Verlobung und Hochzeit galten im Mittelalter als eine rechtsgültige Handlung, deren Ausgangspunkt der Kauf der Braut war. Hochzeitshandschuh waren mit vielsagenden Symbolen verziert. Aufgestickte verschlungene Hände symbolisierten Treue, durchbohrte Herzen Liebe, Fasan oder Rebhuhn ebenso der Granatapfel Fruchtbarkeit, eine Raupe, ein Kokon und ein Schmetterling Geburt, Leiden und Sterben.[150]

Da der Handschuh Rechtszeichen und Machtsymbol war, wurden Handschuhe nicht selten Personen geschenkt, die für ein Anliegen günstig gestimmt werden sollten. Es handelte sich dabei durchaus um eine Art ***Bestechung***, die bis ins 17. Jahrhundert üblich war. Selbst Universitäten, zumal in England, schenkten hohen Gästen kostbare Handschuhe. Und mancher Galan versuchte über Handschuhgeschenke die Gunst einflußreicher Adeliger oder einer Angebeteten zu erwerben. Der Moralprediger Abraham a Santa Clara (1644–1709) prangerte derlei Bestechung und Äußerlichkeiten an, denn, so meinte er: »Was hilft es, ein Baar wolrichendes Römisches Handschuch tragen und darinnen krätzige Pratzen?«[151]

Der Handschuh war auch ***Botenzeichen***. Der Auftraggeber übergab

*61 Fehdehandschuh. Der Oberste Zeremonienmeister (Earl Marshal) fordert den Earl of Derby in Gegenwart König Richards II. von England zum Zweikampf auf. Ausschnitt aus Jean Froissart, Chroniques de Froissart, 2. Hälfte 14. Jahrhundert*

dem Boten zusammen mit dem Auftrag einen seiner Handschuhe. Dieser war gleichsam eine Vollmacht. Gleichzeitig zeichnete das Mitführen eines fremden Handschuhs einen Boten aus.

Wurde ein Handschuh »übergeben«, galt das als Huldigung; wurde ein Handschuh »hingeworfen«, war dies eine Beleidigung, die zu einem Kampf auf Leben oder Tod führte. Der ***Fehdehandschuh*** – immer ein rechter Handschuh – war eine Aufforderung zum Zweikampf.[152] Das Hinwerfen des Fehdehandschuhs war die kriegerische Form der Handschuhübergabe. Als besonders schmachvoll galt es, den Fehdehandschuh durch das Gesinde überbringen zu lassen. Wie bei Verträgen war er die Bürgschaft dafür, daß der Ritter bereit war, seine Sache mit den Waffen in loyaler Weise zu verteidigen. Die Gegner verpflichteten sich formell zur Austragung des Zweikampfes, indem sie einander den Handschuh als Rechtspfand überreichten oder die Unterwerfung unter das Urteil des Kampfrichters bekundeten. Der Handschuh personifizierte die ritterliche Ehre und schließlich den Ritter selbst. Erstmals wird ein solcher Gestus 1070 in Frankreich erwähnt.

## Geschichte

Bereits in steinzeitlichen Epochen schützten Fellumwickelungen oder eine Art Fellsack die Hand vor Erfrierungen.

Noch in der **Antike** war der Handschuh nur als schützende Arbeitshilfe in der Form eines ***Fausthandschuhs***[153] bekannt. – Handschuhe waren den antiken Kulturen kein Standeszeichen, als die sie später so bedeutsam wurden. Meist verbargen Griechen und Römer die Hände unter dem Himation beziehungsweise der Toga, um sie vor Kälte zu schützen. – In der »Odyssee« wird Laertes, der Vater des Odysseus, bei grober Gartenarbeit mit Fausthandschuhen geschildert.[154] Ebensolche trug man im alten Orient zur Flachsbearbeitung. Auch Bogenschützen trugen Schutzhandschuhe. Bei den Römern sind *Manicae*[155] als Arbeitshandschuhe, auch aus Pelz, mehrfach erwähnt. Nach Plinius dem Jüngeren verwendeten Schreiber Fingerhandschuhe (?) als Schutz gegen Kälte. Römische Sklaven sollen Handschuhe zum Kneten des Brotteigs verwendet haben. Da Griechen und Römer mit den Fingern aßen, schützten dünne, wahrscheinlich aus Stoff genähte Fingerlinge die Finger Vornehmer beim Essen.

Obgleich Handschuhe bereits um 600 in kirchlichem Besitz erwähnt wurden (siehe oben), scheinen sie als allgemeiner Besitz hochstehender Personen in Europa erst im 8. Jahrhundert auf. Handschuhe wurden aus Ziegen-, Kalb- und Hundeleder, aber auch aus Leinen- oder Seidenstoff genäht. Angeblich aus dem 10. Jahrhundert sind Handschuhe erhalten, die in einer dem Häkeln ähnlich aussehenden Verschlingungstechnik hergestellt wurden[156]. Niedere Stände durften nur einfache Fausthandschuhe oder zweifingrige Handschuhe tragen (das sind Fausthandschuhe, deren Fingerteil zweigeteilt ist).

Erst um die **Jahrtausendwende** erlaubte die höfisch-ritterliche Kultur den Damen, den Handschuh, ein bisher rein männliches Akzessorium, zu übernehmen. Die ***Damenhandschuhe*** dürften sich schnell verbreitet haben, denn Ulrich von Liechtenstein, der als Dame verkleidet auf Turniere ritt, hielt seine Maskerade als »Frau Venus« ohne Handschuhe nicht für vollständig.

Im **12. Jahrhundert** kam es zu den ersten Gründungen von ***Handschuhmacher***-Zünften: 1165 eine im schottischen Perth, 1190 die erste französische Innung. In den deutschsprachigen Ländern wurden Handschuhe von Beutlern und Säcklern, also den Taschenherstellern angefertigt. Zum Zentrum der Handschuhmacher entwickelte sich die Stadt Grenoble, das für seine Handschuhe aus feinem Zickelleder bekannt wurde.

Aus dem **13. Jahrhundert** sind die ersten ***gestrickten*** Fingerhandschuhe überliefert.[157] Sie waren in Teilen gestrickt und anschließend zusammengenäht (rundgestrickte Finger sind erst aus dem 15. Jahrhundert belegt). Papst Innozenz IV. wurde 1254 mit gestrickten Handschuhen begraben.[158] Eine damals wichtige Handschuhart war der ***Falknerhandschuh***, ein linker Einzelhandschuh aus gewalktem, sehr starkem Büffelleder.

Im **14. Jahrhundert** wurden Handschuhe höchst begehrte Luxusartikel der höheren Stände, zumal Handschuhe Macht und Würde symbolisierten. Dennoch werden auf Gemälden Handschuhe bis zum 16. Jahrhundert sehr selten sichtbar. Sie sind nur belegt aus erhaltenen Rechnungen und Kleiderordnungen, aus denen auch Material und Ausstattung vieler Handschuhe hervorgeht. In einer Rechnung stehen zum Beispiel zwei Paar Handschuhe, die mit 48 goldenen Knöpfen je Paar zum Schließen ausgestattet waren. Am französischen Hof wurden im Jahr 1386/87 von König Karl VI. 251 Paar Handschuhe, von Königin Isabeau de Bavière 35 Paar und vom Bruder des Königs, dem Herzog von Touraine, 80 Paar verbraucht.[159] Oft werden Hirsch-, Ziegen- oder Hasenleder erwähnt. Da die Handschuhe noch nicht sehr dehnbar waren, waren sie bis ins 17. Jahrhundert ziemlich weit geschnitten. Ringe trug man über dem Handschuh. Erstmals setzte man, anfangs noch schmale, Stulpen an die Handschuhe. Es gab sogenannte *doppelte Handschuhe*, die mit Samt, Zindel, Taft oder feinstem Rauchwerk (Pelz) gefüttert waren. Der Handschuhrücken war mit Stickerei verziert. Beim gemeinen Volk waren Handschuhe in einfachster Art, besonders in Zeiten der Seuchengefahr, durchaus verbreitet.

Dem Damenhandschuh kam die Symbolik des ***Liebespfands*** zu. Schenkte eine Dame ihren Handschuh einem Herrn, so war dies Zeichen höchsten Gunstbeweises. Um die Gunst der Dame in der Öffentlichkeit zu zeigen, steckte er ihren Handschuh an Helm oder Hut. Einen zu hohen Preis verlangte Donna Anna de Mendoza, als sie ihren Handschuh anläßlich einer Tierhetze in den Löwenzwinger fallen ließ, aus den ihn ihr Anbeter mutig herausholte: »Und er wirft ihr den Handschuh ins Gesicht: ›Den Dank, Dame, begehr ich nicht.‹«[160]

Um die Wende zum **15. Jahrhundert** kamen bei adeligen Damen fingerlose Handschuhe auf, sogenannte ***Halbhandschuhe***. Diese Handschuhe liefen auf dem Handrücken in Höhe der Finger zu einer Spitze aus. Dadurch waren die Hände der Dame – zumal wenn diese nicht von zarter Schönheit waren – bedeckt und dennoch blieb das Feingefühl der Finger erhalten.

Mit der Verfeinerung der ***Etikette*** wurden eine Reihe von Regeln über das Tragen beziehungsweise Nicht-Tragen von Handschuhen aufgestellt, die im Laufe der Jahrhunderte zum Teil wieder geändert wurden.[161] Die Hand im Handschuh zu geben, war schon sehr früh eine unverzeihliche Unart, anfangs selbst für Damen. Deshalb steckten die Herren ihre Handschuhe oft in den Gürtel oder man hielt sie nur in der Hand, um zumindest Besitz und Schönheit der Handschuhe zu dokumentieren. Führte dagegen ein Herr eine Dame, mußte er Handschuhe anhaben, tanzte er mit ihr, mußte er sie ausziehen.

Im **16. Jahrhundert** wurden Handschuhe von Herren und Damen in Ausführung, Material und Verzierung kaum voneinander unterschieden, nur in ihrer Größe. In der ersten Hälfte des Jahrhunderts waren die Handschuhe entsprechend der aktuellen Mode mit kleinen Zierschlitzen versehen, die mit farbiger Seide unterlegt sein konnten. Für die Beweglichkeit der Finger waren jeweils doppelseitige Zwickel eingesetzt. Die aufwendige Gestaltung der Stulpen machte nunmehr die Vielfalt an Handschuhen aus. Die Stulpen bestanden entweder aus einzelnen bogenförmigen Lappen *(Tafel 2)*, oder sie waren im ganzen, leicht ausgestellt und mit Spitzen, häufiger mit Goldfransen umsäumt. Sehr weite, breite Stulpen waren seitlich geschlitzt und mit zwei bis drei schön verzierten Stegen zusammengehalten *(Tafel 4)*. Dadurch konnte der Handschuh über den Ärmel gezogen werden, und die Stulpen bogen sich nicht um. Die Handschuhe waren häufig aus weißgegerbtem oder braunem Leder, die angesetzten Stulpen aus Stoff. Königin Elizabeth I. von England soll, damit man nicht meinte, sie habe so große Hände wie ihre zwar kostbaren, aber allzu weiten Handschuhe, den rechten Handschuh immer wieder an und ausgezogen haben. Die Handschuhe der Elisabeth Stuart (1596–1662), Gemahlin des Kurfürsten Friedrich V. von der Pfalz wurden folgendermaßen beschrieben: »Die Handschuhe bestehen aus verhältnismäßig kräftigem Leder in hellbrauner […] Farbe. Die reich verzierten Stulpen setzen unmittelbar unter dem Daumen an. Sie sind aus dunkelviolettem Atlas gefertigt und mit nelkenroter, taftartiger Seide gefüttert. Zur Versteifung ist ein Karton eingefügt. Die Ausschmückung der Stulpe einmal mit Blumen und einem Emblem in zart getönter, kaum verblaßter Flockseide mit dem dazwischengelegten Blatt- und Rankenwerk aus dünnem und dickerem Goldfaden – wobei die Blätter teils unterlegt sind, was ihnen einen reliefartigen Charakter verleiht –, vor allem aber die geschickt im Ornamentgefüge verteilten feinen Reihen von Flußperlchen sowie einige eingestreute Goldpailletten machten das Ganze zu einem Kunstwerk besonderer Art.«[162]

Bis ins 17. Jahrhundert steckte der Herr den Handschuh seiner Angebeteten als Gunstbezeichnung an den Hut, wie zum Beispiel der Herzog von Cumberland jenen der jungfräulichen Königin Elizabeth I. von England oder Herzog Christian von Braunschweig jenen seiner Cousine Elisabeth Stuart.

Während der Spanischen Mode der zweiten Hälfte des 16. Jahrhunderts war es üblich, die Handschuhe zu parfümieren; wahrscheinlich um den starken Gerbgeruch des spanischen Handschuhleders zu überdekken. Die Spanier liebten aus ihrer arabischen Tradition starke Gerüche, wie Moschus, Ambra und Zibet, während die französischen Handschuhe diskreter mit Blumenölen durchtränkt waren.[163] P***arfümierte Handschuhe*** sollen auch eine desinfizierende und wohltuende Wirkung gehabt haben, angesichts der häufigen Übelgerüche und Seuchen. Das Parfümieren der Handschuhe brachte Zeitgenossen auf die Idee ***vergifteter Handschuhe***. Sie waren eine Lösung, um unliebsame Gegner auszuschalten. Dafür wurde dem Gerbmittel ein starker Zusatz von Arsenik beigesetzt. Bei dem Streit der Häuser Valois und Navarra um den französischen Thron soll Katharina von Medici 1560 mit Gift präparierte Handschuhe als unwiderlegbare Entscheidungshilfe eingesetzt haben.

Frankreich, das im **17. Jahrhundert** für die Mode bestimmend wurde, schuf mit dem ***Glacéhandschuh*** einen führenden Luxusartikel. Mit der Auswanderung der Hugenotten verbreitete sich die Kunst seiner Herstellung in Deutschland. Glacéleder (von frz. *glacé*, *Glanz*) ist eine sehr feine, durch besondere Behandlung mit Alaun, Kochsalz, Eigelb und Mehl dünne, dehnbare und zartnarbige Lamm- oder Zickelhaut, die heute auch chromgegerbt wird. Berühmt waren weiters die Handschuhe aus dem schottischen Limerick, die aus der Haut ungeborener Lämmer oder Kälber hergestellt wurden und *chicken-gloves* oder ***Limericks*** genannt wurden. Sie waren so dünn, daß sie in einer Nußschale Platz fanden.[164] Vornehme Damen und Herren trugen sie Tag und Nacht, um ihre zarten Finger zu erhalten. Nur zögerlich begannen sich aus Seide gewirkte Handschuhe durchzusetzen, obwohl der Engländer William Lee 1589 den Wirk- oder Handkulierstuhl erfunden hatte *(s. S. 240)*. Für die unteren Stände waren handgestrickte Wollhandschuhe üblich.

Die Kavaliere zur Zeit des **Dreißigjährigen Kriegs** (1618–1648) gefielen sich entsprechend ihres extrovertierten Verhaltens in Handschuhen aus chamoisfarbenem Leder mit sehr auffallenden, weiten Stulpen. Die Stulpen waren zudem mit Spitzenmanschetten oder mit auffallend langen, gekrausten Fransen *à la Crispin* besetzt. Ihre Handschuhe waren nicht nur bestickt, sondern mit kleinen Abenteuerbildern bemalt. ***Ka-***

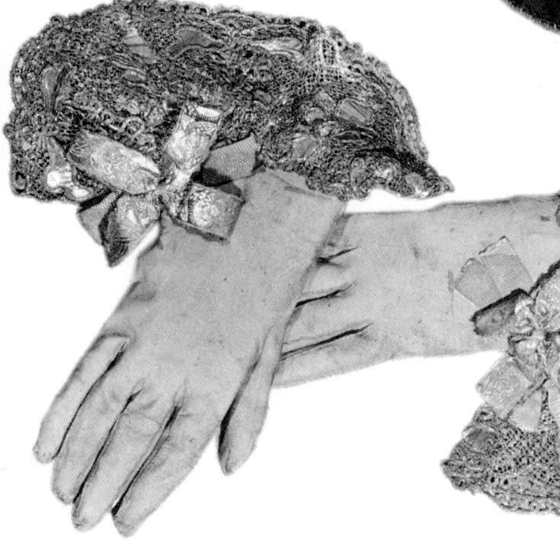

*Von links oben:*

*62 Damen-Fausthandschuh mit farbiger Seidenstickerei auf rotem Samt und weißem Seidenatlas. Ein Geschenk Königin Elizabeths I. von England an Margaret Edgcumbe, Gemahlin von Sir Edward Denny, spätes 16. Jahrhundert*

*63 Pontifikalhandschuh aus gelber Seide gestrickt, auf dem Handrücken das Christusmonogramm, angesetzte Stulpe aus Seidendamast farbig bestickt und mit Silberfransen, Schleife aus rotem Seidenmoiré, die Haken und Öse verdeckt. 1. Hälfte 17. Jahrhundert*

*64 Lederhandschuhe zum sogenannten Rheingrafenkostüm von August dem Starken, Stulpen aus blausilbernem Brokat mit Silberspitze Point d'Espagne und rotsilberne Bandschleifen, um 1705*

*65 Revolutionshandschuh aus Chamoisleder, bedruckt mit »Vive le Roi« und zugleich mit »Vive la Nation, l'Union, la Liberté« sowie Revolutionssymbolen, wie die Freiheit mit Siegeskranz und der auf einer Lanze aufgespießten Bonnet rouge, 1789*

***storhandschuhe*** waren aus stark angerauhtem Waschleder aus Ziegenhäuten, die ein samtartiges Aussehen hatten und sich wie Biberpelz anfühlten. Zu der sehr auffallenden **Rheingrafenmode** (1655–1680) des männlichen Adels mit ihrer effeminierten Rockhose konnten die Handschuhstulpen ganz aus herabhängender Spitze bestehen. Auch konnte der ganze Männerhandschuh mit Schleifchen verziert sein. Meist aber waren die Stulpen schmal und weit. Winterhandschuhe hatten eine Pelzgarnierung. Ende des 17. Jahrhunderts ging das Tragen von Handschuhen etwas zurück, was mit der zunehmenden Eleganz der Spitzenmanschetten des Hemdes und der breiten Aufschläge des Justaucorpsärmels zu tun hat.

In der höfischen Damenmode verkürzte sich um 1630 der Kleidärmel zu einer Dreiviertellänge. Dies führte umgekehrt zu einer Verlängerung des Damenhandschuhs. Der längere Handschuh verlor die Stulpen, und die Stickerei wurde über den ganzen Handrücken bis zu den Fingern verteilt. Um die Arme nicht zu entblößen, behielt die Dame nun die Handschuhe immer an.

Im **18. Jahrhundert** blieben die Herrenhandschuhe relativ einfach. Fransen, Besätze und Juwelen verschwanden. Offiziere fielen nur durch ihre hellen waschledernen Handschuhe auf. Unerläßlich war der Reithandschuh.

Die Dame wechselte mehrmals am Tag ihre Handschuhe, woraus das Handschuhtragen zu einer differenzierten Etikette wurde. Bei höfischen Veranstaltungen trug die Dame fast ausschließlich die fingerlosen, spitz auslaufenden Halbhandschuhe, die ***Mitaines***, da sie der Hand eine schlanke Optik gaben *(Tafel 13)*. Die Handschuhe waren meist aus Leder oder aus Stoff, seltener aus Seide gestrickt, und gefüttert. Sie waren in zarten Farben gehalten und mit Schleifchen, Falbeln und Bandrosetten geschmückt. Besonders geschätzt wurden die französischen *peau de poule* oder ***Canepinhandschuhe***, die aus pergamentfeinem Chevreauleder aus der Narbenoberschicht der Häute waren. Die antikisierend-klassizistische Mode des letzten Viertels des 18. Jahrhunderts fand auch ihren Niederschlag in den Handschuhverzierungen. Bandornamente wurden über den ganzen Handschuh mittels Kupferplatten gedruckt. Auch aktuelle Ereignisse, wie die aufsehenerregende Ballonfahrt im Jahre 1783, wurden so auf Handschuhen dargestellt.

Während der **Französischen Revolution** (1789–1794) war dem radikalen Proletariat jeder, der Handschuhe trug, als Royalist verdächtig. Die Handschuhmacher sahen große Verluste auf sich zukommen. Vorsichtshalber bedruckte ein Hersteller seine Handschuhe mit der Jakobinermütze und den Worten »Vive la Nation, l'Union, la Liberté« ebenso wie mit der Devise »Vive le Roi«. Als der König hingerichtet war, wurden das »e« und »R« ausgekratzt und darüber »la Loi« (»das Gesetz«) gedruckt.

Zum antiken Modeideal des Directoire (1795–1799) paßte der Handschuh in der Damenkleidung nicht. Stilbewußte Damen lehnten ihn konsequenterweise ab. Dennoch erforderte es die Eleganz der Zeit, die nackten Arme zu bedecken, zumal die Chemisen nur im Winter über lange Ärmel verfügten. Es wurde nunmehr bis ins 20. Jahrhundert zur Regel, daß zu ärmellosen oder kurzärmeligen Ball- und Abendroben lange, das heißt bis zur Armbeuge oder darüber reichende Handschuhe, zu langen Ärmeln kurze, meist stulpenlose Handschuhe getragen werden.

Im **19. Jahrhundert** kam unter Kaiser Napoleon I. der Herrenhandschuh wieder zu Ehren, doch in einer wesentlich einfacheren Ausstattung. Der Handschuh aus feinem Leder wurde sehr geschätzt und war ein unauffälliges Accessoire des eleganten Herrn. Der Dandy verwendete täglich mindestens sechs Paar unterschiedliche Handschuhe je nach Anlaß. Biesen und Steppnähte kennzeichneten von nun an den sportlichen Handschuh.

Im Biedermeier (1815–1848), als sich das Bürgertum sehr um die Erhaltung von Sitte und Anstand bemühte, nahm der Handschuh als unerläßliches Accessoire einen neuen Aufschwung. Am liebsten trugen die Damen Halbhandschuhe, die sie auch nicht beim Essen oder Klavierspielen auszogen. Besonders modern waren gelbe Damenhandschuhe, die in der »Physiologie du Gant« 1841 als »fortgeschrittenster Ausdruck moderner Zivilisation« klassifiziert wurden.[165] Auch wurden Handschuhe aus irischer Häkelspitze sowie ***Kulierhandschuhe***[166] aus Garn oder Zwirn geschätzt, ließen sie doch die weiße Haut durchscheinen. Letztere konnten unterschiedlich dicht, locker oder filet(netz)artig hergestellt werden. Lange Ballhandschuhe waren aus Seide, häufig zum Kleid farblich abgestimmt, oder aus weißem Glacéleder, der Saum einfallsreich schräg oder bogig gestaltet. Viele Damen fanden eine liebevolle Beschäftigung, indem sie sich selbst Handschuhe häkelten und oft mit kleinen Glasperlen bestickten. Lederhandschuhe erhielten die noch heute üblichen drei Längsnähte am Handschuhrücken, die ihnen eine gewisse Elastizität verleihen. Im letzten Viertel des 19. Jahrhunderts kamen Handschuhe aus merzerisierter Baumwolle auf den Markt.

Im **20. Jahrhundert** ging der Handschuh den Weg kontinuierlicher Vereinfachung bis er seit den 1960er Jahren kaum mehr als Modeaccessoire erscheint.

*Von links oben:*

*66 Stulpenhandschuh mit Metallverzierung von Roeckl, 1992*

*67 Weißer Glacélederhandschuh, zu einem Schachbrettmuster mit schwarzen Quadraten und romantischen Symbolen bedruckt, Barcelona 2. Viertel 19. Jahrhundert*

*68 Modischer Stulpenhandschuh mit Fransen von Roeckl, 1993*

*69 Handschuhe aus Nadelspitze und mit Bändchenverzierung, um 1930*

*70 Handschuhe mit gemalten Adern (Siebdruck) nach einem Entwurf von Meret Oppenheim, 1936. Ziegenwildleder, von Hand passepoliert, Edition in limitierter Auflage für Parkett, Zürich 1985*

Wenngleich für den gut gekleideten Herrn bis in die 1950er Jahre Handschuhe unerläßlich waren, wandelte sich der Handschuh nur sehr gering mit der Mode. 1929 kam der aus einem aus Wollgarn gehäkelten Rücken und einer ledernen Innenhand bestehende ***Karlsbader Handschuh*** auf. Dieser sportliche Handschuh entwickelte sich zur idealen Bekleidung für Reiter, Autofahrer und Golfer. Er war Vorbild auch für jene ledernen Autofahrerhandschuhe mit Löchern im Handschuhrücken.

Bei den Damenhandschuhen galt zu Beginn des Jahrhunderts der Einfallsreichtum ganz dem ***Abendhandschuh***. Da die Abendkleider tief dekolletiert und ärmellos waren, reichten die Handschuhe bis zu den Oberarmen. Wichtig war, daß die Handschuhe eng anlagen, um so den Eindruck einer schlanken Hand zu erwecken. Um die engen Handschuhe dennoch bequem an- und ausziehen zu können, waren sie auf der Innenseite mit einem langen Schlitz gearbeitet, der zugeknöpft, seltener geschnürt wurde. Zudem wurden die dünnen Handschuhfinger mit einem heißen ***Handschuheisen*** gedehnt, bevor sie angezogen wurden. Wenn das Leder erkaltet war, straffte es sich eng um die Finger. Gerade über den Knöchel reichende Handschuhe erhielten innen am Handgelenk einen kleinen Schlitz, der mit einem Druckknopf[167] geschlossen wurde. Seit 1908 wurden gewirkte, sogenannte Einnahtfingerhandschuhe auf dem Jacquard-Petinet-Stuhl[168] hergestellt, die wie Spitzenhandschuhe aussahen. Trotz zum Teil maschineller Herstellung wurde in den Journalen der Zeit wiederholt darauf hingewiesen, wie teuer Handschuhe sind.

In den 1920er Jahren wurde der Sporthandschuh erstmals ein Modethema. Gestrickte Wollhandschuhe mit Norwegermuster und passendem Schal kamen zum Schifahren in Mode. Daneben gab es Fäustlinge aus Leder oder Segeltuch.

In den 1930er Jahren war dem Handschuh ein modischer Höhepunkt gegeben. Die Pariser Haute-Couture-Häuser boten zu jedem Modell das passende Handschuhpaar an. Seine sehr starken Farben, Dunkelgrün, Rot, Gelb, Veilchenblau, setzten Farbakzente oder Kontraste zur Kleidung. Der Handschuh mußte stets bis zum Ärmel reichen und: »Das winzig kleine Stückchen Arm, das man dann noch zu sehen bekommt, wirkt sehr pikant.«[169]

Während des Zweiten Weltkriegs konnten auch Handschuhe nur auf Bezugschein erstanden werden; Ausnahme waren reine Schutzhandschuhe aus Asbest oder Gummi. Die Handschuhhersteller stellten fast ausschließlich für das Militär her, so daß sich viele Frauen ihre Handschuhe selbst aus Stoffresten nähen mußten.

*71 Ellenbogenlanger Handschuh mit Innenschlitz geknöpft, graphisches Muster, um 1925*

*72 Legermode von Willy Bogner belebt durch Accessoires, 1988*

In den 1950er Jahren durfte eine Dame, wollte sie korrekt gekleidet sein, auf keinen Fall auf Handschuhe verzichten. Hut, Handtasche, Handschuhe und Schirm waren stets farblich aufeinander abgestimmt und mußten zu Kleid oder Mantel passen. Natürlich gab es von nun an auch Handschuhe aus Kunstleder. Ballhandschuhe waren aus Glacéleder oder aus leicht gekräuseltem Satin und reichten mindestens bis zu den Ellenbogen (*Abb. 114 und 163*).

Die Jugendmode der 1960er Jahre fand den Handschuh ein unzeitgemäßes, kompliziertes und zu damenhaftes Accessoire. Einzig und allein der Modedesigner André Courrèges komplettierte seinen Astronauten-Look durch weiße gestrickte Fäustlinge oder durch kurze weiße Handschuhe aus Kunststoff in Übereinstimmung zu seinen Stiefeln *(Abb. 39)*.

In den 1980er Jahren setzten neue Impulse bei den ***Sporthandschuhen*** ein: Radfahrhandschuhe, Langlaufhandschuhe, Snowboard- und Skateboardhandschuhe in allen erdenklichen Farben und aus neuartigen, Wasser abstoßenden Fasern wie Gore-tex kamen auf. Neu war, daß manche Designer den Handschuh in seiner Funktion als »Handkleid« in Frage stellten beziehungsweise seine Anwendung erweiterten. François Lesage machte einen Handschuh-Gürtel, Jean-Charles de Castelbajac eine Handschuh-Tasche und einen Pullover aus Dutzenden gestrickter Handschuhe. Neuerdings werden farbige Lederhandschuhe als Modeaccessoire lanciert.

# Hosenträger

Hosenträger haben es schwer, sich als modisches Accessoire durchzusetzen. Ihre praktische Funktion – zumal bei beleibteren Herren – ist allzu offensichtlich. Da diskret unter Sakko und Weste verborgen, blieben Hosenträger bis in die jüngste Vergangenheit langweilig und farblos. Im Grunde jedoch garantieren *nur* Hosenträger und nicht der Gürtel einen perfekten Sitz der Hose, den Bund locker in Taillenhöhe, die Hosenbeine lose fallend und nur auf dem Schuh vorne leicht geknickt.

## Geschichte

Die Entwicklung des Hosenträgers steht in engem Zusammenhang mit der Art der »Fixierung« der Hose am Körper. Da die Hose bis ins 16. Jahrhundert mit Nesteln (Schnürsenkel) an das Wams gebunden wurde, war ein Hosenhalter oder -träger nicht nötig.

Im Laufe des **17. Jahrhunderts** änderte sich dieser Usus. Die Pumphosen wurden fest an das Wams gehakt, wodurch keine Möglichkeit einer individuellen Lockerung mehr gegeben war. Oder aber die lange Röhrenhose wurde hinten in der Taille auf Figur geschnürt. Beide Fixierungsarten waren für körperliche Arbeit ungeeignet. Aus diesem Grund setzte sich für die Arbeitshose, zumal im bäuerlichen Bereich, sowie bei Kinderhosen eine sogenannte ***Hosenhebe*** durch. Diese wurde allmählich auch in der Alltagstracht übernommen. Eine der ältesten Darstellungen einer Hosenhebe findet sich auf einer Schützenscheibe aus Leoben von um 1670.[170] Bis heute hat sich in bayerischen und österreichischen Trachten der Hosenträger mit einem reich verzierten Bruststeg erhalten.

Im **18. Jahrhundert** war der Bund der modischen Culotte, der Kniehose, relativ breit und die rückwärtige Schnürung beibehalten. Die Incroyables, jene auffallend gekleideten Stutzer zur Zeit des Directoire (1795–1799),[171] trugen ihre Hosen in der Taille sehr hoch, bis unter die Brust geschnitten. Sie ahmten damit die hohe Taille der Damenmode nach. Breite, mittels Knöpfen befestigte Hosenträger gaben nun oft den erforderlichen Halt. Sie wurden den Strumpfbändern ähnlich bestickt.

Das **19. Jahrhundert** ist das eigentliche »Jahrhundert des Hosenträgers«. Obgleich die Hosenträger peinlichst unter der Weste verborgen blieben, waren sie dennoch liebevoll bestickt. Damit sie nicht über die Schultern glitten, formten sie im Rücken ein X oder Y. Um 1840 kamen die ersten Hosenträger aus Gummi, mit Stoff überzogen, auf den Markt. Gegen Ende des Jahrhunderts vertrugen sich die neuen sportlichen Ambitionen vornehmer Herren wie Tennis nicht mehr mit Sakko und We-

*73 Hosenträger um 1990*

ste, was zur Folge hatte, daß auch die »peinlichen« Hosenträger abgelegt wurden. Im Juli 1894 zeigte die »Illustrierte Zeitung« eine kolorierte Zeichnung »Kaiser Wilhelm beim Lawn-Tennis in Kiel«. Der Kaiser spielt im Garten der Militärakademie Tennis mit einem blusenartigen Hemd (heute würden wir es als Poloshirt bezeichnen) und ohne Hosenträger(!). Das zunehmende Wegfallen von Sakko und Weste in der sportlichen Sommerkleidung brachte einerseits den Kummerbund in Gebrauch (*s. S. 67*), andererseits verschwand das »orthopädisch intime« Kleidungsstück Hosenträger. Da der Herr im Alltag nicht auf die bequemen Hosenträger verzichten wollte, versah man sie mit Clips zum Befestigen, damit die Knöpfe an der Innenseite des Hosenbundes wegfallen.

Der Hosenträger blieb so gut wie im ganzen **20. Jahrhundert** unter der Weste verborgen und natürlich in gedeckten Farben und unverziert. Spätestens seit den 1960er Jahren, als kaum mehr eine Weste den Herrenanzug komplettierte, verblieben Hosenträger gänzlich der Altherrenkleidung. Der Gürtel sowie eine seit den späten 1950er Jahren innen im Hosenbund aufgenähtes Art Gummiband verhinderten mehr oder weniger (im Grund je nach Leibesfülle) das Hinuntergleiten der Hose. Außerdem trug man die modisch engen Hosen mehr auf den Hüften als in der Taille. Allein elegante Abendhosen, zumal Smoking- oder Frackhose, blieben gürtellos und somit schmalen, weißen oder schwarzen Hosenträgern treu. Die Weste beziehungsweise der Kummerbund verhinderten unliebsame Einblicke. Erst Ende der 1980er Jahre erfuhr der Hosenträger einen modischen Anstrich. Filme wie »Wallstreet«, in denen New Yorker Jung-Börsianer als Wirtschaftsaufsteiger verherrlicht wurden, machten den Hosenträger zum modischen »Standeszeichen«. Der einstige Hosenträger des kleinen Beamten wurde in breiter Form zum Symbol des »new workoholic« (*Tafel 12*).

## Knopf

Der Knopf ist – ungeachtet seines kleinen Umfangs – ein wichtiges Modebeiwerk und ein bedeutungsvoller ***Kulturbeleg***. Er repräsentiert die Kunst einer Epoche »auf kleinstem Raum«. Der barocke Knopf diente dem Prunk, der filigrane Knopf des Biedermeier strahlt die Romantik der Zeit aus, Bleistifte und Cola-Dosen als Knopf entsprechen der Pop-art unseres Zeitalters. Der Knopf ist nicht nur technisches Hilfsmittel zum Schließen der Kleidung – wie Haken und Ösen, sondern mehr noch ein schmückendes Beiwerk. Allein seine Mannigfaltigkeit an kunsthandwerklichen Ausführungen sprechen dafür.[172] Hinzu kommt seine – anderen Accessoires kaum mögliche – Materialvielfalt: Stein, Knochen, Nuß, Holz, Horn, Metall, Bambus, Bast, Kork, Ton, Muschel, Glas, Edelstein, Schildpatt, Perlmutter, Posamenterie, Porzellan, Gummi, Leder und Kunststoff.

Die Grenze zum reinen Schmuckobjekt war – schon im Altertum – oft fließend. Als solches war der Knopf ***Statussymbol***, wenn, wie Ludwig XIV. von Frankreich seine Staatsrobe mit einhundertundvier Diamantknöpfen besetzen ließ oder August der Starke zahlreiche Knöpfe je aus einem Diamant von 3,5 Karat in einem Kranz von Rubinen in Gold gefaßt für eine Robe verwandte.[173]

Knöpfe hatten Symbolcharakter. In prähistorischer Zeit zählten Knöpfe zu magischen Gegenständen, denen man die Kraft zuschrieb, bestimmte Krankheiten zu heilen. ***Kultische Bedeutung*** mögen früheste Fundstücke gehabt haben, wie scheibenförmige Doppelknöpfe aus Bernstein aus einer Grabbeilage von etwa 6000 v. Chr. oder Knöpfe aus gebohrtem und geschliffenem Felsgestein von 4000 v. Chr.[174] Dem Knopf wird in manchen Ethnien bis heute apotropäische, das heißt Unheil abwehrende Kraft beigemessen. Seine runde Form wird mit dem Auge gleichgesetzt, das den Blick des Bösen reflektiert. Ein Grund, weshalb Brautkronen, aber auch Trachten in verschiedenen Regionen Europas mit Knöpfen oder runden Plättchen verziert werden.[175]

Der Knopf ist auch ***Maßstab für die Seele*** des Menschen. Auf das Naturell eines Menschen übertragen, gilt ein introvertierter Mensch als verschlossen und »zugeknöpft«. Und das Aufknöpfen einer Kleidung durch das andere Geschlecht kann ein höchst ***erotisches*** Moment sein.

Knöpfe kamen ***schnittechnisch*** dann zur Anwendung, wenn eine Kleidung dicht am Körper zu liegen hat. Sie waren aber auch dort notwendig, wo eine Kleidung keinerlei willkürliche Faltenbildung aufweisen darf, das heißt ein straffes, ordentliches Körperbild erzielen sollte, wie beispielsweise bei Uniformen.[176] Am meisten aber macht er von sich reden, wenn er nicht mehr da ist, denn ein verlorener Knopf kann weitreichende Folgen haben.

Das deutsche ***Wort*** *Knopf*, von germanisch *knuppa*, drückt einen rundlichen, verdickten Gegenstand aus und findet sich in der Herkunft verwandter Wörter, wie Klumpen, Knoten, Knödel, Klotz, Knoten und Knauf. Der Bedeutungsverengung von Knopf als Kleidungsverschluß ging die Bedeutung des Knotens und Knüpfens zur Fixierung der Kleidung voraus.

## Geschichte

Obgleich der Knopf, wie frühe Funde und Darstellungen beweisen, bereits seit dem Altertum bekannt war, spielte er als Verschluß bis ins hohe Mittelalter eine eher untergeordnete Rolle. Bis dahin wurden vorrangig Fibeln, Spangen, Nesteln[177], Gürtungen und Schnürungen zum Fixieren der Kleidungsstücke am Körper verwendet.

Erst im **13. Jahrhundert** kam der Knopf in Mode. Er hatte sich in den Gewändern des Vorderen Orients erhalten und wurde durch die Kreuzfahrer nach Europa gebracht und damit neu angeregt. Zunächst waren beide Geschlechter angetan, den langen Schlitz am Ärmel sowie den Halsschlitz ihrer weiten Hemdgewänder mit zahlreichen Kugelknöpfen zu schließen. Noch wurden die runden Knöpfe aus Bronze oder Holz durch eine Schlaufe geschoben.

Als man Mitte des **14. Jahrhunderts** schnittechnisch so weit war, den Rock des Mannes und das Kleid der Frau eng an den Körper anzupassen, war es der Knopf, der der körperbetonten Mode zu Hilfe kam. Mag sein, daß der Knopf die entscheidende Anregung zur starken Körperbetonung gegeben hatte, zumal man nun auch das Knopfloch erfand. Die Kleidung wurde so eng, daß man sie nicht, wie vordem üblich, über den Kopf ziehen konnte, sondern vorne aufschnitt und mit einer dichten Knopfreihe schloß. Der Knopf wurde jedoch nicht nur als technisches Hilfsmittel, sondern als bewußte Akzentuierung angewandt. Mittelalterliche Knöpfe waren Aufputz. Sie hatten die Form einer Scheibe, Beere oder Kugel und waren oft mit einem Rosettendekor verziert, das an spätgotische Fenster erinnert. Sie waren meist aus Bronze mit an der Rückseite angelöteter Öse.

Im **16. Jahrhundert**, als geschlitzte oder zerhauene Stoffe so sehr in Mode waren, hielten – neben Nesteln – auch kleine Knöpfe die Schlitze zusammen. Außerdem eignete sich der Vorderverschluß des Wamses vorzüglich für eine dichte Knopfreihe. Der Knopf wurde als Statussymbol des Mannes erkannt. Handgeschmiedete Knöpfe aus Gold oder Silber, mit Rubinen, Diamanten und Perlen und Korallen verziert und mit Emaille umrahmt, kamen Juwelen gleich. Die Knopfkunst war durch liebevolle Details ausgezeichnet, durch Filigrantechniken, durch Niello und mit bildhaften Motiven als Intaglio und Gemmen (vertieft) und als Kameen (erhaben). Typische Renaissanceverzierungen wie Akanthusblätter umrahmten die Edelsteine. Besaßen gekrönte Häupter ganze Schmuckschatullen mit edlen Knöpfen, so wies die Hinterlassenschaft eines einfachen Adeligen sogar zweiundvierzig goldene Wamsknöpfe, jeder mit sieben Diamanten besetzt, auf.[178]

In der Frauenmode spielte der Knopf infolge des im 16. Jahrhundert – mit Unterbrechungen – üblich gewordenen Korsetts eine geringere Rolle. Schnürungen sowie Haken und Ösen dienten als Verschluß.

In der ersten Hälfte des **17. Jahrhunderts** wurde der Knopf an der Herrenmode zum Zierobjekt schlechthin. Die Außennähte der Hosen (*Abb. 89*) ebenso wie die Ärmelnähte wurden schockweise (1 Schock = 60 Stück) mit Knöpfen verziert. Es handelte sich meist um stoffüberzogene Kugelknöpfe. Es gab Knöpfe mit dem Porträt der Geliebten und solche aus kleinen Uhren sowie die ersten Knöpfe aus Perlmutter. Beliebt waren sogenannte ***Geheimknöpfe*** mit einem Sprungdeckel, worin man ein Porträt oder Haare der Geliebten, sogar winzige pornographische Szenen oder kleine Schätze aufbewahrte. Eine Regel der ***Knöpfungsrichtung*** gab es noch nicht. Oft waren auf beiden Kanten des Wamses Knöpfe und Knopflöcher angebracht, so daß der Knopf nach Belieben – oder nach Abgetragenheit – durchgesteckt werden konnte.

Ludwig XIV. hatte einen eigenen Knopfmacher, einen sogenannten Bouttonier. Die Knöpfe waren prunkvollst mit Pretiosen verziert, aber die Finesse fehlte. Sehr kostbare Knöpfe wurden zum Durchstecken angefertigt, die mittels eines querzustellenden Dorns gehalten wurden, so daß sie auswechselbar waren und in einer Schmuckschatulle aufbewahrt werden konnten.

Auch Knöpfe unterlagen den ***Kleiderordnungen***. Den untersten Ständen waren Gold- und Silberknöpfe verboten. Bauern trugen an ihrem Sonntagsgewand silbern eingefaßte ***Kristallknöpfe*** (in Nachahmung der adeligen Diamanten).[179] Handwerker ließen ihre eigenen Knöpfe mit eingravierten Werkzeugen ihrer Zunft anfertigen.

Im 17. und 18. Jahrhundert waren am Herrenrock ***Boutons à queue*** (*Knöpfe am Stiel*) sehr beliebt, das sind Knöpfe an einer Posamentschnur, die mit einer Posamentschlaufe geschlossen werden, ähnlich dem schon in der Jüngeren Altsteinzeit bekannten ***Knebelknopf***. Diese Ver-

*Von links:*
*74 Bronzeknopf mit Rosettenverzierung, 15. Jahrhundert*
*75 Porzellanknopf mit Rokokomotiv, Mitte 19. Jahrhundert*
*76 Messingknopf mit eingelegter Lithographie eines Cricketspielers, Ende 19. Jahrhundert*

schlußform ging gegen Ende des 17. Jahrhunderts in die sogenannten ***Brandenbourgs*** über. Bei diesen ist die Posamentschlaufe, die das Knopfloch bildet, zu einer phantasievollen Dekorschlaufe erweitert.

Im **18. Jahrhundert** nahmen Feinheit und Zierlichkeit der Knöpfe, ganz im Stil des Rokoko, zu. Perlmutter, Elfenbein, Schildpatt, Porzellan und Emaille waren die verbreitetsten Materialien. Es entspricht so sehr dem Geist des Rokoko, den Schein des Echten zu pflegen, daß es nicht verwunderlich ist, daß es um Mitte des Jahrhunderts zur Erfindung des ***Stahlpointknopfes*** und des ***Straßknopfes*** gekommen ist. Der Stahlpointknopf besteht aus kleinen facettierten Perlen aus Stahl, die mit dem Untergrund fest verbunden sind.[180] Straß besteht aus Glaspaste, die geschliffen und poliert werden kann und als Diamantimitation dient.[181] Sowohl Straß- als auch Stahlknöpfe wurden auch bei Hof verwendet. Der Großteil der Knöpfe fand weiterhin in der Herrenmode bei Justaucorps und Weste Anwendung. Die Kleider der Frau wurden weiterhin größtenteils im Rücken mit Haken und Ösen geschlossen oder geschnürt.

Um 1775 ging von Frankreich eine Knopfmode aus, die für das Rokoko am charakteristischsten erscheint, Knöpfe mit Miniaturmalerei, sogenannte ***Boutons à miniature***. Viele berühmte Künstler, wie Watteau und Fragonard, lieferten die Vorlage dafür. Beliebte Motive waren idyllische Landschaften, galante Feste und Schäferspiele, Tiere, zumal Insekten, Blumen und architektonische Sehenwürdigkeiten. In Böhmen wurde dafür eine Technik der Hinterglasmalerei, das ***Eglomisée*** mit seinen in Goldfolie geritzten Motiven, angewandt.[182] Ende des Jahrhunderts eroberten ***Wedgwood-Knöpfe*** den Markt (bis um 1820). Das von Josiah Wedgwood (1730–1795) erfundene Grundmaterial bestand aus einer bis-

*Von links:*
*77 Emailknopf mit Stahlpointeinlagen, 19. Jahrhundert*
*78 Jugendstilknopf aus Messing, versilbert mit Frauenporträt*
*79 Art-déco-Knopf aus Kunststoff mit geometrischem Muster in Schwarz mit Gelb, 1930er Jahre*

kuitartigen Porzellanmasse blauer oder schwarzer Färbung, auf die in antiker Manier weiße Relieffiguren aufgelegt wurden.

Nachdem der Adel im Wert seiner Knöpfe gleichsam eine Kapitalanlage sah, hatte auch der einfache Mann das Bedürfnis, seinen Wohlstand unter Gleichgesinnten zu dokumentieren. Diesen Anspruch erfüllten in bäuerlichen Kreisen die ***Münz- und Talerknöpfe***. Darüber hinaus waren diese Knöpfe allgemein als Zahlungsmittel anerkannt. In Notzeiten mußte mancher Bauer nicht sein letztes Hemd, wohl aber seinen letzten Knopf opfern.[183]

Zur Zeit der **Französischen Revolution** (1789–1792) gab es selbstverständlich Knöpfe mit den gängigen Revolutionszeichen wie Phrygische Mütze, Kokarde, Sturm auf die Bastille etc.

Im **19. Jahrhundert** verdrängte die maschinelle Knopfherstellung die Handarbeit fast zur Gänze, wovon besonders Metallknöpfe, aber auch der Stahlpointknopf profitierten. Damit war der Ausgangspunkt der in der Herrenkleidung so beliebten ***Wappenknöpfe*** gelegt, die bis heute beim Herrenblazer obligat sind. (Als Vorläufer der Knöpfe mit heraldischen Motiven gilt der Münzknopf.) Wappenknöpfe fanden als Militär- (seit Mitte des 18. Jahrhunderts), Beamten- und Livreenknöpfe zahlreiche Anwendung.[184] Was wer war und in wessen Diensten er stand, war fortan am Knopf erkennbar. Im Militärbereich ließ auch der Knopf Regiment und Dienstgrad erkennen.[185] Sonst wurden die Herrenknöpfe schlicht ganz der Farbe der Kleidung angepaßt, weshalb der mit Stoff überzogene Knopf sowie der dunkle Steinnußknopf[186] an erster Stelle standen. Daneben gab es schwarze Hornknöpfe mit schönen, eingepreßten Bildmotiven sowie kostbare Elfenbeinknöpfe.[187] Höchstens der

Westenknopf konnte sich noch farbliche Extravaganz leisten. Am Herrenhemd kamen, zum Schließen der steifen Hemdbrust, elegante ***Durchsteckknöpfe*** (man sprach von *Junggesellenknöpfen*, da man sie nicht annähen mußte) sowie der Manschettenknopf *(s. S. 164)* auf. In der Trachtenmode kamen Hirschhornknöpfe in Anwendung.

Auf dem Weg zum Knopf aus synthetischem Material spielte der um 1851 erfundene ***Hartgummiknopf*** eine Rolle.[188] Die Engpässe an Rohmaterialien führten zur Anwendung weiterer »Ersatzstoffe«. 1869 kam es zu einer brauchbaren Form von Zelluloid (Celluloid).[189] Die ersten ***Zelluloidknöpfe*** kamen um 1874 auf den Markt.

Die Damenmode verlangte noch wenig nach Knöpfen, da die Kleider fast ausschließlich im Rücken mittels Haken und Ösen – von der Zofe – geschlossen wurden. Zur Zeit des Biedermeier und der Krinolinen-Mode wurde der ***Porzellanknopf*** am beliebtesten, bemalt mit romantischen Naturmotiven oder solchen in Anlehnung an das Rokoko. Als 1864 das vorne durchgehend geknöpfte Prinzeßkleid aufkam – kreiert vom ersten sogenannten Couturier in Paris, Charles Frederick Worth –, gab die Knopfreihe den modischen Akzent.[190] (Kaum sind diese Modelle, obwohl sie von der Frau selbst geschlossen und geöffnet werden konnten, als Emanzipationsschritt aufzufassen, waren doch noch Korsett und Krinoline aktuell.) Aber viele Kleidoberteile nahmen nun die Form eines anliegenden, vorne geschlossenen Jäckchens an, weshalb Knöpfe großen Aufschwung fanden. Beliebt wurden ***Glasknöpfe***, vor allem schillernde Effektglasknöpfe, ebenso Mattglas in Schwarz oder Weiß; Emailleknöpfe mit kleinen Blümchen oder in Cloisonné-Technik verbunden mit Filigranarbeit. Gegen Ende des Jahrhunderts erlebten filigrane Stahlpointknöpfe ihren Höhepunkt. Durch ihr etwas nüchternes Aussehen waren sie sowie aus Blech gestanzte Knöpfe für Kostüme sehr gefragt. Perlmuttknöpfe[191] bereicherten die Bluse. Ein typischer Knopf der Zeit waren ***Bildknöpfe***, deren Materialwert zwar gering war, der Erinnerungswert der Fotos und Lithographien jedoch um so größer.

In der zweiten Hälfte des 19. Jahrhunderts wurde in der Herrenmode endgültig die Links-auf-rechts-Knöpfung zur ungeschriebenen Regel in der Herrenschneiderei. Die Frau begann erst ab etwa 1868/69 in gegensätzlicher Richtung ihre Schoßjacke und bald auch den Paletot zu knöpfen.

Im **20. Jahrhundert** entsprachen Formen und Materialien des Herrenknopfes im wesentlichen jenen des 19. Jahrhunderts; mit Ausnahme der erst nach 1945 vollsynthetischen Kunststoffknöpfe.

Die Damenmode zu Beginn des Jahrhunderts – und damit auch der

Knopf – waren vom ***Jugendstil***, vom Art Nouveau, geprägt. Die Umrißlinien des Knopfes wurden geschwungen, eingeprägte Frauenporträts und Pflanzen waren zu bewegten, schwingenden Linien stilisiert.

In den 1920er Jahren entsprachen gedrechselte Holzknöpfe dem Trend zur nüchternen emanzipierten Frauenmode. Die Knöpfe wurden insgesamt größer. Ganz dem Stil der Art déco entsprachen Knöpfe aus schwarzem oder rotem ***Galalith*** *(s. Anm. 508)* mit geometrischen Metall- oder Perlmutteinlagen. Obwohl schon seit Jahrhunderten bekannt, fanden in den 1920er und 1930er Jahren ***Posamentknöpfe*** zu modischen Ehren. Die seidenumsponnenen, umhäkelten, gewickelten und umflochtenen Knöpfe fanden zu einer großen Aussehensvielfalt. Auch sie wurden zum Teil maschinell hergestellt.

In den 1930er Jahren wurden Perlmuttknöpfe als Blumen gestaltet. Phantasieknöpfe wurden en vogue, entsprechend der Individualisierung der Mode. Die Knöpfe wurden farbig, grasgrün, blutrot, zitronengelb. Die Pariser Modeschöpferin ***Elsa Schiaparelli*** paßte ihre selbstkreierten Knöpfe ganz der Aussage des Kleides an, ja definierte die Idee des Kleides über den Knopf, wenn sie Knöpfe als Zirkuspferde, Elefanten oder Akrobaten zur ihrer sogenannten Zirkuskollektion anfertigen ließ. Das Art déco der 1930er Jahre kombinierte schwarzes Galalith mit gelbem oder im Stil des Konstruktivismus Schwarz mit Weiß. Dennoch waren dem Knopf infolge des seit den 1930er Jahren verwendeten Reißverschlusses[192] große Konkurrenz und hohe Defizite beschieden. Auch die Anzahl der als modischer Blickfang verwendeten Knöpfe nahm durch die zunehmende Uniformierung rapide ab.

Einfache Wäscheknöpfe, gedrechselte Beinknöpfe aus Rinderknochen Knöpfe aus Pappe, Blech und gepreßtem Holz waren ***Notknöpfe*** der Trümmerjahre. Ein besonderes Improvisationstalent zeigen Knöpfe aus den Griffen verbrauchter Zahnbürsten.[193]

In den 1950er Jahren brachte die neue Romantik- und Freizeitmode und die Zurück-zur-Natur-Welle Bast-, Bambus- und Korkknöpfe. Bambusknebel gehörten zu dem so beliebten Dufflecoat, und zu allen sportlichen Mäntel und Jacken waren gewickelte, gedrehte oder geflochtene helle Lederknöpfe obligatorisch. Irisierende Glasknöpfe ebenso wie Perlmuttknöpfe (meist nachgeahmt) paßten zu den lieblichen Petticoatkleidern und Perlonblüschen. Die Pariser Haute Couture ließ eigene Kollektionen erlesener Knöpfe passend zu den Modellen kreieren. Knöpfe spielten als Gestaltungselement eine große Rolle. Sie wurden ohne jegliche Knöpffunktion als linienbetonendes Element eingesetzt. Auch Schuhe und Taschen erhielten Knöpfe als Verzierung. Von großer

Bedeutung war der Knopf in der Mode ***Gabrielle Chanels***. Ihre berühmten schlichten Kostüme erhielten – neben üppigen Goldketten – den einzigen Aufputz durch Goldknöpfe, die später durch eingelegte Perlen und farbige Steine bereichert wurden *(Abb. 51)*.

In den 1960er Jahren hatten sich Knöpfe aus Polyamiden, die in Spritzgußverfahren hergestellt werden, voll durchgesetzt, einer unter vielen Massenknöpfen.[194]

In den 1970er Jahren nahm der Formenreichtum deutlich ab, während der Farbe größeres Augenmerk geschenkt wurde.

Ein Jahrzehnt später kam es zu neuen, meist witzigen Formen wie Sternen, Bleistiften, Äpfeln oder Herzen, in Acryl eingelassenem Flitter, um Pop-art und Disco-Look zu entsprechen. Das Knopfdesign paßt sich voll dem Modetrend an, bringt Knöpfe mit Graffitis oder Knöpfe als Sicherheitsnadel zur Punk-Mode, und die Computer-Industrie regte zu Knöpfen in Chip-Optik an. Ein ausgesprochener Button-Boom setzte ein, dessen Höhepunkt der teure ***Designerknopf*** ist. Aus gestanztem Aluminium, in verschiedensten Metalloptiken, organische Knopfformen handbemalt, versilberte Kunststoffknöpfe in Nierenform. Der Knopf als werbendes ***Markenzeichen*** wie das Haupt der Medusa der Gianni-Versace-Kollektionen *(Tafel 12)* oder der Original ***Chanel-Knopf*** hat einen großen Wiedererkennungseffekt *(Abb. 51)*.

*80 Modeknöpfe von Union Knopf, 1993*

## Kopfbedeckung

Das Verständnis für die Bedeutung der Kopfbedeckungen ist uns heute, nach fast vierzig Jahren hutloser Zeit, abhanden gekommen. Denn, Hut entspricht nicht dem derzeitigen Lebensstil, dem Hasten durch Fußgängerzonen, den Business-Reisen, dem sportlichen Image. Noch in den 1950er Jahren stand Hut sowohl bei Damen als auch bei Herren für Fortschritt, Wohlstand und Anstand sowie für guten Geschmack. Ein englisches Sprichwort lautete: »If you want to get ahead, get a hat.« Dennoch entdeckt die Jugend auch heute neue Kopfbedeckungen und gibt ihnen eine eigene Symbolik. Zu Beginn der 1990er Jahre gehörte zu jedem Skateboarder eine schräg oder verkehrt (da windschnittiger) aufgesetzte US-Schirmkappe, zu jedem Rollerbladefreak das Seefahrer- und Zigeunerkopftuch, das Bandan(n)a.[195] Und Basketball-, Football- und Baseballcaps werden nach dem »winning team« gehandelt.

Die ***Beweggründe*** der Menschen, ihr Haupt zu schmücken oder zu bedecken, waren und sind vielfältig. Es waren sowohl magisch-mythische, ästhetische als auch soziale und klimatische Veranlassungen. So weist jenes Hirschgeweih eines Schamanen in der südfranzösischen Höhle Les Trois Frères auf eine magische Kopfbedeckung hin.[196] Eine erste Kopfbedeckung als Standeszeichen deutet eine reich mit Elfenbeinperlen geschmückte Mütze an, ausgegraben in Sunig bei Moskau.[197] Kapuzen dagegen werden als Kälteschutz aufgekommen sein, wie bereits jene einer sibirischen Muttergottheit.[198] Sie alle stammen aus der jüngeren Altsteinzeit von etwa 25 000 bis 20 000 v. Chr. Wärmende Kopfbedeckungen, speziell solche aus Fell, mußten jedoch nicht *ausschließlich* dem Kälteschutz gedient haben, sondern waren Auszeichnungen. Kopfbedeckungen aus Fell sind auch in südlichen Breitengraden von alters her Standeszeichen. Die Fürsten von Lagasch, die sogenannten Gudeas, im Babylonien des 3. Jahrtausends v. Chr. waren an ihrer Breitrandkappe aus Krimmerfell (vom Karakulschaf) erkennbar. Häuptlinge oder Staatsoberhäupter in Schwarzafrika tragen auch heute noch eine Kopfbedekkung aus Tigerfell und zwar als Symbol ihrer Macht.

Kopfbedeckungen waren die »bedeutungsvollsten« aller Accessoires. Ihre ***Symbolik***, ihre Aussagekraft, ihre Funktion übertraf alle anderen Attribute. Das hängt damit zusammen, daß in allen Kulturen und Epochen die ***Macht*** des »Hauptes« – des »Häuptlings« und Ober-»Hauptes« – hervorgehoben wurde. Das griechische Wort *kephalê* bedeutet *Haupt* und *Mensch* zugleich. Da der Kopf der sichtbarste Teil des Menschen in der Masse ist, ist er als Träger für herrschaftliche und religiöse Signale

*81 Links: König mit Hörnerhaube, Ohrgehänge, 9. Jahrhundert v. Chr., assyrisch; rechts: König mit Tiara und herabhängenden Infulen, Ohrgehänge, 8. Jahrhundert v. Chr.*

prädestiniert. Selbst das Symbol unumschränkter Herrschaft, die Krone, ist im weitesten Sinn eine Kopfbedeckung. Für höchste Macht standen im Altertum mit stilisierten Hörnern verzierte Kopfbedeckungen. Im altbabylonischen Reich war die Kappe des Gottkönigs Hammurabi mit vier Hörnerpaaren verziert. Hörner symbolisierten sowohl Stärke und Männlichkeit als auch den reinen Geist und mithin übernatürliche Kräfte. In manchen Religionen wurden auch Gött*innen* gehörnt dargestellt und in späteren Epochen Kriegshelme wie die der Kelten und Gallier mit Hörnern versehen.

Macht, Autorität und Triumph wurden in allen Kulturen durch eine ***Vergrößerung*** der menschlichen Gestalt ausgedrückt. Sie erfolgte durch eine Verlängerung des Kopfes, seltener durch Anhebung der ganzen Gestalt mittels einer hohen Sohle der Fußbekleidung (*s. S. 36*). Demzufolge wurde auch der ***Hut***, da eine die Gestalt erhöhende Kopfbedeckung, im europäischen Kulturkreis zur Kopfbedeckung des ***Mannes***, im Unterschied zum anliegenden Kopftuch oder der Haube der Frau (siehe unten). Durch hohe Kopfbedeckungen wurde bereits im frühen Altertum die Aufmerksamkeit des Hofstaates beziehungsweise des Volkes auf den Herrscher gelenkt. Die assyrischen Könige trugen eine hohe und in einer pflockartigen Spitze endende Tiara. Ein über ihre Gestalt gehaltener Schirm *(s. S. 208f.)* hob sie noch deutlicher hervor. (Auch heute werden bei Modenschauen ausgefallene Kopfbedeckung als Aufmerksamkeit erweckendes Moment eingesetzt.)

Das demonstrative Vergrößern der Gestalt ist im sozialen Verhalten der Menschen begründet. Der Mensch als Sieger steht aufrecht, ist erhaben. Sein Kopf wird von Lorbeer umkränzt, die Gestalt des Herrschenden durch eine Krone erhöht, das Haupt des Erleuchteten, des Seligen oder Gottgleichen durch einen Strahlenkranz verklärt. Dagegen ist der Besiegte erniedrigt, er liegt verletzt oder getötet zu Boden. Die Geste des Sichunterwerfens besteht in der Verkleinerung der Gestalt, wie dies ähnlich bei Tieren üblich ist. Der Mensch unterstützt diese ***Geste der Demut*** durch Entledigen seines Kopfschmucks, durch Abnehmen der Kopfbedeckung und durch Darbieten des baren Hauptes. Der Sichergebende erscheint kleiner.[199] Daraus entwickelte sich für den Mann die

Begrüßungsform des ***Hutziehens***, der man bereits auf mittelalterlichen Darstellungen begegnet *(Abb. 85)*. Das Abnehmen der Kopfbedeckung in Gegenwart Höhergestellter, einer achtbaren Institution oder einer verehrungswürdigen Gottheit ist eine transkulturelle Demutsgeste *(Tafel 1)*. Es wurde zum Mittel ritualisierter Kontaktpflege. Vom Hutziehen ausgenommen waren »fixierte« Kopfbedeckungen wie Kapuzen, Turbanformen, Unterhauben und daran befestigte Barette.[200] Im 19. Jahrhundert wurde das Hutlüften als überkommen in Frage gestellt. Manche Männer fanden das ständige Hutziehen als so lästig, daß 1819 in Ulm ein Flugblatt kursierte, das Unterschriften »gegen das Hutziehen in den Straßen« sammelte.[201] Es wurden Vereine gegen das Hutabnehmen gegründet, die jedoch wenig bewirkten. Auch heute versuchen manche Hutträger dem kurzen Abnehmen des Hutes zum Gruß durch das Tragen von Baskenmützen zu entkommen. Abgesehen von manchen religiösen Gesinnungszeichen unterliegen auch die Kopfbedeckungen von Künstlern nicht dem Hutziehen, da sie von den Trägern als individuelles Persönlichkeitsmerkmal aufgefaßt werden *(s. S. 134)*. Michelangelo hatte sich geweigert, selbst in Gegenwart des Papstes seine Kopfbedeckung abzunehmen, da er sie als Teil seiner Person sah.

Wie aktuell die Frage des Abnehmens der Kopfbedeckung geblieben ist, macht das Verhalten der japanischen Abgeordneten Yuriko Hase deutlich. Sie wurde 1991 von der Parlamentsverwaltung angehalten, ihr buntes Barett an der Garderobe abzugeben. Sie weigerte sich, denn sie sah dieses als Teil ihrer gesamten Kleidung an. Aber – in Japan wie in Europa – ist es als Ehrfurchtszeichen vor dem Parlament geboten, baren Hauptes zu erscheinen. (In Japan geht diese Sitte auf den Glauben zurück, daß Götter und Ahnen anwesend sein können, denen ehrfurchtsvoll zu begegnen ist.) Nur einem weiblichen »Oberhaupt« ist es im Rahmen einer bestimmten Zeremonie erlaubt, die Kopfbedeckung im Parlament aufzubehalten. Nichtsdestoweniger wird heute erwähnte Parlamentsordnung von fortschrittlich gesinnten Menschen als »autoritäre und altmodische Kleiderordnung« abgelehnt.

Das Haupt verhüllende Kopfbekleidungen, wie ***Schleier***, ***Kopftuch*** und ***Haube***, wurden signifikant für die ***Frau***[202], denn: Das Verhüllen des Hauptes der Frau bedeutete im allgemeinen primär die Unterstellung der Frau unter patriarchalisches Machtdenken. Wo diese Tatsache gegeben war, wie zum Beispiel im christlichen Mittelalter und im Islam, wurde sie durch unterschiedliche Rechtfertigungen und verschiedenste symbolische Begründungen unterlegt. Das den Mann verführende und damit ihn schwächende Weib sollte – nach Meinung patriarchalischer Glaubensdogmen – verhüllt werden. Das Haupt der Frau wurde stellvertretend für ihre Persönlichkeit und Willensstärke verdeckt. Noch dazu wurde dem Frauenhaar eine sündige Verführung unterstellt. In manchen Volksglauben übte das Frauenhaar magische Kräfte aus, besonders das offene Haar wie jenes der Loreley oder das wirre Haar von Hexen.

Umgekehrt sollte durch das ***Verhüllen des Haares*** der Frau ein symbolischer Schutz und magische Abwehr gegen Unheil gegeben werden, besonders in Krisen- und Umbruchzeiten wie Pubertät, Vermählung und Trauer. Diese Symbolik von Schutz und Abwehr greift der ***Brautschleier*** auf. Er war in vielen Kulturen und schon sehr früh, so bei Sumerern und Babyloniern, verbreitet. Im Hebräischen und Aramäischen bedeutet Braut *kallatu*, die *Verschleierte*. Im Lateinischen wird das Wort für *Hochzeit* abgeleitet von *obnubere*, *bedecken*. Auch dem Akt des Verschleierns der Braut kommt eine Symbolik zu, im Sinne von »die Frau dem Manne untertan machen«. Das Entschleiern wurde hingegen symbolisch als »Defloration« aufgefaßt.[203] Der christlich geprägte Ausdruck ***»Unter die Haube kommen«*** weist auf den Eintritt des Mädchens in den Stand der Ehe zum Zeichen der Demut vor Gott und dem Ehemann hin. Der Schmuck des weiblichen Haares, seine erotische, verführische Ausstrahlung, sollte allein dem Ehemann vorbehalten bleiben.

## Christentum

In der christlichen Religion bezieht sich das Verhüllen des weiblichen Haares auf den ersten Brief Paulus an die Korinther. Seine Anweisung des Bedeckens des weiblichen Haares bezog sich jedoch nur auf Frauen beim Gebet.[204] Mit dem tieferen Eindringen des Christentums in das tägliche Leben, zur Zeit der Karolinger (752–987), hatte sich diese Forderung als Mittel erwiesen, mit dem man die untergeordnete Stellung der Frau kennzeichnen konnte.[205] Denn nach der Lehrmeinung der patriarchalischen Kirche war die Frau der schwache Teil der Menschheit und wurde mit »Sünde« identifiziert, die durch sie in die Welt kam. Das Bedecken des Haares wurde zunächst zum Kirchgang, später für die verheiratete Frau (nicht in allen christlichen Ländern) zur Pflicht. Als im späten Mittelalter wieder eine Befreiung von der Kirche einsetzte, nahmen die Hauben in charakteristischer Weise ausladende, extravertierte Formen an.

## Islam

In der arabischen Welt war den islamischen Fundamentalisten die Verschleierung als Symbol einer patriarchalischen Gesellschaftsordnung willkommen. Der Schleier macht die Frau in der Öffentlichkeit »unsichtbar« und grenzt sie zugleich von all jenen Sündigen (einschließlich der Christinnen) ab, die keinen Schleier tragen.[206] Andererseits hatte mancherorts der Schleier schon in vorislamischen Zeiten die Frauen der städtischen Oberschicht gekennzeichnet. (Die Städterin konnte es sich im Unterschied zur Bäuerin leisten, ihr Gesicht vor der Sonne zu verhüllen, um damit einen schönen Teint zu erhalten.) Frauen niederen Standes war es daher willkommen, im Koran eine Verankerung für das Kopftuchtragen zu finden. Denn der Koran empfiehlt den Frauen »das Gewand (über den Kopf) herunterzuziehen«, wenn sie aus dem Haus gingen[207]. Dies wurde jedoch nicht generell befolgt, sondern regionale Traditionen spielten eine gewichtigere Rolle.[208]

Kopfbedeckungen geben dem Gesicht, dem konzentrierten Ort von Sinneswahrnehmungen und Mimik, ein »zweites Gesicht«, eine ***Imago***. Kopfbedeckungen, wie auch eine neue Frisur, verändern den Menschen in seinem Typus am meisten. Ein Grund auch, weshalb Hut gewollt respektive abgelehnt wird. Der Wunsch, der Imago der Zeit, das heißt dem Modeideal, zu entsprechen, wird insofern deutlich, als sich in vielen Epochen eine parallele ***Formentwicklung*** von Frisur und Kopfbedekkung erkennen läßt. So gab es im 15. Jahrhundert sowohl eine Hörnerfrisur als auch eine Hörnerhaube; um 1600 sowohl die gebogte Stirnrollen-Frisur à l'Arcelet als auch die ähnlich geformte Stuarthaube; es gab Ende des 17. Jahrhunderts sowohl die Frisur als auch die Haube à la Fontange. Aus diesem Bestreben, dem modischen Zeitstil unbedingt entsprechen zu wollen, trifft es nicht zu – wie aus heutiger Sicht anzunehmen –, daß üppige Frisuren keine Kopfbedeckung zuließen; im Gegenteil. Zur Zeit der hohen Rokokofrisuren im zweiten Viertel des 18. Jahrhunderts vergrößerten die Adelsdamen ihren Kopf noch mehr durch üppigste Huthauben. Auch in der Spanischen Mode thronte auf der hohen Frauenfrisur noch ein kleines Hütchen. Der barocke Herr unterstützte seine wallende Lockenpracht durch einen üppigst mit Straußenfedern aufgeputzten Schlapphut. Einzig und allein zur hohen Allongeperücke um 1700 wurde der Dreispitz unter den Arm geklemmt.

Kopfbedeckungen wurden nie nur einfach getragen, sie waren ***Standeszeichen***. Selbst Ritterhelme waren nicht nur Schutzbekleidung, sondern zeichneten ihren Besitzer aus, besonders, wenn sie zum Turnier heraldisch bekrönt waren. Helme waren Schutz, Schmuck und Rang- und Herkunftsabzeichen zugleich.[209] Auch liturgische Kopfbedeckungen sind symbolische Würde- und Rangabzeichen – und zwar innerhalb des Priesterstandes – und nicht religiöse Erkennungszeichen.

Daraus erklärt sich, daß die Kopfbedeckung auch zum ***Stellvertreter*** eines Menschen, zur Insignie wie der Handschuh *(s. S. 80f.)* geworden ist. Dies wird besonders deutlich in der berühmten Sage, daß die Einwohner des schweizerischen Altdorf dem Hut des tyrannischen Landvogts Geßler ihre Referenz erweisen mußten.[210] Auch in anderen Kulturkreisen vertritt die Kopfbedeckung den Menschen. Muslimische Totenstelen werden von einem steinernen Turban bekrönt, der auf den gläubigen Moslem hinweist. Der deutsche Ausdruck »etwas auf seine Kappe nehmen« bedeutet, »die Verantwortung für etwas übernehmen«. Die Kappe symbolisiert die Person des Menschen. Das setzt sich fort in der englischen Redewendung »die Hüte wechseln«, was aussagt »seine Meinung ändern«.

Als ***Gesellschaftszeichen*** gerieten Kopfbedeckungen nach dem Ersten Weltkrieg in eine Krise. Ein Grund ist im Aufhören der im 19. Jahrhundert überaus zahlreichen, auch im Alltag getragenen militärischen und zivilen Uniformen (zum Beispiel Beamtenuniformen) zu sehen.[211] Durch die gesellschaftliche Demokratisierung und den zunehmenden Individualitätsanspruch des einzelnen Bürgers in Europa, mußte die Kopfbedeckung auf neue Zeichenfunktionen »warten«. Bis in die 1950er Jahre konnte sich der Damenhut noch als »modische Gesellschaftsverpflichtung« halten. Seit den späten 1960er Jahren fand die Jugend zu neuen Gesinnungszeichen, wie Che-Guevara-Mütze und Palästinenser-Kopftuch.

Die Kopfbedeckung ist, besonders durch ihre Vielfalt an Formen, ein differenziertes Medium der Anschauungen. Als ***sozialpolitisches Gesinnungszeichen*** haben Kopfbedeckungen schon seit Beginn der Neuzeit die Gemüter erhitzt. Als berühmtestes Beispiel die Bonnets rouges des radikalen Proletariats zur Zeit der Französischen Revolution. Auch im Biedermeier steigerten sich Kopfbedeckungen zum Politikum, als der Zylinder zum Zeichen für den »aufrechten Erhalter der Staatsräson« wurde, der Schlapphut dagegen für den »sozialen Umstürzler« stand.

Die ***Wechselwirkung*** Mensch – Kleidung wird besonders bei der Kopfbedeckung deutlich. Bedeutsam dabei ist, daß die Kopfbedeckung auf die körperliche wie auch geistige Haltung des Trägers zurückwirkt. Eine schwere Krone, eine hohe Tiara, ein steifer Zylinder geben dem Träger eine steife Körperhaltung und eine würdevolle Aura. Der Zylinder symbolisierte im Biedermeier die strengen moralischen Normen des Bürgertums. Er unterstützt, laut Zeitgenossen, durch den Zwang einer geraden Körperhaltung »gleichsam die aufrechte geistige Gesinnung«. »Ich fühle, wenn ich den [...] Cylinderhut auf dem Kopfe habe, bei jeder

Bewegung meinen Schwerpunkt nach oben verlegt, ich fühle mich eben damit innerlich gehoben, zugleich freilich auch an freier Bewegung gehemmt, woraus dann das Gefühl, und bei anderen der Eindruck der steifen Würde, der beengten Feierlichkeit entsteht.«[212]

## Geschichte

Der Ursprung vieler, über Jahrtausende gültiger Formen von Kopfbedeckungen liegt in den frühen Kulturen Kleinasiens. Es sind zylindrische, halbkugelige sowie kegel- bis kegelstumpfförmige Kopfbedeckungen. Die Formen von Toquen, Mützen, Kappen und Kapuzen waren bereits im **Altertum** vorhanden; es waren aber Formen, die keine Krempe wie Sonnenhüte und keinen Schild wie eine Schirmkappe hatten. Die Kopfbedeckungen des Altertums hatten weniger Schutzfunktion, sondern zeichneten die weltliche, einschließlich der militärischen, und die geistliche Oberschicht je nach Rang aus.[213]

Kopfschmuck, weniger Kopfbedeckungen, waren typisch bei der Frau des Altertums. Der früheste erhaltene Kopfschmuck stammt aus dem 4. Jahrtausend v. Chr. Es ist ein goldener Blätter- und Blütenkranz der Königin Shou Bad von Ur.[214]

In der griechischen und römischen **Antike** waren Kopfbedeckungen wenig verbreitet, denn sie spielten als Standeszeichen eine verhältnismäßig untergeordnete Rolle. Besonders bei den unteren Ständen üblich war der ***Pilos***, eine halbkugelförmige Mütze, die unter den Römern Symbol des freigelassenen Sklaven war. Als Pilleus libertatis lebt sie in der Bonnet rouge der Französischen Revolution wieder auf *(s. S. 123)*. Gebräuchlich waren auch ***Sonnenhüte***, beim Mann der flache, breitkrempige ***Petasos***[215], bei der Frau die scheibenförmige ***Tholia***.[216]

Die Griechin ebenso die Römerin legten in der Öffentlichkeit ihren Wickelmantel, das Himation beziehungsweise die Palla, über den Kopf. Sie schmückten ihre Haare mit Diademen, Reifen und Haarnetzen.

Dem antiken Pilos ähnlich war die Mütze der **Germanen**. Sie war rund bis kegelstumpfförmig und von einfachem Wollgewebe. Die Festmütze dagegen war mit Krimmerfell besetzt, hatte eine halbkugelige Form und bestand aus drei Lagen groben Schafwollgewebes, das durch sorgfältiges Vernähen und Walken filzartig verfestigt war.[217]

Die Germanin hielt ihr Haar mit Netzen zusammen. Diese waren häufig in Sprangtechnik gearbeitet, wodurch es in der Querrichtung elastisch war.[218]

Im frühen **Mittelalter** waren beim Mann der oberen Stände Kopfbedeckungen nicht üblich, was sich aus der römischen Tradition erklären läßt. Der einfache Mann dagegen kannte als Wetterschutz Kapuzenmäntel in der Form des gallischen ***Cucullus***, eine Kapuze mit Kragen, auf die die spätere modische Kopfbedeckung, die Gugel, zurückgeht *(s. S. 112)*. Ebenso hatte sich die germanische Mütze leicht verändert erhalten, die im 11. und 12. Jahrhundert als ***Kalotte*** bezeichnet wurde. Vom 12. bis ins 15. Jahrhundert war eine enganliegende ***Bundhaube***, unter der französischen Bezeichnung ***Coiffe***, sehr verbreitet. Sie wurde in ganz Europa sowohl von den unteren Ständen aus grobem Leinen als auch von der Oberschicht aus feinem Textil mit reicher Stickerei getragen. Amfortas, der Alte von der Gralsburg des Parzival, trug eine Bundhaube aus Zobelfell. Vielfach war sie nur Kälteschutz unter der standesgemäßen Kopfbedeckungen wie Hut, Dogenkappe oder Krone.

Als vornehme Kopfbedeckung galten seit dem **12. Jahrhundert** ***Hüte***. Hüte hatten einen hohen spitzen Kopf und waren mit kostbarem seidenem Samt überzogen, mit Fuchsfellen verbrämt oder mit den schillernden Spiegeln der Pfauenfedern dicht bedeckt.[219] Die breite Hutkrempe wurde hinten und an den Seiten der Mode entsprechend hochgeschlagen, so daß sie vorne spitz zulief. Eine Schnur unter dem Kinn hielt den Hut besonders beim Reiten fest. Offensichtlich galt es jedoch als schick, sie ungenutzt im Nacken baumeln zu lassen.

1180 wurde in Deutschland den Juden ein gelber spitzer Hut, der umgangssprachliche ***Judenhut***, bis ins 16. Jahrhundert vorgeschrieben.[220] Abgesehen von seiner auffallenden gelben Farbe endete der Kopf in einer markanten Spitze, die den Träger von weither sichtbar machte. Auch auf religiösen Bildnissen aus der Zeit wird der Jude deutlich durch den Judenhut herausgehoben.

Im frühen Mittelalter legte die Jungfrau beim Gebet oder die verheiratete Frau in der Öffentlichkeit den Mantelumhang oder einen extra Schleier über das Haar. In der bäuerlichen Kleidung war ein einfaches Kopftuch üblich.[221] Vom Ende des 12. bis zum 15. Jahrhundert war das ***Schapel*** sowohl bei Jungfrauen als auch bei Jünglingen beliebt *(Abb. 61)*. Es war ein Reif aus Metall oder Blumen, der als Minnegabe (Liebesgabe) sehr geschätzt war. In Paris waren im 13. Jahrhundert Zünfte der *chapeliers de fleurs* entstanden, die allein diesen Kopfschmuck aus Kunstblumen herstellten.[222] Aus dem Schapel entwickelte sich der ***Brautkranz*** und schließlich die mancherorts überdimensionale Brautkrone.[223] Auch als Schmuck des Hochzeiters blieb das Schapel bis ins 16. Jahrhundert verbreitet.

Als permanente Fixierung des Schleiers[224] entwickelte sich im **hohen Mittelalter** eine Vielfalt an ***Haubenformen***. Während noch im 11. Jahr-

*82 Über der Gugel ein verkehrt aufgesetzter Hut, Gürtel mit angehängtem Messerfutteral und im Mi-parti gehaltene Arbeitsfausthandschuhe. Lutrell-Psalter (Ausschnitt), 14. Jahrhundert*

*83 Judenhut, Heilsspiegel, 1360*

*84 Langgeschwänzte Gugel, Heilsspiegel, 1360*

hundert das lose Leinentuch unter dem Kinn mit einer Agraffe zusammengehalten wurde, nahm es ab dem 12. Jahrhundert eine steife und ab dem 13. Jahrhundert eine fixierte Form an. Diese war Ausgangspunkt für jene Vielfalt regional unterschiedlicher, den Kopf ganz umhüllender Haubenformen des hohen und späten Mittelalters. Eine solche bürgerliche Haubenform war die Kopf und Hals verbergende ***Hulle***[225], der ***Wimpel*** und die ***Rise***[226], die sich in manchen Nonnentrachten bis heute erhalten haben. Dagegen zeigten adelige Damen häufig das ***Gebende***. Wie seine althochdeutsche Wortherkunft *bant* (*Band*) verrät, bestand es aus einer weißen Binde, die um Oberkopf, Ohren und Kinn gewunden wurde. Das Gebende wurde zusammen mit einem gesteiften, leinenen Stirnreif, aber auch in Verbindung mit dem erwähnten Schapel, getragen. Es war nach damaligen literarischen Beispielen[227] durchaus eine modische Kopfbedeckung, obgleich uns seine Form heute so sehr züchtigend erscheint. Im 13. Jahrhundert wurde das breite Band mehrfach um den

Kopf gewickelt, so daß das Gebende das Haar ganz verdeckte, während die schmale Form des 14. Jahrhunderts das offene Haar hervorquellen ließ.

Die adelige Dame bemächtigte sich seit dem hohen Mittelalter des Hutes, allerdings nur wenn sie »männlichen Sportarten« wie der Jagd nachging. Und sie trug unter dem ***Jagdhut*** ein Tuch, das Kopf und Hals verdeckte. Dieser symbolischen Ambivalenz von emanzipiert-sportlichem Hut und bürgerlich-religiöser Haube begegnet man noch in späteren Epochen.[228] So trägt Isabella Brant, Rubens' erste Frau, in seinem berühmten Gemälde »Die Geißblattlaube« (um 1610, Alte Pinakothek, München) Haube *und* Hut, beide in den damals hochmodischen Formen.

Im **14. und 15. Jahrhundert** kam es bei beiden Geschlechtern zu einer Fülle von an den einzelnen Adelshöfen unterschiedlichen Kopfbedekkungen, die zum Teil in sehr phantasievollen Gebilden kulminierten. Dabei lassen sich zweierlei Einflußbereiche auf die modische Kopfbedeckung erkennen: jener aus unteren sozialen Schichten und jener fremdländischer, besonders orientalischer Sitten und Trachten.

Im 14. Jahrhundert wurde vom Mann höheren Standes die Kapuze der Bauern, Jäger und Reisenden entdeckt und zur modischen Kopfbedekkung, der ***Gugel***, gemacht. Je nach Stand wurde die Gugel mit Symbolen bestickt und mit Perlen und Edelsteinen verziert. Außerdem nahm sie die typische mittelalterliche Farbteilung, das sogenannte Mi-parti an *(s. S. 238)*. Mitte des 14. Jahrhunderts verlängerte sich der Kapuzenzipfel der Gugel zur schwanzartigen ***Sendelbinde***. Der angeschnittene Kragen vergrößerte sich, und sein Saum wurde zunehmend gelappt oder gezattelt. Dem nicht genug, erschien Mitte des Jahrhunderts eine so ausgefallene Trageweise, indem die Gugel mit der Gesichtsöffnung aufgesetzt wurde, so daß Zipfel, Kragen und der eigentliche Kapuzenteil als Stoffmasse den Kopf bekrönten.

Weitere Einflüsse kamen durch die Kreuzfahrer aus dem Vorderen Orient. In Italien entwickelte sich die Gugel zu turbanähnlichen Kopfbedeckungen, die unter der französischen Bezeichnung ***Chaperons***[229] bekannt wurden *(Abb. 43)*. In Deutschland ging der Ausdruck Sendelbinde auf sie über. Im 15. Jahrhundert wurde während der französischen Bürgerkriege die vom Chaperon seitlich herabhängende Sendelbinde zum Parteiabzeichen. Die Bourguignons ließen die Sendelbinde auf der rechten, die Armagnacs auf der linken Seite herunterhängen. Ende des Jahrhunderts verschwand die Gugel aus der Mode und verblieb – gemäß ihrer Herkunft – als Reise, Jagd- und Bauernkopfbedeckung. Sie wurde auch

*85 Isabella mit Hennin und Flinder, Damen mit Hörnerhauben und Mörserhut. Die Herren nehmen Herzoghut oder Spitzhut ab, sich leicht verneigend. »Einzug der Königin Isabella in Paris, 20. Juni 1389«. Ausschnitt aus Jean Froissart, Chroniques de Froissart, 2. Hälfte 14. Jahrhundert*

Trauerkopfbedeckung und, mit Schellen verziert, zur Kopfbedeckung des Narren.

In Italien, vor allem in Venedig, wurde der Einfluß des Orients besonders deutlich, als in der zweiten Hälfte des 15. Jahrhunderts bei Jünglingen flache Kappen modern wurden. Sie waren ähnlich jener, die ihre muselmanischen Handelspartner unter dem Turban zum Zusammenhalten ihres langen Haares trugen. Sie konnten die steife, fezartige Form der, heute so genannten, ***Herzogskappe*** annehmen.

In England und Frankreich wollten die Herren nicht um so viel kleiner als die Damen mit ihren hohen Kopfbedeckungen *(s. S. 114)* erscheinen. So nahmen die Herrenhüte, die unter regional unterschiedlichsten Bezeichnungen wie ***Mörserhut*** bekannt waren, eine Röhrenform von beträchtlicher Höhe an.

Für die Burgundische Mode war der ***Biberhut*** mit ausladender Krempe und sich nach oben verbreiternden Kopf charakteristisch, dessen kostbarer Filz aus Biberhaaren gemacht war.[230] Höflinge trugen oft zwei Kopfbedeckungen, eine auf dem Kopf, die andere auf dem Rücken hängend, um aus Gründen der Eitelkeit das Abnehmen ihrer Kopfbedekkung in Anwesenheit höher Gestellter zu umgehen. Man behielt Kopfbedeckungen auch in Innenräumen auf, zum einen da sie Zeichen der Oberschicht, zum anderen da man die nicht leicht abnehmenbaren Gugeln und Chaperons gewohnt war.

Auch die **weibliche Kopfbedeckung** geriet im 14. Jahrhunderts unter den Einfluß des orientalischen Turbans. Beliebt wurde der Chaperon mit breitem Wulstring. Letzter nahm um 1370 eine hörnerartig gebogene Form an. Ein Jahrzehnt später entwickelte er sich zu der besonders ausgefallenen ***Hörnerhaube***[231], die in Frankreich und England ***Escoffion*** genannt wurde. (Nicht zu verwechseln mit den gleichzeitigen Hörnerfrisuren.) Eine ebenso ausgefallene weibliche Kopfbedeckung war in Adelskreisen von 1385 bis um 1480 große Mode, der ***Hennin***. Es ist jene landläufig als »Zuckerhut« bezeichnete Kopfbedeckung der Burgfräulein. Seine spitze Form geht auf den im Vorderen Orient zum Teil bis heute verbreiteten Turtur zurück, der seinerseits wahrscheinlich hethitischen Ursprungs ist und meist mit einem Schleier darüber getragen wurde. Das Wort *Hennin* kommt von arabisch *hanîn*, was so viel wie *lieblich tönen* bedeutet, und weist auf seine Schellen- oder Glöckchenverzierung hin.[232] Der Hennin kam 1385 durch jenen silbernen Turtur in Mode, den Elisabeth von Bayern (Isabeau de Bavière) anläßlich ihrer Vermählung mit König Karl VI. von Frankreich getragen haben soll. Die Höhe des Hennin war in Kleiderordnungen geregelt. Vielerorts wurden selbst den Bürgersfrauen 50 bis 60 Zentimeter zugestanden. Hennin, ***Schmetterlingshaube*** (eine Doppelhennin), Hörnerhaube und Chaperon gab es in diversen Abwandlungen und lokalen Bezeichnungen. Alle wurden mit Nadeln auf einem starken, dichten Haarnetz befestigt. Die Halteschlinge dieser Art Unterhauben blieb meist auf der hohen, ausrasierten Stirn – die das Schönheitsideal der Zeit forderte – sichtbar.

Zur Zeit der italienischen Frührenaissance des 15. Jahrhunderts kamen übertriebene Kreationen durch Idee und Einfluß einzelner adeliger Damen zustande. Isabella d'Este (1474–1538) kreierte eine voluminöse turbanförmige Haube, ***Capigliara***, auf die nur sie Anrecht hatte und die sie – ein Zeichen hoher Gunst – nur an ihre intimen Freundinnen weitergab. Sonst legten die italienischen Damen Wert darauf, ihr schönes Haar zu zeigen, das sie mit Reifen, kostbaren Netzen und Perlenketten zusammen hielten. Dadurch kam das perlenverzierte, mit Goldfäden durchbrochene Haarnetz wieder zu Ehren. (Erst nach 1500 wurde das Haar ganz offen getragen.) Im ersten Drittel des 15. Jahrhunderts gefielen sich die Damen, besonders in der Lombardei, in einem voluminösen kugelförmigen Kopfputz, dem sogenannten ***Balzo***. Auch er, meist aus Bändern bestehend, dürfte auf den Turban zurückgehen. Wie die Rech-

*86 Herr mit Biberhut, Frau mit Balzo. Das Tarockspiel (Ausschnitt), 1430*

nungsbücher mancher adeliger Häuser beweisen, war eine ***Ghirlanda***, das ist ein Kranz, aus 800 Pfauenfedern, 11 Rosetten aus Pfauenspiegel, Silberdraht, Perlen, Flittergold sowie roten und blauen Schmelzblumen keine Seltenheit.[233] In Luxusverordnungen (eine solche gab es bereits im Florentiner Luxusgesetz von 1330) wurde gegen derartige Ausstattungen vorgegangen.

Die Kopfbedeckung des **16. Jahrhunderts** schlechthin war das ***Barett***. Das Barett hatte sich Ende des 15. Jahrhunderts in Italien aus der Kappe entwickelt, die in Form des Pilos beziehungsweise des Fez (siehe oben) vorhanden war. Barette wurden von Mann und Frau in ganz Europa getragen, wenngleich in regional und standesmäßig unterschiedlichen Formen und Ausstattungen. Es gab Barette sowohl in steifer, eckiger Form wie die der Geistlichen (Birett genannt), als auch in weicher, ausladender Form. Das Barett konnte zusätzlich eine breite Krempe erhalten, die ihrerseits steif hochstand oder schlaff hinunterhing. Auch konnte das Barett zum Kälteschutz Ohrenklappen haben, wie es bei Gelehrten beliebt war. Landsknechte liebten übermäßig große Barette, die mit einer wehenden Straußenfeder verziert waren, so daß sie angeberisch von weit her sichtbar waren. Viele Erlasse richteten sich gegen ihren üppigen Fe-

*87 Über einer Kalotte getragenes Barett. Jacob Cornelisz. van Amsterdam, Graf Edzard I., der Große, von Ostfriesland (1462–1528; Ausschnitt)*

*88 Kaiser Rudolf II. (1552–1612) mit spanischer Toque. Gemälde von Hans von Aachen*

derschmuck, zumeist vergeblich. Kein Preis war zu hoch für den modischen Aufputz. Adelige trugen ihre Barette reichlich mit Schmuck behängt, der meist eigens für die Hüte angefertigt wurde, zumal mit Perlen, da sie ihnen vorbehalten waren. (Erotik und verführerische Eleganz sind unübertroffen ausgedrückt in dem Gemälde von Lucas Cranach d. Ä. »Venus und Amor als Honigdieb«[234]; die Protagonistin ist nackt, aber reichlich mit Schmuck behängt, und trägt ein auffallendes Barett.) Den unteren Ständen wurde in Deutschland ein Barett immer wieder untersagt beziehungsweise nur in einfachen Ausführungen erlaubt. In England gab es einen Erlaß, daß alle männlichen Untertanen über sechs Jahre, mit Ausnahme des Adels, an Sonn- und Feiertagen ein einfaches gestricktes sogenanntes *statute cap* (*Statutenhaube*) zu tragen hatten, womit Elizabeth I. das Gewerbe der Stricker unterstützen wollte.[235]

Bedeutsam ist, daß mit dem Barett erstmals dem Träger eine individuelle Art des ***Aufsetzens*** überlassen wurde. Man kann darin eine gestalterische Möglichkeit sehen, den individuellen Charakter zu unterstreichen. Bezeichnenderweise setzten die Landsknechte ihre Barette so schief auf, daß sie an einer Unterkappe, der Kalotte, befestigt werden mußten.[236] Dagegen trugen Reformatoren und Geistliche das Barett gerade und signalisierten Korrektheit und Zuverlässigkeit.

*89 Französischer Kavalier mit Schlapphut, Handschuhen, Spazierstock, Becherstiefeln und einer Hose mit geknöpfter Seitennaht. Radierung von Abraham Bosse, 1629*

*90 Maria Stuart mit Stuarthaube, 1578. Gemälde (Ausschnitt) nach Nicholas Hilliard, um 1610*

In Spanien wandelte sich nach 1570 das lockere, flache Barett zur hohen, steifen, meist randlosen ***Toque***, auch Spanischer Hut genannt *(Abb. 195)*. Die Toque erinnert an den späteren Zylinder und geht auf den in Albanien getragenen, hohen zylindrischen Hut, auch ***Albanischer Hut*** genannt, zurück.[237] Auch die Toque war Kopfbedeckung beider Geschlechter. Sie entsprach ganz der körperverneinenden steifen Mode der europäischen Fürstenhöfe.

Als rein **weibliche Kopfbedeckung** war in Frankreich der zweiten Hälfte des 16. Jahrhunderts die ***Attif[f]et*** in Mode, die in Deutschland nach der schottischen Königin ***Stuart-Haube*** genannt wurde. Sie war aus Spitze oder Batist und so über einen Draht geformt, daß das Gesicht eingerahmt wurde; sie berührte die Stirne und stand an den Seiten bogig ab. In Schwarz war sie als ***Witwenhaube*** verbreitet.

Eine auf England beschränkte Kopfbedeckung blieb die ***Tudorhaube*** im ersten Drittel des 16. Jahrhunderts, die sich aus einer herabhängenden Haubenform entwickelt hatte.

Wie stark damals die Kopfbedeckungen standesmäßig gebunden waren, was in zahlreichen, regional unterschiedlichen Kleiderordnungen minutiös festgelegt war, kommt in einem Beispiel aus Nürnberg zum Ausdruck. Dort gehörte der ***Sturz***, eine das Gesicht fest umschließende,

*91 Frau mit Sturz und Kirchenmantel der Nürnberger Oberschicht. Zeichnung von Albrecht Dürer, 1527*

überaus ausladende Kopfbedeckung, zur obrigkeitlich festgelegten Standeskleidung der »ehrbaren« Frauen der Nürnberger Oberschicht. 1515 stieß das Bemühen der Frauen, sich des »ungestaltn gepennd der Stürtz« entledigen zu dürfen, auf Ablehnung der Ratsherren. Diese befürchteten eine gefährliche Verunsicherung der gültigen ständischen Ordnung.[238] Die Frauen dagegen wollten den Sturz durch das bequemere und modischere ***Bündlein***, heute auch Kugelhaube genannt, ersetzen *(Abb. 47)*.[239]

Im **17. Jahrhundert** stand die Kopfbedeckung des Mannes im Zeichen großer runder Hüte.

Waren sie aus dem sehr geschätzten Filz von Biberhaaren, wurde sie nach ihrem Material ***Biberhut*** oder Kastorhut, nach dem französischen *castor* für *Biber*, genannt. Da reiner Biberfilz sehr teuer war, behalf sich der weniger Begüterte mit dem sogenannten Demi-Castor, einer Mischung aus Schafwoll- und Biberfilz. Form, Aufputz und Trageweise dieser Hüte war Medium der unterschiedlichen politisch-religiösen Ansichten in Europa. Im protestantischen Bürgertum, besonders in Holland, behielt der Biberhut – aus der Tradition des Spanischen Hutes – etwas Steifes. Er fiel durch seinen hohen kegelstumpfförmigen Kopf und die verhältnismäßig schmale Krempe auf. In England wurde diese Hutform zum Zeichen der politisch-religiösen Partei der Puritaner, an deren Spitze sich Oliver Cromwell (1599–1658) stellte. Den strengen Lebensgrundsätzen der Puritaner entsprach ihr korrektes Äußeres: kurzer

*92 Mann mit einer dem Puritanerhut ähnlichen Kopfbedeckung, Frau mit Diademhaube, die Heuke (Tiphoike) in der Hand haltend, Schlüssel und Messer als Gürtelgehänge. Rechts im Hintergrund Frau mit Tiphoike. Stich von Sebastian Vrancx, um 1610–20*

*93 Offizier mit großem Filzhut in Schüsselform, Spitzenkrawatte, Stulpenhandschuhe, tiefe Gewandsäcke, die unter dem Justaucorpssaum sichtbar werden und mit Spitzen verziert sind, aus der rechten Tasche hängt ein Taschentuch mit quastenartigem Knopf, wohl zur Erinnerung an eine Verehrerin, Strumpfbänder, hohe Absatzschuhe mit eckigen Schnallen, Spazierstock, Stich von Le Pautre, 1673*

Rundhaarschnitt statt Lockenpracht (daher als »round heads« verspottet), Beffchen statt breitem Spitzenkragen, ***Puritanerhut*** statt renommistischem Schlapphut. Als eigene, reformatorische Gruppe verstanden sich die Mitte des 17. Jahrhunderts gegründeten Quäker. Ihr eher rund- und flachköpfiger ***Quäkerhut*** wurde mehr als ein Jahrhundert später – in etwas abgewandelter Form – Mode *(Abb. 95)*.

Der modische Kavalier trug den Biber- oder Halbbiberhut in der Form des ***Schlapphuts***, der sich von Frankreich aus verbreitete. Martialisch, renommistisch wurde er unter der Bezeichnung Respondent[240] oder Kavaliershut getragen, während er im deutschsprachigen Raum als ***Schwedenhut*** bekannt war. Dieser verwegene Hut mit wehender Straußenfeder ist heute aus den Musketier-Filmen vertraut. Er paßte zu den französischen À-la-mode-Kavalieren und ihrer scheinbar nachlässigen Mode, deren oberstes Gebot war, dreist und verwegen auszusehen. Die breite Krempe des ***Kavaliershutes*** wurde individuell hochgebogen, genauso wie die Stulpen der Becherstiefeln. In den 1670er Jahren gefielen sich die französischen Offiziere in einem Biberhut von extrem großer Schüsselform. Er war mit einem Bündel von Bandschluppen oder einer liegenden Straußenfeder sowie einer Schmuckborte an dem nun sichtbaren unteren Krempenrand verziert. Sein extrovertiert stutzerhaftes Aussehen stimmte vollkommen mit der voluminös gelockten und mit Schleifchen, den Faveurs, verzierten Frisur überein *(Abb. 122)*.

Um 1690 nahm der Schlapphut jene auf drei Seiten hochgeschlagene Form an, die als ***Dreispitz*** allgemein bekannt wurde *(Tafel 6)*. Die Geschichte erzählt, die breite Krempe des Schlapphuts wurde aus Angst, sie am Lagerfeuer anzusengen, auf drei Seiten aufgebogen. Die Üppigkeit der Lockenfrisur bedeutete **um 1700** das Aus für den Hut. Die übertrieben hohe Allongeperücke des Hochadels machte es notwendig, den Dreispitz meist in der Hand zu tragen beziehungsweise unter den Arm zu klemmen. Dies brachte ihm die Bezeichnung ***Chapeau bras*** (französisch wörtlich *Hut für den Arm*).

Die **weiblichen Kopfbedeckungen** des 17. Jahrhunderts waren ebenfalls von nationalen wie religiösen Anschauungen geprägt. An den mit Frankreich kooperierenden Adelshöfen zeigte sich die Dame sehr emanzipiert im Biberhut des Mannes, den sie ähnlich asymmetrisch aufsetzte. In Brabant und Flandern war er bis um 1640 als ***Rubenshut*** bekannt. Isabella Brant, Rubens' erste Frau, trägt ihn über der Diademhaube *(s. S. 105 f.)*.

Die bürgerliche Kopfbedeckung aber war noch immer die Haube. Die protestantischen Bürgerinnen Deutschlands ebenso wie die konservativen holländischen Patrizierinnen ließen in den Kleiderordnungen allein die Haube als für die Frau adäquat gelten. (Viele der im 17. Jahrhundert hervorgebrachten Haubenformen erhielten sich in diversen Trachten.) Die kostbaren ***Diadem- und Flügelhauben*** *(Tafel 4)* der Oberschicht erhielten durch einen Draht, das sogenannte Ohreisen, Form und Halt. Darüber legten im Winter die Bürgerinnen im niederländischen und niederdeutschen Raum Mäntel wie ***Regentuch*** oder ***Tipheuke*** *(Abb. 92).* Letztere war ein gefältelter Umhang, der auf dem Kopf von einer gedrechselten Holzschale, die in einem kleinen Stiel oder einem Wollpompon abschloß, gehalten wurde.

Die Frauenmode des höfischen Hochbarock kannte im Grunde keine Kopfbedeckungen. Eher an einen Kopfputz erinnert die kleine ***Schnebbe*** (von mittelhochdeutsch *Schnabel, Spitze*), eine nur den Oberkopf bedeckende, dreieckige Haube mit einer in die Stirn ragenden Spitze. Sie hatte sich aus erwähnter Stuarthaube entwickelt. ***Spitzenkopftücher*** wurden als Schutz darüber gelegt.

Eine neue, überaus beliebte Häubchenform, die sich scheinbar aus den Bandschluppen, mit denen die Haare aufgeputzt worden waren, entwikkelte, entstand in der ***Fontange.*** Sie bestand aus einem am Hinterkopf getragenen Häubchen, das am Oberkopf drei übereinander hochstehende, abgesteifte und gefältelte Spitzenvolants aufwies. Diese bemerkenswerte »Kopfbedeckung« entsprach ganz der erstarrten Damenmode des Spätbarock. Es heißt, die Frisur der französischen Herzogin von Fontanges[241] habe sich auf der Jagd aufgelöst, weshalb sie zum Entzücken König Ludwigs XIV. das Haar mit einem Strumpf(?)band hochband. Dieser Kopfputz, der wie mit Orgelpfeifen aussah, nahm um 1690 eine Höhe von sechzig Zentimeter an. Der König rechnete nicht mit der überaus großen Beliebtheit der Fontange, die er angeblich vergebens zu verbieten versuchte und die sich bis zu seinem Tod 1715 hielt *(Abb. 146).*

Mehr oder weniger einheitlich war die Kopfbedeckung des Mannes im **18. Jahrhundert**; sie bestand aus dem ***Dreispitz***, in Frankreich *tricorne* genannt *(Abb. 122 und Tafel 6).* Ursprünglich ein Privileg der oberen Stände, drang er bereits 1720 in die bürgerliche und bald auch in die Kleidung des »gemeinen« Mannes ein. Die Form variierte leicht, Material und Aufputz entsprachen den standesmäßigen Verhältnissen des Trägers.[242] Anfangs des Jahrhunderts war die hintere Krempe des Dreispitzes hoch aufgeschlagen und mit zwei, vorne befestigten, wehenden Straußenfedern, die Panache[243], geschmückt. Üblich wurde der Dreispitz in einer steifen, gleichschenkeligen Form mit nur einer Bortenverzierung um den Rand.

Da die Herren Perücken trugen, was äußerst unbequem war, waren zur Zeit des Rokoko ***Hauskappen*** wie Barette und Toquen sowie vor Kälte schützende Nacht- und Morgenkopfbedeckungen in Form von ***Zipfelmützen***[244] üblich.

Auch kam im 18. Jahrhundert eine Sportkappe auf. Ihr wurde damals sicher keine große Bedeutung zugemessen, aber sie ist erwähnenswert, da sie ab Mitte des 19. Jahrhunderts bis heute eine große Rolle als Sport- und Freizeitkappe spielt. Es ist die mit einem Schild ausgestattete, damals sogenannte ***Jockeykappe***. Fürstenhöfe nahmen erstmals Jockeys in ihre Dienste, die sie in farblich differenzierten Jockey-Livreen in Konkurrenz zu anderen gegen Wettsummen für sich reiten ließen. 1787 schrieb das »Journal des Luxus und der Moden« betreffs der Jockeykappe: »ein kleines Jagdhütchen mit ebensolchen Streifen wie das Gillet. Die Farben sind allemal abstechend: z.B. der eine hat Rosenroth und Pücefarb [Flohfarbe], der andere Himmelblau und Blaßgelb.«

In den 1770er Jahren kam es zu einem bedeutenden Wandel der Herrenkopfbedeckung unter dem Einfluß der bürgerlichen Kleidung. Verschiedenste Gründe waren dafür ausschlaggebend: Einerseits wurde die Kluft zwischen dem überspannten höfischen Adel und dem gebildeten, den Bestrebungen der Aufklärung nahestehenden Bürgertum immer größer. Hinzu kam, daß in England beim Landadel königliches Hofzeremoniell längst nicht so stark gefragt war, sondern ein naturverbundener Lebensstil. Deshalb zog der Landadel statt des Dreispitzes einen schwarzen Filzhut mit hohem zylindrischem Kopf vor, den er zunächst als Reithut trug.[245] Als Modehut wurde er ***Hoher Hut***, englisch *topper*, genannt und war Vorfahr des Zylinders, der sich im 19. Jahrhundert zum bürgerlichen Standeszeichen entwickeln sollte. Andererseits war durch die erfolgreiche Teilnahme der Franzosen am Amerikanischen Unabhängigkeitskrieg unter General Lafayette in Frankreich die Aufmerksamkeit auf die nordamerikanischen Bestrebungen von Freiheit, Gleichheit und Unabhängigkeit in den Mittelpunkt gerückt. Diese politischen Ereignisse in Nordamerika verschafften dem bürgerlichen Stand in Europa Selbstbewußtsein. Hinzu kam, daß gemäßigte Puritaner und Anhänger der amerikanischen Freiheitsbewegung, wie Benjamin Franklin (als Gesandter 1776–1785) und Thomas Jefferson, in Paris lebten. Ihr ***Quäker- und Puritanerhut*** *(s. S. 118)* wurde zum politischen Symbol und kam in Mode.

Während der **Französischen Revolution** (1789–1792) drückte sich das Selbstbewußtsein der unteren Stände stark über die Kleidung aus. Dabei spielte die Kopfbedeckung eine große Rolle. Die ***Phrygische Müt-***

*94 Ein Bürger wird von einem Revolutionär mit Jakobinermütze arretiert und verpflichtet, eine Kokarde an seinem Zweispitz zu tragen. Ein Mann mit Filzhut und Kokarde nimmt eine Kokarde von einem Tablett, das ein kleines Mädchen mit Häubchen hält, um sie dem Bürger zu geben.*
*Gouache von Pierre Etienne Le Sueur, 1790*

***ze***, der sogenannte ***Bonnet rouge***, diente dem Proletariat als Zeichen seiner revolutionären Gleichheitsforderungen. Die Phrygische Mütze ging auf die Kopfbedeckung kleinasiatischer Völker, Phrygier, Lydier, Skythen und Parther, zurück. Sie war Kopfbedeckung der Galeerensklaven und wurde im römischen Reich als Pilleus libertatis Symbol für den freigelassenen Sklaven. Den Jakobinern war der Bonnet phrygien willkommener Bonnet de la liberté. Seine rasch zündende Popularität erklärt ein Zeitungsbericht vom März 1792: »Es wurde ihnen, dem Volk, gesagt, daß diese wollenen Mützen in Griechenland und Rom Embleme des Friedens von der Knechtschaft und Symbol aller Feinde des Despotismus war. Das reicht für den Moment, daß jeder diese Mütze will […].«[246] Im Zuge der damaligen Antikenverehrung hatte gerade die offizielle Staatssymbolik in der Antike ihre Quellen und ihre Legitimation gefunden. Tatsächlich aber wurde die Bonnet rouge nur bis 1794 getragen. Danach war sie revolutionistisches Symbolzeichen schlechthin und wurde als solches auf Pflöcke gespießt und an Bäume gehängt *(Abb. 65)*.

Die Anhänger der bürgerlichen Revolutionsregierung aber wollten sich ihrerseits deutlich vom Proletariat unterscheiden und trugen ***Zylinder***. Die Vertreter des Bürgerstandes waren 1789 in einer eigenständigen Kleidung, dem bürgerlichen Frack mit langer Hose und Zylinder – dem kommenden bürgerlichen Zeichen – , in die Nationalsversammlung eingezogen.

Wieder anders kleidete sich die Jugend, die sich von der »großen Freiheit treiben« ließ. Die stutzerhaft gekleideten ***Incroyables*** schwelgten um 1800 in übertriebenen Kopfbedeckungen im Sinne von »Alles ist erlaubt« *(Tafel 7)*. Sie hatten ihren Namen von ihrer Vorliebe für überaus große Zweispitze, die man für *incroyable*, für *unglaublich* hielt *(s. S. 150)*.

Der Dreispitz aber erstarrte wie die gesamte höfische Mode des 18. Jahrhunderts im Zuge der Rekonstitution. Er hielt sich in Livreen und bäuerlichen Trachten.

Die Kopfbedeckung der adeligen **Damen** bestand in der ersten Hälfte des 18. Jahrhunderts aus einem kleinen, anschmiegenden ***Spitzenhäubchen***, deren lange Barben (Spitzenbänder)[247] neckisch bis verführerisch über Schultern und Dekolleté fielen. Nur bei den höfischen Sportarten wie Reiten und Jagen emanzipierte sich die Dame zur Amazone und trug Dreispitz, zusammen mit Krawatte und einer dem männlichen Justaucorps ähnlichen Jacke. Ab Mitte des Jahrhunderts brachten die an den Adelshöfen beliebten Schäferspiele und die Rousseauschen Naturideen flache ***Strohhüte***, sogenannte Bergères, in Mode. (Sonnenhüte waren schon seit der Antike als Schutz verbreitet.) Die erlesensten Strohhüte waren aus toskanischem Leghorn. In den 1770er Jahren war der ***Watteauhut***[248], der wie eine flache Scheibe auf dem Vorderkopf saß, groß in Mode *(Tafel 6)*. Die Anglomanie brachte auf dem Kontinent den äußerst damenhaften breitkrempigen ***Gainsborough-*** oder Marlboroughhut.[249] Das französisch geprägte Hofleben aber schrieb von nun an die überaus hohen Rokokofrisuren vor. Marie Antoinette, Königin von Frankreich (1774–1793) war modisch tonangebend und wurde von vielen Hofdamen und Mätressen begierig imitiert. Dem nicht genug, balancierten die Damen auf der Frisur voluminöse ***Huthauben***, die zudem mit Straußenfedern garniert und als Chapeau-bonnets bekannt waren. Sie hatten sich aus den großen, reichlich mit Spitzen verzierten Schlafhauben, den ***Dormeusen***, entwickelt, in denen die adelige Dame auch den morgendlichen Herrenbesuch empfing *(Abb. 57)*. Den Frisuren Schutz bot die ***Calèche***, eine große, zusammenklappbare Kapuze in der Art eines Klappverdecks *(Tafel 6)*.

*95 Links: Quäkerhut aus Biberfilz, Paris, um 1780; rechts: Häubchen mit herabhängenden Barben, 1731*

In der kleinbürgerlichen Frauenmode begegnet man im ganzen 18. Jahrhundert servilen Häubchen. Sie waren modisch, zumal in ihrem Umfang durchaus dem Kopfputz der Dame angepaßt *(Tafel 6)*.

Durch die Gedanken von »Liberté, Egalité und Fraternité« drangen in die Damenmode männliche Elemente ein. Auch die Frau trug zylinderartige Hüte mit Kokarde[250] und Hutband in den Nationalfarben zu frackähnlich geschnittenem Nadelstreifenkostüm und Spazierstock *(Abb. 199)*. An der Französischen Revolution beteiligten sich Frauen des Vierten Standes demonstrativ ebenfalls mit Phrygischer Mütze.

Im **19. Jahrhundert** war die Art der Kopfbedeckung des Mannes ein aussagekräftiges Medium der politischen Anschauungen.

Der Adel flüchtete sich geradezu in Uniformen mit all ihren extravaganten, mit Federn und Fell geschmückten Kopfbedeckungen, zu denen zu Beginn des 19. Jahrhunderts noch der ***Zweispitz*** zählte *(Abb. 94)*. Dem Adel sowie ranghohen Beamten war es darum zu tun, nicht die bürgerliche Mode mit Frack und Zylinder zu übernehmen.[251]

Der ***Zylinder*** war der modische Tageshut der ersten Hälfte des 19. Jahrhunderts *(Tafeln 8 und 9)*.[252] Bis um 1840 wurde er auch Hoher Hut, englisch *top hat*, genannt. Qualität und Paßform entschieden über seine Eleganz. Meist war er aus hellgrauem oder hellbeigem Filz. Seine modische Form wie die Höhe des Kopfes und der Schwung der Krempe änderten sich laufend. Bereits zu Beginn des 19. Jahrhunderts wurde der Zylinder zur allgemeinen Kopfbedeckung. Er kennzeichnete zumal den selbständigen Unternehmer, als Sinnbild des »freien« Mannes, weshalb er auch zum Beispiel Kopfbedeckung des Kaminkehrers (eines freien Unternehmers) wurde. Als Attribut bürgerlicher Berufskleidungen trugen die Mietkutscher, das hieß die freien Kutscher, im Gegensatz zu den Livree tragenden Herrschaftskutschern einen grauen oder schwarzen Zylinder und einen Kutschermantel mit Pelerinenkragen.[253] Der Zylinder ging auch in die Tracht ein. In Nordamerika war den Negersklaven nach deren Freilassung der Zylinder ein ***Zeichen von Freiheit*** und Gleichberechtigung mit der Herrschaft, den Massas. In Rußland war der Zylinder als bürgerlich-anarchistische Kopfbedeckung verboten. Dagegen war er dem französischen Bürgerkönig Louis-Philippe ein willkommenes, ostentativ bürgerliches Zeichen.

Von der freiheitlich gesinnten zur reaktionären Kopfbedeckung wandelte sich der Zylinder zur Zeit der bürgerlichen Revolutionen von 1848. Er wurde zum Zeichen von Konservativismus und politischer Konformität, als die rebellierenden Bürgergardisten in der Nacht vom 29. auf den 30. Oktober 1848 aus Angst vor den kaiserlichen Truppen ihre revolutionären Schlapphüte gegen den regimekonformen Zylinder eintauschten. Somit ging der Zylinder, der damals in sehr hoher Form modern und Symbol des selbstbewußten Bürgers war, als ***Angströhre*** in die Geschichte ein. Der einfache Bürger holte ihn von nun an höchstens zu Hochzeiten, Kindstaufen und Beerdigungen hervor.

Revolutionäres und freiheitliches Symbol der 1848er Aufstände aber waren die verschiedenen Formen des ***Schlapphutes*** wie Kalabreser-, Hecker-, und Karbonari-Hut. Vom Hut unterdrückter Bauern in Kalabrien, über den ***Karbonari***[254] italienischer Geheimbündler und republikanischer Freiheitskämpfer um 1820, wurde der ***Kalabreser*** zum breitkrempigen, leicht spitzköpfigen Freiheitssymbol. Als solches ***Gesinnungszeichen*** übernahm ihn der deutsche Demokrat und Führer der radikalen Linken, Friedrich Hecker. Sein Schlapphut mit zwei markanten Fasanenfedern wurde zum damals bekannten ***Heckerhut***.[255] Diese hochpolitisierten Kleiderzeichen schlugen sich unmittelbar in den Überwachungs- und Fahndungsmethoden der Polizei nieder. Die Polizei war angewiesen, »von Hüten, Kleidungsstücken, langen Hosen und Bärten abgesehen [...] auch auf revolutionäre Sacktücher, auf Studentenstöcke und Pfeifenköpfe [...] zu achten«.[256] Die Schlapphüte waren schon deshalb verboten, weil ihre breiten Krempen die Gesichter beschatteten. (Es erinnert an das 1984 erlassene Vermummungsverbot.) Auch Künstler, die wie 1853 Franz Liszt einen weichen Filzhut trugen, bekamen es mit der Polizei zu tun. Der war es nämlich entgangen, daß diese Art Kopfbedeckung in der Zwischenzeit Mode geworden war. In den 1850er Jahren verlor der ***Demokratenhut*** seine politische Zeichenfunktion. Er wurde sowohl Kopfbedeckung des deutschnationalgesinnten Mannes wie des

Künstlers Wilhelm Busch als auch des konservativ-liberalen »Reichsgründers« Otto von Bismarck.

Als Kompromiß zwischen Zylinder und weichem Filzhut war 1850 der ***Bowler***[257] mit steifem, aber rundem Kopf sehr willkommen, mit dem die 1863 aufgekommene ***Melone*** übereinstimmte.

Im Zuge der Industrialisierung war die Schildkappe zum Zeichen des Arbeiters geworden. Der Kleidertrödler verkaufte ausgediente Schildkappen von Beamten- und Militäruniformen an Taglöhner. Schließlich wurden ungesteifte ***Schirmmützen*** (eine *Kappe* hat stets eine steifere Form als eine *Mütze*) aus gewöhnlichem Wollstoff zur Kopfbedeckung der Fabrik- und Landarbeiter wie der Handwerksgesellen *(Tafel 9)*. Als sich in der zweiten Hälfte des 19. Jahrhunderts das Proletariat in Verbänden, Parteien und Programmen zur Gesellschaftsklasse formierte, erfuhr die ***Arbeitermütze*** eine Bedeutungssteigerung zum politischen Ausdrucksmedium.[258] Ihr bewußtes Tragen stand für Solidarität und den Anspruch auf Beachtung der Arbeiterklasse. Im Jahrhundert des Hutes setzte die Arbeitermütze neue Zeichen. Schon 1859 gingen bei den Berliner Schillerfeiern Handwerker und Arbeiter gegen »die schwarzen Hüte« des Bildungs- und Besitzbürgertums vor. Ein Zeitgenosse berichtete: »Der Ruf ›Auf die schwarzen Hüte‹ war das Symbol für alle Mützenträger; jeder, der sich durch einen gewöhnlichen Hut etwa als zu den mittleren oder höheren Classen gehörig erkennbar machte und nicht rasch genug aus dem Gedränge flüchtete, wurde umringt und insuliert, der Hut ihm aufgetrieben oder vom Kopf geschlagen.«[259]

Es gab aber auch die standesgemäße Schirmmütze, die sich durch ihre Qualität und durch den im ledernen Innenband golden eingravierten Namen eines angesehenen Herrenausstatters auszeichnete. Der gehobene Herr benutzte sie als Reise- und ***Sportmütze***, denn sie vermittelte Tatkraft, Dynamik und Sportlichkeit *(Abb. 124)*. Künstler des 19. Jahrhunderts stellten sich in verschiedenen Baretten selbst dar, von denen die ***Wagnerkappe*** die berühmteste wurde. Als Sommerhüte bürgerten sich Canotier und ***Panamahut***[260] ein, die sowohl zum Sakkoanzug als auch zum Frack getragen werden konnten. Der steife ***Canotier***, auch Boater oder Kreissäge genannt, mit seinem breiten schwarzen Band, das sich elegant vom hellen, dichtgeflochtenen Stroh abhob, wurde zum Markenzeichen von Alexander Girardi, Buster Keaton über Maurice Chevalier bis jüngst zu Elton John (mit farbig gestreiftem Hutband).[261]

Der Zylinder, zumal der ***Glanzzylinder*** und der ***Chapeau claque***[262], erhielt sich als eleganteste Form des Abendhutes. Darüber hinaus wurde er zum Wahrzeichen jener leichten, frivolen Zeit gegen Ende des 19.

*96 Revolutions-Kopfbedeckungen von 1848*

Jahrhunderts, in der durch die aufblühende Industrialisierung Geld so leicht verschwendet wurde; wovon viele Operettensujets erzählen. Gäbe es Graf Danilo aus der »Lustigen Witwe« ohne Chapeau claque und Seidencape? Und zur bürgerlich eleganten Reitkleidung beider Geschlechter gehört der Zylinder bis heute.

Im 19. Jahrhundert schwelgten die **weiblichen** Kopfbedeckungen zur Zeit des Empire (1800–1815) in Formen antikisierender Reminiszenzen:

*97 Pamelahut mit Kunstblumen, 1814*

*98 Biedermeier Turban-Hut mit Straußenfedern, 1828*

*99 Stroh-Capote, 1845*

griechische Diademe, von römischen Helmen inspirierte ***Hauben***, mameluckische ***Turbane***. Hinzu kommen ausgefallene ***Jockeykappen*** mit ihren bis zu 40 Zentimeter langen Schirmen der Merveilleusen, der *Wundersamen* junger Damen. 1806 bis 1814 engten die ***Schuten***[263] mit ihren röhrenförmig gebogenen Schirmen das Gesicht ein. 1814 ging die Schute als ***Pamelahut***[264] ins andere Extrem über und erhielt einen zylinderartigen Kopf, der sich scharfkantig zum geschwungenen Schirm absetzte. Im frühen Biedermeier, um 1825, wirkte die Hutmode damenhaft. Kaum je zuvor war der Kopf so erfinderisch und individuell gestaltet gewesen. Man begegnete Turbanen, die mit einer einzelnen, stehenden Reiherfeder, der sogenannten Aigrette, aufgeputzt waren, und großen Baretten, aus breiten Bändern drapiert und mit Straußenfedern garniert *(Abb. 162)*. In deutschsprachigen Ländern waren Häubchen beliebt, die auf verschiedene Weisen das Gesicht rahmten und deren kreative Vielfalt erstaunt. Ihr häufigster Aufputz waren Kunstblümchen und Spitzen. Sie hießen ***Capoten***, werden jedoch heute fälschlicherweise auch als Schuten bezeichnet. Besonders eigenwillig sahen die Capoten um 1840 aus, deren Schirm das Gesicht bis unter das Kinn rahmte und von einem herabhängenden Spitzenvolant eingefaßt wurden.

Mitte des Jahrhunderts gab es ein kurzes Intermezzo eleganter ***Hüte*** mit breiten geschwungenen Krempen, die von dem ersten Haute-Couture-Modeschöpfer (im Unterschied zu den sonst üblichen Maßschneidern) entworfen wurden, dem in Paris tätigen Charles Frederick Worth. Kaiserin Eugénie von Frankreich ebenso wie Kaiserin Elisabeth von

*100 Kaiserin-Eugénie-Hut und Capote mit Spitzenbavolet im Nacken, 1862*

*101 »Turnüren-Kiepe«, 1872*

Österreich lancierten als Modevorbilder (heutigen Trendsetterinnen gleich) seine Hutkreationen. Im Grunde war es das erste Mal, daß der *Hut* als eine *weibliche* Kopfbedeckung entworfen wurde. (Zuvor gab es allein Hauben, gewiß in vielen Variationen, als weiblich konzipierte Kopfbedeckung, während der Hut eine Übernahme beziehungsweise Abwandlung des Männerhutes war wie die spanische Toque, der Dreispitz zur Jagd oder der von der Frau zur Zeit der Französischen Revolution übernommene Zylinder.)

Nach 1865 entwickelte sich ein kleines, bald schräg nach vorn gesetztes, bald am Hinterkopf sitzendes Tellerhütchen mit flachem Kopf und Kinnband. Dieses wurde zu der über drei Jahrzehnte beliebtesten Kopfbedeckung, Kapotte oder ***Kiepenhut***. Er wurde zum typischen Hut zu Turnüre und Cul de Paris.

Im **20. Jahrhundert** galt es nach dem Ersten Weltkrieg neue, »demokratische Bekleidungsregeln« aufzustellen, die im Geschäfts- und Gesellschaftsleben verbindlich sein sollten. Einerseits fanden die Regeln »neutraler« Herrenausstatter große Befolgung, andererseits war es durchaus reizvoll, sie individuell zu unterlaufen. Auch die Herrenhüte unterlagen den Grundsätzen der drei großen »*W*«: »*W*as ziehe ich *W*ann *W*ohin an«. Das Aufkommen neuer Herrenhüte zeigt das starke Bestreben noch nach modischer Dinstinktion.

Der Zylinder als Abendhut und der Bowler als Nachmittagsgesellschaftshut blieben die elegantesten Vertreter. Der ***Homburg*** war ein eleganter Tageshut in Schwarz oder Grau. Er hatte einen steifen Kopf mit

*102 Prince of Wales (rechts), nachmals Edward VII. von England, mit Homburg im Kreise korrekt gekleideter Herren mit Bowler, Krawatten mit Perlnadel, Kunstblumensträußchen, Spazierstock und Knöpfstiefeletten. Bad Homburg, um 1890*

einer Dreieckskerbung und eine roulierte, das heißt hochgerollte und bordierte Krempe sowie ein dunkles Schmuckband.[265] Der ***Snapbrim***, eine sportlich-elegante Hutform der 1920er Jahre, bekam seine Bezeichnung *Klapprand* durch seine individuell aufgebogene Krempe und selbst geformte Triangelbeule.[266] Der ***Porkpie*** kam Mitte der 1920er Jahre als eleganter Herrensporthut auf. Seine runde Form mit flachem Kopf und Tellerbeule machte ihn sehr auffällig.[267] Der ***Camber*** ähnelte stark dem heutigen Herrenhut mit vorn flacher, seitlich und hinten deutlich aufgebogener, unbordierter Krempe. Er war in den 1930er Jahren ein halbsportlicher Stadthut. Als besonders schick in bestimmten Kreisen galt der ***Borsalino***, ein eleganter, aber weicher Herrenfilzhut, der immer schräg in die Stirn gesetzt wurde.[268] Die ***Schildkappe*** der Jockeys ging auf die Radfahrer (im Sinne des Reitens auf einem Drahtesel) über. (Ähnlich wurde in den 1960er Jahren der Helm der Motorradfahrer von den Schirennfahrern übernommen.) Ein beliebter sportlicher Landhut war in England der *Deerstalker* (eigentlich *Jäger auf der Pirsch*), jene Kappe mit Ohrenklappen, die als ***Sherlock-Holmes-Hut*** bekannt wurde. Der ***Eden***, ein eleganter Geschäftshut, unterschied sich von seinem Vorbild, dem Homburg, durch einen unbordierten, geraden Schnittrand. Er kam nach 1935 auf und wurde nach dem britischen Politiker Sir Robert Anthony Eden benannt.

Seit dem Zweiten Weltkrieg ist so gut wie nur *der* ***Herrenhut*** geläufig. Gemeint ist der Filzhut mit vorn gerader, hinten leicht aufgebogener Krempe, der Kopf mit Triangelbeule und zwei seitlichen Dellen. Es ist eigentlich der schon 1894 aufgekommene ***Trilby***[269], mit beweglichem Rand der schon bekannte Snapbrim. Noch in den 1950er Jahren wäre es für einen Herrn undenkbar gewesen, sich »ohne Hut« auf der Straße blicken zu lassen, allerhöchstens im Hochsommer. Seine Form variiert modisch, so daß auch er historisch datierbar ist und die Art des Aufsetzens erlaubt – unter Vorbehalt – Rückschlüsse auf den Träger. Der korrekte Herr trägt den Hut waagrecht, für einen verhalten-lockeren Charakter ist ein leicht schräges Aufsetzen typisch und der verwegen-dynamische Mann liebt es den Hut stark asymmetrisch aufzusetzen.

In den 1960er Jahren wurde ein Herrenhut rundweg altmodisch. Er gehörte nicht zum Image der neuen Jugendgeneration. Beim Autofahren störte er sogar. Die Jugend fand zu geschlechtlich undifferenzierten Kopfbedeckungen wie ***Hippie-Schlapphut*** oder großer ***Ballonmütze*** (ein Barett mit Schirm ähnlich der Uniform amerikanischer Eisenbahner des 19. Jahrhunderts). Eine solche Mütze war »Markenzeichen« des Wiener Künstlers Friedensreich Hundertwasser.

1973, als ein generelles Sonntagsfahrverbot und andere Einschränkungen in den deutschsprachigen Ländern verhängt worden waren, stieg abrupt die Nachfrage nach dem Herrenhut. Wurden 1963 in der Bundesrepublik noch 3,5 Millionen Herrenhüte aus Haarfilz hergestellt, so waren es 1974 nur noch 950000 und 1986 noch knapp 500000. Letztere Zahl

hält sich durch eine treue Gruppe von Hutträgern, unter denen die Trachtenhutträger ausschlaggebend sind. Aber – nach wie vor werden 16 000 Zylinder von der deutschen Hutfirma Wegener hergestellt. Zwei Drittel davon gehen nach England – die meisten an Hochzeitsausstatter, die das schwarzglänzende Prachtstück für einen Tag ausleihen. Der ***Globetrotter***, ein Tweedhut, der sich in die Tasche stecken läßt, steht für alle weltreisenden Touristen. Die winterliche Pelzkappe dagegen ist älteren Herren vorbehalten.

Bekannt sind Kopfbedeckungen heute nur noch durch berühmte Träger. Konrad Adenauers berühmter ***Pepitahut***, Helmut Schmidts ***Prinz-Heinrich-Mütze***, der schmalkrempige ***Humphrey-Bogart***-Hut, der ***Stetson*** von Joseph Beuys[270], die ***Künstlerkappe*** von Ernst Fuchs, Boris Beckers dunkler Versteckhut und der graue Sowjethut Michail Gorbatschows. Der Dauerhutträger Joseph ***Beuys*** hatte als Flieger im Zweiten Weltkrieg einen Schädelba-

*103 Klaus Schlappner mit Globetrotter, 1988*

*104 Friedensreich Hundertwasser mit Ballonmütze, 1984*

*105 Elton John mit Ohrschmuck und Boater*

*106 Joseph Beuys und Udo Lindenberg mit Filzhut*

sisbruch erlitten und war seitdem empfindlich am Kopf. Bei seiner ersten Theateraktion trug er einen Hut aus Filz und hatte den Eindruck »ich muß so bleiben, wie ich bin [...] immer [...] so wie ein Hase Ohren hat, wollte ich einen Hut haben [...] ein Hase ist kein Hase mehr, wenn er keine Ohren hat [...]: Der Beuys ist kein Beuys mehr, wenn er keinen Hut hat!«[271] Beuys' Filzhut drückte nicht nur seine Persönlichkeit aus, sondern auch sein Streben nach Einheit von Geist und Körper. Künstler zeigen eine ausgeprägte Affinität zu ihrer Kleidung, die ein zeichenhaftes Bekennen des eigenen künstlerischen Standpunkts haben kann. Aus diesem Grund sind ***Künstlerkopfbedeckungen*** nicht dafür gedacht, den Grußkonventionen nachzukommen, sondern verbleiben auf dem Kopf. Dazu gehört die selbstgestaltete Kappe des Malers Ernst Fuchs, Richard Wagners berühmtes Barett ebenso wie Udo Lindenbergs Filzhut. Albrecht Dürer trug in seiner Jugend eine breit gestreifte Zipfelmütze, die zur Zeit der damaligen Mode sehr extrovertiert erschien.

Seit Ende der 1980er Jahre stellen sich Sportfreaks und Kids in steifen ***Baseballkappen*** aus Gitterstoff mit verstellbarer Gumminoppenhalterung dar, die um 90 oder 180 Grad gedreht – à la Rapper – besonders cool und sportlich erscheinen.[272] Mit hochgestelltem Schirm – damit man doch etwas sieht – strahlen sie Optimismus aus. Hinzu kommen von

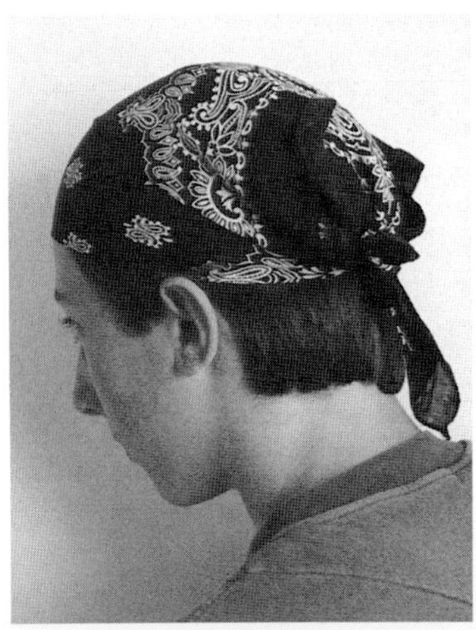

*107 Bobby-Cap zu einem Modell von Heinz Oestergaard, 1960*

*108 Baseballcap, Armani-Werbung, 1990*

*109 Bandan(n)a-Kopftuch, 1993*

den Jungens getragene, nach hinten gebundene Zigeunerkopftücher, amerikanisch ***Bandan(n)as*** genannt, die für Freiheit stehen *(s. S. 74)*. Sie sind zusammen mit den Haartrachten integrierter Bestandteil der Gesamtaufmachung und übernehmen Signalfunktionen.

Bei den Kopfbedeckungen der **Dame** war anfangs des 20. Jahrhunderts der Federschmuck dominanter als der Hut. Zum Autofahren, das meist im Mitfahren bestand, wurde ein großer, dichter Schleier über den Hut gelegt. Mädchen trugen zum Radfahren und Tennis einen flotten Canotier *(Abb. 124)* oder eine Schirmmütze, ihren männlichen Sportsgenossen gleich. 1908 nahm – wohl als Gegensatz zu der schmalen Gewandsilhouette – der Umfang der Kopfbedeckungen gewaltig zu, so daß man die ***Riesengebilde*** auf Innenhüte in Kopfgröße montierte. Es gab überdimensionale ***Toquen*** mit zylindrischem oder haubenartig gefälteltem Kopf. Zudem waren die breitkrempigen Hüte üppig mit Pleureusen (geknüpfte oder gekräuselte Straußenfedern[273]), Reiherfedern, Kokarden, Flügeln und ausgestopften Vögeln aufgeputzt. Seltene Paradiesvogelfedern wurden allerdings 1905 international verboten *(s. S. 19f.)*. Seinem modischen Gesamtbild paßte der tonangebende Pariser Modeschöpfer Paul Poiret die Hutmode an. Er ließ zu seinen chemisenartigen, fernöstlich inspirierten Kleidern nur ***Turbane*** gelten.

*110 Breitkrempiger Hut mit Straußenfedern, 1907*

*111 Hutmodell aus Filzkreation von Lisa Widemann, 1992*

*112 Schuhhut von Elsa Schiaparelli, 1937*

Während des Ersten Weltkriegs mußten sich die Hüte den Lebensumständen anpassen und wurden meist kleiner. Doch erst 1924/25 änderte sich die Form der Kopfbedeckung wirklich. Der Hut ordnete sich der Versachlichung und Geometrisierung der Mode unter. Das Gesicht verschwand hinter ***Glocken***- und ***Topfhüten***, die höchstens ein Auge riskieren ließen. Sie waren mit sachlichem Leder-, Stahl- und Galalith-Schmuck verziert. Nur ausgesprochen romantische Hüte behielten einen breiten Rand. Sportliche ***Baskenmützen***[274] lagen eng am Kopf an, während die Garçonne auf Herrenhüte schwor. Zu den stilbildenden Modistinnen zählten Agnès, Maria Guy, Mme Suzy, Jean Barthet und die Maison Reboux.

In den 1930er Jahren wurden die Formen vielseitiger: Schiffchen, Wagnerkappen, flache Toquen, modisch abgewandelte Trachtenhüte, winterliche Kosakenkappen und Pelztoquen, aufgeputzt mit stilisierten Blättern aus Lack oder Filz, Schmuckpfeilen, Seidenquasten, Ripsbändern und kleinen Schleiern. Die Pariser Modeschöpferin ***Elsa Schiapa-***

***relli*** brachte die einfallsreichsten und ausgefallensten Modelle. Ihr Eierspeis- (flache Scheibe mit Loch), Tintenfaß- und Schuhhut wurden weltberühmt und in einem Atemzug mit der surrealistischen Malerei eines Salvador Dalí genannt. Schiaparellis Kreationen zusammen mit jenen berühmter Modistinnen wie Suzanne Talbot, Lilly Daché und Adele List verlangten von den Frauen Selbstbewußtsein.

Von deren Kreationen angeregt wagten viele Frauen während des Zweiten Weltkriegs eigenkreativ phantasievolle Hutgebilde, Spitzhüte, Turbane, Obstschalenformen, ***Breton***- und ***Matrosenhüte*** selbst zu modellieren, aus grobem Wollstoff, Stroh oder buntem Papier.

1945–1948 war die Zeit der Kopftücher und Turbane, die das Haar vor Ruß und Staub schützten beziehungsweise ungepflegtes Haar nicht preisgaben: Trümmerfrauenimage *(Tafel 11)*.

Die 1950er Jahre kennzeichnen die letzte große Ära des Hutes. Der Hut war Teil der Kleidung, auf diese genau abgestimmt und wurde in Gesellschaft und im Theater aufbehalten. Anfangs gab es zierliche Toquen, Barette und ***Hutspangen***, die so jugendlich elegant an Audrey Hepburn und Grace Kelly wirkten. Christian Dior, Cristobal Balenciaga und Hubert de Givenchy schufen die reizendsten Kreationen. Die elegante Dame fiel durch große ***Wagenräder*** und ***Watteauhüte***[275], nach 1957 durch groteske Lampenschirmformen und Kulihüte auf. Sportlich-jugendlich wirkten ***Kopftücher***, wenn sie im Nacken geknotet wurden, besonders zum Rollerfahren. Da um 1960 ausnahmslos die Farah-Diba-Frisur in Mode war, verbot sich ein Hut von selbst. Höchstens ein dünnes, pastellfarbenes Nylonkopftuch schützte das toupierte, kunstvoll hochgesteckte und mit Haarlack besprühte Haar. Im Winter gab es kugelförmige ***Marabuhauben***, die einen ebenso großen Kopf erzielten wie die Farah-Diba-Frisuren.

Um 1964/65 lancierte Jacky Kennedy die kleinen ***Pillbox-Hüte***, die am Hinterkopf festgesteckt waren und durchaus jugendlich erschienen. Die nachfolgende Mode der Mini-Hängerchen vertrug sich nicht mehr mit dem »eigentlichen« Hut. ***Häkelkäppchen*** à la Twiggy, ***Hippie-Schlapphüte***, große ***Schildkappen*** *(Abb. 107)* unterstützten den ungezwungenen Charakter der Mode des »don't worry, be happy«. Im Winter behalf man sich mit poppigen ***Ohrschützern***. ***Astronauten-Helme*** und Star-War-Kopfbedeckungen à la Courrèges und Cardin waren mehr oder weniger reine Laufsteg-Sensationen *(Abb. 39)*.

In den 1970er Jahren ging das ***Arafat- oder Palästinensertuch*** vom politischen Befreiungszeichen zur modischen Kopfbedeckung der Jugend über.[276] Aber das große, schwarzweißgewürftelte, männliche Kopftuch

*113 Hutspange von Cécil Billard, Bijoux créations »G«, 1955*

*114 Hutkreation von Suzanne Talbot, dreireihige Perlenkette und lange Handschuhe, 1952*

palästinensischer Beduinen und Kennzeichen des PLO-Führers Jasir Arafat wird in Europa nur von der weiblichen Jugend als Kopftuch getragen, während es die männliche Jugend ausschließlich als Halstuch bindet, gemäß der christlich-europäischen Tradition.

In den 1980er Jahren war der elegante Damenhut längst aus dem Straßenbild verschwunden, obwohl er auf den Laufstegen, aber nur dort, noch zu sehen ist. Die Modejournalistin Ursula von Kardorff meinte, daß Hüte nicht nur wegen unseres Lebensstils, sondern auch wegen modisch unaktuellen Aussehens und »Vergangenheitsbewältigung« abgelehnt werden. »Ich meine diese gewissen Topfhüte, die ältere Damen so gern in ihrer zweiten Lebenshälfte tragen, wenn die erste, die erwartungsvolle, vorüber ist. Resignation in Filz! Der sogenannte ***Muttihut***. Fest ist die Form gebrannt und vorgeprägt, seit Jahrzehnten unverändert. Kleiner Rand, hoher, mitunter eingedätschter Kopf, zerknittertes Ripsband, und manchmal eine – nun wieder allzu keck – einsame Feder… Strenge ohne Charme, jenseits von Koketterie.«[277] Hut hatte viel

*115 Michael Jacksons Schwester La Toya mit modischem Hut und Tüllhandschuhen, 1991*

*116 Breitkrempiger Basthut, Perlenkette, große Handtasche und Handschuhe zu einem Modell von Heinz Oestergaard, 1962*

zu sehr den Anschein des »Ältlichen«, wie die Kreationen des englischen Könighauses vor Augen führen. Auch heute probieren Frauen noch Hüte, diese werden im Spiegel flüchtig betrachtet, bekichert, vom Kopf gerissen und wieder an den Ständer zurückgehängt. Zu welcher Gelegenheit sollte man ihn auch aufsetzen, so schick und ausgefallen er auch sein mag? Morgens ins Büro, im öffentlichen Verkehrsmittel oder Auto? Und dann – was würden die Kolleginnen über so was Verrücktes sagen, es trägt doch keine Hut, und man will doch nicht ernsthaft auffallen. Denn, Hut ist an das Selbstbewußtsein der Trägerin gebunden und nicht an ökonomische Möglichkeiten. Selbst im Winter ist Hut seither out. Gestrickte Stirnbänder in allen Breiten und Farben, mit Straß, Pompons oder Schleifen verziert, erscheinen zeitgemäß.

In den 1990er Jahren scheint sich in Deutschland mehr Mut zum Hut anzubahnen; doch er setzt sich nicht wirklich durch. Neuerdings sind große Filzhüte mit oben breiter werdendem Kopf modern, die an jene Biberhüte der Burgundischen Mode des 15. Jahrhunderts erinnern.

## Krawatte

Die Krawatte hat im Laufe der Geschichte viele Formen angenommen; sie wurde als zusammengelegtes Tuch mehrmals um den Hals gewickelt, sie hatte eine längliche Schalform oder bestand aus einer großen Schleife. In jedem Fall aber ist die Krawatte – sieht man von eher vereinzelten Ausnahmen ab – ein männliches Modebeiwerk.

Krawatten haben Fetisch- und Sammlungs-Charakter. Selten wandern sie in die Altkleidersammlung, nur sehr abgetragene Stücke in die Mülltonne. Die Krawatte ist eben mehr als ein Stück Stoff um den Hals!

Die Krawatte gilt als ausgesprochenes ***Männlichkeitssymbol*** und hat sich vielleicht deshalb nicht wirklich in der Frauenmode durchgesetzt. Der französische Schriftsteller und Mode-Connaisseur Honoré de Balzac behauptete sogar, nur die Krawatte mache den Mann zum solchen.[278] Vielleicht weil ihr Aufkommen und modischer Wandel vom 16. bis ins 18. Jahrhundert eng mit soldatischer Kleidung verbunden war. Einen Gegner an der Krawatte zu packen und festzuhalten, bedeutet eine Verletzung der männlichen Ehre, gleichzusetzen mit ihn an die Gurgel fassen.[279] Auch ein Stück männlicher Eitelkeit, immer bedacht auf den korrekten Sitz der Krawatte, ist nicht zu verleugnen. Manche Psychologen wollen die Krawatte sogar als Phallussymbol sehen oder zumindest als Symbol männlicher Potenz. Denn da die Krawatte vom Hals bis zur Taille reicht (darüber hinaus gilt als primitiv), verbindet sie den Kopf als Sitz von Geist und Bewußtsein mit dem Animalischen des Körpers. Auf die sexuelle Symbolik spielte eine Werbung des britischen Krawattenhändlers Van Heusen 1948 an: »Van Heusen has three sizes: small, medium and WOW!« Nicht zuletzt wird die sexuelle Symbolik der Krawatte im Brauchtum deutlich, wie jenem der ***Weiberfastnacht*** des rheinischen Karnevals, ein Tag, an dem allein die Frauen regieren. Hier besteht der Brauch, den Männern die Schlipse abzuschneiden, natürlich mit der hintergründigen Symbolik von Entmannung und Kastration. Der seelsorgende Priester darf keine Krawatte tragen, denn er repräsentiert nicht den Mann, das männliche Geschlecht, das hinter seinem Beruf steht, sondern ein geschlechtliches Neutrum.

Wird die Krawatte durch zarte Damenhände geöffnet, ist es der Beginn einer ***erotischen*** Verführung. Psychologen sehen dies nüchtern im Zusammenhang mit der Freilegung des Adamsapfels.

Abgesehen vom Sinnbild des Männlichen steht Krawatte für vieles andere mehr. Es gibt kaum ein Accessoire, bei dem die Symbolik so aktuell geblieben ist wie bei der Krawatte.

Die Krawatte stand und steht für ***Anstand***, Seriosität und Beachtung gesellschaftlicher Konventionen in der europäischen Kultur. Sie ist Teil verbindlicher Umgangsformen, denn »Konventionen schaffen Sicherheit«.[280] Besonders in Nachrevolutions- und Nachkriegszeiten, wenn es gilt, eine neue Ordnung aufzubauen, wird auf korrekte Äußerlichkeit verstärkt Wert gelegt. Ein Grund, weshalb zum Bespiel während der Restauration (1815–1830) eine Fülle von Krawattenbüchern und in den frühen 1950er Jahren bürgerlich-pedantische Anstandsregeln erschienen sind, in denen das Tragen einer Krawatte ausführlich behandelt wurde. Jedes gesellschaftliche Leben baut auf ritualisierte Sicherheiten. Diese Ritualisierung, geläufiger unter dem Begriff »Tradition« ist es aber auch, daß die Krawatte eine »*Maske* des Anstands« geworden ist und als solche mißbraucht wird. Bei eingeschworenen Nicht-Krawatten-Trägern ist die Krawatte als ***Zivilisationsleine*** verpönt.

Die Krawatte gilt und galt als Symbol ***konservativer Denkungsart***. Das Tragen wie auch das Nichttragen von Krawatte oder Schleife war stets ein heftig diskutiertes ***Gesinnungszeichen***. In Deutschland setzten sich anfangs des 19. Jahrhunderts (bedingt durch die Freiheitskriege und die nachfolgende Restaurationspolitik) patriotische Romantiker für eine »Altteutsche Tracht« ein. Der Dichter Ernst Moritz Arndt beschreibt, wie sich Gesinnungsgenossen zu bekleiden haben: »Den Hals befreit er von dem knechtischen Tuche und lässet den Hemdkragen über den kurzen Rockkragen auf die Schulter fallen.«[281] 1820 verbot Friedrich Wilhelm III. diese Tracht als »aufrührerisch« und ließ in Folge der kleidungsmäßigen Unübersichtlichkeit allein den hohen steifen Kragen und die tadellose Krawatte als »staatserhaltend« gelten.[282]

Die Krawatte steht für politische ***Etabliertheit*** oder für das Streben danach, sowohl bei Konservativen und Sozialdemokraten als auch bei Kommunisten. Außerparlamentarische politische Gruppen oder solche, die um ihre Etablierung kämpfen, drückten ihre Stellung gegen etablierte Parteien, gegen sattes, selbstzufriedenes Bürgertum im Nichttragen von Krawatten aus, wie heute Vertreter der Grünen. Als in der zweiten Hälfte der 1960er Jahre sich der Generationskonflikt in Studentenrevolten, Apos (Außerparlamentarischen Oppositionen) und Hippie-Protesten entlud, war die Krawatte als Oberklassen- und Duckmäuser-Angestellten-Symbol verpönt und Krawattenträger ganz allgemein »verdächtig«. Intellektuelle und Künstler griffen zum Rollkragenpullover.

Revolutionäre und radikale Gruppen kennen keine Krawatte; so die Stürmer und Dränger der 1770er Jahre ebenso die Rechtsradikalen und Linksextremisten der heutigen Zeit.

*117 Bundeskanzler Helmut Kohl. Der rheinland-pfälzische Ministerpräsident Carl-Ludwig Wagner und der Fraktionschef der CDU Rheinland-Pfalz Hans-Otto Wilhelm überprüfen ihre Krawattenknoten, 1991*

Die Krawatte gilt als europäisches ***Kultursymbol.*** Zum Beispiel im türkischen Parlament ist seit 1924 im Zuge der Europäisierung des Landes durch Kemal Atatürk den Abgeordneten das Tragen einer Krawatte gesetzlich vorgeschrieben.[283]

Anzug und Krawatte wurden zur »internationalen Konferenzkleidung«. Die korrekte Kleidung, zu der in betonter Weise die Krawatte gehört, ist gleichsam Sicherheitsgarant für die Verhandlungsfähigkeit des Trägers. Arabisch-islamische Länder schließen sich dem nicht an, sondern bewahren ihre eigenständigen Kleidungen. Iranische Diplomaten – sofern sie Anzug und Hemd tragen – verzichten auf die westliche, »verräterische« wie »glaubenslose« Krawatte, denn sie steht für westliches Denken.

Der Mann bedient sich der Krawatte als ***Zugehörigkeitssymbol***; denn Äußerlichkeiten sind die ersten Schritte zur Akzeptanz in einer Gruppe. Gemeinschaftsförderndes Zeichen sind alle Clubkrawatten ebenso die englischen School ties und die amerikanischen College ties. Auch Berufskrawatten sind Zugehörigkeitszeichen, wie die der Pfadfinder, Matrosen und Köche. Der Koch trägt eine große diagonal gefaltete ***Serviette***, deren Zipfel hinten in den Hemdkragen gesteckt sein können. Das ***Pfadfindertuch*** (eigentlich mehr ein Halstuch) zu tragen, ist eine Ehre. Die Form des Knotens mit Holzring, geflochtenem Lederband oder gedrehter Schnur und die Farbe des Tuches unterscheiden sich je nach

Bund und Altersgruppen. (Außerdem ist das Pfadfindertuch ein nützlicher Gegenstand, kann es doch als Verband, Tragenetz oder Seil verwendet werden.) Die ***Matrosenkrawatte*** mit ihrem sehr breiten mit einem weißen Band festgebundenen Matelot- oder Schifferknoten hatte sich Mitte des 19. Jahrhunderts aus dem traditionellen Halstuch der Matrosen entwickelt.[284] Als Accessoire gehörte die Matrosenkrawatte zur Matrosenkleidung der Kinder, die bis in die 1950er Jahre in der Oberschicht als für Knaben und Mädchen standesgemäß erschien und sehr beliebt war.

Die Symbolik der Krawatte liegt nicht nur in dieser selbst, als auch in der Art des Knotens und der ***Musterung***. Hier unterliegt man einer subjektiven Typisierung nach Erfahrungswerten. So stehen: *Diagonalstreifen* in dezenten Farben für distinguiert und wenig Mut zum Risiko[285]; *Punkte* für den konservativ-dynamischen, jüngeren Aufsteiger; *einfarbig* für fantasielos; *Allovers*, das sind kleine Dessins, für Verhaltenssicherheit, Selbstbewußtsein, Zielstrebigkeit; *heraldische Motive* für Adel, Heer, Marine, Luftwaffe, aber auch für Angeber; *große Muster* für Fantasie, starkes Selbstbewußtsein, Erfolg, aber auch die Gefahr, sich selbst zu übernehmen; *Strickkrawatten* für Unkompliziertheit und eher Krawattenmuffel.

Auch der ***gelockerte Schlipsknoten*** hat symbolische Aussage. Er steht für eine »distanzierte Bewahrung« bürgerlicher Konventionen. Er zeigt einen aufgewühlten oder verwirrten Zustand oder große körperliche Aktivität, um nicht zu sagen Perspiration des Trägers.[286]

In Frage gestellt wurde die Krawatte und ihre Symbolik in der Kunst des ***Surrealismus***. Die Krawatte als Strick, an dem sich der Mann aufhängen kann; die Krawatte als Auge, als Kommunikationsmittel. René Magritte malte die Krawatte mit Augen als sehendes Accessoire.

Um in der Krawattensymbolik up to date zu bleiben, unterliegt auch sie dem ***modischen Wandel***, paßt sich der Mode an beziehungsweise bewirkt Moden. Vergleicht man die enorme Vielfalt an Krawatten- und Schleifenformen des 19. Jahrhunderts, so sagt die Krawatte heute kaum mehr etwas über Charakter und Individualität des Trägers aus; denn die Krawatte wird zum Anzug passend, in einem mehr oder weniger auffallenden Dessin, gekauft, nicht mehr.[287] Nicht zuletzt steht die Krawattenmode in einem engen Zusammenhang mit dem Aussehen des Herrenhemdes, insbesondere dessen Kragen. Nur wenn das Hemd – der Stehkragen oder die verdeckte Knopfleiste – es erlaubt, kann die Krawatte weggelassen werden!

Die Krawattenumsätze sind Indikatoren ***sozialer und politischer Ent-***

*wicklungen*. In den 1980er Jahren nahm – verglichen zu den siebziger Jahren – die Krawatte einen Aufschwung. Abgesehen von einer Zunahme modischer Dessins ist dies einerseits auf einen gesteigerten Anpassungsdruck infolge zunehmender Arbeitslosigkeit, andererseits auf das Karrierebewußtsein der Jugend zurückzuführen *(Abb. 126)*. Das ***Statussymbol*** Krawatte wird wieder »ge«braucht. Denn: Krawatte symbolisiert Tüchtigkeit am Arbeitsplatz und Karriere am Schreibtisch. Bei vielen Einstellungsgesprächen in Industrie und Handel ist Krawatte unerläßlich; Verweigerung derselben bedeutet Ablehnung der Unternehmensphilosophie. In künstlerischen und handwerklichen Berufen dagegen steht Krawatte, zumal die Schleife, für blasiert und »ein«gebildet. Aber auch das Tragen von Schleifen hat zugenommen. Demnach besteht die ***Zukunft*** der Krawatte nicht im modischen Wandel, in der farbigen Auflockerung des Anzugs (obgleich als solches eine wertvolle Hilfestellung) oder im Verdecken des Hemdverschlusses, sondern in ihrer gesellschaftlichen Symbolik. Denn die Krawatte gibt soziales Vertrauen und symbolisiert wirtschaftspolitische Zuverlässigkeit.

*118 Garçonne mit Krawatte, Herrenhemdbluse und Stulpenhandschuhen, Smokingkostüm von Marie Latz, Berlin, um 1925*

## Die Frau als Krawattenträgerin

Bedient sich die Frau des männlichen Accessoires Krawatte, erzielt sie eine eindeutig emanzipatorische Aussage. Dazu bot ihr der Sport die meisten Gelegenheiten. Bereits in den letzten Jahrzehnten des 17. Jahrhunderts tauchte die Krawatte – in der jeweiligen modischen Form – in der Reitkleidung der adeligen Damen, der Amazonen, auf.[288] Gegen Ende des 19. Jahrhunderts griff die Frau beim Segel- und beim Radlerinnenkostüm zum Langbinder *(Abb. 124)*. Auffallend ist, daß sich viele gebildete Damen des Hochadels in Kostüm und Herrenbluse mit Krawatte fotografieren ließen. Um 1900 unterstrichen Frauenrechtlerinnen ihre Gleichheitsbestrebungen durch das Tragen von Krawatten. In den 1920er Jahren übernahm die Garçonne als Zeichen ihrer Emanzipation die Krawatte des Mannes. Trotz heutiger gesetzlicher Gleichstellung der Frau mit dem Mann – zumindest theoretisch – ist das Tragen einer Krawatte bei der Frau keine Selbstverständlichkeit geworden wie beispielsweise die Hose; aber sollen oder wollen Frauen wie Männer aussehen?

## Geschichte

Nicht einig ist man sich über den ***Ursprung*** der Krawatte. Hat sie sich aus dem Focale, dem Halstuch römischer Legionäre, entwickelt *(s. S. 71)*[289], oder ersetzte eine weiße Halsbinde zur Zeit des Dreißigjährigen Kriegs die unbequeme Halskrause beziehungsweise den breiten Schulterkragen?[290] Gewiß ist, daß sich seit den Römern in ganz Europa zumal in den unteren Schichten, bei einfachen Reisenden und bei Pilgern ein Halstuch als Kälteschutz erhalten hat.

Entscheidend für die Krawatte wurde das **17. Jahrhundert**. Auf Darstellungen aus dem Dreißigjährigen Krieg (1618–1648) fällt eine Halsbinde beziehungsweise eine Halsschleife sowohl an deutschen als auch an französischen Soldaten auf.[291] Für das Aufkommen dieser Halsbinde bieten sich mehrere Erklärungen an. Die Halsbinde habe sich aus dem in den 1630er Jahren infolge des länger gewordenen Männerhaares vorne

*119 Lose Halsbinden deutscher Reiter während des Dreißigjährigen Kriegs. Peeter Snayers, Sieg Piccolominis über Marschall Peuquières bei Diedenhofen, 1636–1639*

schmal werdenden Hemdkragen entwickelt, der zuweilen das Aussehen eines herabhängenden Volants annahm. Damals wurden die meisten Hemdkragen – wie schon die Halskrause – separat umgelegt.[292] Andererseits kann die weiße Halsbinde durchaus eine Übernahme und Verfeinerung des bei den einfachen Soldaten üblichen Halstuches sein.[293] Keinesfalls aber war die halstuchartige »Krawatte« nur bei kroatischen Söldnern üblich, wenngleich sich die nun übliche Bezeichnung ***cravate*** von *Kroate* (*Kråwåt*) ableitet.[294] Die Krawatte stand immer, angefangen vom römischen Focale über das Halstuch kroatischer Regimenter bis zur Halsbinde von Offizieren und Generälen des Dreißigjährigen Kriegs, in soldatischem Zusammenhang, wenngleich sie nie festgeschriebener Teil einer Militäruniform war.[295]

Seit etwa 1655 verzichtete der Herr meist ganz auf den Hemdkragen und ersetzte ihn durch ein langes Seiden,- Musselin- oder Batisttuch. Diese neue ***Halsbinde*** wurde zweimal um den Hals gelegt, vorne geknotet und hing lose auf die Brust hinab. Damit wurde auch der Halsausschnitt des Hemdes verdeckt. Statt des Knotens wurde sie häufig mit einem separaten Seidenband in Rot oder Schwarz mittels einer Schleife[296] fixiert. So wurden die teuren Spitzenenden geschont. Damit war eine Kombination von Schleife und Langbinder entstanden und somit Grundstock für die heutige Alternative von Fliege oder Krawatte gegeben *(Tafel 17)*.

Um 1680 gefielen sich die eleganten Kavaliere in kompliziertesten Schleifen-Krawatten-Kombinationen, gesteiften Doppel- und Mehrfachschleifen, Rosetten oder paarweisen Seidenschleifen, die unter oder über der herabfallenden Krawatte geknotet waren. Vielfach waren die fragilen Spitzenenden separat und nur mittels der Schleife am Hals mit fixiert. Es war ein Privileg französischer Höflinge, rote Schleifen zu verwenden. Ludwig XIV. beschäftigte für die Pflege seiner kostbaren Halsbinden einen Cravatier. Daraus ist erkennbar, welch komplizierte Angelegenheit die Krawatte war.[297]

Kaum verwunderlich, daß schon in den 1680er Jahren daneben eine einfachere Trageweise aufgekommen ist, die der ***Steinkerke***. Es war eine lange Halsbinde, die nur einmal um den Hals gelegt und vorne verschlungen wurde. Die auf die Brust fallenden Enden wurden ineinander gedreht und nach links in den Hemdschlitz oder in ein Knopfloch des Justaucorps gesteckt. Diese besondere Bindeform ist nach der für die Franzosen siegreichen Schlacht bei Steenkerke (1692) benannt, wo ihnen keine Zeit geblieben sein soll, die Krawatte sorgfältig zu binden. In Wirklichkeit hatte es diese Bindeform schon vorher gegeben und hielt sich bis zum Tod Ludwigs XIV. 1715.

*120 Links: Württembergischer General mit Schleifenkrawatte, Schärpe und Hut mit großen Straußenfedern, 1638*

*121 Oben: Krawatte, um 1680. Mit Spitzen versehene Krawatten wurden von einer separaten, meist farbigen Schleife gehalten (Tafel 17)*

Nicht nach der herrschenden Mode richteten sich bereits damals (wie auch in späteren Jahren) Künstler. Sie gestalteten ihre Halsbinde in einer individuellen, zum Teil verworrenen Weise.

Im ganzen **18. Jahrhundert** gab es eine Vielfalt modischer und regional unterschiedlicher Krawatten, Bindearten sowie Farben und Muster.

Im Régence (1715–1723) wurde die Krawatte zu einer länglich zugeschnittenen Halsbinde, die mehrmals um den Hals gelegt und im Nacken geknotet wurde. Damit sich die Fältelung der Halsbinde nicht auflöste, konnte sie mit einer Schmucknadel, Vorläuferin der Krawattennadel, zusammengehalten werden. In Frankreich war es in den 1730er und 1740er Jahren Mode, das schwarze Band der Schleife des Haarbeutels nach vorne zu legen und über der weißen Halsbinde nochmals zu einer Schleife oder Rosette zu binden. Diese schwarze Seidenschleife hieß ***Solitaire***, in sehr schmaler Form auch ***Petite cravate***.

Weniger vornehm waren fertig ***genähte Halsbinden***, die im Nacken zusammengehakt oder mit einer Schnalle geschlossen wurden. Diese Form hatte sich aus der Halsbinde deutscher und französischer Infanteristen entwickelt. Sie stand besonders bei jungen Adeligen in Mode, denen die herabhängende Krawatte hinderlich war. Mittels der Halsbinde wurde das Hemd am Kragen zusammengehalten, da der Halsschlitz häufig ohne Knöpfe war. Der Halsschlitz selbst wurde durch eine angenähte Spitze oder Rüsche, das sogenannte Jabot, verdeckt. In England wurde die fertige Halsbinde *stock* (soviel wie *Stamm*) genannt. Die gestärkte, auch mit Roßhaar oder Fischbeineinlage versehene, fertige Halsbinde mußte straff sitzen und zwang zu einer steifen, unbeweglichen Kopfhaltung. Sie war Teil der korrekten Soldatenkleidung. Aber sie war äußerst ungesund, da sie zu Blutstauungen im Kopf, zu Ohnmacht und Nasenbluten führte. Deshalb kam im Englischen der Ausdruck *necktie* auf, was soviel wie *Halszuzieher* heißt. Andererseits soll Friedrich der Große bemerkt haben, daß seine Soldaten dadurch eine gute Gesichtsfarbe erhielten. Ältere Menschen zogen die altmodische hängende, aber bequemere Krawatte vor. Im letzten Drittel des 18. Jahrhunderts wurde die weiße Halsbinde breiter und länger und vorne zu einer Schleife geknotet.

Das Bildungsbürgertum trug ebenfalls eine fertige Halsbinde, verzichtete auf das höfische Jabot, da es die Weste meist hochgeschlossen trug. ***Künstler*** schlangen ein großes kariertes ***Viereckttuch*** scheinbar willkürlich um den Hals *(Abb. 55)*. Der Aufklärung nahestehende Bürger, Freigeister und Künstler, wie Friedrich Schiller, trugen das Hemd offen, ohne Krawatte. Diese »unkorrekte« Kleidungsart war Zeichen ihrer freigeistigen Einstellung und stand für Freiheit und Demokratie.

*122 Duc de Montmorency mit Steinkerke, Dreispitz, Muff, Schärpe und Spazierstock, 1690. Stich von Francis Weiss*

Handwerker, Fuhrmänner und Straßenhändler trugen bunte Halstücher, die »Krawatte« des Vierten Standes. Gegen Ende des 18. Jahrhunderts kamen bei jungen Männern die ***Bandan[n]as***[298] in Mode, große viereckige indische Seidentücher mit typischen farbigen Blumen- und Palmblattmustern. Sie waren bereits anfangs des Jahrhunderts mit den Ostindischen Handelskompanien nach Großbritannien und Holland und von dort nach Nordamerika gelangt *(s. S. 74)*.

Manche der Krawattenformen des 18. Jahrhunderts haben sich in verschiedenen Volkstrachten als Krawattl, Tüchl oder Flor erhalten.

Während der **Französischen Revolution** (1789–1792) waren Krawatten beziehungsweise Halstücher Ausdruck der politischen Gesinnung des Trägers: die weißen Seidenkrawatten des Adels und die farbigen Baumwolltücher des Proletariats.

Während des Directoire (1795–1799) betonten junge Konterrevolutionäre wie die Muscadins[299] ihre royalistische Gesinnung durch grüne Krawatten. Im Gegensatz zu ihnen fielen die stutzerhaft gekleideten ***Incroyables***, die *Unglaublichen*, republikanisch gesinnte Dissidenten, durch ihre mehrmals um den Hals gewickelten Halsbinden auf *(Tafel 7)*. Sie waren so breit gewickelt, daß sie Kinn und Ohren verhüllten und deshalb ***Cachenez*** (*Versteck die Nase*) genannt wurden. Um diese Mode bis zum kaum mehr Möglichen zu übertreiben, wurde unter die weiße oder gemusterte Halsbinde ein Roßhaarpolster gelegt, was ein kropfähnliches Aussehen vermittelte. Die Halsbinde wurde oft zusammen mit einem Amulett getragen.[300] (Das gesamte Aussehen der Incroyables, die fransige sogenannte Hundeohrenfrisur, die großen Ohrringe, der übergroße Zweispitz und ihre hochtaillierten engen Fracks mit ausladenden Revers, war betont provokativ.)

Im **19. Jahrhundert** war es das Bestreben der bürgerlichen Klasse, einen distinguierten Eindruck zu vermitteln, nicht zuletzt durch ihre steifen, korrekt sitzenden Halsbinden. Sie waren von länglich zugeschnittener Form, deren Enden spitz ausliefen. Sie wurden von vorne nach rückwärts und wieder vor um den Hals gelegt und meist zu einer kleinen Schleife gebunden. Es gab auch Halsbinden, die nur um den Hals geschlungen wurden, vorne herabhingen und mit einer ***Krawattennadel*** fixiert wurden, ähnlich dem späteren Plastron. Nach Stimmung des Trägers oder nach dem Anlaß wurden Halsbinden in Weiß oder, von Intellektuellen bevorzugt, in Schwarz getragen. Um den Bürger in seinem sicheren Auftreten zu bestärken, erschienen eine Reihe von ***Lehr- und Anleitungsbücher*** zum richtigen Gebrauch der Halsbinde. 1818 kam in England das »Neck-clothitania« heraus. Am berühmtesten wurde das 1827 in Paris erschienene ***»L'Art de mettre sa cravate«*** unter dem Pseudonym Baron Emile de l'Empésé, was soviel wie »Emil der Gestärkte« heißt und unter dem man Honoré de Balzac vermutet.[301] »L'Art de mettre sa cravate« verzeichnete elf Auflagen im ersten Jahr, sein Besitz gehörte schlicht zum guten Ton. Es war in 16 Lektionen unterteilt, wobei die erste unentbehrliche Vorkenntnisse zum richtigen Tragen von Krawatten, die letzte wichtige Ratschläge bezüglich des Krawattentragens bei Hals- und Kopfweh, Erstickungsanfällen etc. beinhaltete. »So wie die Vielfalt der Charaktere und Geister unendlich ist, müssen auch die Krawatten sehr verschieden sein«, hieß es, »die Krawatte eines Genies gleicht nicht der eines Kleingeistigen.« Dem exakten Geist empfahl der Verfasser die *Mathematische*; der begüterte Mann sollte die gemusterte *orientalische Krawatte* tragen; nur einem kleinen Kreis von Dichtern sollte die *Cravate à la Byron* vorbehalten bleiben. Neben dem Studium solcher Lehrbücher konnte man auch Unterricht für das Krawattenbinden nehmen. Denn in der Perfektion der Krawatte erkannte man den wahren Gentleman. Der Biedermann aber, der kleine Beamte und Kontorist, trug ein Surrogat, eine sogenannte ***gelötete Krawatte***, die vorgebunden war und mit einer Schnalle geschlossen wurde. So mußte die Krawatte nicht täglich gebunden werden und hielt deshalb auch länger.

Die »Krawatte« der Arbeiter, Handwerker, aber auch der Feldarbeiter war weiterhin das Halstuch.[302] Es wurde nicht der ordentlichen, das heißt bürgerlichen Kleidung zugerechnet, aber es war bequemer, preiswerter und zeigte weniger den Schmutz. Im Zuge des steigenden Klassenbewußtseins des Arbeiterstandes wurde ein seidenes ***Bandana*** zum Stolz jedes Besitzers, wenngleich sich mehr baumwollene Massenprodukte durchsetzten *(Tafel 9)*. Während der 1848er-Aufstände kennzeichneten sich die Demokraten durch blutrote Halstücher.

Nach Mitte des 19. Jahrhunderts wurde die englische Herrenmode verstärkt tonangebend. Der Herrenschneider beriet den großbürgerlichen Kunden in allen Fragen des guten Geschmacks. Die englischen Herrenschneider wurden zu »Modeschöpfern«, entwickelten aus überkommenen Formen neue Schnitte und neue Anzugtypen und dazu die passende Krawattenform. So zum Beispiel entstand um 1850 aus dem Gehrock der Cutaway, zu dem sich um 1860 das breite, die Brust bedek-

*123 Weiße, fertig gebundene seidene Krawattenbinde, innen abgesteift und mit Schnalle gearbeitet, um 1830*

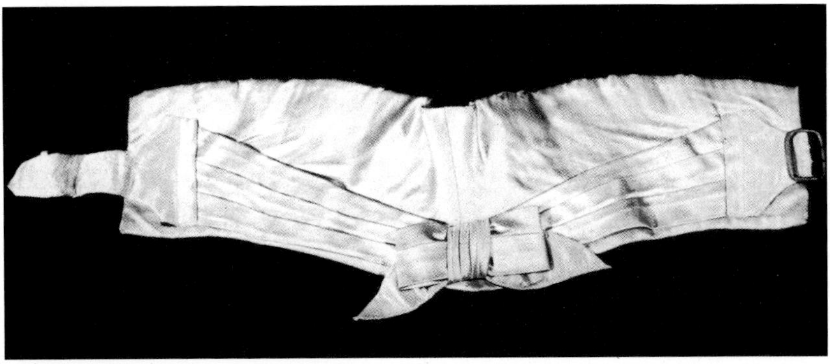

kende ***Plastron***[303], in England ***Ascot***[304] genannt, durchsetzte. Es war eine breite schwarze Seidenbinde, die geknotet wurde und deren Enden vorne kreuzweise – zuweilen in einer leichten Bauschung – übereinandergelegt und mit einer Perlennadel gehalten wurden. Nach 1880 bürgerte sich das Plastron auch zum Gehrock ein, zu dem es anfangs des 20. Jahrhunderts in Grau getragen wurde. Sehr eigenwillig sah das ***Demi-Plastron*** aus, dessen vordere Partie *über* den Knoten herabfällt. Bei der Plastronkrawatte wiederum liegen die symmetrischen Enden vorne über kreuz und werden mit einer Nadel festgehalten. Außerdem kam aus England zum schwarzen Abendfrack die schwarzseidene ***Diplomatenschleife***.

Um 1860 kam der Sakko (von ital. *sacco*, *Sack*) auf, der durch seinen geraden Schnitt ohne die gewohnte Taillennaht als Kleidung für den Kontor, das heißt als »kleiner Geschäftsanzug« (heutiger Terminologie entsprechend als Business-Anzug) galt und vom jüngeren Mann bevorzugt wurde. Dazu setzte sich eine neue Form der Krawatte, und zwar jene noch heute gültige des sogenannten ***Langbinder***, durch. In England hieß der Langbinder nach seinem Knoten ***Four in hand*** (*vier in der Hand* in der Bedeutung von *vierspännig*). Wahrscheinlich hatten die Anhänger vierspänniger Kutschen, die in England einem eigenen Klub angehörten, die Idee, ihre Krawatten mit dem haltbaren Knoten wie bei ihren Zügeln zu versehen.[305] In Frankreich dagegen wurde der neue Langbinder nach einem nautischen Knoten *Regate* genannt. Die beiden Krawattenarten, sowohl die englische als auch die französische, waren also mit Sportarten assoziiert. Bezeichnenderweise hatte sich auch der Langbinder als Teil der korrekten Sportkleidung – Tennis, Segeln und Golf –, dort allerdings erst gegen Ende des 19. Jahrhunderts durchgesetzt. Die ersten Langbinder waren kürzer als die heutigen, sie reichten gerade bis über die Brust und waren symmetrisch zugeschnitten, das heißt das untere Krawattenende war gleich mit dem oberen, was heute nicht mehr der Fall ist. Die Krawattenenden wurden mancherorts ***Schlips***[306] genannt, ein Ausdruck, der erst im 20. Jahrhundert auf den ganzen Langbinder überging.

Wesentlich verbreiteter als der Langbinder waren diverse schmale Schleifen, auch zum Sakkoanzug. Sie allein boten dem Mann Freiheit und Individualität des Selbstgestaltens. Aus Frankreich kam zum Beispiel in den 1880er Jahren die bei Künstlern und Bohemiens beliebte ***Lavallière***[307], eine breite Schleife mit lose flatternden Enden. Ende des Jahrhunderts war die blaue, weißgepunktete ***Lipton-Schleife*** mit herabhängenden Enden mondän, benannt nach dem englischen Teeimporteur Sir Thomas Lipton. Allerdings gab es alle Krawatten- und Schleifenarten auch fertig gebunden mit einer Schließe hinten am Hals.

Im **20. Jahrhundert** wurde der Langbinder zur eigentlichen Krawatte (umgangssprachlich kurz *Binder* genannt) und vom Querbinder, das sind *Schleife*, *Fliege* oder österreichisch *Mascherl*, unterschieden.

Zu den Abendanzügen, dem Frack wird stets eine weiße Schleife (engl. *bow tie*; nur Kellner tragen eine schwarze), zum Smoking eine schwarze, weinrote, zuweilen auch gemusterte, je nach Smokingstil getragen. (In England wird auf Einladungen *Black tie* vermerkt, wenn Smoking, *White tie*, wenn Frack erwünscht ist.) Das Plastron wird noch zu Cut und Gehrock getragen, in den 1920er Jahren allerdings beim Cut vom silbergrauen Langbinder abgelöst. (Heute werden beide Anzugarten höchstens zu Hochzeiten oder offiziellen Staatsakten angelegt.) 1904 kam die ***Butterfly*** oder Schmetterlingsschleife mit ihren asymmetrisch diagonalen Enden auf, nach Puccinis Welterfolg »Madame Butterfly« benannt *(Tafel 17)*. Sie unterscheidet sich grundlegend von der ***Fliege*** mit ihren schmalen, übereinanderliegenden Flügeln, so daß sie nur als zweiflügelig wirkt, wie eine Fliege. Streng genommen darf nicht jeder Querbinder als *Fliege* bezeichnet werden. Um 1906 gab es die ersten kunstseidenen Krawatten, die jedoch sehr knitterten und bald nur in Form von ***Strickkrawatten*** für Sportkleidungen hergestellt wurden.

*124 Herr mit Krawattenschleife und Segelmütze (Hose mit Hosengürtel), Frau mit Four-in-hand-Krawatte, Canotier und Stockschirm. Englischer Stich, 1891*

Seit den 1920er Jahren kommt der Krawatte mehr die Funktion des farbigen Aufputzes der stark vereinheitlichten Herrenkleidung zu. Der Langbinder erhielt dezente Karos, Streifen, Tupfen und Paisley-Muster[308]. Nicht mehr die individuelle Gestaltung des Knotens als vielmehr das Dessin machte von nun an die modische Variationsbreite der Krawatte aus. Das Angebot wurde bereits dermaßen groß, daß elegante Warenhäuser in London, Paris und New York Krawattenabteilungen einrichteten. Jean Patou war der erste Couturier, der von ihm entworfene Krawatten anbot. Er konzipierte sie als korrekte Ergänzung zum Sportsakko und schlug zum Hemd mit offenem Kragen das Halstuch vor.

*125 Auswahl moderner Krawatten, 1990–1993*

In den 1930er Jahren waren die Krawatten etwas breiter gehalten. Die silbergraue Krawatte wurde zum schwarzen Sakkoanzug, der nun auch zu eleganteren Anlässen getragen werden konnte, eingeführt. 1935 kam eine neue Form des Krawattenknotens, der ***Windsorknoten***, auf, ein doppelter und dadurch besonders fester Knoten, benannt nach dem Herzog von Windsor (1894–1972). Neu war die ***Boheme***-Schleife mit schmalen, waagrechten Flügeln und herabhängenden Enden.

Von all den eleganten Krawatten negiert bleiben die ***Kordel-Krawatten***, von denen die berühmteste die ***Bola tie*** ist. Sie soll von dem Goldschmied Vic Cedarstaff gegen Ende der 1940er Jahre in den USA erfunden worden sein und wurde 1959 patentiert.[309] Da sie die Bürger Arizonas auszeichnet, wurde sie am 22.4.1971 von der Regierung zu deren »Staatskrawatte« ernannt. Texanische Cowboys haben aus praktischen Gründen die Bola tie adoptiert. Auch in Europa gehören Kordel-Krawatten zu bestimmten Volkstrachten.

In den 1950er Jahren war die Krawatte, vielleicht als Folge des kriegsbedingten Stoffmangels, sehr schmal und dezent im Dessin. Man gab ihr den Namen Teddy-Boy-Strick oder ***Slim Jim***. Kurzfristig wurde der Querbinder in Form der ***Libelle*** mit ihren langen, schmalen Flügeln und dem kleinen Knoten zum Tagesanzug Mode. Die Krawatte, da ohnedies kaum mehr dem individuellen Stil des Trägers entsprechend, wurde nun von Ehegattinnen, Kindern – laut einer englischen Werbung »For a Matchless Dad« – und Großmüttern gekauft. Bereits Ende der 1940er Jahre wurden 80 Prozent der in Kaufhäusern und 60 Prozent der in Fachgeschäften gekauften Krawatten von Frauen ausgewählt. Neu war die *Schalkrawatte*, jenes konservative Halstuch, das zum Clubjackett getragen wird. Es ist länglich zugeschnitten und fertig, damals unter dem Begriff ***Choker*** (von engl. *choke, ersticken, erwürgen*) zu kaufen und wird wie eine Krawatte gebunden, doch das obere Ende über den Knoten gelegt.

*126 Die Berufskarriere beginnt mit korrekt gebundener Krawatte und weißem Hemd.*
*Werbung der Sparkassen, 1990–1993*

In der zweiten Hälfte der 1960er wurde die Krawatte als betonter Blickfang von der Jugend entdeckt. Die Krawatte wurde bis zu zehn Zentimeter breit und mit Pop- und Op-art-Mustern, mit großen Phantasiedessins oder mit Schmetterlingen, Elefanten oder Autos in poppigen Farben »aufgepeppt«.[310] Batik-, Strick- und Lederkrawatten galten als alternative Krawatten zu den »spießigen« Seidenen. Pierre Cardin brachte die ersten Designer-Krawatten auf den Markt.

In den 1970er Jahren kehrte die Krawatte zu gemäßigten Formen zurück. Ausgefallene Krawattendessins, sogenannte Crazy classics mit Bananen, Kühen oder Dollarzeichen, begannen in den 1980er Jahren die Modedesigner Jean-Paul Gaultier und Moschino zu gestalten. Mit Hilfe von höchstens zwei Jahre aktuellen modischen ***Dessins***, wie den kleinen Elefanten um 1988, den um 1991 beliebten Mickey-Mouse-Krawatten, kann man Krawatten immer noch datieren. Daneben halten sich alle klassischen Krawattenmuster *(s. S. 144)*, wie Séparée- oder Bandelierstreifen, Allover-Dessins, heraldische Motive oder Clubabzeichen, die kaum Mut seitens des Trägers erfordern. War in den 1970er und 1980er Jahren die Schleife ein Mittel weniger Individualisten, eigenwilliger Professoren oder Modebegeisterter, sich von den Krawattenträgern abzuheben, so erlebte sie in den anfänglichen 1990er Jahren ein »Revival« *(Tafel 17)*.

# Krawattennadel

Die Krawattennadel ist – neben Manschettenknöpfen – eines der wenigen Schmuckstücke, die dem Mann zustehen. Sosehr sie als schmückendes Beiwerk gilt, so ist sie mit einer praktischen Aufgabe verbunden. Das Problem aller herabhängenden Krawattenformen bestand immer darin, daß die Krawatte beim Vorbeugen des Oberkörpers, insbesondere beim Essen, hinderlich ist. Bereits Ende des 17. Jahrhunderts fixierten manche Herren daher ihre lose herabhängende Spitzenkrawatte mit einer ***Brosche***.[311] Dieser Usus blieb bei allen Krawatten erhalten, die nur um den Hals geschlungen, jedoch nicht geknotet wurden.

Als Ende des 18. Jahrhunderts das Jabot, jene am Halsschlitz des Hemdes genähte Spitze oder Rüsche, aus der Mode kam (beziehungsweise sich nur noch beim Galahemd erhielt), war das im Rockausschnitt sichtbare Hemd schmucklos. Je nach Bindeart der Krawatte *(s. S. 150)* bot es sich daher für den Herrn an, dort ein Schmuckstück anzubringen. Die Incroyables, die sich in modischen Übertreibungen übende Jugend der Directoirezeit (1795–1799), schmückten die Brust mit einem auffallenden ***Amulett*** *(Tafel 7)*.

1803 fällt auf einem Familienporträt[312] ein relativ großes Schmuckstück in Form einer zarten Rose(?) auf der Hemdbrust des Vaters auf. Es ist nicht eindeutig erkennbar, ob es sich um eine Brosche oder eine Nadel handelt. Vielfach zeigen Porträts auch eine Nadel mit einem Edelsteinknauf als solitären Schmuck»knopf«. Er wurde in die Hemdbrust gesteckt und zusätzlich mit einer kleinen Nadel daneben fixiert; beide waren mit einem feinen Kettchen verbunden *(Abb. 198)*.

Allgemein wurden ***Krawattennadeln*** im **19. Jahrhundert** um 1815/1820, und zwar zu den nur geschlungenen Halsbinden, wie sie auch Johann Wolfgang von Goethe trug.[313] Vollends eingebürgert haben sich die edlen Platzhalter bei dem um 1860 aufgekommenen Plastron *(s. S. 152)*. Diese breite Binde wurde vorne geknotet, ihre symmetrischen Enden kreuzweise übereinandergelegt und nur mit einer Krawattennadel fixiert. Als weniger elegant galt es zunächst, den ebenfalls um diese Zeit aufgekommenen Langbinder mit einer Schmucknadel zu versehen, da er zur sportlicheren beziehungsweise alltäglicheren Tageskleidung gehörte. Jedoch wurde die Krawattennadel erst jetzt außerordentlich beliebt; keine Krawatte, Plastron oder Schleife, die nicht mit einer Schmucknadel versehen wurde. Eine praktische Funktion aber hatte die Nadel – außer beim Plastron – kaum mehr, da die Krawattennadel dicht unter dem Knoten oder sogar auf dem Knoten plaziert wurde. Außerdem wurde

*127 Die plissierte Hemdbrust ziert eine Schmucknadel in Form einer Blume. Barbara Krafft, Anton von Marx mit seiner Familie (Ausschnitt), 1803*

die Krawatte nie mit dem Hemd zusammen fixiert. Eine Zeitlang war es Mode, die Krawattennadel schräg zu tragen oder das Nadelende sichtbar werden zu lassen.

Die ersten Krawattennadeln sind aus der Zeit des Biedermeier erhalten. Krawattennadeln bestehen aus der meist goldenen oder silbernen Nadel und dem Schmuckknauf oder Nadelkopf. Um sie nicht zu verlieren, war häufig in der Mitte der Nadel eine Art Gewinde, oder es gab einen separaten beweglichen Schieber, der an der Nadelspitze angebracht wurde und damit auch Verletzungen verhinderte. Beim ***Schmuckkopf*** war der Phantasie der Auftraggeber und der Goldschmiede keine Grenzen gesetzt. Der Herr konnte seine besonderen Vorlieben in Beruf und Freizeit diskret zum Ausdruck bringen, wenn er eine Nadel in Form einer alten Münze, einer Reitgerte oder eines Monogramms trug. Korallen, Diamanten, Aquamarine und Kameen waren als Nadelkopf am meisten verbreitet, doch gab es immer wieder von der Mode bevorzugte Materialien und Motive. Zu Beginn des 19. Jahrhunderts waren kleine Rosen, Veilchen oder Myrten aus Edelmetall beliebt. Amulettcharakter und Abwehrsymbolik hatten Totenköpfe, eingefaßte Zähne, Freimaurer- und Kriegsmotive. Es gab auch Krawattennadeln in Form von Säbeln, Degen, Reitpeitschen und Pistolen. Jagdkrawatten schmückte man mit einem Nadelknauf in Form eines Fuchskopfes, Reitplastrons mit einem Pferdekopf. Krawattennadeln wurden auch zum Zeichen des Dan-

*128 Langbinder mit Perlnadel im Knoten*

*129 Plastron mit Perlnadel*

kes und der Anerkennung vom Fürsten oder dem Königshaus verschenkt, ähnlich wie Orden. Sie waren in einem eigenen Schächtelchen aus Samt und Seide verpackt, und der Nadelkopf präsentierte die Initialen und/oder die Krone des Donators.

Im **20. Jahrhundert** lancierte König Edward VII. von England (noch als Prince of Wales) um 1900 einen ***Krawattenring***, durch den man die Krawattenenden zog. Er blieb eine kurzfristige Modeerscheinung. Hervorragende Schmucknadeln wurden zur Zeit des Jugendstils von Josef Hoffmann und Kolo Moser entworfen. Nach dem Ersten Weltkrieg wurde die ***Perlnadel***, auch beim Plastron, favorisiert. Baron Hermann Marten von Eelking, Connaisseur eleganter Herrenkleidung, schrieb: »Es gibt kaum ein Detail in der Herrenkleidung, durch das man seinen Willen, ›angezogen‹ zu sein, besser dokumentieren könnte als durch eine Perlnadel. Denn wer sich eine Perlnadel in seine Krawatte steckt, der pflegt sich sicherlich mit Überlegung zu kleiden. [...] Die Perlnadel erfordert eine sehr korrekte und in keinem Detail sportliche Kleidung oder zwanglosen Stil.«[314] Das Plastron oder die Krawatte, zu der die Perlnadel verwendet wurde, mußte – laut Eelking – uni sein oder durfte höchstens ein dezentes Allover-Dessin aufweisen, also keinerlei Streifen oder auffallende Muster. Sehr beliebt waren Emailarbeiten. Zur Zeit des Nationalsozialismus gab es Krawattennadeln mit Adler und Hakenkreuz, auch als Auszeichnung.

In den 1950er Jahren, als der Herr einerseits sehr um korrekte Kleidung bemüht war, andererseits aus anfänglichem Stoffmangel vielfach die Weste weggelassen wurde, versuchten die Herrenausstatter eine ***Krawattenklemme*** anstelle der Nadel als zeitgemäßes Accessoires zu lancieren. (Die Krawattennadel ist etwa zwei bis drei Fingerbreit unter dem Knoten zu placieren, die Klemme tiefer.) Ehegattinnen, Mütter und Kinder waren froh, ein zusätzliches Geschenk für den Gatten, Sohn oder Vater zu haben, das nicht anprobiert werden mußte. – Meistens jedoch blieb die Klemme in der Schatulle liegen. – Der Krawattenklemme ist nie der kleinbürgerliche Anstrich abhanden gekommen, wenngleich sie heute durch witzige Motive, wie Colakapseln, Autos oder Uhren für die Jugend an Attraktivität gewinnen soll *(Tafel 17)*.

Der Hauptgrund, daß die Krawattennadel aus der Mode gekommen ist, liegt daran, daß die Verwendung und die Auswahl einer passenden Nadel Zeit in Anspruch nimmt, die der Mann seit den letzten Jahrzehnten für seine Kleidung aufzuwenden nicht mehr bereit ist. Hinzu kommt, daß auch echte Nadeln die feine Seidenkrawatte zerstören und sie nicht mehr ohne eine solche getragen werden kann. Da mancher Besitzer dennoch eine ererbte schöne Nadel zeigen will, hat man sie neuerdings als Verzierung für das Jakkett-Revers wiederentdeckt, wo sie im Grunde unpassend ist. Außerdem gilt die Krawattennadel heute eher als antiquiert und wird von wenigen modisch extrovertierten Menschen geschätzt, wo sie – wie bei dem Modeschöpfer Karl Lagerfeld – durchaus zu bewundern ist *(Abb. 12)*.

*130 Krawattennadeln*

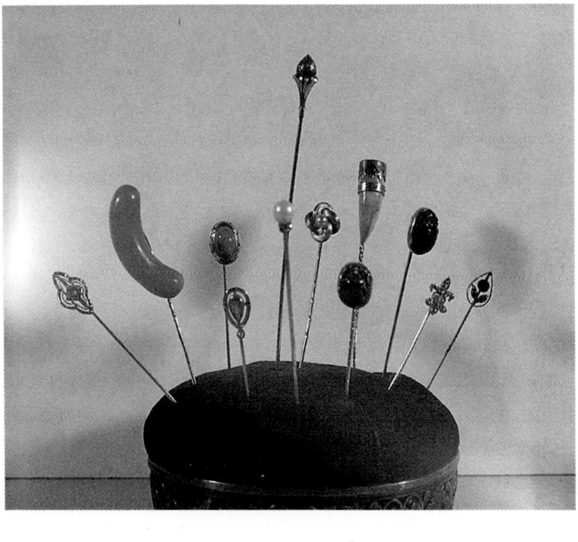

# Kunstblume

Kein anderes Modebeiwerk spricht so sehr für den »Schmucktrieb« der Menschen als künstliche Blumen. Blumen gelten als Inbegriff von Schönheit und Anmut. In Ländern mit üppiger Blumenvegetation wie auf Hawaii kommt der Art, Blumen zu tragen, sie ins Haar zu stecken, vielsagende Symbolik zu. Es ist vergleichbar mit den bedeutungsvollen Arten, einen Fächer zu halten, die an europäischen Adelshöfen des 18. Jahrhunderts genau codiert waren. An jenen geographischen Orten, wo sich natürliche Blumen nicht lange hielten beziehungsweise Blumen nicht in großer Zahl vorhanden waren, wurden sie künstlich nachgemacht. Hinzu kommt, daß im höfischen Rokoko alles Natürliche wenig geschätzt wurde, nur in künstlich nachgemachte Natur war man verliebt.

Kunstblumen waren in der europäischen Mode ein rein weiblicher Aufputz, sieht man von antiken und mittelalterlichen Blütenkränzen ab.

## Geschichte

Bereits in den frühesten Kulturen Mesopotamiens wurden Fürstinnen mit einem Kranz von goldenen Blättern und Blumen beerdigt. Solch ein Kopfschmuck der Königin Shou Bad von Ur aus dem 4. Jahrtausend v. Chr. ist der früheste erhaltene künstliche ***Blumenkranz***. Auch im ägyptischen **Altertum** waren künstliche Blumenkränze als Haarschmuck beliebt. Sie bestanden aus fein behauenen Goldplättchen in vegetabilen Formen sowie aus parfümierten Blüten aus Papyrusrinde und Seide.

In der griechischen und römischen ***Antike*** schmückten sich Männer und Frauen bei Festen und Gastmählern mit Kränzen aus frischen Blüten und Laubwerk; sieht man vom Siegeskranz aus Lorbeer ab. Kranzflechten war in der Antike ein anerkanntes Gewerbe.

Im **Mittelalter**, vom Ende des 12. bis zum 15. Jahrhundert, waren Blumenkränze ein sowohl bei Jungfrauen als auch bei Jünglingen beliebter Kopfschmuck. Das ***Schapel***[315] war Minnegabe und als Schmuck des Hochzeiters bis ins 16. Jahrhundert verbreitet. Aus dem Schapel entwikkelten sich der ***Brautkranz*** und schließlich die mancherorts mächtige Brautkrone *(s. S. 106)*.

Die ***Herstellung*** von Kunstblumen aus Stoff, aber auch aus Wachs hatte in Klöstern begonnen, wo sie zum Schmücken von Heiligenbildern und Altären gebraucht wurden. Die Nonnen perfektionierten (besonders in Italien) ihr Können so sehr, daß sie ihre Erzeugnisse zu verkaufen begannen. Sie stellten aus den Abfällen der Seidenweberei die Blätter und aus den abgesponnenen Restkokons, die bei der Seidenspinnerei übrigblieben, Staubgefäße und kleine Blütenblättchen her. Davon unabhängig entstanden in Paris im 13. Jahrhundert Zünfte der Chapeliers de fleurs, der Blumenkranzhersteller.

In der italienischen Renaissance des **15. Jahrhunderts** waren Kränze reiche Gold- und Silberschmiedearbeiten. Der Maler Domenico Ghirlandajo (1449–1494) stammte von einem Goldschmied ab, der solche *ghirlanda* aus Gold und Silber anfertigte und danach *Ghirlandajo*, der Girlandenmacher, hieß *(s. S. 115)*.

Zum eigentlichen modischen Akzent wurden Kunstblumen jedoch erst und vor allem im **18. Jahrhundert**. Anfangs hatte man die Fleurs artificielles noch sparsam verwendet. Wenige kleine Blüten waren in dem noch schlichten, leicht gewellten Haar verteilt, ans Dekolleté gesteckt oder als duftige Halsrüsche gearbeitet. Das grüne Atlaskleid von Madame Pompadour, Mätresse Ludwigs XV. von Frankreich, war reich mit Blumengirlanden umsäumt, neben den rosa Schleifen, die das Mieder zierten.[316] Nach der Mätresse Madame de Lamballe ist eine mit üppigen Seidenrosen aufgeputzte Frisur benannt. Großen Anteil an der Beliebtheit der Seidenblumen hatten die romantischen Schäferspiele des Adels, die das ländliche Schäferinnenkleid zur ersten »Trachtenmode« werden ließen. Es war mit künstlichen Wiesenblumen und Kornähren verziert, während der Kleidschnitt ganz der adeligen Tagesmode, dem *Parure*, entsprach.

Da die Roben im 18. Jahrhundert nur in größeren Zeitabständen ihren Schnitt änderten, war es ihr Aufputz, der den Zeitgenossen über »modisch oder altmodisch« Auskunft gab. Auswahl, Farbe und Arrangement der Seidenblumen, aber auch der Schleifen und Spitzen verrieten die modische Präsenz der Trägerin. Demnach waren es die Modewaren- oder ***Galanteriewarenhändlerinnen***, die die zeitgemäße Mode bestimmten, und nicht die Schneider. In Frankreich hießen sie bezeichnenderweise Marchandes de Modes. Diese Putzmacherinnen verstanden sich bereits auf das Werbegeschäft. Künstlerisch entworfene Firmenkarten waren eine Selbstverständlichkeit, wie ein mit Blumengirlanden umschlungenes Medaillon mit der Inschrift »Zur Blumengöttin«, und darunter hieß es »Mlle Filliard führt ein Magazin und eine neue Blumenfabrik übernimmt Hochzeitskörbe, Kleidergarnituren und alles, was Modearbeiten betrifft, beliefert die Provinz und das Ausland«.[317] Die berühmteste Marchande de Modes war ***Rose Bertin*** (1744–1813). Sie unterhielt eine elegante Modehandlung und beriet einflußreiche adelige Damen, wie die Herzogin von Chartres und Mme de Lamballe. 1772 wurde Mme Bertin Putzmacherin der späteren Königin Marie Antoinette.[318] Eine andere modebestimmende Blumenkünstlerin war zugleich Hofdame und Geliebte des Herzogs von Orléans, Stephanie Felicité de Genlis.[319]

Die Nachfrage an Kunstblumen war im 18. Jahrhundert dermaßen groß geworden, daß die ersten ***Manufakturen*** entstanden.[320] Naturtreue war das Leitmotiv aller Blumenmacher. Der wahrscheinlich aus Böhmen stammende T. J. Wenzel, Fleuriste de la Reine (Hofblumenmacher) von Marie Antoinette, soll ihr eine Blume aus der unter der Eierschale befindlichen dünnen Haut kreiert haben. Sein Konkurrent und gleichzeitig Coiffeur der Königin, Beaulard, übertraf ihn durch eine Rose, die langsam aufblühte, wenn man ihre Knospe berührte, und dabei enthüllte sie in ihrem Kelch eine Miniatur der Königin.[321]

Um die Wende zum **19. Jahrhundert**, während Directoire und Empire (1795–1815), fand übertriebener Aufputz wenig Gefallen, war er doch nicht mit der von der Antike inspirierten Mode à la Grecque vereinbar. Für die Kunstbumenhersteller war diese modische »Trendwende« nur schwer überbrückbar, da auch in der Innendekoration Kunstblumen dem klassizistisch-puristischen Ideal widersprachen.

1815 aber kehrte Kunstblumenaufputz wieder in die Mode zurück. In den folgenden Jahren stellten Seidenblumen den bisherigen Verbrauch in den Schatten. Die Nachfrage war so groß, daß preisgünstige Blumen aus Baumwolle fabriziert werden mußten.[322] Zu den Stoffen für die Blumenherstellung zählten Perkal, Organdi, Cambric, Jakonet, Linon, Batist und Musselin aus Baumwolle sowie Taft, Atlas, Samt, Krepp und Gaze.

Die Mode des Biedermeier wurde überhäuft mit Seidenblümchen, aber sie mußten sehr zierlich sein. Um den Kleidsaum gab es Bordüren aus Kunstblumen. Frisuren und Capote-Häubchen waren mit Vergißmeinnicht, Maiglöckchen und Moosröschen übersät. Körbchen mit Kunstblumen oder Sträußchen wurden als modische Accessoires in der Hand gehalten *(Abb. 181)*. Man wählte die Blumenart und die Stelle, an der man sie fixierte – ob im Haar, am Dekolleté, an Gürtel oder Saum –, als Symbolsprache. Weiße Balsamine verrieten Ungewißheit, Maiblumen versprachen die Rückkehr des Glücks, Klatschrosen Trost, Lavendel drückte Mißtrauen aus und Basilikum sogar Haß.[323] Die nachfolgende Krinolinen-Mode bot durch ihren weiten Reifrock noch mehr Fläche, um Kunstblumen zu verteilen. Zur Zeit der Turnüre und des Cul de Paris waren ganze Schärpen und Girlanden aus Kunstblumen keine Seltenheit. Zu dem überladenen, schwülstigen Stil, dem auch die Innendekorationen entsprachen, paßte die voll aufgeblühte, schon fast morbid wirkende seidene ***Makart-Rose***, benannt nach dem Wiener Historienmaler Hans Makart (1840–1884).[324]

Die Seidenblumenfabrikation aber war sehr stark den modischen Schwankungen ausgesetzt, so daß viele auch die Verarbeitung von Federn *(s. S. 19)* übernahmen und besonders den Export nach USA bedienten. In der zweiten Hälfte des 19. Jahrhunderts richteten große Kaufhäuser, die nach und nach in Paris, London und Berlin entstanden, Abteilungen für die begehrte Stoff-Flora ein.

Anfang des **20. Jahrhunderts** dienten Kunstblumen insbesondere dem Aufputz von Damenhüten. Die Hutgarnierung machte vor keiner Blumen- oder Pflanzengattung halt: Geranien, Fuchsien, Nelken und Efeu bis hin zu künstlichen Weintrauben. 1905 war die Modedevise »Man trägt nur rosa Rosen an Hut, Kleidsaum oder als Bucket in der Hand«.[325] Sollte mancher Fabrikant andere Blumen bereits auf Vorrat fabriziert oder entsprechende Teile geordert haben, mußte er abwarten, bis der modische Geschmack seiner Disposition, wenn je, wieder entgegenkam.

Für den eleganten Herren aber schickte es sich nicht eine künstliche Blume ans Revers des Abendanzugs zu heften, sondern es mußte stets eine frische weiße Nelke sein.

In den 1920er Jahren entsprachen liebliche Kunstblumen nicht dem sportlichen Modestil, selbst Hüte kamen weitgehendst ohne den einst so beliebten Aufputz aus. Dennoch wußten die Damen eine große Stoffblume als einzelnen Akzent am schlichten Kleid raffiniert einzusetzen.

Als in den 1930er Jahren wieder ein betont femininer Modestil gefragt war, wurden Kleider mit applizierten Margariten übersät. Als Alternative bot eine große Chrysanthemenblüte oder ein ganzes Stiefmütterchen-Bukett den Blickfang an Kleid, Gürtel oder Kostümrevers. Nach dem Vorbild damaliger Hollywood-Stars liebten Frauen ihre figurbetonenden Satin-Abendkleider mit einer großen Orchidee oder Callablüte zu schmücken.

Ganz der weiblichen Eleganz dienten noch einmal die Accessoires in den frühen 1950er Jahren. Der Pariser Modeschöpfer Christian Dior bestimmte nicht nur die Saumlänge, sondern auch, welche Blume von Saison zu Saison Mode war, ob Veilchen oder Maiglöckchen; nach letzterem benannte er 1954 sogar seine Modelinie. Seither ist ein so romantischer Aufputz wie Kunstblumen meist Brautkleidern vorbehalten, weshalb weißen Blüten, wie Myrten, Maiglöckchen und Margariten absoluter Vorrang in der Herstellung gilt.

Nur noch »schockartige« Unterbrechungen erlebt die Absenz der Stoffblumen: Zur Zeit der Hippie-Mode Ende der 1960er Jahre war es »in«, Abendfrisuren mit kleinen weißen Blüten aufzuputzen. 1988/89 war eine große Seidenblume oder ein Federtuff, fast an der Schulter sitzend, ein modisches Muß. Diesen plötzlichen Nachfragen wird durch fernöstliche Importe von Billigprodukten entsprochen. Oft jedoch überschwemmen sie erst den Modemarkt, wenn die Mode eigentlich schon vorbei ist.

## Manschettenknopf

Der Manschettenknopf ist, neben der Krawattennadel, eines der wenigen männlichen Schmuckutensilien. Manschettenknöpfe sind eine Erfindung des 19. Jahrhunderts. Sie stehen im Zusammenhang mit dem Aufkommen der gestärkten, steifen Manschetten, bei denen es leichter ist, sie zu verbinden als sie zu knöpfen.[326] Die ursprünglichen Manschettenknöpfe ahmten, wie der Name schon sagt, zwei Knöpfe nach, die mit einer Kette verbunden sind.

Die glatte Manschette[327] entwickelte sich zu Beginn des **19. Jahrhunderts**. Sie stellt gleichsam einen an das Hemd genähten Umschlag dar. Sie verdrängte die im 17. und 18. Jahrhundert modernen Spitzenmanschetten, die die Form eines Volants oder eines Aufschlags hatten.[328] Die Ärmel einfacher Hemden schlossen in einem seitlich geknöpften Bündchen. Mitte des 19. Jahrhunderts kamen separate, über die Enden der Hemdärmel geschobene Manschetten auf. (Dies, weil man aus Kostengründen und zur Vereinfachung der Wäschepflege das Hemd aus einfachem Baumwolltrikot fertigte und Kragen, Brust – das Serviteur – und Manschetten separat anknöpfte.) Die separaten Manschetten waren aus sehr steifem Leinen, etwa zwölf Zentimeter breit und wurden umgangssprachlich ***Röllchen*** genannt. Um sie leichter schließen zu können, machte man an beiden Enden je ein Knopfloch, durch die der ***Manschettenknopf*** – zwei mit einer Kette verbundene Knöpfe – gezogen wurde. Damit konnte man die Röllchen umdrehen, wenn eine Kante schmutzig geworden war, oder die steifen Manschetten in Kontor oder Beamtenstube ganz ablegen. Jedoch galten die abwaschbaren Röllchen als kleinbürgerlich und unelegant.

Um die Jahrhundertwende regten die Herrenausstatter an, auch angenähte Manschetten als Doppelmanschette zu arbeiten. Im ganzen **20. Jahrhundert** gehört die elegante Doppelmanschette fast ausschließlich zum abendlichen weißen Hemd. Manschettenknöpfe wurden mithin zu einer Frage der Eleganz. Die Zeiten der einfachen Knöpfe waren vorbei. Eine silberne oder goldene Platte oder ein Halbedelstein wurde mit einem Metallsteg und einem umklappbaren Knebel verbunden. Meist wurden Edel- oder Halbedelsteine als Cabochon geschliffen, das heißt in einer gewölbten, aber nicht facettierten Form. Für das Frackhemd wurden die durchsteckbaren Email- oder Perlmutterknöpfe als Set mit den Manschettenknöpfen gearbeitet. Manschettenknöpfe wurden zum kreativen Bereich des ***Juweliers***.

In den 1950er Jahren wurden Manschetten mehr und mehr als zu aufwendig angesehen. Man ging wieder zu einem breiten Bündchen über (obgleich der Ausdruck *Manschette* beibehalten wurde), das mit Knopf und Knopfloch geschlossen wurde. Allein dem eleganten Abendhemd verblieb die mit Manschettenknöpfen verbundene Doppelmanschette. Die einfache Manschette blieb seither üblich; besonders in den 1960er Jahren lehnte man die sogenannten Doppelmanschetten als unzeitgemäß ab.

Als sich im Laufe der 1980er Jahre ein Trend zur klassisch-eleganten Herrenkleidung zu etablieren begann, kam das elegant-modische Hemd in schmalem Streifen, weißem Kragen und weißen Doppelmanschetten in Mode. Für Jungmanager und Börsianer gehörte diese Hemdart zum Prestige. Damit rückte auch der Manschettenknopf in das modische Interesse. Besonders beliebt wurde er als Posamentarbeit in Blau, Rot oder Grün oder als wertvolles Goldschmiededesign.

*131 Diverse Manschettenknöpfe*

# Modeschmuck

Der Drang des Menschen, sich zu schmücken, ist unabhängig von Kultur und Stand. Es gibt unbekleidete Völker, aber keine undekorierten. Seit frühester Menschheitsgeschichte sammelten die Menschen leblose Natur, Steine, Muscheln, Krallen, Zähne, Bälge, um ihr Aussehen zu bereichern und zu verändern und um dem Körper symbolische Zeichen zu geben. Aber desto seltener oder schwierig beschaffbar ein Material war, desto höher stand es im Ansehen. Höchste Übersteigerung der Wertschätzung erhielten Gold und Edelsteine, indem ihnen übersinnliche Kräfte beigemessen wurden. Gold war durch seine Bedeutung für Licht, Sonne und Unsterblichkeit in allen Kulturen geschätzt. Über Jahrhunderte hinweg wurden Pretiosen als Symbol für Macht und Reichtum getragen und waren wenigen Auserwählten vorbehalten.

Nicht dem Ansehen, als vielmehr dem ursprünglichen, dem spielerischen, ja naiven Drang des Schmückens verdankt der Modeschmuck sein Entstehen. Modeschmuck ist als eine eigenständige Kategorie eine Erscheinung unseres Jahrhunderts. Seine Anerkennung hat mit sozialer Demokratisierung, mit Emanzipation der Frau, aber auch mit der zunehmenden Achtung des Kunsthandwerks zu tun. Modeschmuck ist für die emanzipierte Frau, die sich Schmuck kauft aus Lust, Laune oder dem Verlangen nach einem neuen Etwas. Modeschmuck versteht sich immer als Ergänzung zur Garderobe, was ihm automatisch den Charakter eines modischen Aufputzes verleiht. Modeschmuck ist Beiwerk, ist Accessoire schlechthin.

Modeschmuck wurde nie für die Ewigkeit geschaffen, er war stets Ausdruck einer kurzfristigen Gier nach Neuem. Gerade weil sein Material einfach und billig ist, weist Modeschmuck ununterbrochen neue, vom Materialwert freie Wege in Design und Dekor und ermöglicht phantasievolle, witzige Kreationen. Der Modeschmuck trifft den Nerv der Zeit akkurater als der durch Konventionen belastete echte Schmuck. Und er ist bestens geeignet für gewagteste stilistische Novitäten. Natürlich unterliegt auch der erlesene echte Schmuck modischen Veränderungen, aber er ist sich selbst genug.

Die Grenzen zwischen sogenanntem Echtschmuck und Modeschmuck sind nicht immer leicht zu ziehen, zumal auch Modeschmuck durchaus teuer sein kann. Sein Wert aber liegt dann weniger im Material als im Design. Und Modeschmuck kann zu einer überaus geschätzten Antiquität werden, wie eine »echte« Straßagraffe aus dem 18. Jahrhundert oder eine herrliche Art-déco-Brosche.

*Modeschmuck* ist ein Oberbegriff, der in sich differenziert ist in Designerschmuck und Massenware. Im Französischen gibt es die meisten Begriffe für Modeschmuck, man spricht von *bijoux fantaisie*, *bijoux de couture*, *bijoux populaire*. Schmuck als Beiwerk zur Mode kommt am deutlichsten im ***Bijoux de couture*** zum Ausdruck.[329] Auch er ist eine »Erfindung« des 20. Jahrhunderts, des »Zeitalters der großen Modeschöpfer«. Couture-Schmuck besteht aus eigenständigen Kreationen, deren Unechtheit nicht verhehlt wird, die aber von großem dekorativen Wert sind. Es sind Schmuckstücke, die vom Modeschöpfer selbst oder in seinem Auftrag speziell für ein bestimmtes Kleidungsstück oder eine bestimmte Kollektion entworfen und in kleinen Serien produziert werden. Couture-Schmuck lieferte besonders in den 1950er Jahren der Massenproduktion des Modeschmucks eine Unmenge neuer Ideen.

Modeschmuck versteht sich nicht als Imitation echten Schmucks. Nachahmungen echten Schmucks gab es wohl schon immer. Schon im 17. Jahrhundert gab es Similischmuck aus Metallegierungen und Bleiglas[330] und 1767 in Paris eine Zunft der *bijoutiers faussetiers* mit mehr als 300 Mitgliedern. Ein Vorläufer des Modeschmucks war der ***Bühnen- und Reiseschmuck***. Schauspielerinnen, Revuetänzerinnen und die Demimondaines geizten nicht mit Straßschmuck und Imitationsperlen. Sarah Bernhardt ließ sich extravagantesten Bühnenschmuck, aber auch billige Kopien ihrer Pretiosen aus unedlem Metall und Glasfluß mit Email herstellen. Viele Damen ließen sich Kopien ihres Schmucks für die Reise, sogenannte Doublés, anfertigen.[331]

## Geschichte

Ende des 19. Jahrhunderts setzte eine ausgesprochene Leidenschaft für üppigen Schmuck ein. Das genießerische Leben in den Weltmetropolen verlangte nach Schmuck für alle sozialen Schichten. Da es modern wurde, viele Perlen und Diamanten zu tragen, wuchs das Interesse an Imitationen. Aber selbst ***Straßschmuck*** war vielen unerschwinglich, wurde er doch manuell hergestellt.[332] Der bis heute weltberühmte Glasschmuckhersteller ***Daniel Swarowski*** erweiterte das Angebot durch Glassteine, die maschinell perfekt und präzise geschliffen wurden.[333]

Zu Beginn des **20. Jahrhunderts** trat mit dem ***Jugendstil***, in Frankreich Art nouveau genannt, eine Revolution ein, die die angewandte Kunst neu belebte und nachhaltig aufwertete.[334] Ein Hauptprinzip der Art nouveau – der *neuen Kunst*, die die Welt schockierte – war es, den »Akzent vom eigentlichen Materialwert auf den modernen Entwurf und auf die künstlerische Wirkung zu verlagern, so daß aus trivialen

Schmuckgegenständen Kunstwerke wurden, so anspruchslos und wertlos ihr Material auch sein mochte. Es war der künstlerische Inhalt, der zählte.«[335] Der Jugendstil konzentrierte sich auf eine poetische Interpretation der Natur. Vor allem der japanische Einfluß war evident. Charakteristisch sind die sich drehenden weichen Linien, die bewegten Pflanzen- und Blattmotive, weibliche Gestalten in sinnlich-leidenschaftlicher Bewegung mit ungebändigter Haarpracht. Einer der Hauptaspekte des Jugendstilschmucks war die erfindungsreiche Verwendung von bescheidenen Materialien, wie Horn, eine der wichtigsten Neuentdeckungen, Kupfer, Glas und Email. Der Jugendstilschmuck stellt durch seine künstlerischen Anregungen einen Übergang zum populären Schmuckdesign dar. Zum Beispiel lieferte die Pariser Firma Piel Frères hervorragende Billigversionen von Art-nouveau-Entwürfen. Sehr überzeugend war auch der in einfachen Formen industriell hergestellte Stahlschmuck der Pforzheimer Firma ***Theodor Fahrner***, der keineswegs als Billigschmuck zu bezeichnen ist. In England wurde der Name ***Liberty***[336] zum Inbegriff für modernen Schmuck als »Kunsthandwerk für alle«. Weltberühmt wurden die eigenständigen Kreationen der ***Wiener Werkstätte***. Josef Hoffmann und Kolo Moser leiteten eine faszinierende Schmuckrevitalisierung ein, die nicht den finanziellen, sondern den ideellen Wert anstrebte.[337] Besonders Halbedelsteine, Kupfer und Silber dienten als Werkmaterial. Dennoch, in der Wiener Werkstätte konnte man nichts finden, was »recht billig war und nach recht viel aussah«.[338] Neben dem sehr floralen Stil bildete sich in der Wiener Werkstätte ein neuartiger geometrischer Stil in Schwarzweißoptik aus. Den Mut zum Experimentieren fand man besonders in der reformierten Kunstgewerbeschule, wo man gezwungen war, mit billigen Materialien zu experimentieren; hier wurden viele Elemente aus der Volkskunst wiederbelebt. Von besonderer Art waren die bunten geknüpften Perl- und Bastarbeiten eines Max Snischek *(Tafel 13)*.

***Paul Poiret*** war der erste große Modeschöpfer, der die Bedeutung des Modeschmucks erkannte. Zu seinen von asiatischer Kunst und Mode inspirierten Modellen um 1910 paßten hervorragend sogenannte ***Sautoirs***, das sind sehr lange Halsketten. Sie waren oft aus winzigen Perlen französischen ***Jetts***[339], die einem Band gleich aneinandergereiht waren. Die imitierten Perlen waren aus Glas und mit einer irisierenden Substanz überzogen, die aus Fischschuppen gewonnen wurde. Poirets extravaganter Stil war Wegbereiter für die Art-déco-Mode.

Für den Modeschmuck am bedeutungsvollsten wurden die **1920er Jahre**. Der Aufholbedarf an Amüsement in allen Schichten machte Mo-

*132 Gliederarmband im Art-déco-Stil aus Bakelit und Platinin, um 1928*
*133 Unten: Gliederarmband aus zweifarbigem vergoldetem Metall, um 1938, beide von Henkel & Grosse*

deschmuck unentbehrlich. Durch die kurzen Haare, die in auffälliger Weise Nacken, Hals und Ohren freigaben, kam Ohrschmuck, zumal in lang herabhängenden Formen, groß in Mode. Die entblößten Arme luden zur Kreation von Armreifen und ***Gliederarmbändern***, die sportliche Tagesmode zu breiten afrikanischen ***Elfenbeinarmreifen*** ein. Oft wurde auch ein Reif am Oberarm getragen. Broschen wurden als Dekoration der ansonsten unaufgeputzten Glocken- und Topfhüte verwendet. Sie wurden auch dekorativ an Hüften oder als Abschluß des Rückendekolletés plaziert. Ganz abgesehen von den so modetypischen langen Sautoirs, die der Dichter Gabriele d'Annunzio als »Bauchnabelketten« bezeichnete: Die langen ***Perlenketten***, die in Fälschungen ultramodern waren und in einer dicken Quaste endeten, gaben den jett- und straßbestickten Hängerkleidern der Charleston-Ära die unvergeßliche Note.

Ein neuer Kunsthandwerksstil in der neuen dekorativen Kunst der 1920er Jahre war im sogenannten ***Art déco*** entstanden.[340] Vorbereitet durch den Jugendstil, flossen in ihm Elemente des Futurismus und Funktionialismus ineinander, des Fauvismus, Kubismus, der schwarzafrikanischen Kunst und ostasiatischer Formen. Kennzeichnend waren die Rückkehr zur Symmetrie, die Facettierung der Oberflächen, die geometrischen Formen, die allgemeine Stilisierung und die starken Farbkontraste. Noch ein Jahrzehnt zuvor wären Kontraste von Rot und Schwarz, Rot, Weiß und Schwarz oder Grün und Schwarz oder Violett und Grün unvorstellbar gewesen. Ketten erhielten eckige Glieder, Vegetabiles wurde stilisiert, Sonnen hatten schnurgerade Strahlen, Ohrgehänge wurden lang und schmal. Email, Lack, Jade, grünes Glas, falscher

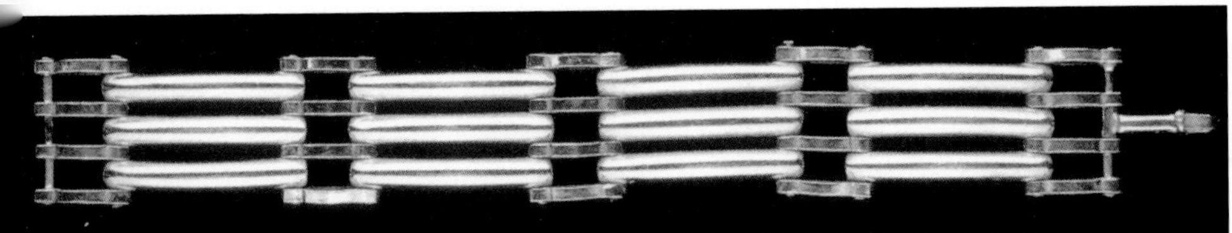

*134 Halsreif aus Plexiglas mit realistisch modellierten und gefärbten Metallkäfern von Elsa Schiaparelli, um 1938*

Onyx und, entsprechend dem ersten Industriezeitalter-Image, mattes Metall (Nickel, Chrom sowie Platinin, eine Platin-Imitat-Legierung) waren charakteristische Werkstoffe. Dort, wo diese Materialien Grenzen setzten sowie aus Mangel an Rohmaterial, kam ***Kunststoff*** ins Spiel: Zelluloid, ein Zellulose-Nitrat[341], Bakelit, ein Phenolharz, und die ersten vollkommen synthetischen Kunststoffe[342], das Galalith[343] und das sehr ähnliche Lactoid. Kunststoffschmuck war der Inbegriff an Verwegenheit, das Äußerste an Freiheit in Design und Herstellung. Obgleich verschwenderisch aussehend, sorgten seine niedrigen Preise für den letzten modischen Schrei. Auch das Thema der ***Futuristen***, Geschwindigkeit und Sport, wurde in Modeschmuck umgesetzt; es gab Broschen und Clips in Form von Automobilen, Zügen und Dampfschiffen sowie Tennisschlägern. Kaum wegzudenken aus dem Modeschmuck der Zeit wäre das Terriergespann Tric and Trac.

Zu einem echten Begriff wurde erwähnter Bijoux de couture durch ***Coco Chanel***, obgleich auch andere Couturiers wie Madeleine Vionnet, Lucien Lelong und Jean Patou Schmuck zu ihren Kleidern entwarfen. Was Chanel initiierte, war die fast unverschämte Art, falschen Schmuck zu tragen. Chanel-Schmuck sollte am Tage, zu lässigen Kleidern, zu Pullovern und Cardigans, selbst am Strand, zudem in auffallenden Größen und Farben, getragen werden. Und Chanel sah in einem Plagiat ihrer Designs ein schmeichelhaftes Kompliment. All dies waren schockierende Ideen. Chanel ließ sich von vielem inspirieren, von russischen Ikonen, byzantinischen Kreuzen, mittelalterlichen Fenstern, von den Ketten und Epauletten der Militäruniformen und vom russisch-orthodoxen Prunk. Sie hatte ihren eigenen Stil.

Die Weltwirtschaftskrise von 1929 förderte die Weiterentwicklung billigen, serienmäßig hergestellten Modeschmucks, der hauptsächlich in den großen Kaufhäusern angeboten wurde. Armreifen mit Kunstgliedern in leuchtenden Farben, die mit Gummischnüren zusammengehalten wurden, überschwemmten erstmals den Markt.

In den **1930er Jahren** entwickelte sich eine Vorliebe für eine Unmenge farbiger Steine, Modeschmuck wurde opulent und farbenprächtig, man sprach vom ***Tutti-Frutti-Stil.*** In Frankreich war Modeschmuck schon allein deshalb beliebt, weil er nicht der Schmucksteuer unterlag. ***Sportmotive*** fanden auf Broschen Platz, Tennis- und Golfschläger, Reiter und Autos. ***Bakelit-Broschen*** stellten an Witz und Vielfalt alles in den Schatten: Hunde in Rot, Weiß oder Schwarz, Sombreros, Obst und Gemüse, Schuhe und Ozeankreuzer. Groß in Mode, heute fast unbekannt, waren Clips, *broches pinces* genannt, da sie variabel einzeln oder paarweise anzuklipsen waren und zusammengefügt eine Brosche ergaben. Eine nie versiegende Inspirationsquelle war das alte ***Ägypten***, 1922 durch die Entdeckung des Grabes Tutanchamuns, 1917 und 1934 durch die Hollywood-Filme »Cleopatra«. Skarabäen, Hieroglyphen und Falken waren neben Schlangenschmuck, der 1926 einen absoluten Höhepunkt fand, beliebt. Die verführerische Macht des Kinos kann zur Verbreitung des Modeschmucks jener Jahre gar nicht hoch genug eingeschätzt werden. Berühmt waren Modeschmuckdesigner wie Trifari, Napier, Eisenberg und Fahrner.

*135 Straßcollier aus Swarowski-Bleikristall, von Henkel & Grosse für Christian Dior, 1956/57*

In jener Zeit begründete ***Elsa Schiaparelli*** die Mode des fantastischen, surrealen Schmucks. Ihre Mode- und Accessoire-Kreationen stellten einen direkten Widerpart zu Chanels Stil dar. Eine der Neuerungen Schiaparellis bestand darin, Kleiderverschlüsse – Schließen, Knöpfe, Haken, Reißverschlüsse – zu wichtigen, dekorativen Bestandteilen zu verwandeln, die Teil ihres Modeschmucks wurden. Knöpfe sahen aus wie Schuhbänder, Vorhängeschlösser, Bolzen, Kaffeebohnen, Seesterne, Lutscher, Erdnüsse, Rollschuhe, Löffel, Clowns, Trapezkünstler oder Zirkuspferde (1938 zu ihrer Zirkuskollektion). 1939 dominierten Musikinstrumente, Trompeten, Dudelsack und Partituren. Ebenso vielfältig waren ihre Materialien: Holz, Porzellan, Zelluloid, Glas, Bernstein, Siegellacke, Bast, Federn und Hermelin. All ihre Accessoires wirkten schockierend, zum Beispiel eine Kette naiver, fröhlicher Tierkreiszeichen in leuchtenden Farben. Eine andere aus Bronze geformt wie eine Alge und mit meergrünen Glasperlen und Glasfluß besetzt. Zu den Motiven ihrer Broschen gehörten Muscheln, Tannenzapfen, Gemüse. Besonders eigenwillig ist ein schmaler, flacher Plexiglaskragen, auf dem sich realistisch modellierte bunte Metallkäfer tummeln (um 1935). Ihre gewagten, bizarren Stücke befreiten endlich das Schmuckdesign von den überkommenen Vorschriften des 19. Jahrhunderts und ermöglichten es den Frauen, ihre Individualität auszudrücken. Einer der wichtigsten Schmuckkreateure, mit denen Schiaparelli zusammenarbeitete, war Jean Schlumberger.[344] Am bemerkenswertesten aber war ihre Zusammenarbeit mit Salvador Dalí, an die unter anderem eine Kette strahlenförmig angeordneter metallener Erbsenschoten erinnert.

In den **1940er Jahren** blieben Glanz und Glamour des Modeschmucks in den USA erhalten, wo die Auswirkungen des Krieges weniger einschneidend waren als in Europa. Großspurige Schmuckstücke, die Falten und Drapierungen bildeten, in nachgeahmtem Rotgold und mit unechten Rubinen, spiegelten Reichtum vor. Man sprach von ***Cocktail-Schmuck***[345], ein typisch amerikanischer Stil, der manche Träume verwirklichte, aber dennoch im oberen Bereich des Marktes anzusiedeln war.

Erst in den **1950er Jahren** kam der Cocktail-Schmuck in Europa zum Tragen. Wie beim Cocktail-Getränk wurden auch hier verschiedenste Stile gemischt. Dominierend waren gewichtige dreidimensionale Designs, die wie üppige Kurven und Faltenwürfe wirkten. Farbenprächtig und üppig waren auch die Glassteine[346]. Eine andere typische Stilrichtung brachte Hals- und Armbänder aus rechteckigen, flexiblen, zum Teil abgestuften Gliedern aus zweifarbig vergoldetem Metall, Schuppen- und Wabenmuster in der flexiblen sogenannten ***Mauerwerk-Verarbeitung*** oder als gefaltete Ziehharmonika, einem als »Gasleitung« bekannten Stil *(Abb. 113)*. Ein attraktiver Blickfang waren große Broschen, besonders attraktiv waren Blumen, Fliegen und dicke Knoten, dicht besetzt mit Glassteinen. Die Damen pflegten sie hoch auf der Schulter auf der Höhe des Schlüsselbeins zu tragen. Auf den Einfluß der amüsanten Tierbeobachtung Walt Disneys gingen ***Insektenmotive*** zurück, wie Schmetterlinge oder Bienen mitten im Flug, Marienkäfer mit gespreizten Flügeln sowie Pinguine und Eidechsen. Aus der Mode der 1950er Jahre kaum wegzudenken waren die vielreihigen, nach der Größe abgestuften Perlketten, die in einer großen Schmuckschließe zusammengefaßt waren. Sie waren in allen Preiskategorien in Mode *(Abb. 114)*.

Neben dem Einfluß aus den USA machte sich nach dem Zweiten Weltkrieg ***Italien*** einen Namen als Hersteller für Modeschmuck, und zwar sowohl als Couture-Schmuck als auch Massen-Souvenir- und Touristenware.[347] Einer der berühmtesten Kreateure erlesenen Modeschmucks war Giuliano Fratti.[348] 1951 ging seine Schmuckkollektion aus geflochtenem Bast mit funkelnden Schmucksteinen durch die amerikanischen Modezeitschriften. In Italien entwickelte sich ein äußerst kreatives, bewußtes und nicht aufgezwungenes Interesse an »wertlosen« Materialien. Auch Pariser Modeschöpfer, wie Elsa Schiaparelli, kauften Modeschmuck in Italien, Kirschen, Haselnüsse und Zitronen aus Holz und Korallenimitationen für ihre Gürtel, Ohrringe und Clips. Einen theatralisch wirkenden Gegenpart dazu setzten die Schöpfungen von Lyda Coppola e Toppo mit ihrem üppigen Glas- und Straßschmuck.[349] Neben ihren sehr hochwertigen Modeschmuckstilen gab es Preisgünstiges, Jugendliches: Weintrauben aus Bast, Obstkörbe aus bemaltem Holz, venezianische Gondeln aus Murano-Glas.

Eine neue Ära des teuren Couture-Schmucks leitete Christian ***Dior*** ein.[350] Sein Repertoire reichte von rokokohaftem, kleinteiligem Stil bis zu »maharadschagroßen« falschen Edelsteinen. Besonders edel wirkten Diors rauchgraue und braunfacettierte Glasperlen, die der Trägerin ein vornehmes, unberührbares Aussehen gaben. Die deutsche Firma Henkel & Grosse in Pforzheim erhielt 1955 die Exklusivlizenz für die Herstellung von Bijoux Dior. Aber auch andere Produzenten schufen für Dior.

Zu berühmten Designern von Modeschmuck zählten weiter Miriam Haskell, Coro, Boucher, Hobé, Hattie Carnegie[351] und Nettie Rosenstein sowie Monet, Pennino, Macys. Die Firma ***Langani***, 1952 von Annie Schaad gegründet, repräsentiert den Inbegriff modernen deutschen Modeschmucks. Sie brachte phantasievolle Kreationen mit kleinen Glasblumen und Vögeln auf den Markt, einige davon waren sogar parfümiert. Ihre bunten, mit einem durchsichtigen Nylonfaden aufgereihten Glasperlen wurden Mitte der 1960er Jahre zu Tausenden in ganz Deutschland kopiert.

In den **1960er Jahren** wurde Modeschmuck witziger und aufregender denn je. Modeschmuck befreite sich endgültig von Vorurteilen; Spaß und Spielerei standen im kreativen Vordergrund; Glamour war »out«, Weltraum-Look und Hippie-Nostalgie »in«. ***Pop-art*** stand Pate für angebissene Äpfelchen, Zitronenscheiben, Erdbeeren, Kekse und Schokoladeecken als Ohrclips und Anstecker. Die ***Op-art***-Bewegung brachte Schmuck in streng geometrischer Schwarzweißoptik. Boutons als Ohrclips waren ein modisches Muß für jede Frau. Für das kommerzielle

Massenprodukt Modeschmuck war Hart-PVC das meistverwendete Material. Die »Erfinderin« der Minimode, Mary Quant, ergänzte ihre kindlichen Hängerkleidchen durch stilisierte Gänseblümchen-Broschen – ihr Markenzeichen. Paco Rabanne setzte seine Minis ganz als Schmuck zusammen, aus Plastikscheiben, Panzerketten, Metallecken und -spiralen, nicht umsonst wird er oft als »Modeklempner« bezeichnet. Seinem Stil setzte die Romantik der ***Hippie***-Bewegung einen deutlichen Widerpart. Psychedelischer Indienschmuck, dem auch der männliche Hippie frönte, wurde zuhauf getragen, Ketten und Armreifen mit winzigen klingelnden Glöckchen und großen Halbedelsteinen.

In den **1970er Jahre** war der kreative Drive nach den vergangenen energetischen Jahren ausgepowert. Es gab so gut wie keinen Modeschmuck. Mehrere dünne Goldkettchen um Handgelenk und Hals mit ausgestanzten Sternen und Herzen waren fast schon alles, was an Modeschmuck geboten wurde: Bis 1977 die ersten Fotos von ***Punks*** weltweit durch die Presse gingen und schockierten. Zum erstenmal war Schmuck nicht mehr zur Zierde Verfremdetes, sondern brutal Reales. Fahrradketten, Hundehalsbänder, Sicherheitsnadeln, Rasierklingen, eiserne Kreuze, Metallnieten unterstrichen die Ästhetik des Häßlichen. So geschockt man auch war, der Einfluß auf den Modeschmuck blieb im folgenden Jahrzehnt nicht aus.

Modeschmuck wurde das essentielle Accessoire der **1980er Jahre** *(Tafel 18)*.[352] Er war »gesellschaftsfähig« geworden, tragbar zu allen Anlässen und zu jeder Tageszeit. Die 1980er Jahre standen im Zeichen des Neo-Glamours und einer Rückbesinnung zu neuer Weiblichkeit. Prinzessin Diana, 1981 vermählt mit Prinz Charles, schüchtern, romantisch und feminin, brachte Perlenketten in allen Längen wieder in Mode: seidige, pastellfarbene, barocke oder unförmige Perlen, die durchaus falsch sein durften. Die Fernsehserien »Dallas« und »Denver« machten Straß (meist nur als Billigst-Glassteine) zum Alltagsschmuck, selbst als Ohrgehänge zur Jeans. Jeans und Straß brachten die Ambivalenz der Zeit unter dem Schlagwort ***sportlicher Glamour*** auf den Punkt. Dieser Scheinwelt der Happy-few setzten Punk- und Rockermode einen Widerpart. Aggressiv wirkten Lederbänder mit Metallnieten, einen düsteren Glamour aus der Unterwelt strahlte schwarzer Gummischmuck aus. ***Heavy Metal*** wurde zu einem Begriff auch als Modeschmuck. 1985 erschütterte Popgirl Madonna die Welt, unverschämt-frech, scharf und mit aufdringlichem Klunker. Ein großes Kreuz mit großen bunten Glassteinen besetzt, baumelte in einem Kettenwirrwarr über ihrem Bustier. ***Straßkreuze*** wurden ihr Markenzeichen und damit Modeschmuck. Ein anderes

*136 Männerhalsschmuck, beeinflußt vom Pierre-Cardin-Stil, getragen anstelle der Krawatte zum abendlichen Rollkragenpullover, 1970*

Trend-Setting ging auf Fürstin Gloria von Thurn und Taxis zurück, als sie in einer Fernsehshow in einem Cocktailkleid von Moschino mit Plüschbärchen um den Halsausschnitt auftrat. Danach überschwemmten goldene ***Bärchen-Ketten*** und Bärchen-Ohrclips den Markt. ***Chanel-Schmuck*** feierte durch Karl Lagerfelds Design ein großes Comeback mit klimpernden Ketten, von denen man nie genug umlegen kann, Gürteln, Goldknöpfen und breiten Goldarmreifen, als Modeschmuck versteht sich. Lagerfelds innovative Kraft hatte bereits als Designer für Chloé bedeutenden Einfluß auf witzigen, ideenreichen Phantasieschmuck. In seiner Zusammenarbeit mit dem Mailänder Modeschmuckhersteller Ugo Correani schuf Lagerfeld für jede Kollektion ein eigenes Schmuckthema: seine spektakuläre Klempner-Serie mit metallenen Duschknöpfen, Wasserhähnen, aus denen Straß-Steine tröpfeln, dazu Schraubenschlüssel und Rohrzangen; seinen Näherinnen zollte er Respekt mit Nadelpolstern, Stricknadeln und Scheren als Ohrgehänge, Brosche oder Hut. Und eine Hommage an die französischen Patisserien ließ sich Lagerfeld einfallen mit glasierten Petits fours, Eclairs und Croissants. Sein Einfluß auf den Massen-Modeschmuck kann nicht hoch genug angesetzt werden.

Der neue Stern am Pariser Haute-Couture-Himmel, Christian Lacroix, übersäte seinen konträren Stil voller Leben und Farbe mit Couture-Schmuck. Vollkommen gegensätzlich ist der unnahbare Stil des Italieners Romeo Gigli. 1989/90 lösten seine bis auf die Brust herabfallenden Ohrgehänge, deren Vorbild in der byzantinischen und spätrömischen Mode zu sehen ist, einen Modeboom rund um die Welt aus.

Die Jugend aber hatte ihren eigenen ausgeflippten Schmuck, wie ***Leuchtschlangen*** in Neonfarben aus Plastik, geflochtene Leder-Armbändchen und jede Menge ***Stickers*** mit Logos und frechen Sprüchen.

Zu Beginn der **1990er Jahre** funkelte weniger der Modeschmuck, als vielmehr Straß, Glassteine, Perlen, Pailletten, Goldstickereien Pullover und T-Shirts überzogen. Die Ohren waren kurzfristiger Blickfang, Straßbärchen, Goldstühlchen, Mini-Parfum-Flakons baumelten an ihnen. Wohl besann sich die Öko-Welle auf Holz, Korallen und Schnek-

*137 Auswahl modernen Modeschmucks seit den 1950er Jahren*

kengehäuse und formt Bizarres aus Papier. Kopfschüttelnd begegnet man der neuesten Youngster-Mode, den ***Schnullis*** aus Plastik in vielen Farben; auch Knaben tragen sie.

## Männerohrring

Seit den späten 1980er Jahren ist Männerohrschmuck Mode *(Tafel 12)*.[353] »Mann« trägt Ring oder Flinserl im Ohr, doch viele sind irritiert und verbinden eine »weibliche Attitüde« mit Männerohrschmuck. Da nur der rechts getragene Ohrring für Homosexualität steht, wird er heute allgemein links getragen. Nicht jedem Ohrringträger ist dies bewußt. Und längst vergessen ist, daß der Männerohrschmuck ein altes Volkskulturgut ist.

Im 16. und vor allem im 17. Jahrhundert war der einzelne Männerohrring bei Künstlern, Soldaten und Seeleuten ebenso verbreitet wie bei europäischen Adeligen. Karl I. von England und Heinrich III. von Frankreich sind mit einem Perlenohrgehänge (im rechten Ohr! *Abb. 195*), ebenso der holländische Maler Rembrandt mit Ohrschmuck porträtiert. Der Soldat schaute das Ohrringtragen den adeligen Feldherren ab. Bei Seeleuten mag der volksmedizinische Aspekt im Vordergrund gestanden haben, da Ohrringtragen den Blick schärft, Augenkrankheiten heilt und gegen Kopfweh, Gicht und Zahnweh gut ist. Diese Meinung fußt nicht auf dem Ohrringtragen, als vielmehr auf dem Ohrlochstechen, das eine der Akupunktur ähnliche Wirkung hat. Die Lehre der Akupunktur sieht im Ohr Projektionspunkte aller Körperteile vereint, die im Fall von Erkrankungen behandelt werden können. »Dabei gilt das Ohrläppchen als Projektionspunkt der Sinnesorgane insgesamt, die Mitte des Ohrläppchens als Projektionspunkt des Auges und als Indikationsbereich für Augenentzündungen.«[354]

Zu Beginn des 18. Jahrhunderts verebbte die Sitte des Ohrringtragens, kam aber mit der Französischen Revolution wieder in Mode. Zusammen mit der Pantalon, der langen Hose der Matrosen, und der Phrygischen Mütze wurde der Ohrring zum revolutionären Demonstrations- und Erkennungszeichen *(Tafel 7)*.

Im ersten Jahrzehnt des 19. Jahrhunderts blieb der Männerohrring in Frankreich stark verbreitet, am auffälligsten in der napoleonischen Armee. Aber auch in Süddeutschland und Österreich waren Ohrringe und Ohrschrauben bis in die 1840er Jahre in allen sozialen Schichten stark verbreitet. Einer der berühmtesten Repräsentanten des Ohrrings war König Max I. Joseph von Bayern.[355] Der Dichter Franz Grillparzer trug ein Flinserl, der Lithograph Aloys Senefelder einen kleinen Ohrring, ebenso der Komponist Robert Schumann und der Schauspieler August Wilhelm Iffland. Dabei scheint es damals keine Regel gegeben zu haben, ob der Ohrschmuck links oder rechts getragen wurde. Nach 1870 nahm die Verbreitung des Ohrrings im Bürgertum ab und blieb nur bei Fischern, Schiffern und Handwerkern erhalten. Bei Stutzern, Gauklern und Straßensängern, aber auch bei Räubern war er zum Teil bis in die zweite Hälfte des 19. Jahrhunderts beliebt. Dadurch wurde der Männerohrring zum Zeichen von Randgruppen und »unzivilisierter« Volksgruppen abgewertet und gesellschaftlich tabuisiert. Selbst bei Frauen galt Ohrring als unfein, vielfach sogar als vulgär. Im gehobenen bürgerlichen Mittelstand hatten »Mädchen aus gutem Haus« weder Ohrlöcher noch Ohrringe mit Klappbrisuren, und das bis in die 1950er Jahre.

Zum »modischen« Accessoire wurde der Ohrschmuck in manchen ***Männertrachten***. Hier war der Ohrschmuck als Amulett zur Abwehr von Krankheiten wie als Mittel zur Heilung bestehender Krankenheiten verbreitet. Auf Norderney gehört bis heute der Ohrring zur folkloristischen Tracht. Bei Appenzeller Sennen ist das Flinserl ein national akzeptiertes Gruppenkennzeichen.

Eine Art ***Standeszeichen*** war der Ohrring bei Flößern, Seeleuten und Handwerkern. Nicht selten war der Ohrschmuck von Seeleuten und Handwerkern auf der Walz mit Initialen versehen, um nach dem Tod die Identität des Trägers zu beweisen, damit dessen Beerdigung bezahlt werden konnte.

Heute wird kaum jemand die Ohren stechen, um seine Sehschärfe zu verbessern. Um so mehr jedoch ist der Ohrschmuck bei männlichen Jugendlichen Gruppen- beziehungsweise ***Abgrenzungszeichen***. Männliche Punks hatten in den 1970er Jahren den Ohrschmuck wieder entdeckt. Als ein bewußtes Bekenntnis zu ***Homosexualität*** (der durch Aids eine neue öffentliche Aufmerksamkeit gegeben wird) wurde der rechte Ohrring in den 1980er Jahren getragen, erregte Aufsehen und Ablehnung in der Eltern-Generation. Dies wiederum bestärkte Jugendliche ganz allgemein, das stigmatisierte Accessoire Ohrring zu tragen. Für Jugendliche sind Accessoires eine willkommene Möglichkeit, einen Lebensstil auszuprobieren. Männerohrschmuck war und ist deshalb sowohl Zeichen als auch Mode *(Abb. 105)*. Als letzteres verebbte der Ohrring für den Mann.

Modeschmuck ist sowohl zu einem unverzichtbaren Bestandteil der heutigen Mode geworden, als auch zu einem Kunstforum eigener Daseinsberechtigung. In seiner unendlichen Kreativität, seiner Aussagekraft und seiner Synthese aus Kunst, Technik und Mode fällt ihm eine wichtige Rolle der Offenbarung des Zeitgeistes zu.

*Tafel 1 Herzoghut mit Spitz, Gliedergürtel, Almosentasche und Ledersen. Rogier van der Weyden, Dreikönigsaltar (Ausschnitt), um 1450*

Aut nunquam tentes aut perfice.

*Tafel 3 Puritanerhüte, Becherstiefel mit Canons, breite Seidenschärpen. Bartholomeus van der Helst, Das Gastmahl im St.-Georgs-Schützenhaus zur Feier des Friedensschlusses zu Münster (Ausschnitt), 1648*

*Tafel 2 Hoher Biberhut (auf dem Tisch), Stulpenhandschuhe, Gürtel, bestickte Strümpfe, üppige Strumpfbänder, bestickte Absatzschuhe mit Rosetten. William Larkin, Richard Sackville, Earl of Dorset, 1613*

*Tafel 4 Flügelhaube mit Spitze und Perlenstickerei, Stulpenhandschuhe, mit Gold bestickt, reicher Schmuck und Kettengürtel. Wolfgang Hembach, Christine Graevers, 1636*

*Tafel 5 Rheingrafenhosen, Canons und Absatzschuhe, Schlapphüte mit Straußenfedern.*
*Unbekannter Meister, The Embassy to King Charles II. of England made by Monseigneur the Prince de Ligne (Ausschnitt), 1660*

*Tafel 6 Von links: Dame mit Watteauhut, Mann mit Dreispitz und Jagdstiefel, Huthaube mit Calèche sowie Muff, Zofe mit Bedienstetenhaube, Damenschuhe, spätes Rokoko.*
*Satirisches Modeblatt von Carrington Bowles, 1780*

*Tafel 7 Große Filzhüte sowie Zweispitz, Cachenez und Amulette sowie Ohrringe, Spazierstock, gemusterte Strümpfe, modische Suwarowstiefel sowie Escarpins.*
*Gravano, Café des Incroyables, 1797*

*Tafel 8 Von links: Frau mit Kopftuch, Dame mit Haube, Kaschmirschal, verzierten Strümpfen und Escarpins; Mann mit Zylinder, weißer Halsbinde und Escarpins; Regenschirme.*
*Louis Léopold Boilly, L'averse (Ausschnitt), 1801*

*Tafel 9 Von links: Herr mit Zylinder und Halsbinde; Dame mit Kaschmirschal, Handschuhen und Sonnenschirm; Pferdeknecht mit Schirmmütze und Bandana. Franz Krüger, Parade auf dem Opernplatz in Berlin (Ausschnitt), 1824–1829*

*Tafel 10 Sommerpelze, der letzte Schrei von Norderney. »Was woll'n Sie, das Wasser ist immer noch 'n bißchen kalt!« Damen mit Fuchspelzstolen, Glockenhüten und Sonnenhut, Sonnenschirme und Spangenschuhe.*
*Lustige Blätter, Berlin 1926*

*Tafel 11 Links: Ausgefallenes Hutmodell, rechts: Turban, Miedergürtel, wollene Kniestrümpfe und Sonnenbrille. Beide: Schuhe mit Plateausohlen und Umhängetaschen.*
*Modezeichnungen aus le tailleur flou, 1946*

*Tafel 12 Links: Modell von Gianni Versace, 1992/93. Gürtel und Knöpfe mit seinem Markenzeichen, dem »Haupt der Medusa«, üppiger Modeschmuck Rechts: Herrenmode, gestylt mit breitkrempigem Hut, Ohrschmuck, Krawattentuch, breiten Hosenträgern und Gürtel von Jean-Paul Gaultier, 1986*

*Tafel 13 Von oben: Roter Seidengürtel mit Goldfäden, Beschläge aus Silber, vergoldet und emailliert, 3. Viertel 15. Jahrhundert. – Radfächer mit auf Elfenbeinstäben montierten Seidenblättern, abwechselnd grünweiß und beidseitig bemalt, Anfang 18. Jahrhundert. – Halbhandschuh, mit Seide bestickt und mit Metallspitze verziert, 1. Hälfte 18. Jahrhundert. – Modeschmuck, Halskette mit aufgereihten und bestickten Glasperlen von Max Snischek, Wiener Werkstätte, um 1925. – Abendhandtasche mit Stickerei und Goldschmiedemontierung, inspiriert durch die ägyptische Kunst, Paris, um 1922/23. – Reisetasche, Vorderseite mit bunter Gobelin- und Kreuzstichstickerei aus Wolle und Seide, Rückseite roter Baumwollsamt, Metallbügel, Stoffhenkel, um 1910.*

*Tafel 14 Von oben:*
*Damenabsatzschuh mit hellroter Seide, mit Silberstickerei überzogen, dazu Überschuh mit Bindeflügeln aus Leder, um 1715*
*Spangenschuh, sogenannter Goldkäferschuh, mit Pinet-Absatz sowie Flitter- und Stahlperlstickerei, um 1910*
*Staatssandale von Tutanchamun, um 1323 v. Chr. Die Auftrittsfläche zeigt auf dem gravierten und bemalten Leder unterworfene und gefesselte Libyer und Syrer sowie Symbole für die anderen besiegten Stämme.*
*»Spring o Lator«-Pantolette mit hohem Stilettoabsatz aus durchsichtigem Kunststoff mit eingelegten Perlplättchen und Straßsteinen. Ristschlaufe aus durchsichtigem Kunststoff mit blütenartigem Zierknopf und Straßsteinen, um 1958*
*Damenschuh mit Keilabsatz aus Patchwork-Leder von Salvatore Ferragamo, 1942–1944*

*Tafel 15 Von oben rechts: adidas Torsion, Olympia Lo, Cross Training Schuh, 1992. – Farbige Sneakers von Zoo, 1993. – Reich dekorierter Sattel-Cowboystiefel, 1950er Jahre. – Cowboystiefel mit Flammendessin von John Oates, ausgeführt von Dave Little, 1983. – 1460er Doc Martens, 8-Loch-Stiefel mit gelber Naht und Dr. Maertens Luftpolstersohle, 1992*

NO
BODYIS
PERFEC
NOBOD
BODYIS
BODY
PERFEC
PERFE
NOBOD
ISPERF
ISPERFECT
NOBODY
ISPERFEC

*Tafel 17 Modeschmuck aus Kunststoff, mit handgefaßten Glascabochons beklebt, von Bill Schiffer, 1989*

*Tafel 16 Links:*
*Mitte: Spitzenkrawatte mit Seidenband. Paul Mignard, Kurprinz Max Emanuel von Bayern im Alter von 12 Jahren*
*V. l. o.: Krawatte mit Blumendessin von Leonard, 1989; Krawatten von Sepp Halbritter 1992/93; Metallkrawatte von Artmade, 1992; Schleifen von Martin Mascherl, 1993; silberne Krawattenklemmen von Palm, 1993*

*Tafel 18 Kaschmirschals des 19. und 20. Jahrhunderts aus Osteuropa, Frankreich, Indien und Kaschmir*

*Tafel 19 Links: Modestrumpf mit Metalleffekt von Wolford, 1993*
*Rechts: Yves Saint Laurent-Strümpfe als Mode-Accessoires, von Kunert, 1990*

# Muff

Der Muff scheint als bürgerliches Accessoire im 16. Jahrhundert aufgekommen zu sein. Er hat die Form einer, je nach Mode unterschiedlich großen, »Rolle« aus Pelz oder Stoff, in die die Hände gesteckt werden. Im Grunde ersetzt der Muff die Handschuhe. Es könnte sein, daß sich der Muff aus der *Muffe*[356], eine trichterförmige Erweiterung, Art Manschette, am Ärmelende von Wams und Kleid, entwickelt hatte. Ärmel-Muffe waren im letzten Drittel des 14. Jahrhunderts üblich. Wenn der Träger oder die Trägerin die Hände zusammenhielt, entstand der Eindruck eines Muffs.

Eine erste Darstellung eines Muffs findet sich im **16. Jahrhundert** in einem französischen Trachtenbuch von 1567.[357] Es zeigt eine Engländerin mit einem kleinen Muff an einer langen Posamentschnur, die am Gürtel fixiert ist.

Im **17. Jahrhundert** wurde der Muff größer und aus edlen Pelzen, wie Zobel oder Hermelin, hergestellt. Er wurde zunehmend ein ***Standeszeichen*** der Oberschicht. Im Spätbarock, um 1690, fand der Muff Eingang in die vornehme Herrenkleidung. Er war an einem Gürtel, der Passe(-)caille oder ***Passacaille***, fixiert. Über den großen Muff fiel zuweilen eine breite, mit Spitzen und Troddeln verzierte Schärpe *(Abb. 122)*. Der Muff der Dame fiel wesentlich kleiner aus, aber auch er hing unmittelbar am Gürtel, um die Hände frei zu halten. Die einfache Bürgerin bediente sich anstelle eines Muffs, der regional auch ***Schlurpfer*** (von *hineinschlüpfen*) hieß, als Kälteschutz einer hochrechteckig zusammengelegten ***Decke***, in die sie ihre Hände steckte.

Im **18. Jahrhundert** war der Muff etwas aus der Mode gekommen, besonders beim Herrn sah man ihn kaum mehr.

Erst zur Zeit des Directoire und Empire (1795–1815) wurden Muffs von den Damen reaktiviert und gleichzeitig zu größten Ausmaßen gesteigert. Die dünnen Chemisenkleider der À-la-grecque-Mode machten einen großen Muff, der auch den Körper warm hielt, notwendig. Beliebt waren Muffs aus Bärenfell, Fuchs und Ziege. Sie waren so groß, daß angeblich der Schoßhund mit Platz fand. Praktisch jedoch war, daß in den Muff meist eine Tasche eingenäht war, so daß sich die Dame die Mitnahme des Beutelchens, des Ridiküls *(s. S. 263)*, ersparte. Die großen Muffs wurden nicht mehr angehängt, sondern in der Hand gehalten.[358]

Im ganzen **19. Jahrhundert** hielt sich der Damenmuff, jedoch wieder in einem wesentlich kleineren Umfang.

Es gab auch Handwärmer aus Metall und mit Stoff überzogen, die im

*138 Von links: Dame mit Boa aus Bärenfell und Turbanhaube aus weißem Satin; Dame mit Muff aus Ziegenfell und roter Haube mit Straußenfedern; Dame mit Muff und Boa aus Bärenfell und Huthaube.*
*Niklaus Wilhelm von Heideloff, Gallery of Fashion, 1794*

Innern einen herausziehbaren Gitterbehälter für ein heißes Kohlestück aufwiesen.

Zu Beginn des **20. Jahrhunderts** nahm der Muff neuerlich eine ungeheure Größe an. Er wurde gern aus dem gleichen Pelz wie die voluminöse Stola *(s. S. 233)* hergestellt und hatte weiterhin eine Innentasche. Vorne hingen Fuchs-, Zobel- oder Nerzschwänzchen herab. Selbst zum Frühjahrskostüm verzichtete die elegante Dame nicht auf den repräsentativen Muff. Nach dem Ersten Weltkrieg wurde der Muff fast gänzlich von Pelzhandschuhen und Handtasche verdrängt. Seither erfreute sich der Muff in den 1950er Jahren, um 1970 und 1983 einer sehr kurzfristigen Wiederaufnahme.

# Schal

Ein Grund, weshalb Kaschmirschals so begehrt waren und große Plaids immer wieder in Mode kommen, sind ihre gestalterischen Möglichkeiten. Die Besonderheit des Einhüllens und Umhüllens lassen Schals und Tücher in zweifacher Bedeutung in Erscheinung treten: zum einen als prächtiges und farbenfreudiges Flächenornament in vielfältiger Form- und Materialausprägung, zum anderen als plastisches Ornament durch Drapierung und Faltenwurf an der menschlichen Gestalt.[359]

Die Vielfalt des Schals geht von seinen so unterschiedlichen Größen aus; vom großen capeartigen Plaid bis zum schmalen Krawattenschal. Obwohl Schals meist länglich-rechteckig sind, ist die Form allein für seine Bezeichnung nicht ausschlaggebend. Auch die großen quadratischen Kaschmirs von Mitte des 19. Jahrhunderts wurden als *Schal* oder *Plaid* bezeichnet.[360] Aber der Schal ist streng genommen immer aus Wolle, abgesehen von den Kunstfasern unseres Jahrhunderts, oder er wird nach seinem Material – zum Beispiel als Seidenschal – spezifiziert. Außerdem typisch sind seine Fransen – im Unterschied zum Halstuch.

## Geschichte

Der Schal stammt vermutlich aus Zentralasien (Himalayastaaten, Nordchina, Mongolei), wo er schon vor der Zeitenwende aufgekommen sein mag. Diese Annahme begründet sich darauf, daß zum einen in China seit der Wei-Dynastie (220 n. Chr.) lange schmale Seidenschals locker um die Kleidung drapiert oder in der Art einer Stola *(s. S. 233)* um die Schultern gelegt wurden, und daß zum anderen der bedeutendste Schal, der Kaschmirschal, aus Zentralasien stammt.[361]

Der Weg des Schals nach Europa aber ist kaum mehr nachzuvollziehen. Es ist lediglich bekannt, daß im antiken Rom kranke und schwache Personen sowie Redner einen länglichen Wollschal mit Fransen zum Wärmen um den Hals schlangen.[362] Dieser wurde, wie das Halstuch *(s. S. 71)* *Focale* genannt. Demnach war der Schal, ähnlich wie das Halstuch, ein reines ***Gebrauchsutensil.*** Und da er sich in Europa zu keinem Würde- oder Ehrenzeichen entwickelte, wie beispielsweise der Handschuh, blieb seine Existenz unbedeutend.

Erst der ***Kaschmirschal*** wurde infolge seiner Kostbarkeit und seiner »Exotik« ein begehrtes Modeaccessoire und zum Prestige- und Standeszeichen europäischer Damen. Auch das Wort *Schal* bezeichnete in seinem Ursprung immer den Kaschmirschal. Die deutsche Bezeichnung *Schal* wurde erst um 1800 aus dem englischen *shawl* entlehnt, das im

Englischen erstmals 1662 auftauchte.[363] Dieses geht auf persisch *šal* zurück, das *das feinste Wollenzeug* bedeutete, gemeint war Kaschmir.[364] Diese Bezeichnung war auf das daraus hergestellte Umschlagtuch übergegangen.

Die Geschichte des Kaschmirschals beginnt in Europa im **15. Jahrhundert**, als die ersten Exemplare als Fürstengeschenke eingeführt wurden. Er wurde in Kaschmir, einer nördlichen Provinz Indiens, aus der Wolle der Brusthaare der auf den Hochplateaus des Himalaya beheimateten Bergziegen hergestellt.[365] In Indien war er so kostbar, daß sein Gebrauch der höchsten Kaste vorbehalten blieb – also ***Standeszeichen*** war – und nur von Männern verwendet wurde; im Winter über den Kopf und die linke Schulter geschlagen. Ein männliches Beiwerk also wie ursprünglich das Halstuch.

Die ***Muster*** der frühen Kaschmirschals waren zarte, blühende Pflanzen, Miribotas und Palmetten. Das ***Miribota***-Motiv[366] *(s. S. 202 oben)* ähnelt einem Föhrenzapfen und ist seit dem 19. Jahrhundert als Paisley-Muster (siehe unten) bekannt. Die ***Palmette***[367] *(s. S. 203 oben)* wird allgemein als die Vegetationsspitze der Dattelpalme angesehen, die, wie die Palme allgemein, in arabischen Ländern und ähnlich in der christlichen Symbolik als Lebensbaum gesehen wird, da sie nie ihr »Laub« abwirft.

*139 Römischer Redner mit langem Wollschal mit Fransen. Grabstele des Apinosus Iclius, 2. Jahrhundert n. Chr.*

Erst Mitte des **18. Jahrhunderts** importierte die Ostindische Handelskompanie in größerem Ausmaß Kaschmirschals nach England. Anders als in seiner Heimat Indien wurde der Schal in Europa nur von Frauen getragen. Bis Ende des 18. Jahrhunderts waren die Kaschmirschals länglich-rechteckig (180×120 cm) und hatten an beiden Enden eine Bordüre aus einer Reihe blühender Pflanzen oder kleiner Palmetten auf ungefärbtem oder andersfarbigem Grund.[368] Da diese Schals außerordentlich teuer waren, begann man sie um 1780 in Edinburgh und Norwich nachzumachen. Aus dem *Shawl-Zeuche*, so berichtete das deutsche »Journal des Luxus und der Moden« 1794, schneiderte man in England auch Herren-Gilets.

In Frankreich entdeckte man den Charme der exotischen Kaschmirs im Grunde erst, als Soldaten Napoleons sie 1798 vom Ägyptenfeldzug mitbrachten. Die in der Mode tonangebenden Damen fanden, daß die zarten Kaschmirschals vorzüglich zum Stil ihrer von der Antike inspirierten weißen Hemdkleider, den Chemisen, paßten. Sie liebten die Kaschmirs als ***Langschals*** – Châles longs – und orderten sie bis zu 6 Ellen (466 cm) Länge und 2 Ellen (155 cm) Breite. Besonders angetan war man, daß »die diskret mit Blumenmustern verzierten Schalbordüren der Schlichtheit der ungemusterten Kleidstoffe eine phantasievolle Note gaben. Echte Kaschmirschals waren ein ***Prestige*** reicher adeliger und großbürgerlicher Damen und Privileg verheirateter Frauen! Die Nachfrage war groß. Berichten zufolge besaß Joséphine Bonaparte, Napoleons erste Frau, etwa sechzig Schals, von denen einige damals zwischen 8000 und 12000 Francs gekostet hatten. Sie ließ auch Kleider aus Kaschmirschals anfertigen. Kaschmirschals gehörten auch zu begehrten Brautgeschenken. Daneben tauchten dünne Musselinschals mit Mäander oder Arabesken bestickt zur À-la-grecque-Mode auf. Die weich fließenden Schals verlängerten – was man besonders schätzte – die Bewegungen der Arme, steigerten auch die Anmut eines bestimmten Tanzes, der aus diesem Grund ***Schaltanz*** hieß.[369] Die Comtesse de Boigne beschrieb Vorführungen, die die junge, schöne Lady Hamilton in Freundeskreisen bot: »Gewöhnlich war sie [Lady Hamilton] mit einer weißen Tunika bekleidet, [...]. Wenn sie sich einverstanden erklärte, eine Vorstellung zu geben, versah sie sich mit zwei oder drei Kaschmirschals, einer Urne, einem Weihrauchbehälter, einer Leier, einer Schellentrommel. Über ihren Kopf warf sie sich einen Schal, der, bis auf den Boden reichend, sie ganz verdeckte, und so versteckt, hüllte sie sich mit den anderen ein. Dann hob sie ihn ganz plötzlich hoch, manchmal auch ließ sie ihn ganz fallen. Andere Male wiederum paßte er sich, halb um sie geschlungen, der von ihr dargestellen Figur an.«[370] (Als Anfang des 19. Jahrhunderts als Gesellschaftsspiel das Stellen von »lebenden Bildern« so beliebt war, drapierten sich die mitwirkenden Damen ebenfalls mit Vorliebe in Kaschmirschals. Es fällt auf, daß auch zu Beginn des 20. Jahrhunderts, als längliche Seidenschals in Mode kamen, der Bühnentanz eine große Rolle spielte, in dem der Schal die Bewegungen des Körpers unterstrich und das verführerische Moment von Ver- und Enthüllung zur Geltung gebracht wurde.[371])

Um die Wende zum **19. Jahrhundert** begann man, nach England auch in Frankreich die indischen Schals herzustellen. Selbst der berühmte Maler Jean-Baptiste Isabey entwarf Kaschmirschaldessins im Auftrag Napoleons. Und die französischen Hersteller profitierten von der von Napoleon 1806 verhängten Kontinentalsperre. Die französischen Dessins waren im ganzen 19. Jahrhundert führend. Die Dessins ähnelten einander in ganz Europa sehr stark, denn Wiener Zeichner wurden nach Paris, Schweizer wieder nach Wien und England geschickt.[372] Einer der berühmtesten Schalfabrikanten, ***Guillaume Ternaux*** (1763–1833) in Reims, ersetzte die indischen Palmenmotive durch Bouquets und Girlanden europäischer Blumen. Der Geschmack der europäischen Kunden und die kreativen Ideen der Fabrikanten in Europa waren es, die die Weber auch in Kaschmir immer wieder zwangen, die traditonellen Kompositionen ihrer Schals abzuwandeln. Es gab Modefarben, wie eine Zeitlang Schals in Chamois, Kirschrot und Bouteillegrün. Die Nachfrage diktierte das Angebot, das wiederum von den kreativen Ideen, besonders für verschiedene Web- und Drucktechniken, gesteuert wurde. Die ***europäischen Webtechniken*** unterschieden sich von der ursprünglichen durch auf der Rückseite flottierende Schußfäden, die, um den Schal leichter zu machen, abgeschnitten wurden.[373] Für eine wenig vermögende Kundschaft bedruckten manche Manufakturen Schals aus Baumwolle oder Schafwolle mit indischen Mustern. 1816 wurden in Frankreich erstmals reine Kaschmirschals hergestellt, für die man die Kaschmirwolle importieren mußte. (Der mehrmalige Versuch, Kaschmirziegen in Europa heimisch zu machen, war immer gescheitert.) 1818 begann man, die Schalwebstühle mit der Jacquard-Mechanik[374] auszustatten, wodurch die Produktion in Paris, Lyon und Nîmes großen Aufschwung nahm.

1802 folgte Paisley, eine Stadt in Schottland, mit eigener Schalproduktion. In Paisley war man sehr um einen neuen Herstellungszweig für die Seidenweberei bemüht. Mitte des 19. Jahrhunderts waren ihre Kaschmirimitationen so berühmt, daß ***Paisley-Schals*** und das Föhrenzapfenmuster als ***Paisley-Muster*** bis heute zu einem Begriff wurden.[375] Die Paisley-

Schals waren je nach Preiskategorie aus Mischungen qualitativ unterschiedlicher Wolle, Seide und Baumwolle mit eingewebtem, besticktem oder bedrucktem Muster.

In Wien entstand ebenfalls anfangs des 19. Jahrhunderts eine intensive Herstellung von sogenannten Türkischen oder Persischen Schals, die als ***Wiener Schals*** zu einem Exportbegriff wurden. 1807 wurden sie erstmals auf der Leipziger Messe angeboten und wegen der »getreuen Nachbildung des aechten persischen Shawls« gepriesen.[376] Für die Wiener Schals wurden neue Druckverfahren entwickelt, die auf Wolle oder Wolle mit Seide besonders farbkräftig und haltbar waren.[377]

Nach 1815 gehörte der Kaschmirschal in Frankreich nicht mehr nur zur Hofkleidung. Kaschmirschals wurden nun auch auf dem Land begehrt, wo sie auf Märkten und von fahrenden Händlern verkauft wurden. In Form quadratischer Brusttücher wurden echte wie unechte zu einem festen Bestandteil von ***Trachten***. Man erfand um 1818 sogar im Muster ***zweigeteilte Schals***, so daß größere Variationen erzielt wurden. Je nach Seite des Tragens entstand der Eindruck, die Trägerin besäße zwei Tücher. 1819 kam der sogenannte ***Harlekinschal*** auf, bei dem die Grundfarbe jedes Palmenmotivs abwechselt und somit vielfarbige Fransen entstehen *(Tafel 9 und 18)*.

In der Mode des frühen Biedermeier (1815–1835) mit ihren großen Schinkenärmeln waren Kaschmir-Longshawls kein Modethema.[378] Große Dekolletés wurden mit der ***Bayadère***, einem langen, schmalen Schal aus Seide oder Spitze bedeckt. Statt dessen liebte man es, aus europäischen Kaschmirstoffen Schlaf- und Morgenmäntel für den Herrn und Umhänge für die Damen zu machen.

Als die Ärmel wieder schlank und anliegend geworden waren, wandte sich die Mode von etwa 1840 bis 1870 neuerlich dem Kaschmirschal zu. Aber er entwickelte die Funktion eines Umhangs, was eine Änderung seiner Form zur Folge hatte. Er wurde zum ***Châle carré*** oder Plaid[379], also zum quadratischen Schal, der signifikant für die Krinolinenmode wurde. Seine Größe nahm ständig zu, bis er eine Seitenlänge von 180 Zentimeter erreichte. Häufiger waren Schals in den Maßen von etwa 350 mal 160 Zentimeter, die schräg zum Rücken arrangiert wurden. Manche Schals wurden auch zu einer Art ***Burnusmäntel*** gesteckt. Viele ehemalige Langschals wurden zerschnitten und zu quadratischen Tüchern zusammengesetzt. Außerdem wollten die Damen, da die Tücher ja mehr als Umhang getragen wurden, großflächige, über den ganzen Schal verteilte Muster (wofür die Jacquard-Mechanik bestens geeignet war). Solche Schals gab es erstmals 1834. Sie wurden auf verschiedenste Weisen, die

*140 Josef Stieler, Bildnis der Sängerin Catharina Vespermann mit Kaschmirschal, 1828*

modisch abwechselten, arrangiert, wofür es in den Modejournalen Anleitungen gab.[380] Beliebt waren die heute sogenannten ***Viertelschals***, bei denen sich das Muster in jedem Viertel wiederholte.

Als nach 1862 die Krinolinen nicht mehr kreisrund, sondern nach hinten ausgestellt in Mode waren, sah man in dieser Schnittform einen »Repräsentationshalter« für den Schal. Die Damen breiteten ihn nun ganz über die Schultern bis zum Saum hin aus. Aus dieser letzten Modeperiode des Schals sind heute die meisten erhalten. Ihre vielfach noch kräftigen Farben sind auf die neuen, 1856 aufgekommenen Anilinfarben zurückzuführen, die bei preisgünstigen Produkten die im Orient gekauften Naturfarben ersetzten.

In der ***Dessinierung*** hatte man sich ganz von der Bevormundung des traditionellen indischen Dekors entfernt. Die Franzosen entwarfen um 1839 fernöstliche Architekturen, Menschen und Tiere in kräftigen Farben, ein Genre, das man als »Renaissance« bezeichnete. Auch in Kaschmir hielt man sich an den europäischen Geschmack und ließ Palmen und kleine Zweige den Fond überwuchern. Sie waren allein für den Export bestimmt, denn in Indien selbst trug man diese Schals nicht. Um 1850 waren sogenannte ***Châles végétals*** mit Papageien und Paradiesvögeln beliebt. Danach kehrte der modische Geschmack zum traditionellen indischen Dekor zurück. Der Zeichner, der von 1840 bis 1870 das Kaschmirschaldessin am meisten beeinflußte, war Antony ***Berrus*** (1815–1883). In seinem Unternehmen beschäftigte er fast zweihundert Zeichner; die man heute als Industriedesigner bezeichnen würde.[381] Ihre Entwürfe wurden von Produzenten in Frankreich, England, Schottland, Österreich und selbst in Kaschmir gekauft. Allgemein begannen die Schalhersteller, ihre Produkte mit Initialen – zum Beispiel B.F. für »Boas Frères« – zu versehen, was den heutigen Markenzeichen gleichkommt.

Um 1870 setzten die politischen und ökonomischen Umwälzungen, die der Deutsch-Französische Krieg (1870/71) und die Niederlage der Franzosen nach sich zogen, und nicht zuletzt der Wandel der Mode den Schalbestellungen in Indien ein Ende. Auch in Europa wurden die auf Schals qualifizierten Weber arbeitslos.[382] Die neue Mode der Turnüre und ihre Gesäßbetonung negierte den Kaschmirschal. Ältere Schals wurden zu Jacken, sogenannten ***Visites*** oder Sorties verarbeitet, die man im Winter zur Turnüre trug. Nur auf dem Land fand man bis zur Jahrhundertwende noch Gefallen an den Kaschmirschals. In städtischen Haushalten aber erhielten sie sich höchstens als Wandbehang oder Klavierdecke.

Abgesehen vom Kaschmirschal verlor der ***Schal*** gegen Ende des 19. Jahrhunderts generell an modischer Bedeutung, zumal sich der Paletot, der klassische Herrenmantel, auch für die Frau als Tagesmantel durchsetzte. Der Schal nahm somit das heute noch übliche, wesentlich bescheidenere Ausmaß an und er verschwand bei Mann und Frau im Ausschnitt des Mantels. Er wurde zum unauffälligen Begleiter, der sich der Farbe des Mantels oder dem Muster der Jacke anzupassen hatte, und er fiel von nun an nur auf, wenn er unpassend war. Einzig und allein der weiße ***Seidenschal*** des Dandy und Frauenhelden, der ihn sichtbar zum Frack oder Abendmantel trug, betonte gleichsam seine Zugänglichkeit für amouröse Leichtsinnigkeiten. Der Lebemann wußte den Schal in einer theatralischen Geste schwungvoll um den Hals zu werfen, was »als distanzierende Geste« zum dauerhaften Abgangsrepertoire in vielen Operetten gehörte.

In der ersten Hälfte des **20. Jahrhunderts** trat als beliebtes Accessoire modebewußter Damen die Stola *(s. S. 233f.)* an die Stelle des Kaschmirschals.

In den 1920er Jahren kam es zu einem kurzen Revival des Longshawls, nunmehr meist generell als *Tuch* bezeichnet *(s. S. 76f.)*. Die Longschals waren aus einfarbigem Musselin, sie wurden zweimal um den Hals gewickelt und flatterten, mehr oder weniger verführerisch, im Rücken. Eine neue Entdeckung für die Mode war der wollene ***Strickschal***, der die Sportkleidung eroberte; in Weiß für nach dem Tennis und mit Norwegermuster zum Schifahren; ganz abgesehen von Schals für Fußballfans, korrespondierend mit den Vereinsfarben.

In den 1950er Jahren gefielen sich ***Existentialisten*** auch im Sommer mit langen, meist schwarzen Schals als »Ausdruck der Absurdität des Daseins und als Provokation der Sehgewohnheiten«.[383]

In den späten 1960er Jahren waren nicht Schals, sondern Tücher modisches Hippie-Attribut *(s. S. 75)*. Hippies entdeckten generell das Paisley-Muster wieder, da sich sein wirbelndes Ornament für psychedelische Interpretationen eignete *(Abb. 58)*.

1973/74 waren seidengestrickte Longschals in Regenbogenfarben von Missoni ein modisches Muß. 1976 wurde das ***Plaid*** als Accessoire wieder entdeckt und von dem Pariser Modeschöpfer Emanuel Ungaro besonders lanciert. Es war bis 1981 Mode, ein Wolltuch über Mantel oder Jacke attraktiv nur über eine Schulter zu drapieren.

Als gegen Ende der 1980er Jahre Pelzmäntel infolge der Tierschutzkampagnen besonders in Deutschland weniger gekauft wurden (abgesehen davon, daß Pelzmäntel ins modische Abseits gerieten), füllten große Wollplaids in quadratischer oder dreieckiger Form die modische Bedarfsnische aus. Große einfarbige Tücher aus Kaschmir oder Alpaka ersetzten, besonders in Italien, den Nerzmantel (wenngleich dieser gerade dort nie aus der Top-Mode gekommen war). Zudem entsprechen Kaschmirtücher höchster Qualität dem Prestige und Preisniveau eines Pelzmantels.

Heute sind farbige Wollschals modischer Akzent sowohl in der Herren- als auch in der Damenkleidung.

# Schirm

Kaum vorstellbar, daß der Schirm seine weltweite Verbreitung nicht praktischen Gründen verdankt, sondern seinem Ansehen von Macht und Würde sowie seinen mythologischen Symbolen. Seine praktische Funktion des »Be«- und »Ab«schirmens hat erstaunlicherweise bereits im frühen Altertum einen ideellen Wert erhalten.[384]

Mit der Funktion des Schützens hängt auch das Wort *Schirm* zusammen. Es leitet sich von mittelniederdeutsch *scherm* ab, das ursprünglich den ***Schild*** des Kämpfers, genauer den Fellüberzug des Schildes bezeichnete. Dies stimmt überein mit altindisch *cárman*, *Fell*, *Haut* und lateinisch *corium*, *scortum* für *Leder*. Damit ist auch das früheste Material des Schirms erläutert. Der Schirm war ein militärisches Schutzinstrument.

Aus der Vorstellung und Funktion dieses Schutzes entwickelte sich der übertragene Sinn von ***Schutz und Schirm***. Die symbolisch schützende und machtvolle Herrschaft des Schirms wird in der ***Schirmherrschaft*** ausgedrückt, wovon sich der Schutz gewährende »Schirmherr« ableitet.[385]

Im Sinne des Abschirmens der Sonnenstrahlen und damit des Beschützens des darunter Befindlichen dürfte der Schirm als jener über dem Haupt getragene Gegenstand aufgekommen sein. Er verstand sich bis zu Beginn der Neuzeit immer als *Sonnen*schirm, wenn nicht ausdrücklich von dem höchst seltenen »Regenschirm« die Rede war.

Der Schirm war in allen Hochkulturen des Altertums bekannt, aber nur höchst gestellte Personen waren des »Schutzes würdig«. Reliefs, Skulpturen und Wandmalereien in Ägypten und Mesopotamien stellen den Schirm ausschließlich als ***Symbol*** göttlicher, priesterlicher oder königlicher ***Macht und Würde*** dar. Dies kommt allein dadurch zum Ausdruck, daß der Schirm stets von einem Diener gehalten wurde. Hiermit fiel der Schatten, je nach Sonneneinfall, selten tatsächlich auf den zu Beschirmenden, aber er ließ die Gestalt des Beschirmten von weithin sichtbar werden. Das heißt, der Schirm verstärkte optisch die Person und kennzeichnete sie als Gott, Priester oder König, einer Krone gleich. Hinzu kommt, daß es eine hierarchische Abstufung in der Anzahl, den »Stockwerken« (man montierte mehrere Schirme übereinander), und der Ausführung der Schirme gab, die einer Standesperson zustanden. In vielen Kulturen gab es ein streng reglementiertes ***Schirm-Privileg***, ähnlich dem des Fächers. In China standen allein dem Kaiser, als Sohn des Himmels, vierundzwanzig Schirme zu, die ihm vorangetragen wurden. Auch auf den vierstöckigen Schirm hatte nur der Kaiser ein Anrecht. Und in jeder Dynastie wurden die Privilegien neu festgelegt. Während der Tschou-Dynastie (1122–249 v. Chr.) wurde der ***Etagenschirm*** auch auf Wagen oder Schiffen Vornehmer aufgepflanzt, um Fahrzeugen von rangniedrigeren Personen ein Zeichen zum Ausweichen zu geben.[386] In Japan war der Schirm ebenfalls Rangabzeichen, darüber hinaus der rotseidene Sonnenschirm des Kaisers Zeichen unumschränkter Gewalt. In Indien war dem Herrscher der Titel »Herr der vierundzwanzig Sonnenschirme«, einem Prinzen der eines »Herrn des Schirms« gegeben. In den ägyptischen Hieroglyphen steht ein schirmähnliches Zeichen, der *ka*, für *Macht*. In der christlichen Kirche ist der Schirm bis heute ein Würdezeichen geblieben *(s. S. 210)*.

Auch in Europa wurde der Schirm zum ehrenvollen

*141 Rechts: Zwei Burmesische Staatsschirme, 19. Jahrhundert*

*142 Unten: Prozession der Staatsschirme bei der Hochzeit des Kaisers von China, Peking, 1872*

*143 Unten rechts: Umzug der Obrigkeit von Venedig, Edelleute tragen die Attribute des Dogen: Schirm, Sessel und Schwert. Alessandro di Fabri, Diversarum Nationum Ornatus (Ausschnitt), Padua 1593*

***Standeszeichen.*** Noch im 16., 17. und 18. Jahrhundert hält auf Gemälden von Veronese, van Dyck und Pesne häufig ein Mohr – als »klassische« Dienerfigur – einen Schirm über adelige Personen.

In südlichen Ländern wird der ***Schirmkult*** im Mythos in Zusammenhang mit der uralten Baumverehrung gebracht. Der Baum genießt dort als Schattenspender höchste Verehrung, mehr denn als Fruchtspender. In indischen Darstellungen wird der heilige Feigenbaum, unter dem der Mensch Gautama die Erkenntnis erhielt und zum Buddha wurde, mit Girlanden und Schirmen geschmückt. Schließlich trat in kultischen Handlungen der Schirm an die Stelle des Baumes. Selbst bei antiken Grabreliefs ist der Baum oft durch einen Schirm ersetzt.

In der ägyptischen Mythologie bedeutet der Schirm zeugende und bewahrende Lebenskraft und Fruchtbarkeit.[387] Auch in der griechischen Mythologie ist der Zusammenhang von ***Fruchtbarkeitssymbol*** und Schirm gegeben. Bei den Feiern zu Ehren des Gottes Dionysos beziehungsweise des römischen Bacchus taucht der Schirm als Fruchtbarkeitssymbol, aber auch als orgiastisches Symbol auf. Manche Historiker gehen so weit, den Schirm als Phallussymbol, im Sinne lebenspendender Zeugungskraft, zu interpretieren.[388] Bei dem athenischen Fruchtbarkeitsfest zu Ehren der Demeter, den Thesmophorien, trugen Frauen Schirme. Die Frauen gedachten dem Beginn des Ackerbaus als Beginn der gesellschaftlichen Kultur. Schirme schützten die Saat vor zu großer Hitze. Schließlich symbolisierten die Schirme allein den Lebenskreislauf der im Frühling aussprießenden Saat, die im Herbst wieder zur Erde zurückkehrt. Bei dem sogenannten ***Fest der Schirmträgerinnen***, den Skirophorien, sowie dem Panathenäenfest, dem Hauptfest der Athena, wurde somit der Schirm in einem Zusammenhang gebraucht, der ihn als Ehrenzeichen der Athenerin erscheinen läßt.[389]

In fernöstlichen Religionen symbolisiert der Schirm die ***Sonnenscheibe***, das Sonnenrad oder das Himmelsdach; die Stäbe sind die Strahlen der Sonne, der Mittelstab mit Griff die Weltachse. Diese Symbolik wird in Verbindung mit dem Heiligenschein (Nimbus oder Gloriole) gebracht, der aus der Sonnenscheibe entstanden war und zum Attribut von Sonnengöttern, später der höchsten Gottheit, wurde.[390] Tatsächlich zeigen manche Buddhafiguren anstelle der schwebenden Scheiben ein schirmartiges Gebilde. Stupas werden symbolisch von einem beziehungsweise mehreren Schirmen (oft von abstrakter Form) bekrönt. Als ***Himmelsdach*** hat sich in der katholischen Kirche im 12. Jahrhundert der Schirm zum Baldachin und zum »tragbaren Himmel« entwickelt *(s. S. 213)*.[391]

Der ***Regenschirm*** kam wesentlich später als der Sonnenschirm auf und entbehrt mehr oder weniger jeglicher Symbolik, vor allem, da es nicht erstrebenswert erschien, den lebenspendenden Regen abzuwehren, nach dem Sprichwort »Regen bringt Segen«. Auch mag ein Grund für das späte Aufkommen darin gelegen haben, daß es technisch schwierig ist, einen tragbaren *und* wasserdichten Schirm herzustellen. Der Regenschirm wird zwar schon in der römischen Antike erwähnt, aber erst im 16. Jahrhundert vereinzelt angenommmen und setzte sich im Grunde erst im 19. Jahrhundert – im bürgerlichen Zeitalter – durch. Seine spät erfolgte Verbreitung hing damit zusammen, daß die adeligen Stände über Kutschen und Sänften, der Mittelstand über diverse Regentücher verfügte und einfache Leute größtenteils ungeschützt blieben.

Im Prinzip hat der Regenschirm bis heute nicht die Aufgabe, den Menschen, als vielmehr seine Kleidung und Frisur zu schützen. Das Image von Eleganz und Reichtum ist dahin, der Mensch »vermenschlicht«, wenn er triefend naß, seine Kleider am Leib klebend und die Haare hinunterhängend dasteht. Er hat so wenig Imponierendes an sich und ist deshalb ein »armer Tropf«. Andererseits zeigt die Ablehnung eines Schirms eine gewisse Härte zu sich selbst, die im 19. Jahrhundert in Adelskreisen als »männlich« und »soldatisch« angesehen wurde, im Gegensatz zum »verweichlichten«, bürgerlichen Schirmgebrauch *(s. S. 219)*.

Das Motiv Schirm wurde in der ***Kunst*** seit dem Dadaismus immer wieder aufgegriffen.[392] Eine der spektakulärsten Installationen lieferte der in USA lebende Künstler ***Christo*** 1991 mit dem Thema »The Umbrellas – Joint Project for Japan and the USA«. Christo ließ insgesamt 3100 Schirme drei Wochen lang in Japan – blaue – und in USA – gelbe – über viele Kilometer aufstellen. Die Schirme verstreuten sich über Felder und Wüsten und machten sowohl ihre ikonographische Tradition deutlich, als sie auch als Sinnbild der verschiedenen Lebensbedingungen und Kulturen verstanden werden sollten.[393]

## Geschichte

Nach einer Legende soll der Schirm in China zweitausend Jahre vor unserer Zeitrechnung aufgekommen sein, angeregt durch die Frau eines Zimmermanns. Der Grund des Aufkommens aber bleibt unklar.

Der Schirm als Herrschaftssymbol könnte sich im **Altertum** in Ägypten aus dem Fächer entwickelt haben, in der Form eines gebogenen Palmblattes.[394] Bereits im 3. Jahrtausend v. Chr. übernahmen ***Fächerschirme*** eine Luft zufächelnde und schattenspendende Aufgabe, die durch ihr paarweises Auftreten gleichzeitiges Kultzeichen waren.[395] Im assyrischen Reich wurde der König, wie bei Assurbanipal (668–626 v.

*144 Sonnenschirm mit Fransen. Szenenausschnitt aus der Sage von Iphigenie in Aulis. Malerei auf einem unteritalienischen Mischkrug, 1. Hälfte 4. Jahrhundert v. Chr.*

Chr.) dargestellt, stets von einem Schirm, den ein Diener trug, beschützt. Sein Streitwagen war mit einem großen Schirm aus prächtigem, gemustertem Stoff versehen, der ein baldachinartiges Aussehen hatte.[396] Wie eine Standarte dagegen wirkt der besonders langstielige Schirm, der über den Perserkönig Darius I. (522–486) gehalten wurde.

In der **griechischen Antike** tauchte der Schirm – neben erwähnter kultischer Bedeutung – erstmals als ***Modebeiwerk*** bereits im späten 5. Jahrhundert v. Chr auf. Später, auf hellenistischen Vasen, sind Frauen im Alltagsleben mit graziösen Schirmchen abgebildet, die schon zusammenklappbar[397] gewesen sein dürften. Auch verstanden die Frauen den Schirm zu benutzen, um sich unliebsamen Blicken zu entziehen. Gebräuchlich (oder nur als weibliches Würdezeichen?) war eine starre Schirmform, bei der der Haltestab nicht in der Mitte des Daches, sondern an der Hinterseite befestigt war. Dies war zweckmäßig, wenn eine Dienerin den Schirm über die vor ihr schreitende Herrin zu halten hatte.[398] Ein freier Mann aber, der einer Frau wie ein Sklave den Schirm trug, galt als lächerlich.

Im **antiken Rom** war eine kultische Bedeutung des Schirms kaum mehr gegeben. Gelegentlich wurde – wohl in Anlehnung an orientalische Bräuche – ein Schirm als Zeichen der Würde einem Prätor von einem Diener getragen.

Im Prinzip aber war der Schirm ein weibliches Utensil. Ehrbare Frauen ließen sich von zwei Schirme haltenden Sklavinnen begleiten. Die Schirme waren zierlich und von Fransen umsäumt. Es gab kostbare Exemplare aus goldbestickter Seide und mit Elfenbeinstock, in den Edelsteine eingelassen waren. Einfache Schirme bestanden aus einem radförmigen oder viereckigen Bambusgestell, über das ein Stoff gespannt war. Zum öffentlichen Ärgernis wurde der Schirm, wenn im Zirkus eine Flut von Sonnenschirmen die Sicht versperrten. Kaiser Domitian (81–96 n. Chr.) mußte in einer für die Zirkusspiele bestimmten Kleider- und Zeremonienordnung ausdrücklich erklären, daß Sonnenhüte und Sonnenschirme erlaubt sind.

Im antiken Rom gab es auch ***Regenschirme***. Vergil spricht in der zweiten »Georgica« von einem Schirm aus einem Stück Leder, und Martial sagt in einem Epigramm seines 14. Buches: »Vergiß nicht, wenn du bei schönem Wetter ausgehst, den Schirm für das schlechte mitzunehmen.« Der Schirm als Gebrauchsgegenstand erfuhr aber in der späten Antike keine weitere Verbreitung.

*145 Sir Henry Unton reitet durch Italien, Detail aus dem posthum gemalten Porträt eines unbekannten Meisters, um 1596*

In Mittel- und Nordeuropa lebende Völker, wie **Kelten** und **Germanen**, kannten keinen Schirm. Wasserdichte Schirme wären technisch zu schwierig gewesen und Sonnenschirme aus klimatischen Gründen kaum erforderlich. Deshalb war der Schirm auch als Ehrenzeichen unbekannt.

Im europäischen **Mittelalter** war ein Schirm ebenfalls so gut wie unbekannt. Als Würdezeichen blieb er in asiatischen Kulturen sowie im Byzantinischen Reich erhalten. Als solches ging er in den ***zeremoniellen Gebrauch der katholischen Kirche*** über.[399] Der römisch-byzantinische Kaiser Konstantin der Große (306–337) gestand anläßlich seines Mailänder (Glaubens-)Toleranzedikts 313 den Ehrenschirm Papst Silvester I. zu.[400] Dieser Schirm wurde exklusives Vorrecht des Pontifex. Er beschirmt die gekreuzten Schlüssel Petri auf dem Wappen des Papsttums. Die Kirche ihrerseits verlieh den Schirm als ***Hoheitsattribut*** weltlichen Fürsten. Papst Paul I. beschenkte Pippin den Kurzen um 757 mit einem Schirm als Dank für seine Hilfe in der Schlacht gegen die Lombarden. Ebenfalls einer päpstlichen Dankesgeste verdanken die Dogen von Venedig die Gunst, einen Schirm als Würdezeichen verwenden zu dürfen.[401] In der katholischen Kirche wurde er zum prunkvollen ***Baldachin*** und zum »tragbaren Himmel« weiterentwickelt. 1163 wird er erstmals erwähnt.[402]

Erst im **16. Jahrhundert** tauchte der Sonnenschirm als profanes Utensil wieder auf. Wahrscheinlich haben ihn Kaufleute aus Indien oder von der Westküste Afrikas zuerst in Portugal eingeführt.[403] Durch die Portugiesen oder die Mauren wurde er bald auch in Spanien bekannt. In Italien scheint er allerdings nie ganz verschwunden zu sein, da der französische Philosoph Michel de Montaigne (1533–1592) schreibt, daß »die Sonnenschirme, deren man sich in Italien seit den Tagen der alten Römer bedient, den Arm mehr belasten als den Kopf schützen«.[404] Eigenartigerweise wurde hier der Schirm von Damen und Herren zumal beim Reiten(!) benutzt. Dann konnte das Stockende an den Schenkel festgeschnallt werden, wie durch Darstellungen italienischer Edelleute vom Ende des 16. Jahrhunderts belegt. Schirme, die nicht zum Reiten verwendet wurden, waren oft sehr groß und bedeckten drei bis vier Personen. Es gab rote Schirme mit grünen Fransen, das Gestell aus gedrechseltem Holz mit festen oder verschiebbaren Bügeln. Auch in Frankreich tauchten Schirme Mitte des 16. Jahrhunderts auf. Machart und Aussehen deuten auf China, von wo sie vermutlich europäische Kaufleute einführten. Die chinesischen Schirme waren aus Bambus und Papier. Von dem Schirm der Geliebten Heinrichs II., Diane de Poitiers (1499–1566), ist ein Teil des Gestänges erhalten.[405] Seine Machart ist ohne Handelsbeziehungen zu China undenkbar. Zur gleichen Zeit brachte vermutlich auch Katharina von Medici (1519–1589) den Schirm von Italien nach Frankreich.

Mehr oder weniger unbekannt waren noch immer Regenschirme. Es gab aber Regentücher oder Mäntel, die man über den Kopf zog *(Abb. 92)*.[406]

Im **17. Jahrhundert** waren in Frankreich sowohl Sonnen- als auch Regenschirme verbreitet. Sonnenschirme, ***Parasols*** oder *Ombrelles* genannt[407], waren sehr flach und aus Taft oder Stroh und zuweilen schon mit einem Gestell aus Fischbein. Aber der Schirm war noch kaum Gegenstand weiblicher Koketterie, wie ein Jahrhundert später, schon allein das Gewicht von drei bis vier Pfund hätte dies verhindert.

Der als ***Parapluie***[408] bekannte Regenschirm wurde aus Leder, aber auch aus Wachstuch von den Boursiers, den Beutlern, hergestellt.[409] Regenschirme wurden im geschlossenen Zustand immer an der Schirmspitze getragen, da das Wasser abfließen mußte, um die gegen Nässe sehr empfindliche Innenkonstruktion zu schonen. Nur im geöffneten Zustand diente ein zweiter Griff am Ende der Schirmstange (jener heutige) als Handhabe. Zum Teil war diese zweigriffige Form bei den unteren Ständen bis Ende des 18. Jahrhunderts verbreitet.

Im **18. Jahrhundert** versuchten Stutzer immer wieder den Sonnenschirm in die Herrenmode einzuführen, fielen aber dem Spott der Öffentlichkeit anheim. Dennoch gab es in Paris so etwas wie einen Sonnenschirmverleih für Herren. An beiden Brückenenden des Pont Neuf, der großen Seinebrücke, wurden an die Petits maîtres, die Stutzer, Schirme ausgegeben, da der Sonnenschutz von Bäumen und Häusern auf der Brücke fehlte. Auf der einen Seite der Brücke wurde der Schirm ausgeliehen, auf der anderen wieder zurückgegeben. Eine Interessensgemeinschaft hatte sich 1769 dafür sogar das Monopol gesichert.[410] Und während des Directoires (1795–1799) benutzten die stutzerhaft gekleideten Incroyables (französisch wörtlich die *Unglaublichen*) einen eleganten Stockschirm. Wurde dieser Schirm mit der Stockhülse verwendet, sah er wie ein Spazierstock aus, ohne war er Sonnenschirm und die Hülse konnte zusammengeschoben in die Tasche gesteckt werden.

Im Prinzip war der Sonnenschirm jedoch fast ausschließlich im Gebrauch der Damen. Noch immer stand die praktische Benutzung des Schirms weit hinter jener als Standeszeichen. Ausschlaggebend dabei war, daß der Sonnenschirm den blassen Teint bewahren half, der – bis zu Beginn des 20. Jahrhunderts(!) – ein Zeichen von Vornehmheit war. Außerdem haftete dem Schirm eine gewisse Exotik an. Chinoiserien kamen selten ohne das Utensil Schirm aus. Der Parasol wurde mehr und mehr zu einem Hilfsmittel der ***Koketterie***, ähnlich dem Fächer. Oft war er kaum größer als ein Fächer. Parasols waren aus rosafarbener, weißer oder changierender Seide, auch aus dem Stoff des Kleides und mit Pailletten, Goldplättchen oder Glasperlen bestickt. Manches Schirmdach war mit kleinen, aus Papier geschnittenen und auf den Seidengrund geklebten Silhouetten oder Chinoiserien verziert. Auch konnte es mit Straußen- oder Marabufedern bedeckt sein. Der Schirmrand war mit Rüschen, Volants, Pompons, Quasten, Fransen oder mit Spitzen und Blonden besetzt. Ein Kunstblumensträußchen verzierte mitunter die Schirmspitze. In den 1770er Jahren waren champignonförmige Schirmdächer modern, die etwas grotesk über den hohen Frisuren schwebten. In den beiden letzten Jahrzehnten waren ***Stockschirme*** in Mode, die die Damen als Spazierstock zusammengeklappt an der Schirmspitze hielten. Sie waren aufgekommen, als Spaziergehen in Adelskreisen nach Rousseaus Devise »Zurück zur Natur« in Mode kam.

Seit etwa 1715 gab es zahlreiche Erfindungen für zerlegbare oder ***zusammenschiebbare Schirme***, französisch Parasol oder Parapluie brisé oder nach dem Erfinder Système Marius genannt. Der Eisenstab in der Mitte konnte teleskopartig zusammengeschoben, die Streben geknickt werden. Der Stoff wurde meist rund geschnitten, denn noch war nicht erkannt worden, daß das Zusammensetzen von Zwickeln haltbarer ist. Der Griff wurde zu einem Kunstobjekt, anhand dessen die Datierung heute erleichtert wird. Es gab abschraubbare oder aufklappbare Griffe, in deren Innerem sich ein zierliches Porzellan- oder Silberschreibzeug, eine Puderdose, ein Parfumfläschchen, eine Lorgnette oder ein kleines Fernrohr befanden. Selbständige Schirmemacher hatten nun das Recht, aus Fischbein und Kupfer alle Arten von Schirmen herzustellen und für ihr Produkt Reklame zu machen. Als gegen Ende des 18. Jahrhunderts die Kundinnen Schirme in Abstimmung zu ihrer Kleidung verlangten, stellten die Schirmemacher oft nur das Gestell her und lieferten es an die Modehändlerin zum Beziehen.[411] Man fand, daß die Zeitmode derart rastlos war (im 18. Jahrhundert!), daß es nicht mehr ratsam erschien, fertige Sonnenschirme auf Lager zu halten.

1789, zu Beginn der **Französischen Revolution**, erhielt der Schirm eine politische Aussage. Die um Gleichberechtigung kämpfenden Pariser Marktfrauen, »les dames des halles«, bemächtigten sich der Schirme, um ihre Gleichheit mit den adeligen Damen zu bekunden.

1795 kam der ***Knickschirm*** auf, kurz Knicker genannt. Es war ein zierlicher Sonnenschirm, dessen Dach zur Seite umgeklappt und damit graziler, wie ein Fächer gehandhabt werden konnte. Außerdem sollte er besseren Schutz gegen seitlich einfallende Sonnenstrahlen bieten. An der Schirmspitze war nunmehr eine Schlaufe angebracht, so daß ihn die Damen elegant an einen Finger oder an das Handgelenk hängen konnten.

Der ***Regenschirm*** war weiterhin so wenig gebräuchlich, daß Sir Jonas Hanway in London öffentliches Aufsehen erregt haben soll, als er damit um 1750 spazierenging.[412] Der Regenschirm war allein deshalb nicht üblich, weil in vornehmen Kreisen bei schlechtem Wetter nur die Equipage benutzt wurde. Nicht sehr wohlhabende, aber dennoch um Prestige bemühte Personen benutzten deshalb bei schlechtem Wetter keinen Schirm, damit niemand meinen konnte, sie besäßen keine Kutsche. In England konnte man sich Regenschirme in Restaurants ausleihen. In

*Von links oben:*

*146 »Femme de qualité en habit d'Esté à la grec« mit Fontangen-Haube und Sonnenschirm. Zeichnung N. Arnoult, 1688*

*147 Dame beim Spaziergang mit Stockschirm, Huthaube und Fichu, 1787*

*148 Dame mit modischer Kurzhaarfrisur, Knicker, Halstuch, langen Handschuhen und Kreuzbandschuhen, 1802*

*149 Incroyable mit dünnstieligem, grünem Stockschirm, Zylinder, weißer Halsbinde, Schmucknadel auf Hemdbrust, Uhrkette sowie Schuhen mit hohen Knöpfgamaschen. Die zusammengeschobene Stockhülse ragt aus der Rocktasche heraus. Kolorierte Zeichnung von Horace Vernet, 1813*

N.° 60

(488)

Deutschland war, nach dem »Frauenzimmer-Lexikon« 1715 von Gottlob Wilhelm Corvinus, der Schirm mehr in bürgerlichen Kreisen, und zwar als Regenschirm, verbreitet. Er war groß und schwer, aus dunkelfarbigem Serge, Leinwand oder Wachstuch.[413]

Im **19. Jahrhundert** existierten erstmals Sonnenschirm – bei den Damen – und Regenschirm – bei den Herren – gleichberechtigt nebeneinander *(Tafel 8)*. Im Empire (1800–1815) liebten die Damen relativ große Sonnenschirme mit einer betont langen Metallspitze, das Dach flach, aber geschwungen *(Tafel 9)*. Farbkontraste wie einen rosa Schirm mit scharlachfarbenen Borten, blaue Schirme mit Silberrand oder grüne mit Goldverzierung waren geschätzt. Oft war das Schirmdach auch aus dem Stoff des Longschals *(s. S. 202f.)*, und beide bildeten ein Ensemble. Im frühen 19. Jahrhundert kam der hakenförmige Schirmgriff, die Krücke, auf. Dieser wies sehr verschiedene Formen auf, von der rechtwinkelig gebrochenen L-Form, über den Halbkreis bis zur Spirale.

Zu den bunten Biedermeierkleidern gefielen den Frauen Sonnenschirme mit Schottenmustern, großen Blumenmustern oder bunte Kretonschirme. Eine Zeitlang beherrschten rote Schirme die Mode, weil sie den Trägerinnen die »vorteilhaftesten rosa Reflexe« verliehen. Während der oft als Zweites Rokoko bezeichneten Krinolinenmode (1848–1869) war besonders der Knicker en vogue. Er wurde nunmehr ***Marquise*** genannt, weil man ihn in Verbindung mit der galanten Zeit der Marquise de Pompadour (1721–1764) brachte. Er war besonders bei dem so sehr in Mode gekommenen Promenieren ein unentbehrliches Accessoire. (Promenaden waren am Rand der Großstädte und in den eleganten Badekurorten und an Meeresstränden entstanden.) Perlmutt- oder reich geschnitzte Elfenbeinstäbe machten den Schirm zu einem Luxusobjekt. In manchem

*150 Marquisen-Schirm aus schwarzer Chantilly-Spitze über heller Seide. Stock und Knauf aus Elfenbein. Knicker, um 1860*

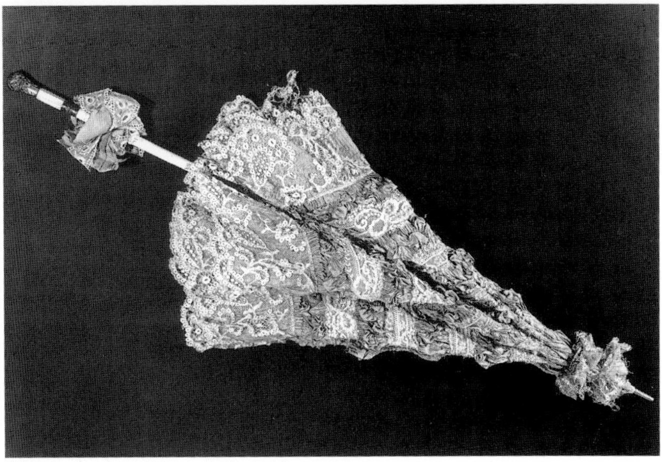

*151 Sonnenschirm aus cremefarbener Spitze über lila Seide, weiß lackierter Holzstock, Metallgriff mit Perlmuttereinlage, Schleife, um 1905*

Schirmknauf war eine Uhr oder eine Pillenbox eingelassen. Außerdem war der Schirm ein beliebtes »Verlegenheitsutensil«, mit dessen Ende man sich die Nase kratzte oder es sogar in den Mund nahm, wie Modestudien aus den »Fliegenden Blättern« von 1856 zeigen. In den beiden letzten Jahrzehnten des 19. Jahrhunderts war der Sonnenschirm ein zarter bauschiger Flor am Ende des langen, dünnen Schirmstocks. Die Volants und Rüschen häuften sich zu zahllosen, gefältelten Reihen, fielen wie Kaskaden und verdeckten einander. Spitze, Tüll und Gaze waren gebauscht und plissiert. Die weißen Spitzen wurden mit ecrufarbener, die schwarzen mit roter Seide unterfüttert. Daneben gab es Schirme für *alle Gelegenheiten*, die man ***en tout cas*** oder *paratout* nannte. Sie waren ein Mittelding zwischen Sonnen- und Regenschirm und von einfacher Ausführung, so daß man sie bei zweifelhaftem Wetter mit sich nehmen konnte *(Abb. 124)*.

Ein großer ***Regenschirm*** in Rot, Schwarz, Blau oder Dunkelgrün ohne Fransen oder Volants war nunmehr in jeden Familienbesitz eingegangen. Er wurde stets sorgsam in einem Futteral aufbewahrt. Um 1825 waren Schirme in tief leuchtendem Myrtengrün modern. Üblicherweise bevorzugte man kleine Karos und dunkle Farben. In bäuerlichen Kreisen war ein karierter Baumwollschirm verbreitet. Die unter den Arm gepreßte *Musspritze* wurde zum Symbol des Biedermanns und Kleinbürgers und häufig karikiert. Der französische Bürgerkönig Louis-Philippe, der immer mit bürgerlichem Frack und Zylinder erschien, wurde von Karikaturisten vollends mit einem Schirm als Zepter dargestellt *(s. S. 225)*. Honoré de Balzac spricht in seinem Theaterstück »Le Père Goriot« 1835 vom Schirm verächtlich als einem »Bastard, der aus einem Spazierstock und einem Kabriolett hervorgegangen« ist. Der Dandy dagegen lehnte die Mitnahme eines Schirms als spießig und lächerlich ab und gefiel sich statt dessen im romantischen, verwegen wallenden Cape. Ähnlich wie über die Krawatte *(s. S. 150)*, erschien im Jahr 1841 in Frankreich eine »Physiologie des Regenschirms«.[414] Darin wurde in drastischer Form die Abschaffung der indirekten Steuern gefordert, die an den Garderoben von Theatern, Konzertsälen und Museen für den Schirm erhoben wurden. Und es finden sich Aphorismen wie »der Regenschirm mildert die Sitten« oder »der Regenschirm flößt Vertrauen ein«. Aber aller Spott konnte nicht verhindern, daß der Regenschirm immer mehr zu einem allgemeinen Gebrauchsgegenstand wurde, der auch der Eleganz des gutgekleideten Herrn keinen Abbruch zu tun vermochte.

Allmählich wurden die Schirme leichter und widerstandsfähiger. Besondere Schirmseide wurde erstmals 1829 in Paris hergestellt und seit 1870 die bekannte Gloriaseide, ein Gemisch aus Seide und Baumwolle. Die ***Hersteller*** waren bemüht, das zu teure Fischbein, das unpraktische Rohr und das schwere Kupfer durch Stahlreifen zu ersetzen. Zahlreiche Erfindungen waren notwendig, bis 1851 auf der Londoner Weltausstellung Schirmgestelle aus U-förmigen (von Samuel Fox) und aus rechteckigen, hohlen (von Henry Holland), gleichzeitig biegsamen und widerstandsfähigen Stahlstangen vorgeführt wurden. In der Folge stieg England in die Serienfabrikation von Schirmen ein, während Frankreich nach wie vor elegante und teure Modelle lieferte.[415]

Anfangs des **20. Jahrhunderts** gehörte zu der sehr luxuriös-eleganten Sans-Ventre-Mode ein passender Sonnenschirm, möglichst aus dem Stoff des Kleides oder aus Seide mit teuren Spitzen überzogen. Um 1910 lancierte der französische Modeschöpfer Paul Poiret japanische Sonnenschirme, passend zu seiner der fernöstlichen Kleidung verbundenen Mode. Seit dem Ersten Weltkrieg spielte der Sonnenschirm keine modische Rolle mehr. Zwar stellten in den 1920er Jahren die Modeschöpferin Jeanne Lanvin und die Künstlerin Sonîa Delaunay Schirme im Ensemble mit Kleid oder Hut her, und in den 1930er Jahren kreierte Elsa Schiaparelli noch einige ausgefallene Schirmmodelle, aber das sportliche Freizeitverständnis und das neue Schönheitsideal eines sonnengebräunten Teints ließen das Standeszeichen Sonnenschirm außer Gebrauch kommen. Seither ist die Bezeichnung »Schirm« identisch mit »Regenschirm«.

So wandte man sich seit den 1920er Jahren beim Regenschirm modischen Formen der Krücke und neuen Dessinierungen der Schirmseide zu, wenngleich wesentlich zurückhaltender als früher beim Sonnenschirm. Regenschirme bekamen eine Krücke in Form eines geschnitzten Kakadus, einer Ente oder Gockels. Sehr wertvolle Krücken mit einem silbernen Knauf oder einem goldenen Hahn mit Edelsteinaugen konnte man abschrauben und in einer Schmuckschatulle aufbewahren. Modisch

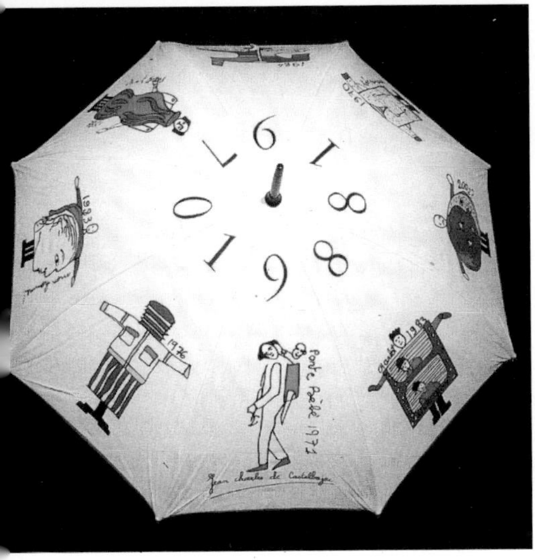

*152 Schirmmodell »Quinze ans de création« von Jean-Charles de Castelbajac, 1989*

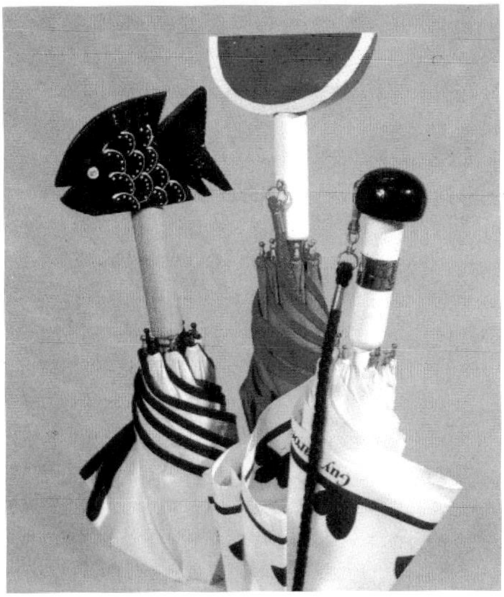

*153 Schirme mit Fisch-, Melone- und Champignongriff von Guy Laroche für Neyrat Peyronie, 1990*

exklusiv waren Knäufe aus Schildpatt, schwarzem Lack mit Elfenbeineinlegearbeit, ganz im Stil des Art déco, oder aus schwarzem Leder. Allein das Schirmdach war in dunklen Farben gehalten. 1926 erfand Hans Haupt den ***Knirps***, einen Patent-Schirm mit teleskopierbarem Stock.[416]

In den 1950er Jahren gehörte der Schirm, neben Hut, Handtasche und Handschuhen, zu den unumgänglichen Accessoires einer eleganten Dame. Es war immer ein ***Stockschirm*** mit gebogener Krücke, besonders in Mode war die Bambuskrücke. Christian Dior machte das Schirmdesign mit zur Sache des Modeschöpfers. Seither entwerfen namhafte Modedesigner Stoffdessins auch für Schirme.

In den 1960er und 1970er Jahren war der Regenschirm aus der Mode gekommen. Er paßte nicht zum »befreiten«, ungezwungenen Lebensstil, im Gegenteil; man sah Naßwerden als etwas Natürliches an, eine Auffassung, die zum Teil bis heute geblieben ist. Die Schirmmode paßte sich somit dem hektischen, aber unkonventionelleren Lebensstil an, brachte ***Umhängeschirme***, deren Griff und Schirmspitze mit einem Lederband verbunden sind, so daß sie um die Schulter gehängt werden können. Und spätestens in den 1980er Jahren ist das Schirmdach auch als ***Werbefläche*** sowie als ***Kunstobjekt*** *(s. S. 211)* entdeckt worden. Ende des Jahrzehnts kamen witzige Schirmhüllen in Form von Bleistiften auf, Krücken in Form von Zitronen oder Melonen.

Nur dem Mann verbleibt nach wie vor das schwarze oder graue Dach oder das konservative Burberry-Karo[417] über dem Kopf.

## Sonnenbrille

Schon seit der römischen Antike sind Lichtschutzgläser bekannt.[418] Kaiser Nero hatte seine Augen mit einem Smaragd gegen das gleißende Licht in der Arena geschützt. Im Mittelalter und in der frühen Neuzeit wurden grüne Gläser, im 19. Jahrhundert blaue, dann auch graue und gelbe Gläser zum Schutz der Augen vor Sonnenstrahlen getragen. Und schon 1797 war es dem Engländer John Richardson gelungen, einer optischen Brille durch das Aufschieben von dunklen Gläsern den nötigen Sonnenschutz zu geben. Aber Adel und Großbürgertum interessierten sich wenig für Sonnenbrillen, hatten sie doch Sonnenschirme und Hüte als Prestige-Accessoires zur Erhaltung der vornehmen Blässe.

Zu Beginn des **20. Jahrhunderts** änderte sich mit Aufkommen des Motorsports diese Einstellung. Männer wie Frauen schützten mit riesigen ***Staubschutzbrillen*** ihre Augen gegen Wind, Regen und Staub bei der Fahrt im offenen Automobil.

Als in den 1920er Jahren Sport unter freiem Himmel, wie Bergsteigen, Tennisspielen, Segeln, aber auch Sonnenbaden in allen Gesellschaftsschichten Mode wurde, begannen sich dunkle Brillen durchzusetzen. Sie wurden zum Zeichen für Sportlichkeit, Gesundheit, Erfolg und Jugendlichkeit. Modischer Brillenrahmen war die ***Zelluloid-Fassung***, war sie doch leichter und billiger als Horn oder Schildpatt.[419] In Mode kam außerdem die runde Form der ***Pex-Brille***[420], wie sie der amerikanische Komiker Harold Lloyd trug.

In den 1930er Jahren trugen Frauen relativ große, eckige Fassungen, die in den 1940er Jahren wieder kleiner wurden *(Tafel 11)*.

In den 1950er Jahren wurde die Sonnenbrille als modischer Markenartikel erkannt. Den Anfang machte die Männerbrille ***Ray-Ban*** (wörtlich *Strahlen-Banner*). Sie wurde bereits 1937 für die US-Marine entwickelt. Die Original Ray-Ban hat graue, weit nach unten gezogene, bruchsichere Gläser. Ein waagrechter, kunststoffumhüllter Metallbügel in Höhe der Augenbrauen hat die Aufgabe, den Stirnschweiß von den Augen fernzuhalten. Spätestens mit Peter Fonda in dem Film »Easy Rider« 1969 ist diese Brille ***Kultobjekt*** geworden.

Der Image-Trend »Brillen machen Männer« wurde in den 1960er Jahren fortgesetzt mit den ***Jaguar-***, ***Porsche-***, ***Carrera-*** oder ***Alain-Delon-Brillen***, »gemacht für Persönlichkeiten, die mitten im Leben stehen, die wissen, was sie wollen […]«, so die Werbung. Studenten dagegen versteckten ihren Intellekt hinter kleinen ***Nickel-Sonnenbrillen***.

Die extrovertierten ***Schmetterlingsbrillen*** der Frauen in den 1950er

Jahren vermittelten amerikanischen Wohlstand. Sie verlangten Mut der Trägerin, aber: Die auffällige schmale Form mit festonartigen kleinen Bögen oder stilisierten Blüten, mit Straß besetzt, mit Einlegearbeit oder bunt bemalt, verstärkte umgekehrt die Persönlichkeit der Frau. Die neuen Kunststoffassungen ließen jede Imitation kostbarer Materialien wie Horn, Perlmutt, Silber und Gold zu.[421] Sonnenbrillen waren längst ein geschätztes Modeaccessoire geworden.

In den 1960er Jahre verschwanden die verspielten »barocken« Formen. Um 1967 kamen übergroße Sonnenbrillen, die mehr an ***Froschaugen*** erinnerten, in Mode. Die Fassungen waren vielfarbig und auch das Kunststoffglas changierte von grün bis rot oder blau. Das Modehaus Christian Dior war eines der ersten, das diese monströsen Sonnenbrillen lancierte. Sie nahmen sich jedoch noch bescheiden aus gegen die weißen ***Mondmädchenbrillen*** von André Courrèges, die das Licht nur durch einen schmalen Sehschlitz passieren ließen. Kein führendes Pariser Modehaus, das nicht begann, Sonnenbrillen zu entwerfen.

Sonnenbrillen erfüllen oft weniger die Schutzfunktionen vor UV-Strahlen, als sie das Ego vor Einblicken Fremder schützen sollen. Gealterte Filmstars nutzen Sonnenbrillen zur ***Mystifikation*** und journalistenverfolgte High-Society-Damen als Verfolgungsschutz. Als Mittel des

*154 Links oben: Swatch eyes, 1992*

*155 Motorsonnenbrille, 1912*

*156 Sonnenbrille mit Sehschlitzen von André Courrèges, 1965*

157 *Joop! Designer-Sonnenbrille, 1993*

158 *Ray-Ban Sonnenbrille, 1993*

»auffälligen Unerkannt-Bleibens« ist die Sonnenbrille eine zeitgemäße Form der Maske des 16. Jahrhunderts und des Fächers des 18. Jahrhunderts. Die undurchsichtige Brille macht interessant, läßt das Gegenüber im Zweifel und steigert damit dessen Neugier. Vollends verbirgt die ***Spiegelbrille*** die »Fenster zur Seele«, die Augen; wohl angenehm für den Träger, aber eine Zumutung für das Gegenüber, wird sie im Gespräch aufbehalten. Zum Glück kommt sie meist nur in sportlichen Bereichen zum Tragen.

In den 1970er Jahren wurde es Mode, die Sonnenbrille als Accessoire *auf* den Kopf zu klemmen, gleichsam zum Zurückhalten der Haare, oder sie aufmerksamkeiterregend mit einem Bügel in das Dekolleté zu hängen. (Man hätte eigentlich eine zweite »Zweck«sonnenbrille gebraucht.) Schließlich kommt die Mode der Sonnenbrille nicht nur von ihrer Form, sondern von der Art, wie und wo man sie trägt.

Diese Mode führte in den 80er Jahren zum Revival des ***Brillenkettchens***, einst Requisit ältlicher Damen, an dem nun die Sonnenbrille im unbenutzten Zustand baumelte. Plastikketten in allen Farben, Leuchtbänder und Ringelschnüre waren ein modisches Muß. Sonnenbrillen schreckten auch für den Herren nicht mehr vor Neon- und anderen Knallfarben zurück. Sie wurden immer mehr zu einem individuell gestalteten Persönlichkeitsverstärker. Designernamen wie Cazal, Alain Mikli, Luigi Colani bürgen für ausgefallene Formen, für Brillen als ***Eyecatcher***. Kaum je sieht man mehr eine Form zweimal.

In den 1990er Jahren wurde ein neues Sammelobjekt kreiert, »für alle Augen, die schon neidisch auf die Handgelenke der Welt geschaut haben«, die ***Swatch eyes***; die Sonnenbrille mit einem Grundgestell und vielen Clips zum Aufstecken.

## Spazierstock

Als »ältesten Kulturbesitz der Menschheit« bezeichnete Max von Boehn zu Recht den Stock.[422] Zwar ist der Stock als solcher noch keineswegs Zeichen einer höheren, menschlichen Entwicklungsstufe, sondern bereits dem Menschenaffen ein kurzfristiger Zweckgegenstand.[423] Unabhängig von der Funktion als Stütze oder Waffe wurde der Stock erst kulturelles Zeichen, als er vom Menschen mit abstrakten ***Symbolen*** belegt wurde.[424] Bereits in der Jüngeren Altsteinzeit (37000 – 10000) wurde der Stock in Höhlendarstellungen als undinglicher Begriff von ***Kraft***, ***Würde*** und ***Macht*** angewandt.

Der Stock war zum ***Stab*** geworden. (*»Stab«* und *»Stock«*[425] sind im Sprachgebrauch, auch oft in der Literatur, nicht streng voneinander getrennt, doch bezeichnet der Stock allgemein die stützende, züchtigende und schmückende Funktion, der Stab dagegen bleibt als Zeichen von Würde, Ansehen und Macht in der, meist erhobenen, Hand.) Beide – Stock und Stab – sind gleichsam der verlängerte Arm des Menschen.

Aus archäologischen Funden – die frühesten stammen aus dem Aurignacien (32000 – 28000) – sind sogenannte Anführer- und ***Kommandostäbe*** erhalten, denen sich wahrscheinlich der Homo sapiens neandertalensis, wenn nicht schon der Homo erectus, bedient hatte. Sie bestanden aus einem Knochen oder Horn und waren oft mit Gravuren verziert. Manche hatten ein natürliches oder künstliches Loch, so daß man sie wahrscheinlich an die Lendenschnur oder den Leibgurt hing, was mit der frühen Funktion des Gürtels übereinstimmte *(s. S. 54)*. Der Kommandostab kennzeichnete die Dominanz des Anführers. Seine Fortsetzung fand er in diversen ***Amtsstäben***, wie dem Marschall-, Richter-, Zeremonien-, Herolds- und Regimentsstab sowie im Taktstock des Dirigenten. Der ***Richterstab*** bezieht seine Symbolik aus dem strafenden Stockschlag. Die Rechtssitte des ***Stabbrechens*** durch den Richter war besonders bei Hinrichtungen und bei Ausweisung aus dem Stammesverband üblich. (Als profanes Züchtigungsmittel von Polizisten, Gefängniswärtern und ehemals von Lehrern wird der Stab zum Stock.)

Als Symbol von Macht und Würde wurde der Stab zum höchsten ***Hoheitszeichen***, zum Zepter, dem auch magische Kraft innewohnt. Bereits auf altpersischen Reliefs ist der thronende König dargestellt, in der rechten Hand den langen Stab mit rundem Knauf haltend.[426] Als Würdezeichen der katholischen Kirche ist der Krummstab Insignie des Bischofs. Auch Buddha bedient sich eines Amtsstabes als Symbol seiner Lehre und von Recht und Ordnung.

Im alten deutschen Recht diente der Stab als ***Ausweis*** einer Vollmacht. Er stellte gleichsam den verlängerten Arm dar; ähnlich wie der Handschuh die Hand als rechtskräftiges Mittel symbolisierte. Diese Symbolzeichen spielten bis zur schriftlichen Rechtsgrundlegung und der allgemeinen Verbreitung des Lesens und Schreibens eine große Rolle.

Andere Stabformen wurden zum ***mythologischen Attribut***. In der griechischen Mythologie erhielt Zeus den Stab, Poseidon den Dreizack, Hermes den Caduceus[427] und Dionysos den Thyrsos. Prometheus verbarg in seinem Wanderstab das himmlische Feuer, das er den Göttern entwendet hatte, um die Menschen damit zu beglücken. Der erste sogenannte Systemstab. Der Schlangenstab findet sich sowohl in der ägyptischen Magie sowie als griechisches Götterattribut in Form des Äskulapstabs als auch in der christlichen Überlieferung des Stabes Aarons, der vor Pharao zur Schlange wurde.[428] Auch im Voodookult findet sich der Schlangenstab.

Bereits in vorgeschichtlicher Zeit kennzeichnete der Stab die spirituellen Fähigkeiten des Schamanen. Ähnlich sind die Funktionen des ***Zauberstabes***, der im Märchen nicht nur auf den männlichen Zauberer, sondern auch auf die weibliche Fee übertragen wurde.

## Geschichte

In Form einer Stütze wurde der Stock bereits in der Antike von Greisen, Reisenden, Kranken, Blinden und Bettlern verwendet. Der ***Gehstock*** lebt im ***Pilgerstab*** (wegen seiner gleichzeitigen Symbolik *Stab* genannt), im Wander- und Hirtenstock weiter. Ein solcher wurde von großer kostümgeschichtlicher Bedeutung, als angeblich um 552 Mönche die ersten Seidenspinner und ihre Kokons in ausgehöhlten Stöcken von China nach Byzanz brachten und damit das chinesische Seidenmonopol brachen.

Der Stock als Gehstütze ist erst spät als Zier- und Prestigeobjekt erkannt worden, hatte doch der Stab seit dem Altertum ganz diese Funktionen übernommen (siehe oben).

Erst gegen Ende des **14. Jahrhunderts** sind in königlichen Inventaren Spazierstöcke aufgelistet. In jenem von König Karl V. von Frankreich sind Stöcke aus Zedernholz mit goldenen Knöpfen verzeichnet.[429]

In der Burgundischen Mode des **15. Jahrhunderts** tauchte mit der Verfeinerung der Etikette und der Garten- und Jagdfeste der Spazierstock beim Höfling auf. Erst von nun an erhält die Bezeichnung ***Spazierstock*** – im Sinne eines Beiwerks zum Lustwandeln und Einhergehen[430] – ihre Berechtigung.

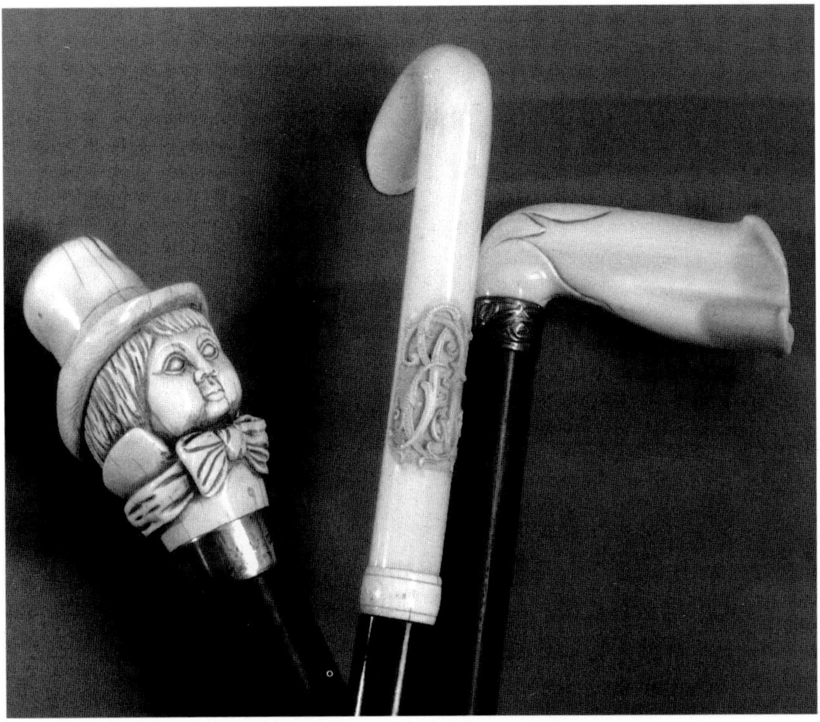

*159 Stockmodelle mit Elfenbeingriffen, 2. Hälfte 19. Jahrhundert*

Im **17. Jahrhundert** setzte sich der Stock endgültig als modisches Requisit und prestigeverpflichtendes Standessymbol durch. Der Stock war nun ***Zeichen des Kavaliers***, sowohl des adeligen wie des bürgerlichen. Und der Bürger sah im Stock eine Möglichkeit der sozialen Angleichung anstelle des ihm standesmäßig vorenthaltenen Degens (nur der Adel besaß das Degenprivileg). Die Handhabe des Stockes unterlag ebensolchen wechselnden Anstandsregeln wie das Abnehmen des Hutes oder das Ausziehen der Handschuhe (*s. S. 105*). Der À-la-mode-Kavalier der ersten Hälfte des Jahrhunderts pflegte mit seinem Stock renommistisch »herumzufuchteln« oder ihn weit von seinem Körper weg aufzusetzen, so daß seine ganze Erscheinung ausladender wurde. Seine Gangart nannte der englische Schriftsteller Ben Jonson »straddling«, was soviel wie »gespreizt dahergehen« bedeutete *(Abb. 89)*. Die damaligen Stöcke waren noch relativ lang, sie reichten bis etwa zum Oberarm. Ludwig XIV. von Frankreich erschien im Alter nie ohne Stock in der Öffentlichkeit; eine Gewohnheit, die in der ganzen Welt von bedeutenden und unbe-

deutenden Potentaten nachgeahmt wurde. Hingegen hatte kein Untertan das Recht, mit einem Spazierstock vor dem König zu erscheinen, außer dem Generalkontrolleur der Finanzen.

Der Spazierstock, besonders dessen Knauf, war nun Zierobjekt geworden und im Kunststil der Zeit ausgestattet. Beliebte Materialien für den Knauf waren Elfenbein und Schildpatt oder ein rund geschliffener Edelstein[431]. 1695 fertigte der Hofjuwelier König Ludwigs XIV. einen Stock mit einem Knopf aus Achat, mit vierundzwanzig Diamanten besetzt, an.[432] Um den Stock an den Arm hängen zu können, war oft unterhalb des Knaufs ein Band geschlungen *(Abb. 93)*.

In der Hand der Frau hatte der Spazierstock einen absolut emanzipierten Charakter. Als erste bewußte Stockträgerin belegt ist die Herzogin Anne-Marie-Louise von Montpensier, die als »ehrgeizig, abenteuerlustig und von männlichem Geist und Gehabe« (obwohl verheiratet) geschildert wird. Die Herzogin war politisch und militärisch eine führende Persönlichkeit der Fronde von 1648/49, jenes Aufstandes der feudalen Mächte in Frankreich zugunsten einer ständisch beschränkten Monarchie. Mit ihrem Stock, im Sinne eines Kommandostabes, gab sie den Kanonen auf der Bastille das Zeichen, auf die königlichen Truppen zu feuern.

Im **18. Jahrhundert** war der Spazierstock für die höfische Freizeitbeschäftigung des Flanierens und Lustwandelns ein unentbehrliches Requisit neben dem Kavaliersdegen. Das Verwenden eines Stockes war ein Privileg, und vielerorts mußten Bürger oder Bauern ihren Gehstock in Gegenwart ihres Vorgesetzten fallen lassen.[433] Zudem hatte der Herr im Stock einen Verlegenheits- und Kokettiergegenstand, ähnlich wie die Dame den Fächer, mit dem die Hände beschäftigt werden konnten.

Die Stöcke waren aus Elfenbein, Horn, Narwalzahn oder Edelholz, der Knauf aus Edelmetall oder Elfenbein und reich graviert oder ziseliert, häufig mit dem Familienwappen. Der ***Systemstock*** konnte auch einen Degen oder ein Messer, aber auch eine Phiole, mit Schnaps gefüllt, beinhalten. In der luxuriösen Ausstattung der Spazierstöcke sollen französische Bankiers und Generalpächter an der Spitze der Verschwendung gestanden haben.

Infolge der Französischen Revolution (1789–1792) wurde das Privileg des Stocktragens – wie alle anderen Privilegien – aufgehoben. Jedoch nicht von Dauer, denn Napoleon ließ in seinem »Code civil« 1804 wieder das ***Spazierstockprivileg*** einführen.

Als das Spazierengehen im Sinne von Rousseaus Philosophie »Zurück zur Natur« nach 1770 regelrecht in Mode kam, griffen auch die Hofdamen zu einem langen Spazierstock, der ***Badine***. Noch dazu empfahl ihnen der Pariser Arzt Tronchin 1770 Spazierengehen als Heilmittel gegen das durch das enge Korsett verursachte »Modeleiden« der *Vapeurs* (*Winde*). Daraufhin sprach man allgemein von Tronchinieren, meinte man den Verdauungsspaziergang. Zudem war der Damenstock infolge der hohen Schuhabsätze natürlich eine Stütze beim Gehen im Freien *(Abb. 147)*.[434] Schon Königin Sophie Charlotte griff 1705 zum Spazierstock, wenn sie im Garten von Charlottenburg mit Leibniz philosophierend lustwandelte. Die Ausführung des Stockes war nach Tageszeit und Anlaß in der französischen Etikette genau festgelegt, änderte sich aber auch entsprechend kurzfristiger Moden: *Cannes* waren die langen Stökke für die Promenade; *Badines* die dünnen Gerten für nachmittags; *Bambous* waren jene aus Bambus, *Wangees* aus Perlbambus; *Toncs* aus Pfefferrohr; *Racines* waren Knotenstöcke aus bizarrem Wurzelholz; und *Vignes* aus Rebenholz.[435] Die Griffe waren als Riechfläschchen, Dosen mit Riechsalz oder als Puderdose ausgestattet.

Als zur Zeit der Französischen Revolution die politisch engagierte Dame Caraco oder frackähnliche Jacke und Zylinder trug, griff sie auch zum Stock *(Abb. 199)*.

Im **19. Jahrhundert** begann mit der Restauration 1818 für das Großbürgertum das goldene Zeitalter des Spazierstocks. Der Herr wählte unter vielen Stöcken, die er sein eigen nannte, jeweils den, der zu Anlaß

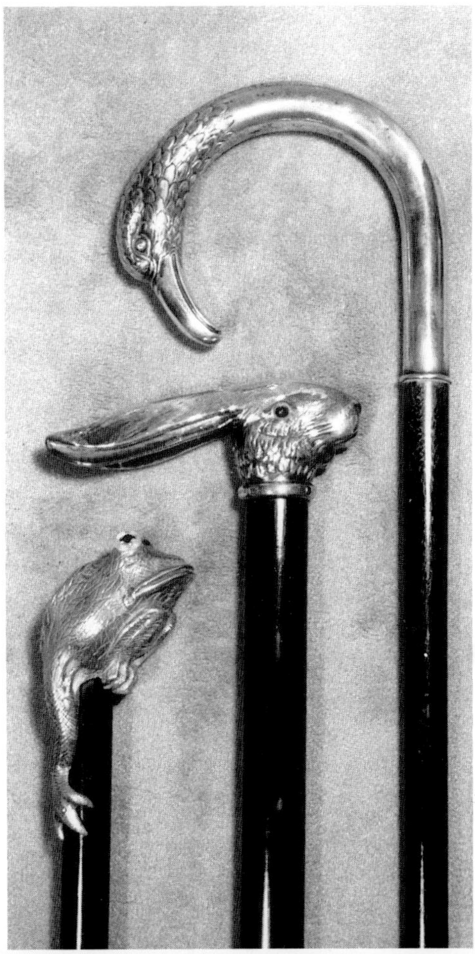

*160 Links oben: Bambusstock mit Silberknauf in Form eines Chinesenkopfes*

*161 Stöcke mit Silbergriffen, alle 2. Hälfte 19. Jahrhundert*

und Stimmung paßte. Besonders phantasiereich ausgestattet waren Knäufe, Krücken oder Haken, so in Form eines grimmigen Boxerhundes, eines lächelnden Chinesenkopfes, eines rassigen Pferdekopfes, eines Hasen oder Hundes oder eines Totenkopfes. Systemstöcke verbargen Parfumflakons oder Giftfläschchen, Manikürezeug, Fernrohr oder Schreibutensilien. In den 1850er Jahren kamen die langen Elfenbeingriffe auf, entweder mit gerader Krücke oder mit verdicktem Ende. Als ausgesprochen proletarisch galt es, den Hut mit Hilfe des Stockes zurückzuschieben, um sich damit die Grußform des Hutlüftens zu ersparen *(s.S. 105)*.

Durch die Julirevolution 1830 wurde der Spazierstock ein ***Politikum*** von nicht geringem Ausmaß: Louis-Philippe von Orléans kam als Nachfolger seines gestürzten Vetters Karl X. auf den Thron Frankreichs. Da Karl immer und überall einen goldverzierten Stock verwendet hatte, zeigte sich Louis-Philippe als Bürgerkönig stets mit einem Regenschirm als bürgerlichem Symbol. Eine Karikatur von Grandville von 1831, betitelt »Der Alptraum des Polizeipräfekten oder Die Verschwörung der Spazierstöcke und Regenschirme«, zeigt treffend den Stock als potentielle Waffe, die sich gegen das Stockverbot richtete.[436] Nur Polizisten, Nachtwächter und Amtsdiener nannten vielerorts einen Stock als Autoritätszeichen ihr eigen, mit dem sie ihren guten Worten und Vernunftbegründungen tatkräftig nachhalfen. Als nach Arbeiterunruhen die Karlisten 1842 eine Verschwörung gegen Louis-Philippe[437] anzettelten, zeigte sich dieser plötzlich mit einem Knotenstock: seine »biedermeierlichen Schirmtage« waren vorbei. Als die Revolution von 1848 von Paris nach Berlin übergriff, muß eine der Forderungen der Revolutionäre die Aufhebung des Stockverbotes für die kleinbürgerlichen Bevölkerungsschichten gewesen sein, denn König Friedrich Wilhelm IV. proklamierte am 16. August 1848 den ***Stockerlaß***; das heißt, jeder Bürger, ungeachtet seines Standes, durfte von nun an einen Spazierstock benutzen. Daraufhin wurden im Laufe eines Monats in Berlin mehr als eine Million Spazierstöcke verkauft[438] *(Abb. 102)*.

Frauen kannten den Stock nur als Stütze. Als solche tauchte er in der zweiten Hälfte des 19. Jahrhunderts in den Händen auch der Wanderin und der Reisenden auf und war auch gleichsam ein ***Zeichen der Emanzipation***. Als sich die Frauen gegen Ende des 19. Jahrhunderts den praktischen Herrenmantel, den Paletot, aneigneten, griffen sie im Zeichen von Gleichberechtigungsanliegen auch zum Spazierstock. 1899 entrüstete sich J. Charlemont: »Die Badenden von Trouville, die Touristinnen, die Damen von Welt oder auch von Halbwelt, die nach Spa gingen oder die in Vichy in der Saison promenierten, nahmen mit einem Stock in der Hand männliche Allüren an, die in den Augen ehrbarer Männer niemals züchtigen verheirateten Frauen oder Müttern zustanden.« Der Autor lehnte den Stock für Frauen ab, »weil man sich auf den Stock stützt und das die Frauen dank ihrer natürlichen harmonischen Haltung nicht nötig haben. Männer tragen Stöcke, weil sie nicht wissen, was sie mit ihren Händen anfangen sollen, und er verhilft ihnen, wie die Zigarre im Mund, zu Gebärden, die ihn vor einer gewissen Befangenheit retten. Frauen sind von Natur aus charmant.«[439]

Im **20. Jahrhundert** kam der Spazierstock, wie andere bürgerliche Prestigeutensilien, infolge des Ersten Weltkriegs so gut wie aus der Mode. Höchstens in den 1920er Jahre wurde er von ein paar Dandys reaktiviert.

Nach dem Zweiten Weltkrieg bewahrte sich der englische Gentleman den Regenschirm gleichsam als Standeszeichen, während Aktentasche und später Diplomatenkoffer den Spazierstock als Prestigesymbol bis heute ersetzen.

## Stecktuch

Das Stecktuch, auch Einsteck- oder ***Kavalierstuch*** genannt, war eine typische »Erfindung« des Biedermeier (1815–1848). Ob es aus dem Taschentuch entstand, das verliebte junge Männer zuweilen als Liebespfand einer Angebeteten in ein Knopfloch steckten *(s. S. 275)*, ist zweifelhaft. Uneinigkeit herrscht auch darüber, ob das Stecktuch einen praktischen Zweck hatte. Baron Hermann-Marten von Eelking, ein Connaisseur eleganter Herrenmode, betont, daß das Einstecktuch immer ein Tuch zum Benutzen, zumindest im theoretischen Sinn, sein sollte.[440] John de Greef dagegen weist darauf hin, daß das Stecktuch nie benutzt wurde, »höchstens wenn man es an weinende Damen ausleiht«.[441] Den Herrenschneidern jedenfalls war es darum zu tun, durch das Ziertuch einen neuen distinguierten, aber unauffälligen Akzent in der Herrenmode zu setzen, zumal das Großbürgertum den Adel als in der Mode tonangebenden Stand ablöste. (Der höfische Justaucorps des 18. Jahrhunderts hatte durch seine reiche Stickerei und die auffallenden Brokatstoffe ein weißes Ziertuch nicht nötig.)

### Geschichte

Das Stecktuch tauchte auf Modestichen erstmals im **19. Jahrhundert** um 1830 auf; bemerkenswerterweise jedoch kaum bei Gesellschaftsanzügen, sondern am häufigsten in der modischen Reitkleidung des Mannes. Dort überrascht es durch seine Farbigkeit, rot, blau oder grün. Auffallend ist auch, daß es noch keine Regel gab, ob das Stecktuch, und damit die Brusttasche, auf der rechten oder linken Seite angebracht werden sollte, da auch noch nicht die Rechts- oder Linksknöpfung des Herrenrocks einheitlich war.

Bei dem gerade geschnittenen Sakko[442], der um 1860 als sportlicher Tagesanzug beziehungsweise als Geschäftsanzug aufkam, war das Stecktuch willkommen, um die eintönige Brustfront zu unterbrechen. Erst allmählich übernahmen Gehrock und Cut sowie der Paletotmantel die Brusttasche, die mit einem Ziertuch versehen wurde. Es war ein weißes Batisttuch, dessen Rand mit einer schmalen Spitze oder einem feinen farbigen Streifen verziert war. Es wurde so eingesteckt, daß mindestens zwei Ecken sichtbar blieben. Nur beim Sportsakko durfte das Tuch auseinandergezogen werden. Beim Frack jedoch war es üblich, das Revers mit einer weißen ***Nelke*** zu schmücken, zumal der Frack erst um 1930 mit Brusttasche gearbeitet war.

Im **20. Jahrhundert** galt es in den 1930er Jahren als mondän und lässig, aber nicht besonders vornehm, das Ziertuch weit heraushängen zu lassen. Krawatte und Einstecktuch kamen als sogenannte *Doublette* oder Set auf den Markt, bei dem das Krawattenmuster in leicht abgewandelter Form im Tuch wieder auftaucht. Das Allover-Dessin des Tuches hatte zur Folge, daß es auch mit den Kanten nach unten eingesteckt und die Mitte des Tuches herausbauscht wird.

In den 1950er Jahren kam aus den USA die schlichtere Einsteckart mit parallel zum Taschenrand verlaufender Kante. Das Ziertuch blieb nur daumenbreit sichtbar. Ende der 1950er Jahre wurde das Stecktuch vom Füllhalter verdrängt und zeigte sich auch kaum mehr bei Abendanzügen. Es galt als antiquiert und spießig.

Erst seit Beginn der 1990er Jahre kommt das Stecktuch zum korrekten Herrenanzug wieder in Mode. Eine neue Generation karrierebewußter junger Männer, die auf korrekte Kleidung und auf Äußerlichkeiten bedacht ist, ist dafür verantwortlich.[443] Ihre neoklassische Herrenmode wurde zum Teil durch Kinofilme angeregt, in denen Jungbörsianer, aber auch Wallstreet-Spekulanten im Mittelpunkt stehen. Fernsehnachrichtensprecher geben seither ihrem Aussehen durch das Stecktuch einen neuen Akzent. Es ist jedoch weiterhin unkorrekt, es aus dem gleichen Stoff wie die Krawatte zu tragen, wie häufig zu sehen (es mutet nach günstigem Zweierpackkauf an). Korrekt ist, wenn sich die Muster ergänzen: Paisley zu Streifen, Uni zu Karo, Allover- zu Single-Dessin.

# Stola

Die Stola, so wenig sie heute in Mode ist, ist ein Accessoire neuerer Zeit. Ihre Bezeichnung hatte sie erst gegen Ende des 19. Jahrhunderts erhalten, vermutlich von der Stola des Priesters, ein um die Schultern gelegter schmaler Stoffstreifen. Auch in der Antike gab es die Stola, aber sie war ein ärmelloses Übergewand der Frau.[444] Und in der frühen chinesischen Kleidung der Oberschicht seit etwa 220 n.Chr. waren lange, schmale Stoffumhänge sehr verbreitet *(s. S. 200)*.[445]

Aber die Form der im 20. Jahrhundert so sehr beliebten Stola als schalartiger Schulterumhang geht auf die ersten separaten Pelzkragen im **17. Jahrhundert** zurück. Auf Wenzel Hollars berühmtem Stich »Winter« aus den »Vier Jahreszeiten« (1643/44) trägt die Dame ein Marderfell als

*162 Palatine aus Marabu über einer grünen Seidenrobe. Satinhut mit Reiherfedern, Taschentuch und Handschuhe, 1828*

*163 Weiße Pelzstola, Toque mit Aigrette und lange Abendhandschuhe. Modell Heinz Oestergaard, 1956*

Umhang. Und Prinzessin Liselotte von der Pfalz führte als Herzogin Elisabeth Charlotte von Orléans 1676 einen Pelzkragen oder dicken Samtkragen ein, den man separat umlegen konnte. Sie fand selbige wegen der dekolletierten Mode und der Kälte in den Schlössern notwendig. Man nannte den Kragen nach ihr ***Palatine***, von französisch *Princesse palatine* für pfälzische Prinzessin.[446]

Im **18. Jahrhundert** verdrängte das Fichu, ein Brust- und Halstuch *(s. S. 73)*, die Palatine. Während Directoire und Empire (1795–1815) wärmten sich die Damen in ihren dünnen Chemisen mittels Kaschmirschals *(s. S. 202)* oder Boas, letztere wurde französisch *palatine de cygne*, *Schwanen-Palatine*, genannt *(s. S. 9)*.

Erst im **19. Jahrhundert** besann man sich zu Beginn des Biedermeier um 1820 wieder der Palatine.[447] Man fertigte Palatinen aus Bärenfell, Fuchs oder Marabufedern in Form eines Kragens mit vorn zwei schmalen, herunterhängenden Streifen an. Diese Form vertrug sich mit den immer ausladender werdenden Kleidärmeln, den typischen Biedermeierärmeln. Damit war die Palatine zur ***Pelzstola*** geworden. Mitte des 19. Jahrhunderts nahm sie die schmale Stolaform an, war jedoch in der zweiten Hälfte des Jahrhunderts weniger gefragt.

Im Grunde aber begann die große Beliebtheit der Stolen erst im **20. Jahrhundert**. Um 1900 erlebte die Pelzstola einen Höhepunkt an modischem Luxus. Sie war aus Zobel, Hermelin oder Nerz und konnte bis zu den Knöcheln herabhängen. Zum Nachmittagskleid wurde sie zusammen mit einem großen Muff aus dem gleichen Fell getragen.

Der sachlichen Mode der 1920er Jahre entsprach die Stola weniger, obgleich solche aus Fuchspelz durchaus verbreitet waren. Es sollen sogar Sommerpelzstolen für die kühleren Tage an Atlantik oder Nordsee en vogue gewesen sein *(Tafel 10)*.

In den 1930er Jahren feierte sie ein modisches Comeback und hielt sich bis in die 1950er Jahre. Zu dieser Zeit war sie aus keiner gutbürgerlichen, abendlichen Frauengarderobe wegzudenken. Sie war gleichsam Statussymbol. Da die Frauen ihre Garderobe meist bei der Schneiderin anfertigen ließen, wurde es üblich, aus dem Stoff des Kleides noch eine Stola zu machen; denn, wie man meinte, »man sieht damit gleich viel eleganter angezogen aus und hat etwas, wenn man friert«. Stoffstolen waren etwa 150 Zentimeter lang und 50 Zentimeter breit und etwas abgesteift. Zusätzlich hatte die Frau eine Pelzstola, da diese zu *jedem* Abendkleid paßte.

In den 1960er Jahren kam die Stola aus der Mode, ihr damenhaftes Image vertrug sich nicht mit der jugendlich unkomplizierten Mode.

## Strumpf und Strumpfband

Von einem kälteschützenden Bekleidung zum hocherotischen Accessoire bis zum modischen Blickfang entwickelte sich der Strumpf im Laufe der Jahrhunderte.

Vor über 5000 Jahren schützten um die Waden gewickelte Beinbinden oder Fellappen auch im Sommer gegen Gestrüpp und Schlangenbiß.[448] In den frühen Kulturen des Altertums kannte man Socken, die sich zu Waden- und Kniestrümpfen entwickelten, aber erst seit dem 12. Jahrhundert kennt man oberschenkellange Strümpfe. Als ihr Gebrauch im Mittelalter selbstverständlich geworden war, entdeckten die Reichen und Vornehmen ihren ***modischen Zusatznutzen***. Strümpfe wurden zum Mittel der Koketterie und der ***Erotik***, und dies bei beiden Geschlechtern. Auch zu Zeiten, da das Frauenbein den öffentlichen Blicken entzogen war, waren Strümpfe ein intimes Mittel der Verführung, wie ihre Verzierungen und Musterungen sowie bestickte Strumpfbänder bezeugen. Das Retroussé, das kokette Heben des Rockes, gehörte im 18. Jahrhundert zum verführerischen Werben. Auch der Mann setzte das Muskelspiel seiner wohlgeformten Waden imponierend ein und wußte bereits im 16. Jahrhundert durch künstliche Waden aus Wachs unter den weißen Seidenstrümpfen Nichtvorhandenes vorzutäuschen. Die Gestaltung der Strümpfe hing immer stark davon ab, wie sehr und bei welcher Gelegenheit der Strumpf sichtbar, das heißt das Bein den öffentlichen Blicken freigegeben wurde. Daher spielte auch beim Herrn die modisch wechselnde Länge von Rock und Hose eine bedeutende Rolle für den Blickfang Strumpf.

### Geschichte

Von den Ursprüngen des Strumpfes ist wenig bekannt, zumal man sich auf originale Funde beschränken muß, da Statuen oder Fresken beim Strumpf wenig Anhaltspunkte bieten. Kleinasiatische Stämme des **Altertums** wie Phönizier, Lydier, Phrygier und Semiten kannten bis über die Waden reichende Strümpfe. Solche waren auch den Ägyptern und später den Griechen bekannt. Fragmenten nach zu schließen, waren sie in einer mit der Nadel hergestellten, dem Stricken ähnlichen Verschlingungstechnik.[449] Daraus dürften auch die hautengen Beinkleider der Lydier und Trojaner sein, die auf Vasenzeichnungen durch Rhomben- und Zackenmuster besonders auffallen. Doch bleibt ungeklärt, ob es sich um Strümpfe oder Hosen handelte.

Die Germanen hatten ***Beinbinden***, eine Art Wickelgamaschen, in

Form langer Zeugstreifen, die um die Beine gewickelt, zuweilen mit Metallschnallen fixiert und wahrscheinlich als *huson*[450] bezeichnet wurden. Ostseegermanen nähten an ihre langen Hosen Füßlinge.

Die ersten Originalstrümpfe, die über Aussehen und Machart Auskunft geben, sind aus koptischen Gräbern aus dem 4. und 5. Jahrhundert n. Chr. erhalten. Es sind in Verschlingungs- und Sprangtechnik[451] aus Wolle hergestellte Socken mit geteilten Zehen für die Sandalenriemen. Parallel dazu gibt es auf Mosaiken des 5. Jahrhunderts wie in der Kapelle des heiligen Ambrosius in Mailand Darstellungen von Geistlichen hohen Ranges mit weißen Strümpfen.[452]

Im **frühen Mittelalter** kam im 4. Jahrhundert der ***Soccus*** als jener wadenlange, strumpfartige Schuh der Römer nach Mitteleuropa *(s. S. 30)*, an den noch der heutige Name *Socke* erinnert.[453] Er verbreitete sich in fast ganz Europa. In der fränkischen Männerkleidung wurde er zusammen mit der langen Hose und dem Kittelrock getragen.[454] Im 9. Jahrhundert verlängerte sich der Wadenstrumpf bis über das Knie und wurde mit Strumpfbandriemen unter den Knien und über den Knöcheln gehalten. Die Riemen endeten in schönen Metallbeschlägen ähnlich einer Metallzunge beim Gürtel *(s. S. 62f.)*. Die aus Stoff genähten Strümpfe konnten breite horizontale Zierstreifen aufweisen.

Mitte des **12. Jahrhunderts** setzte sich durch zunehmenden Einfluß der byzantinischen und liturgischen Kleidung ein etwa knöchellanges Männergewand in der Oberschicht durch. Infolgedessen erübrigte sich die lange Hose und wurde durch die kurze Bruch, eine Art Unterhose, und oberschenkellange ***Strümpfe***, wie sie bereits in der liturgischen Kleidung[455] vorhanden waren, ersetzt. Da es sich bei Strümpfen um eine Beinbekleidung handelte, wie vordem die Beinbinden und die Hose, behielten die Strümpfe die Bezeichnung *hosa* und die Unterhose die aus dem Lateinischen abgeleitete Bezeichnung *Bruch*.[456] (Erst seit Anfang des 16. Jahrhunderts gibt es die Bezeichnungen *Strumpf* und *Hose* im heutigen Sinn.[457]) Bis dahin waren die Strümpfe aus Stoff und wurden hinten in der Mitte vertikal zusammengenäht. Demnach wurden die Strümpfe vom Hosen*schneider*, französisch *hosier*, angefertigt. Sie waren je nach Stand aus feinem oder grobem Wollstoff, aus Leinen oder Leder und nur beim hohen Adel aus Seidenstoff. Mittels eines an der Außenseite des Strumpfrandes angenähten Bandes wurden sie an den Gürtel oder an das Hosenband genestelt.[458]

Das Problem der ***Strumpfherstellung*** lag immer in der »komplizierten« Form des Beines, zumal des Übergangs vom senkrechten Bein zum waagrechten Fuß, und des hohen Anspruchs an die Bewegungsmöglich-

*164 Links: Pontifikalstrumpf aus Seidenbrokat, angeblich von Bischof Arnoldus de Via, 1335*

*165 Rechts: Baumwollsocke in einer Stricktechnik mit grünen Ornamenten und blauen Musterstreifen. Ägypten, 12. Jahrhundert*

keit. Da die Paßform der genähten Strümpfe immer sehr zu wünschen übrig ließ, war die Verbesserung mit der Entwicklung des Strickens eng verbunden.[459] Die antiken Nadeltechniken scheinen zwar in arabisch-islamischen Ländern zwischen 500 und 1200 n.Chr. zum Stricken weiterentwickelt worden zu sein. Verschiedene aus Baumwolle in Blau und Weiß gestrickte Wadenstrümpfe mit islamischen Schriftzeichen (Kufen) sind von 1000 bis 1200 erhalten.[460] In Europa dagegen fand in dieser Zeit keine Weiterentwicklung des Strickens statt. Die Stricktechnik wurde wohl von den Arabern nach Spanien gebracht, denn aus dem 13. Jahrhundert sind im spanischen Burgos gestrickte Polsterüberzüge erhalten.[461]

Obgleich der Strumpf nur beim Mann sichtbar wurde, gibt es aus Inventaren und Grabfunden Beweise, daß selbstverständlich auch Frauen Strümpfe trugen. Doch waren die moralischen Grenzen sehr eng gesetzt, besonders am spanischen Hofe, wie folgende Anekdote bezeugt: Johanna von Navarra, Braut Philipps des Schönen von Frankreich, erhielt auf ihrer Reise in die französische Hauptstadt vor ihrer Vermählung 1284 von den Stadtvätern kostbare seidene Strümpfe als Brautgeschenk, wie damals üblich. Der Kanzler warf sie empört in den Schmutz, angeblich mit den Worten: »Wißt ihr nicht, daß die Königinnen von Spanien keine

Beine haben?« Aus diesem Grund gab es bis ins 16. Jahrhundert bei spanischen Kutschen falltürartig herausklappbare Vorrichtungen, die die Füße der Damen vor neugierigen Blicken schützten.

Im **14. Jahrhundert** verkürzte sich um 1330/1340 der Männerrock. Aus der fast knöchellangen Cotte wurde ein kniekurzer Rock, das spätere Wams. (Lange Oberbekleidungen und damit Strümpfe wurden daneben beibehalten.) Junge Männer gefielen sich nach 1350 in der gerade das Gesäß bedeckenden Schecke. Wegen der Kürze des modischen Männerrocks mußten sich die Strümpfe zwangsläufig verlängern, zuerst bis über die Oberschenkel, bald bis über die Hüften. Sie wurden nunmehr im Gesäß zur ***Strumpf-Hose*** zusammengenäht, die vorne mittels eines Latzes geschlossen wurde. Strümpfe wurden weiterhin am Gürtel des Untergewandes, Strumpfhosen an das Wams genestelt. Bei körperlicher Arbeit unterblieb das Annesteln der Strumpfhose beziehungsweise der Strümpfe, so daß sie unordentlich hinunterglitten. Dies wird auf mittelalterlichen Gemälden besonders bei der Darstellung eines Henkers oder von Fechtszenen sichtbar. Für eitle Jünglinge, die Wert auf prall sitzende Beinkleidung legten, wurden die Strumpfhosen aus ***Scharlach***, ein dank seiner speziellen Webtechnik leicht dehnbarer Wollstoff, geschneidert und bei jedem Tragen neu zusammengenäht. Besonders prall saßen ***lederne*** Strümpfe, da sie im nassen Zustand über die Beine gezogen wurden, damit sie nach dem Trocknen die Schenkel besonders eng umspannen. Vielfach hatten die Strümpfe, damit die schlanke Beinform keine Unterbrechung erfuhr, angenähte Ledersohlen und wurden so ohne Schuhe, höchstens mit hölzernen Unterschuhen, den Trippen, getragen. Es gab auch lederne Beinlinge mit angesetztem Fußteil, sogenannte ***Ledersen*** oder Lersen, die Schuh und Strumpf zugleich waren. Daraus entwickelte sich im 15. Jahrhundert eine Art hochschaftiger Lederstiefel, der beim Reiten hochgezogen und mit einer Lasche am Gürtel befestigt wurde.

Rot war die bevorzugte Strumpffarbe. Der Einfarbigkeit der Strümpfe wurde jedoch durch eine unterschiedliche Farbe je Bein abgeholfen. Es wurde daraus das noch heute seltsam bis progressiv modern anmutende ***Mi-parti***[462], bei dem ein Strumpfbein zum Beispiel rot, das andere blau war. Dies führte im 15./16. Jahrhundert dazu, daß Strumpfbeine mit unterschiedlichen Mustern wie Rhomben, Zickzack oder Schrägstreifen in Mode waren. Es entwickelte sich eine Farben- und Mustersymbolik, die unter anderem auf die Gemütsverfassung des Trägers schließen lassen sollte. Als das Mi-parti Ende des 16. Jahrhunderts ganz aus der Mode gekommen war, verblieb es – bis heute – im Narrenkostüm.

Obgleich das Frauenbein und damit die Strümpfe weiterhin nicht sichtbar wurden, gab es dennoch Möglichkeiten, das bestrumpfte Bein kokettierend einzusetzen. Die Geschichte ist reich an Anekdoten über »zufällig« entglittene oder aufgegangene Strumpfbänder, damals ***Hosenbendel*** genannt, die zum begehrten Liebespfand, ja zum Fetisch wurden. Einen bedeutungsvollen Höhepunkt erreichte jenes weibliche Strumpfband, das zum höchsten englischen Orden wurde. Die englische Gräfin Salisbury verlor ihr Strumpfband, König Edward III. fand es mit der Bemerkung »Honi soit qui mal y pense« (»Ehrlos sei, wer Schlechtes dabei denkt«). Folglich machte er 1348, als wahrlich ritterliche Geste, daraus den ***Hosenbandorden*** (*Order of the Garter*), der natürlich nur für den männlichen Hochadel gedacht war. Sein der Gräfin Ehre rettender Satz wurde als Ordensspruch auf das blausamtene Knieband zusammen mit dem St. Georgs-Ritter in Gold gestickt. Und natürlich kam der Hosenbandorden gerade zu einer Zeit auf, als sich der Männerrock verkürzt hatte und das Männerbein den Blicken dargeboten wurde. Denn, was würde ein Orden nützen, der verborgen bleibt. (In weiser Voraussicht wurde auch ein Brustkreuz eingeführt.) In späteren Jahrhunderten prunkten Ludwig XIV. von Frankreich ebenso wie Jakob II. von England und der heutige Duke von Edinburgh damit *(Abb. 172)*. Dem nicht genug, umgibt das zum Orden gewordene Strumpfband bis heute das Wappen Großbritanniens.

Im **15. Jahrhundert** begann man in Italien um 1480/1490 die enge, unbequeme Männerstrumpfhose an den Oberschenkeln in einzelne vertikale Schlitze aufzuschneiden. Um 1500 entstanden eine Kniehose und separate Strümpfe. Sie wurden innen an die Hose genestelt und zusätzlich mit je einem unterhalb der Knie geschlungenen und seitlich gebundenen Strumpfband, der *Jarretière*[463], gestrafft. Strumpfbänder waren in die standesgemäße Bekleidung einbezogen und konnten daher sehr aufwendig verziert und sogar mit Edelsteinen besetzt sein.

Im **16. Jahrhundert** begann der Siegeszug des ***gestrickten Strumpfes.***[464] Die älteste Gilde der Strumpfstricker wurde 1527 in Paris gegründet und war trotz des Handstrickens ein männliches Gewerbe. Obgleich auch die Strickstrümpfe noch auf zwei Nadeln flach gestrickt und hinten zusammengenäht wurden, waren sie dehnbarer als Stoffstrümpfe. Die kostbarsten Strümpfe kamen aus Italien und Spanien. Heinrich VIII. von England schätzte diese gestrickten Seidenstrümpfe mit seitlicher Stickerei und gewachsten Nähten.

Nie war die Eleganz von Männerstrümpfen so gefragt wie zur Zeit der kurzen Spanischen Hose der zweiten Hälfte des 16. bis zu Beginn des

17. Jahrhunderts. In englischen Adelskreisen waren die Hosen so kurz, daß sie nicht einmal das Gesäß bedeckten und Strumpfhosen vonnöten waren. Strümpfe wurden innen an der Hose befestigt und durch ein seidenes, in Fransen oder Spitzen endendes Strumpfband, auch ***Kniegürtel*** genannt, straff gehalten *(Tafel 2)*. Es wurde ober- und unterhalb des Knies geschlungen, so daß das Knie von einem farbigen Seidenband eingerahmt wurde. Dem erwünschten kräftigen Aussehen der Waden wurde durch künstliche Einlagen nachgeholfen. Im Winter zog der Mann häufig zwei bis drei Strümpfe – die seidenen zuoberst – oder lederne Unterstrümpfe an, wovon auch noch Johann Wolfgang von Goethe berichtete. Einfache Bürger und Bauern trugen weiterhin aus Leinen oder Wollstoff genähte Strümpfe, seltener handgestrickte Wollstrümpfe. Um die Privilegien der Oberschicht zu wahren, mußten vielerorts den Bürgern gestrickte Seidenstrümpfe verboten werden, so 1582 den Augsburger Bürgern und 1596 in Leipzig.

1589 erfand der englische Pfarrer William Lee den ***Strumpfwirkstuhl***.[465] Auf seiner einfachen Maschine konnte mittels Platine eine ganze Maschenreihe zugleich gebildet werden, im Unterschied zum Handstricken, bei dem die Maschen nacheinander gebildet werden. In England wurde seine Erfindung verboten, denn sein Wirkstuhl arbeitete sechsmal schneller als ein Handstricker und Elizabeth I. bangte um die Arbeit der vielen Handstricker.[466] Der erste Strumpfwirkstuhl wurde deshalb in Rouen aufgestellt.

Im ganzen **17. Jahrhundert** wurden die Strümpfe, damit sie ein dichteres Aussehen bekamen, gewalkt, aufgerauht (kardiert) und wieder glatt geschoren und eventuell mit Kreide geweißt, was sogenannte Appretierstuben durchführten. Zur Verschönerung wurden Zwickel und Naht edler Strümpfe reich bestickt.

Zur Zeit des Dreißigjährigen Kriegs (1618–1648) waren die derben Becherstiefel des Mannes Ausdruck seines martialischen Auftretens. Um die Seidenstrümpfe gegen das rauhe Stiefelinnere zu schützen, zogen elegante Kavaliere leinene Überstrümpfe, die sogenannten ***Canons***[467], an. Sie endeten oben in einem Spitzenvolant, der den Umschlag des Stiefels, den sogenannten Becher, dekorativ ausfüllte. Auf vielen Gemälden Rembrandts stechen die weißen, gestärkten Canons besonders hervor *(Tafel 3)*. Daneben diente das zu einer großen Rosette gebundene Strumpfband noch im ganzen 17. Jahrhundert als absoluter Blickfang, vielleicht um von den nie ganz anliegenden Strümpfen abzulenken.

Der nachfolgenden sehr extrovertierten ***Rheingrafenmode*** des Mannes (1655–1680) mit ihrer Rockhose, dem kurzen Wams und dem hervorquellenden weißen Hemd entsprachen schlaffe, Falten bildende Seidenstrümpfe. Da diese zu einfach ausgesehen hätten, behielt der Kavalier die Spitzenstulpen der Becherstiefel beim Absatzschuh bei. Dem nicht genug, machte er sie zu breiten Volants, die unterhalb der Knie gebunden wurden und locker hinunterfielen. Das ganze sah wie ein »Wadenröckchen« aus: Was ein einzelner Adeliger, Karl Florentin Rheingraf von Salm, sich als Gesandter in Paris ausgedacht hatte, um aufzufallen, machten zahlreiche Nachahmer zur Mode *(Tafel 5)*.

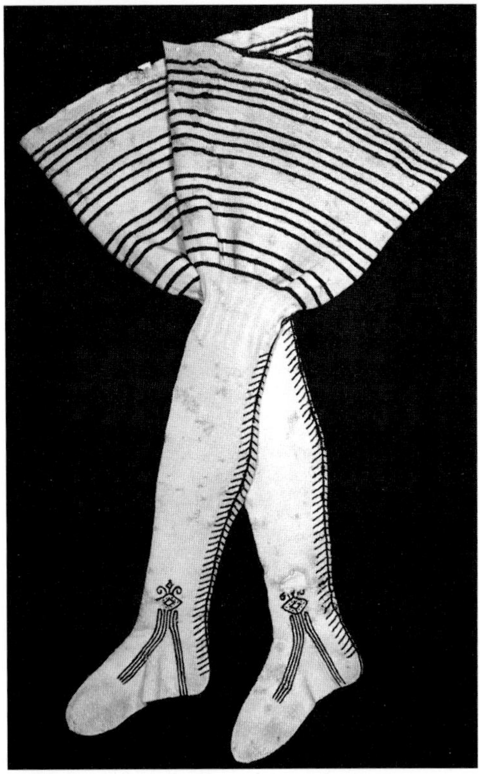

*166 Bestickte Stiefelstrümpfe mit breiten »Stulpen«, die über den umgeschlagenen Stiefelschaft gelegt werden konnten, 1650–1680*

In Deutschland begann erst Ende des 17. Jahrhunderts die Maschinenwirkerei, durch die Ansiedlung von Hugenotten. Man sprach vom ***Hosenstricker*** oder Hosenlismer, da noch immer die Bezeichnung *Hose* statt *Strumpf* geläufig war. Nur die *Stümperer*, das sind jene, die schlechte Ware ablieferten, bezeugen die Ableitung des Wortes *Strumpf* von *Stumpf*. Auch die maschinengestrickten Strümpfe hatten noch eine Naht auf der Rückseite, und die Ferse wurde durch seitliche Zwickel erzielt.

Im ganzen **18. Jahrhundert** gehörten weiße Seidenstrümpfe, seit sie sich in den 1680er Jahren mit der Kniehose durchgesetzt hatten, zum modischen Pflichtprogramm des adeligen Mannes. Nur zum Negligé, der damaligen Tageskleidung (heute vergleichbar mit eleganter Freizeitkleidung), durfte sich der Herr modisch austoben und gestreifte oder melierte Strümpfe tragen. Bis etwa 1740 wurden die Strümpfe über das Ende der Kniehosenbeine gelegt, mit einem Strumpfband gehalten und darüber geschlagen. Danach wurde der Strumpf ausschließlich unter der Kniehose getragen und von deren Abschlußband gehalten. Zur Reise- und Jagdkleidung gehörten knielange Gamaschen, die seitlich mit Knöpfen versehen waren.

Die **Französische Revolution** setzte den Pantalon, die lange Männer-

*167 Strumpf von Madame Pompadour (1721–1764) aus Nadelspitze, mit weißem Taftfutter unterlegt, um das Durchschimmern des Beins zu verhindern*

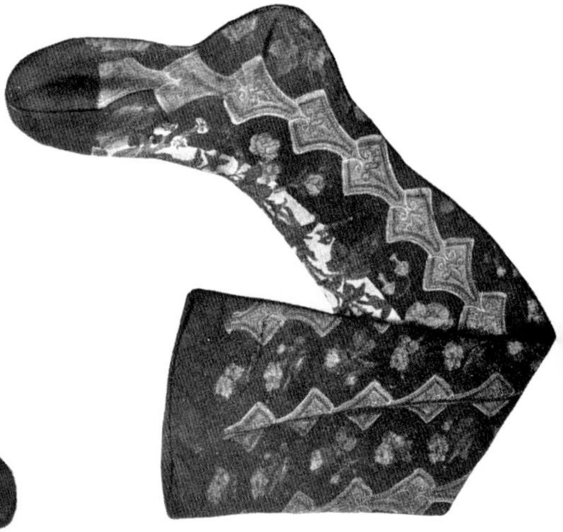

*168 Strumpf aus der Zeit Napoleons I.*

hose, anstelle der Kniehose durch. Dadurch geriet der Herrenstrumpf aus dem Blickfang und wurde zum meist dunkelfarbigen Wadenstrumpf. (Der Strumpf wurde abgeschnitten, das heißt *gestutzt* und somit zum *Stutzen.*) Eine letzte Modenschau der Wadenbeine bot zur Zeit des Directoire die männliche Jugend mit ihren fingerbreit blau-, violett- oder rosa und weiß gestreiften Strümpfen *(Tafel 7).* Nur während des napoleonischen Kaiserreichs gab es eine Restauration von Kniehose und weißen Seidenstrümpfen, die sich seither in Livreen europäischer Herrschaftshäuser hielten.

Obgleich das Frauenbein auch im 18. Jahrhundert unter dem fußlangen Rock verborgen blieb, wußten es die **Damen** einzurichten, daß die Männerwelt häufig zumindest Fuß und Knöchel erblicken konnte. Die Kunst, den Rock kokett hochzuraffen, das sogenannte ***Retroussé***, gehörte zur verführerischen Etikette des Rokoko. Aus diesem Grund trieben adelige Damen großen Aufwand mit bunt bestickten Zwickeln ihrer weißseidenen Strümpfe. Es entwickelte sich so etwas wie eine »Strumpf-Zeichen-Sprache« in Form von *bas historiés* (*Strumpfbilder*): aufgestickte Anker und Vergißmeinnicht standen für Treue, Spinnennetze für »Männerfang«, schnäbelnde Tauben für Liebe. Dazu kamen im 18. Jahrhundert Gold- und Silberstickereien oder spitzenähnliche Musterungen.

Seidenstrümpfe waren zwar ein Privileg des Adels, aber das immer wieder angemahnte Verbot derselben für Bürgersfrauen zeigt, wie verbreitet erlesene Beinbekleidung war. 1744 vermerkt Zedler in seinem Universallexikon »die Mode in den Strümpffen verändert sich fast jährlich«, und er vermerkt, daß sie sich in der Farbe der Kleidung anpassen.[468] Und gegen Ende des 18. Jahrhunderts wurde schon von einem saisonalen(!) Modewechsel gesprochen. Denn auch eine Reihe technischer Verbesserungen hatte modische Innovationen hervorgebracht: 1758 baute Jesedia Strutt eine Wirkmaschine für waagrecht gerippte und daher besonders elastische Strümpfe, die ***Derby ribs***[469]. 1767 konstruierte Samuel Wise den ersten Rundwirkstuhl für nahtlose Strümpfe, die sich jedoch erst im Laufe des 19. Jahrhunderts durchsetzten.[470] Noch wurden die Strümpfe in einzelnen Partien gewirkt; das flache Stück des Beins, die Ferse sowie Sohle und Blatt. Handstricken zählte nicht zu den standesgemäßen Beschäftigungen adeliger Damen wie Sticken; im Gegenteil, der strumpfstrickende Schäfer oder der Wachsoldat gehörten zum gewohnten Alltagsbild.

Die untersten Stände trugen handgestrickte ***Wollstrümpfe***, doch verzichtete man in vielen bäuerlichen Festtagstrachten keineswegs auf bunte Stickereien in Form von Feldblumen und Ähren bis hin zum Besatz mit kleinen Spiegelchen oder Münzen, die den Blick böser Geister abwehren sollten oder Reichtum signalisierten. Trauerstrümpfe waren in allen Ständen schwarz.

Nicht minder verführerisch waren die seidenen ***Strumpfbänder***. Aufgestickte erotische Symbole oder Aufforderungen wie »Meine Bitte – Ihre Freundschaft« ließen keinen Zweifel über deren Zweck. Für ein Geschenk aus schmachtender Liebe spricht der Reimbeginn auf einem Strumpfband: »Das Band ist glücklicher als ich, den ganzen Tag ist es um Dich.«[471] Nur allzu leicht löste sich ein Strumpfband und mußte – den Männerblicken nur halb verborgen – erneut gebunden werden. Eine Abhilfe bestand in zierlichen Schnallen, die aus Edelmetall, fein ziseliert und mit Edelsteinen besetzt höchsten Ansprüchen genügten. Das Lösen des Strumpfbandes durch Männerhand kam dagegen der »Eroberung der Festung« gleich, die bereits »unterhalb des Knies beginnt«. Brautstrumpfbänder verbürgten gleichsam das »süße Recht« des Bräutigams, dieses zu lösen, womit seine Inbesitznahme der Frau symbolisiert wurde. Das Strumpfband wurde ober- oder unterhalb des Knies gebunden, und die Schleifenenden fielen auf die Wade hinab. Da die Strumpfbänder zweifelsohne stark einschnürten und damit gesundheitsschädigend waren, verwendete man auch gewirkte oder gestrickte Strumpfbänder. Eine besondere Errungenschaft waren deshalb die im Märzheft des »Journal des Luxus und der Moden« 1786 ausführlich beschriebenen elastischen Strumpfbänder *à resort* mit einem Spiralfeder-Einsatz.

Bis heute ist der ***Blaustrumpf*** eine bekannte, abschätzige Bemerkung für eine intellektuelle, unvorteilhaft aussehende Frau, doch war es ein Männerbein, dem der Ausdruck ursprünglich galt. Es war der Naturforscher Benjamin Stillingfleet, der um 1750 in London Lady Elizabeth Robinson Montagues (1720–1800) schöngeistigen Salon in blauen Wollgarnstrümpfen statt den üblichen schwarzseidenen zu besuchen pflegte. So geistreich war sein Gespräch und so fühlbar seine Abwesenheit, daß es dann hieß: »Es geht nicht ohne den Blaustrumpf [*blue stocking*].«[472] Die Bezeichnung ging bald auf kluge, redegewandte Frauen über. So hat Mary Wollstonecraft, eine Pionierin der Frauenbewegung, bereits 1792 in ihrer Schrift »Eine Verteidigung der Rechte der Frauen« die Bestre-

*169 Dame legt das Strumpfband an.*
*Kupferstich von Michaud le Grand, um 1770*

bungen der Blaustrümpfe mit wenig Erfolg bekannt machen wollen. Honoré Daumier brachte 1844 eine Serie von vierzig Karikaturen mit dem Titel »Les-Bas-Bleus« heraus, auf denen intelligente Frauen wenig schmeichelnd dargestellt sind. Erst um 1830 wurde *der Blaustrumpf* auch in Deutschland zu einem Begriff.[473]

In den 1790er Jahren trug die vielumjubelte italienische Tänzerin Maria Medina Viganò[474] bei ihren Auftritten ein gewirktes ***Trikot*** als Unterkleidung. Dies führte zu der Idee, unter den leichten, fast durchsichtigen Chemisen des **Directoire** (1795–1799) fleischfarbene, Rumpf und Beine bedeckende Trikots zu tragen. (Schon in früheren Jahrhunderten wurde oft ein Bühnen- oder Tanzkostüm in die allgemeine Mode übernommen, ähnlich wie heute Film- und Popstars die Mode beeinflussen.) Da es das zeitgemäße Bestreben war, die Antike und ihre vergleichsmäßig natürlichere Einstellung zum Körper nachzuahmen, wollten modische Damen nackte Beine fingieren. Man wirkte sogar Kreuzbänder ein, die die Riemen antiker Sandalen vortäuschen sollten. Die Trikots wurden – der Karikatur von Isaak Cruikshank »Das Kostüm der Nacktheit« von 1799 nach zu schließen – vorne über dem Rumpf geschnürt und waren ohne Füße (den heutigen Leggings ähnlich), die Beinenden wurden mit einer Art Strumpfband vor dem Hinaufrutschen bewahrt. Die Füße wurden von extra Strümpfen, ebenfalls mit elegant bestickten Zwickeln, bedeckt.

Im **19. Jahrhundert** änderte sich der noch über das Knie reichende Herrenstrumpf zum Wadenstrumpf, das heißt zum ***Stutzen***, und gegen Ende des Jahrhunderts zur Socke. Zu dieser Entwicklung war es infolge der lang gewordenen Hose des Mannes gekommen. Trugen die Dandys der ersten Hälfte des Jahrhunderts noch farbige Strümpfe an den Beinen, so war es im viktorianischen Zeitalter vorbei damit. Höchstens Abendstrümpfe konnten ein Durchbruchmuster aufweisen *(Abb. 26).*

*170 Strumpfbänder, Ende 18. Jahrhundert*

Im Biedermeier (1815–1848) waren ***Damenstrümpfe*** aus glänzendem Baumwollgarn sehr geschätzt. Die *Bas à fil d'écosse* (*Schottengarn*) waren gedämpft weiß bis pastellfarben und über Spann und Fesseln mit erhabener Stickerei – biederen Kreuzstichen oder liebevoller Glasperlenstickerei – oder mit Durchbrucharbeit verziert; allesamt Resultate geduldiger weiblicher Handarbeit. Diese neue Gestaltungsmöglichkeit der Strümpfe hing von der im Biedermeier verkürzten Saumlänge ab, die immerhin den Wadenansatz zeigte.

Die nachfolgende Mode der Krinoline (um 1848–1869), obgleich bodenlang, bot der Männerwelt – durch das Hochnehmen zum Einsteigen in eine Kutsche zum Beispiel – das Aufblitzen eines Stückchen Beins. Fürstin Pauline von Metternich war in Wien Gesprächsthema, wenn sie beim Blumenkorso in den Wagen stieg und den Rock raffte, so daß man ihre eleganten Stiefeletten und ein Stückchen ihrer Strümpfe sehen konnte; dann wußten ihre Bewunderinnenn, was Mode war.[475] Auch Gustave Flaubert schildert als höchst erotischen Moment, wenn der Liebhaber den Fuß seiner Herzensdame erblickt und außer dem Schuh auch noch ein Stück des Strumpfes zu sehen bekommt.[476] Damen der leichten Muse, Kokotten, und ausgehende Dienstmädchen standen deshalb auf Strümpfe mit Karo- und Streifenmuster bis zur Wadenhöhe. Der Strumpf als Kokettiermittel hat hier seinen Höhepunkt erreicht. Gegen Ende des 19. Jahrhunderts waren gemusterte Strümpfe allgemein.

Das Strumpfband wurde nunmehr mit einer Gummieinlage gearbeitet und mit einer Schnalle – über oder unter dem Knie – geschlossen. In den 1880er Jahren kam der um die Taille befestige ***Strumpfhalter*** mit herabhängenden Strumpfbändern, sogenannten Strapsen, auf. Er war besonders von Ärzten gefordert worden. Sie hatten schon immer das Strumpfband für sehr gesundheitsschädlich gehalten, da es die Blutzirkulation unterhalb des Knies unterbindet. Erst Ende des 19. Jahrhunderts wurden die Strapse direkt am Korsett angebracht. Es gab jedoch nicht wenige Frauen, die sich gegen die neumodischen, weil unerotischen Strapse (heute im Gegensatz zur Strumpfhose als höchst erotisch angesehen!) wehrten und lieber das altbewährte Strumpfband trugen.

Im **20. Jahrhundert** war die *Socke* als Herrenstrumpf generell wenig »aufregend«. Bis in die 1950er Jahre wurden die meist grauen oder schwarzen Socken mangels elastischen Randes durch ***Sockenhalter*** vor dem ewigen Hinuntergleiten bewahrt. Das seit Ende des 19. Jahrhunderts aus Gummi bestehende Halterband wurde unterhalb des Knies geschnallt und der Socken an dem hinunterhängenden Straps befestigt. Statt dem Hüftgürtel der Dame war es ein Kniegürtel beim Mann, an

*171 Von links: Seidenstrumpf mit Rosenverzierung handbedruckt, 2. Viertel 19. Jahrhundert; Schottenstrumpf (mit aufplattiertem Muster), 1895; Stiefel-Petinet-Strumpf, 1910, alle von Elbeo; Seidenstrumpf bestickt mit irisierenden, eckigen Glasstiften, um 1900–20*

dem der Strumpf Halt gefunden hatte. Über dem Socken galt jedoch zeitweilig eine weiße oder dunkle ***Gamasche*** als elegant *(s. S. 44)*. Erst in den 1950er Jahren konnte sich der Mann des Sockenhalters entledigen, dank der revolutionären Erfindung des Nylons *(s. S. 248f.)*. Aber dem Traum von Paßform, Reißfestigkeit und dem Trocknen über Nacht (ohne Kochwäsche) machte bald der unangenehme Geruch der Nylonsokken ein Ende. Man ging auf Mischfasern und besonders ausgerüstete Baumwolle über. Seither sind weiße ***Baumwollsocken***, von feiner Makoware bis zum dicken Frottee, vom College- bis zum Joggingschuhträger unübertroffen und stellen selbst den traditionellen ***Argyle-Socken*** mit seinem rhombenförmigen Schottenmuster in den Schatten.[477] Als sich der Mann in den 1980er Jahren um modische Unterwäsche zu bemühen begann, konnte dem auch die Strumpfindustrie durch computerisierte Herstellung nachkommen. Seither gibt es Socken mit einer Unmenge an witzigen Mustern – vom Gemüse bis zu Comics bis hin zu teuersten ***Designersocken***.

Zu der an Verzierungen und Spitzen überladenen **Damenmode** zu Beginn des 20. Jahrhunderts paßten Strümpfe mit inkrustierten Spitzen, eingewirkten Spinnennetzen, Vögeln, Blumenranken, Streifen und farbigen Zwickeln. Bis um 1920 waren auch einfache ***Flor-Strümpfe*** aus gasiertem, mercerisiertem Baumwollzwirn sehr beliebt.

Eine Zäsur in der weiblichen Strumpfmode, die allen Verzierungen ein Ende bereitete, brachte der Erste Weltkrieg infolge seiner Sparmaßnahmen. Wollene oder baumwollene Strümpfe in Schwarz oder Grau waren üblich. Der Mangel an importierten Rohstoffen, ebenso die gesellschaftlichen Umwälzungen bewirkten auch in der Strumpfindustrie die Suche nach neuen Materialien. Diese sollten mit dem Aussehen der Naturseide konkurrieren und gleichzeitig vielen erschwinglich sein. Dieses Material war in der ***Kunstseide*** gefunden worden, die nach dem Krieg der Strumpfherstellung zur Verfügung stand.[478] Dennoch konnte sich der Rayonnestrumpf gegenüber dem Echtseidenstrumpf weit weniger durchsetzen, als angesichts der wirtschaftlichen und sozialen Lage anzunehmen war. Dies lag vor allen Dingen daran, daß das Frauenbein erstmals bis zum Knie den öffentlichen Blicken ausgesetzt war. Der Krieg hatte die Eigenständigkeit der Frau maßgeblich gefördert, so daß die Frauen nach 1924 den kniekurzen Rock durchsetzen konnten. Feinheit, Paßform und Farbe bestimmten von nun an die Eleganz eines Strumpfes. Der Kunstseidenstrumpf aber glänzte aufgrund der beigemengten Kupferanteile stärker und war mit Naht gearbeitet, so daß er sich von dem wesentlich eleganteren Reinseidenstrumpf, der ohne Naht hergestellt werden konnte, stark unterschied. Der rundgewirkte Kunstseidenstrumpf war wegen seiner schlechten Paßform gänzlich abgelehnt worden. Um die Beine und besonders die Fesseln schlanker erscheinen zu lassen, bedienten sie die Damen ***ombrierter***, vorne heller und hinten dunkler gehaltener Strümpfe. Zu sportlicher Kleidung waren ***karierte Wollstrümpfe*** Mode. Konnte es sich die Frau erlauben, kein Korsett zu tragen, mußte von nun an wieder der Hüfthalter mit seinen Strapsen der Strumpfbefestigung dienen.

Die Rückkehr zum wadenlangen Rock in den 1930er Jahren war weniger eine modische als eine moralisch-sittliche Entwicklung unter politischen Leitlinien. Zunächst halfen die Damen dem ungewollt starken Glanz der Kunstseidenstrümpfe ab, indem sie das Maschenbild der Innenseite nach außen trugen, was jedoch auch nicht gegen die häufigen Laufmaschen half. Der verbesserte ***Bemberg***-Kunstseidenstrumpf[479] setzte sich durch. Die wadenlange Mode erlaubte den Damen im Sommer die bequemeren knielangen Strümpfe mit Gummirand zu tragen.

Während des Zweiten Weltkriegs waren Strümpfe nur auf Bezugsscheine zu kaufen; der Großteil waren Woll- oder ***Zwirnstrümpfe***. Wenn es die Temperaturen erlaubten, trugen die Frauen bis in die ersten Nachkriegsjahre auch zum eleganten schwarzen Kleid ***Söckchen***. Das neue Traumprodukt aber hieß ***Nylon***.[480] Es war keine modische, sondern eine

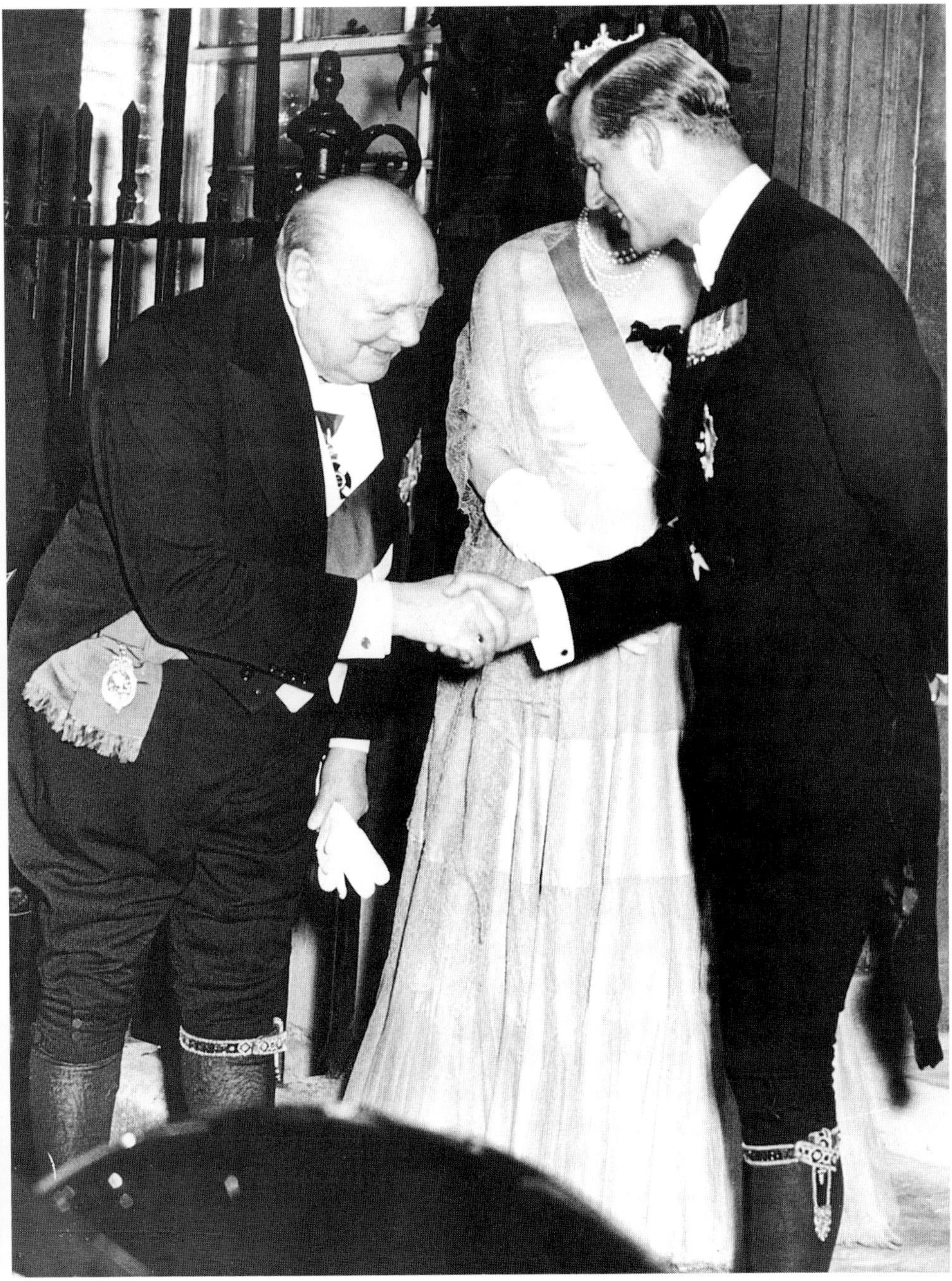

*172 Hosenbandordenträger Prinz Philipp, Herzog von Edinburgh, und Sir Winston Churchill, 1955*

chemische Erfindung, die sich unter anderem bestens für modische Zwecke eignete. Nylon wie auch Perlon ist eine zähe Masse, die sich durch feinste Spinndüsen zu einem Endlosfaden treiben läßt und – o Wunder – reißfest, temperaturresistent und blasenfest ist; damit bestens für hauchdünne Strümpfe geeignet.[481] Die Garnstärke wird in ***Denier*** angegeben. Die betreffende Zahl gibt an, wieviel Gramm 9000 Meter wiegen. Ein 20-den-Strumpf zum Beispiel besteht aus einem Längengarn von 9000 Metern und wiegt 20 Gramm. Je niedriger die den-Zahl, desto feiner und transparenter der Strumpf. Das Feinste liegt bei 5 den, 60 den sind blickdicht. 1940, im ersten Jahr der Herstellung von Nylonstrümpfen, konnte die US-Firma Du Pont 64 Millionen Paar in den USA verkaufen. Noch war das Produkt nicht so elastisch, daß auf Naht und Zwickel verzichtet werden konnte.

Als nach 1945 die ersten *Nylons* nach Deutschland kamen, waren sie heißbegehrte Tauschobjekte mit den US-Soldaten. Wer sich keine Nylonstrümpfe leisten konnte (1950 kostete ein Paar bis zu zwölf Mark), aber auf deren Reiz nicht verzichten wollte, rieb die Beine mit *Beinbraun*-Schminke ein und täuschte mit einem Augenbrauenstift eine Strumpfnaht vor.

1955 warb Miss Germany des Jahres für den *3 D*-Stretchstrumpf, der erste deutsche ***Nahtlos-Strumpf.*** Damit wurden quasi über Nacht die flachwirkenden Cotton-Maschinen[482] wertlos, und die Industrie mußte auf rundstrickende Zylindermaschinen umrüsten. Ein Jahr später wurde mit dem ***halterlosen Strumpf*** mit Gummi-Haftband für »ungezwungene Bewegungsfreiheit« geworben.[483] Nun brachten die deutschen Bürger Nylonstrümpfe als begehrte Geschenke in die ehemaligen Ostblockländer. Noch waren die Produkte überaus ***laufmaschen***anfällig, so daß die Frauen meist eine Ersatzpackung bei sich hatten oder Nylons im Automaten gekauft werden konnten. Weiterhin hatten Repassier-Werkstätten zum Aufnehmen der Laufmaschen alle Hände voll zu tun. In einer versteckten Hausecke wurden die Strümpfe schnell gewechselt, oder, was ebenso häufig vorkam, der Nippel, den man durch die Lasche des Strumpfhalters zog, war abgesprungen und mußte durch ein Pfennigstück ersetzt werden. Kurzfristig waren laufmaschensichere Netznylons verbreitet, die jedoch Querfäden zogen. Kräuselkrepp[484] verbesserte die Dehnbarkeit, sah aber dichter aus, weshalb er sich, da nur hauchdünne Strümpfe in Mode waren, höchstens für den Winter durchsetzte. Existentialistinnen wie auch Halbstarken-Mädchen unterstrichen mit undurchsichtigen ***schwarzen Strümpfen*** ihren emanzipierten Charakter und ihre kritische Zeiteinstellung. (Vordem waren schwarze Strümpfe höch-

173 *Frau fixiert Strumpf neben dem Strumpfautomaten, 1954*

174 *Männersocken mit fixiertem Sockenhalter. Werbung aus den USA, 1937*

stens als Trauerstrumpf oder von alten Frauen getragen worden.) Noch 1958 aber war keineswegs bewiesen, daß sich die Nahtlosen durchsetzen werden, denn die Naht verleiht, nach damaliger Ansicht, gerade stärkeren Beinen »eine gewisse Form und vor allem: Sex-Appeal«.

1960 wurde der erste deutsche »Strumpf bis zur Taille« aus Kräuselkrepp mit verstärktem Rumpfteil vorgestellt. Einen Fortschritt für die Paßform des Damenstrumpfes brachte nun der unter Hitze und Druck ***plastifizierte Strumpf***. Damit waren jene technischen Voraussetzungen geschaffen, die an eine Strumpfhose aus Nylon denken ließen. Erst 1964/65 konnte sich durch ihre verbesserte Form die durchsichtige ***Nylonstrumpfhose*** durchsetzen. Anfangs wurden die Strumpfhosen keineswegs positiv beurteilt, sondern zumal vom männlichen Geschlecht als »gegabelte sexlose Wursthaut« bezeichnet. Von den Frauen heiß geliebt, trug die Strumpfhose jedoch entscheidend zur Verbreitung der Mini-Mode bei, denn keine Frau wollte damals Strapse oder Po-Verstärkung einer Strumpfhose sehen lassen.[485] Abends strahlten ***Lurex-Strümpfe*** einen

*175 Aktuelle Strumpfmode von Ergee, 1993*

Hauch von Luxus aus. Um 1969 setzten sich Teenager von all den älteren minitragenden Damen durch sportliche Kniestrümpfe ab.

In den 1970er Jahren waren Strumpfhosen im Häkel-Look unter all den weißen und Pop-art-gemusterten Strümpfen Favorit.

Um 1980 waren ***Leg warmers***, jene gestrickten Beinwärmer der Ballett-Trainingskleidung, modisch »in«. Anfang der 1980er Jahre wurde es Mode, die Strümpfe farbig auf die Kleidung abzustimmen, so daß rote, grüne oder blaue Strumpfbeine üblich wurden. Der ***Abendstrumpf*** war neu und fiel durch eingewirkte Straßornamente, wie Herzchen oder Schlangen, durch angenähte Tüllschleifchen oder als Spitzenstrumpf auf. Popstar ***Madonna*** brachte Strumpfbandgürtel und Strapse und damit den Strumpf anstelle der Strumpfhose ins modeerotische Spiel und lancierte eine ***Neo-Dessous-Welle*** (oder war es die Fernsehsendung »Tutti Frutti«?). 83 Prozent aller deutschen Männer sollen laut dem Hamburger Institut für interdisziplinäre Sexualforschung ***Strapse*** für das animierendste Accessoire halten, wohl mehr wegen des nackten Oberschenkels zwischen Strumpf und Slip. Die Konkurrenz kam mit dem schwarzen ***Halterlosen***, dessen breiter Haftrand durch Spitzen aufgepeppt wurde.

Um 1990 galten fast ausnahmslos schwarze ***blickdichte*** Strümpfe als modisch, ungeachtet von Tageszeit oder Anlaß. Farbig gemusterte Strumpfbeine – obwohl gemusterte Strümpfe in allen erdenklichen Variationen vorhanden – blieben Ausnahmeerscheinungen, da sie Selbstbewußtsein der Trägerin erfordern und nur am sehr schlanken Bein ein ästhetischer Anblick sind. Da Strümpfe »die optische Fortführung des Beines« (Christian Lacroix) sind, sind sie für die Modeschöpfer besonders wichtig. Schon seit den 1950er Jahren gehören Strumpfwaren in das Design-Programm der namhaftesten Modekreateure. Und Yves Saint Laurent gestand, daß für ihn Strümpfe das wichtigste Accessoire überhaupt sind.[486] Zum großen Mode-Hit wurden ***Leggings***.[487] Radfahren und Joggen als Prestige-Sport brachten sie in Mode, und sie werden zu diesem Zweck auch von Männern getragen. Polyurethan, Lycra[488], Multistretch, Microfasern und die anfänglichen Neonfarben waren ihr Geheimnis. Die überaus große Popularität der »fußlosen Strümpfe« ist allein schon an ihrer Preisspanne von 20 Mark im Supermarkt und über 300 Mark für Designer-Ware zu erkennen. Teenager trugen Leggings mit schwarzem Spitzensaum unter dem schwarztüllenen Tutu-Rock. Sonst werden Leggings als Tageskleidung mit einem hüftlangen Blazer oder Pullover kombiniert.

*176 Modische Strümpfe mit »Strumpfbandmuster« von Elbeo, 1993*

# Tasche

*177 Faltbeutel am Gürtel hängend, Zeichnung der Grabplatte des Erzbischofs Siegfried III. von Eppenstein (Ausschnitt), 1. Drittel 13. Jahrhundert*

Die Tasche ist das *unentbehrlichste* Utensil des Menschen. Es gibt Volksstämme, die Fußbekleidung, Gürtel oder Kopfbedeckung entbehren, aber es gibt keine ohne Tragebehältnisse. Infolge des Dranges zum Sammeln wird sich bereits der Frühmensch einen »Behälter« zugelegt haben, in Form eines großen Blattes oder eines rohen Fellstücks. Daher ist anzunehmen, daß die »Tasche« das ***älteste Beiwerk*** des Menschen darstellt.

Nach wie vor werden wir tagtäglich mit dem Gebrauch einer Tasche – sei es einer Handtasche, eines Einkaufskorbes, einer Plastiktüte oder zumindest einer Gewandtasche – konfrontiert. Der Mensch als unabhängiges Individuum will seine »persönlichen« Dinge, wie Taschentuch, Kamm und Schlüssel, stets bei sich haben, obwohl jeder Erwachsene mehr oder weniger die gleichen »persönlichen« Dinge mit sich herumträgt.[489] Der Mensch als Sammler und Nomade von einst wurde zum Einkäufer und Arbeitsplatz-Pendler. Das Sprichwort »Aus der Tasche leben« der ungarischen Pußta-Hirten wurde zu »Aus dem Koffer leben« des modernen Nomadentums heutiger Reisender. Auch unsere Sportaktivitäten erfordern eine Tasche, eine Tennistasche, eine Golftasche, ein Hippbag, einen Rucksack oder eine Känguruhtasche. In ihren Formen – als Beutel, Korb, Gewandtasche, Gürteltasche bis hin zum Aktenkoffer – weisen Taschen eine dem Körper mehr oder weniger angeschmiegte Tragbarkeit auf; im Unterschied zu Eimern, Krügen oder Fässern. Taschen »erweitern« gleichsam den menschlichen Körper.

Trotz des praktischen Nutzens erweckte auch die Tasche seit frühestem Gebrauch die Gestaltungsfreude und das Schmuckbedürfnis der Menschen. Auch Taschen gehen mit der Mode; sie sind Spiegel der Zeit. Art, Form, Material und Verzierung stehen in Abhängigkeit zu Lebensstil und Mode.

Die stark praktische ***Zweckgebundenheit*** der Tasche aber ließ sie weniger zum Prestigeobjekt werden als Schuhe oder Kopfbedeckungen.

Taschen waren weit weniger symbolbeladen als Handschuhe oder Gürtel und haben kaum magische Bedeutungen.[490] Nur der Beutel war schon seit alters Sinnbild des schnöden Mammons, stand er doch stellvertretend für Geld.[491] »Ein praller Geldbeutel« stand für den Edelmann wie für den Kaufmann, ein Jutesack für den Bauer.

## Geschichte

In der griechischen und römischen **Antike** kannte man in den Gewändern keine eingenähten Taschen. Der ***Geldbeutel***, in dem auch Spielsteine aufbewahrt wurden, wurde in der Gewandfalte der Toga (*umbus* genannt) aufbewahrt.[492] Seltener wurde er an den Gürtel der Tunika gehängt. Der Geldbeutel, lateinisch *sacculus*, bestand aus einem runden Lederstück mit Randlochung, durch die ein Riemen zum Zusammenziehen geführt war. Der Geldbeutel war Attribut der antiken Götter des Handels und Verkehrs, Hermes beziehungsweise Merkur. Hirten und Jägern diente ein geräumiger offener Sack, die ***Pera***, zur Aufbewahrung des Notwendigsten. In ihr transportierten sie auch Kleinvieh zum Markt. Die Pera war aus Leder und wurde an einem langen Riemen schräg über die Schulter gehängt. (Eine ähnliche sackartige Tasche, aus Schafwolle gewoben und bestickt, gehört noch heute zur griechischen Tracht.) Auf einer griechischen Vase des 5. Jahrhunderts v. Chr. ist Perseus mit Flügelschuhen und Tarnkappe sowie einer magischen Pera dargestellt, in der er den Kopf einer Gorgo (eines Ungeheuers, dessen Blick versteinert) aufbewahrt. Reiter und Soldaten benutzten eine lederne ***Satteltasche***, die *Hippopera (die dem Pferd zu eigene Tasche).*[493]

Die Bürgerinnen der Antike kamen ohne Tasche aus, da sie selten das Haus verließen und der Einkauf von Sklavinnen besorgt wurde.

Im Laufe des **Mittelalter**s differenzierten sich die Taschen nach deren Verwendungszweck, wie Almosentasche, Reliquienbeutel, Jagd- und Falknertasche. Eingenähte Gewandtaschen waren weiterhin unbekannt.

***Beutel*** sind in deutschen Inventaren unter den Bezeichnungen *phose*, *pfung*, auch *budel* oder *seckel*, die Tasche als *tasca* aufgeführt. Weibliche und männliche Taschen beziehungsweise Beutel wurden nur durch deren Ausführung unterschieden. Mit wenigen Ausnahmen wurden bis ins 16. Jahrhundert Beutel und Taschen am ***Gürtel*** befestigt und zwar meist an einer langen Tragschnur. Diese Sitte hatte sich aus dem Glauben entwickelt, daß dem Gürtel magische Abwehrkräfte innewohnten *(s.S. 54ff.)*. Man trug deshalb Geld, das bis ins 19. Jahrhundert nur aus Münzen bestand, in einem Beutel, den man mit dem Gürtel verband. Hinzu kam, daß eine solche Trageweise sowohl praktisch war, als auch das Vermögen eines dicken Geldsäckels prahlerisch sichtbar machte. Die Abwehrkräfte des Gürtels hielten aber die »Beutelschneider« nicht vom Raub ab.[494]

In Frankreich, an dessen Ritterhöfen sich früher als in anderen Ländern Sinn für höfische Sitten und Eleganz ausbildete, waren reich bestickte flache Beutelchen willkommene Geschenke von Kreuzrittern an die Damen. Diese Beutel aus farbiger Seide oder Halbseide wurden an der langen Zugschnur quer über die Schulter getragen. Seit dem 12. Jahrhundert waren besonders die ***sarazenischen Beutel*** aus Trapezunt am Schwarzen Meer begehrt.

Seither ist in Paris eine Niederlassung für Erzeugnisse des Nahen Orients erwähnt und 1290 ein »règlement des faiseuses d'aumônières sarrazinoises« (Vorschrift für Hersteller*innen* sarazenischer Almosentaschen). Schon zu Beginn des 13. Jahrhunderts waren die ***Taschenmacher***, die Boursiers, in Paris ein blühendes Gewerbe. Sie richteten das Leder für Taschen, Beutel und Riemen selbst zu. Daneben gab es die Zunft der *Aumônières* mit 124 Meisterinnen und Gesellinnen (also gewerbetreibende *Frauen*), die Stoffbeutel herstellten und bestickten. Aus dem Pariser Steuerbuch von 1292 geht hervor, daß es sieben steuerpflichtige Faiseuses d'aumônières, 45 Boursiers und drei Boursiers de soie gab.[495]

Die Aumônières (von französisch *aumône*, *Almosen*), die ***Almosentaschen***, hatten nicht nur die Form eines flachen, rechteckigen Beutels[496], sondern, was für sie charakteristisch wurde, eine Trapezform, deren obere Ecke abgerundet war. Sie wurden mit einer Stoffklappe über dem Eingriffschlitz geschlossen. Sie waren aus steifem Leinen mit Gold eingesticktem Hintergrund, auf dem Figuren zeitgenössischer Themen in starkem Relief aus bunter Seide gestickt waren. Golddurchwirkte, zum Teil mit Perlen oder bunten Steinen belebte Kordeln umfaßten die Taschen. Der untere Rand war mit Fransen, die Ecken mit Troddeln aus Goldposament besetzt. Reich ausgestattete Almosentaschen hatten ausgesprochenen Prestigecharakter *(Tafel 1)*. Almosentaschen wurden stets am Gürtel befestigt, jedoch ohne Tragschnur, sondern mit einem schönen Metallhaken oder einer Schlaufe; beim Mann immer rechts, da links das Schwert befestigt war, bei der Frau auf der linken Seite. Im späten Mittelalter negierte man den ursprünglichen Zweck der Almosentasche und bewahrte auch Talisman, Gebetbuch, Schlüssel, Spiegel, Arzneien und Schmuck darin auf.

Der Mann kannte außer der Almosentasche den ***Faltbeutel***, der ebenfalls am Gürtel hing, zusammen mit einem Dolch, der zugleich Eßbesteck war, sowie Arzneibüchse und Amulett. (Das Schwert hing separat

*178 »Bourse de mariage« (?), ein mit einer Minneszene bestickter Beutel mit Gold- und Seidenstickerei auf Leinen in Stiel-, Knoten-, Spalt- und Kettenstich, Frankreich, um 1340*

am sogenannten Wehrgehenk oder Wehrgehänge). ***Falknertaschen*** (man könnte sie als erste Sporttaschen sehen) wurden zunehmend aufwendig gearbeitet, begünstigt durch die Jagdleidenschaft Kaiser Friedrichs II. (1212–1250). Weiter gab es eine kleinere und kostbarere Form der Jagdtasche, die auch mit Juwelen verzierte ***Gibecière***. Die bekannte Krämerszene des Dietmar von Aist der »Manessischen Liederhandschrift« (1300–1315) zeigt Faltbeutel, Almosentasche, Gibecière und Gürtel.

Anfangs des 14. Jahrhunderts wurde die Tasche, zumal beim weiblichen Geschlecht, selten sichtbar, da sie zusammen mit dem Gürtel unter dem nunmehr weit und lose herabfallenden Obergewand getragen wurde. Um an die Tasche heranzukommen, erhielt das Obergewand seitlich einen senkrechten Schlitz.

Eine Vorform der Reisetasche war die ***Pilgertasche***. Sie konnte die Form der antiken Pera oder jene der Almosentasche haben oder eines Beutels, der am Pilgerstab befestigt wurde. Oft war sie mit der Muschel des hl. Jakob aus Santiago de Compostela als Pilgerzeichen verziert. Pilger wanderten im Mittelalter in Scharen durch ganz Europa und stellten die ersten Reisenden der unteren Schichten dar. Mit ***Büchertaschen*** zogen die Studenten von Stadt zu Stadt. Eine Rarität stellt eine erhaltene Tasche aus derbem Leder dar mit einem aufklappbaren Brett für das beliebte, dem heutigen Backgammon ähnliche Pufferspiel.[497]

*179 Lederne Doppeltasche mit zwei mit einem Scharnier verbundenen Metallrahmen, deutsch, Anfang 16. Jahrhundert*

Im **15. Jahrhundert** begann der Mann seinen Geldbeutel in einem der sehr weiten Ärmel aufzubewahren. Falkner- und Jagdtaschen wurden zweckmäßiger. Beutel, darunter auch die Almosentasche, erhielten einen runden Metallbügel, einen sogenannten Nestelring, der das Einführen der Hand bequemer machte. Zunächst aber wurde der Beutel selbst noch mit der Zugschnur geschlossen. Erst allmählich wurde die Zugschnur aufgegeben und man öffnete die Tasche oben am Metallring, der damit zu einem ***Verschlußbügel*** wurde *(Tafel 1)*. Verfügte eine Tasche über zwei Beutelteile, so wurden die Metallringe mit einem umklappbaren Scharnier verbunden. Diese Verschlußbügel, wie bei heutigen Damenhandtaschen, waren damals wahre Kunstwerke der Gold- und Silberschmiede. Eines der schönsten Beispiele ist die reich geschmückte Aumônière des knienden Königs auf Stefan Lochners Altarbild der Anbetung von 1440. Die Tasche ist am breiten Adelsgürtel, dem Dusing *(s. S. 64)*, befestigt. Sie ist reich mit Perlen bestickt und hat kleine runde Extratäschchen, die mit Kordeln zusammengezogen werden. Der Verschlußbügel ist von den Türmen einer Burg bekrönt. Art und Farbe der Stickerei kennzeichneten die Herkunft der Taschen, deren berühmteste Herstellungszentren Caen, Lyon oder Limoges waren.

Am französischen und burgundischen Hof waren brokatene oder bestickte Beutelchen bei den Damen höchst begehrt. Hier war es üblich, daß die Braut dem Bräutigam am Hochzeitstage einen oder mehrere Beutel mit Gold- und Silberstücken als einen Teil ihrer Mitgift übergab. Man nannte sie ***Bourses de mariage***. Sie waren mit Allianzwappen, Initialen oder Liebeszeichen bestickt.

Meist beschäftigte man an den Höfen, vor allem in Frankreich und Burgund, eigene Sticker, denen die Hofdamen in der Geschicklichkeit nicht nachstanden.[498] In Deutschland waren die ***Beutler*** vielfach anderen Zünften aus Nachbargewerben angeschlossen, denen der Heftlmacher,

Gürtler und Lederzurichter. Ursprünglich durften die Beutler aber ihre Beschläge und Verschlüsse aus Metall selbst anfertigen. Diese Übergriffe auf andere Zünfte führten zu vielen Mißhelligkeiten. Auch im deutschen Beutlergewerbe konnten sich Frauen als Stickerinnen betätigen. In London vereinten sich die Taschenmacher zur großen Gilde der *Leathersellers*. Wie die meisten Zünfte verkauften die Beutler ihre Waren selbst.[499]

Im **16. Jahrhundert** gab der Mann die Tragetasche auf. Er brachte seine mitgeführten Utensilien in einem Sack unter dem Ärmelausschnitt des Wamses, also unter der Achsel, unter. In der zweiten Hälfte des Jahrhunderts bürgerte sich der ***Hosensack*** ein, der sich auch in der Futterhose der weiten Pluderhose befinden konnte. Die Futterhosen wurden vielsagend Diebssäcke genannt, da wegen ihres weiten Schnittes kaum sichtbar wurde, wie prall gefüllt sie waren. Angeblich wurde auch die sehr voluminös gewordene Schamkapsel als Sack verwendet.[500]

Die reichen Bürgerinnen dokumentierten ihren Wohlstand und ihr modisches Selbstbewußtsein durch die wieder sichtbar an einem langen Riemen vom Gürtel hängende, beutelartige Ledertasche. Die ***Beuteltaschen*** hatten einen metallenen Verschlußbügel und oftmals bis zu achtzehn beutelartige, mit Knöpfen oder Schnüren verschlossene Vordertaschen. Die *Gretchentaschen*, wie Doppeltaschen später genannt wurden, wurden an einem langen Lederriemen am Gürtel befestigt, an dem – wie damals noch üblich – in einem Lederfutteral das Eßbesteck sowie Schere und Gebetbuch hingen. In der zweiten Hälfte des 16. Jahrhunderts kamen Gürtel und Tasche meist unter dem oberen Kleidrock zu liegen. Außerdem forcierte die steife spanische Hofkleidung mit ihrem Reifrock, der Vertugade, die an den meisten Adelshöfen übernommen wurde, das Aufkommen von Gewandtaschen. Diese »Gewandtaschen« bestanden wahrscheinlich aus extra um die Taille gebundenen Stofftaschen, wie sie aus dem 18. Jahrhundert erhalten sind.[501] Nicht in die Tasche gesteckt wurde das »Taschen«tuch, das damals als Ziertuch stets in der Hand gehalten wurde *(s. S. 272f.)*.

Im **17. Jahrhundert** waren Taschen als modisches Accessoire von geringer Bedeutung. Reisende und Kaufleute zogen aus Sicherheitsgründen in den Gürtel eingearbeitete Taschen vor. Da sich diese »Geldbeutel« um den Leib schmiegten, hießen sie ***Geldkatzen***[502], im süddeutschen Raum Bauchranzen *(s. S. 54)*. Immer mehr setzten sich Säcke, das sind Gewandtaschen, durch. Sie waren beim Justaucorps, dem damaligen Herrenrock, so tief angebracht, daß sie unter dem Saum hervorkamen und deshalb mit Rüschen oder Spitzen verziert waren *(Abb. 93 und 122)*.

Im **18. Jahrhundert** verfügte der Herr über diverse, in Justaucorps und Weste eingearbeitete Taschen. Da diese Säcke nicht allzu groß sein konnten, kamen für Briefe, Dokumente und andere Schriftstücke flache ***Kuverttaschen*** oder ***Mappen***[503] auf. Diese, Portefeuilles genannt, können als Vorform der Aktentasche gelten. Natürlich gab es weiterhin Falkner- und Jagdtaschen, die beim Adel aus schwerem Samt und reich mit goldenen Tressen, Fransen und Troddeln verziert waren. Die Jagdtasche hatte nun eine eckige Form mit Überfall.

Bei den **Damen** wurden die erwähnten ***Untertaschen*** üblich. Es waren zwei an ein Band genähte flache Stofftaschen, die unter dem Oberrock um die Taille gebunden wurden. Der Oberrock erhielt dafür links und rechts einen Eingriffsschlitz. Die Untertaschen waren oft passend zum Oberrock bestickt.

Im letzten Viertel des 18. Jahrhunderts kam ein in der Hand gehaltener zierlicher Stoffbeutel in Mode. Er wurde ***Pompadour*** genannt, da er häufig aus dem nach Marquise de Pompadour (1721–1764) benannten, mit kleinem Blumenmuster versehenen Seidenstoff war. Für gesellige Damengesellschaften waren ***Arbeitsbeutel*** für Stick- oder Häkelutensilien unentbehrlich. Die Bürgerin verwendete weiterhin die Bügeltasche, die mit einem Haken am Gürtel befestigt wurde. (Eine Taschenform, die bis heute in manchen Trachten, aber auch in der Kellnerinnen-Kleidung weiterlebt.)

Der Herr entdeckte im **19. Jahrhundert** das ***Portefeuille***[504], jene flache Tasche für Briefe und Akten, die zu einem wahren Standessymbol für Minister (Dienstmappe), hohe Beamte und Fabrikbesitzer wurde. »Das Portefeuille niederlegen« bedeutete denn auch »das Ministeramt niederlegen«. Die flachen Taschen konnten aus kostbarem feinem, dunklem Saffianleder mit Gold oder Blindpressungen gearbeitet sein. Erst vom 19. Jahrhundert an wurden die Portefeuilles vom Taschner hergestellt, früher waren sie Sache des Buchbinders, weshalb sie anfangs noch Buchdeckeln ähnlich sahen. Einer der ersten Betriebe, die Portefeuilles herstellten, war in Offenbach am Main nahe der Messestadt Frankfurt, eine bis heute für ihre Taschenherstellung berühmte Stadt.[505] Nach Mitte des Jahrhunderts wurde das Portefeuille zur Brieftasche, die das Papiergeld aufnahm, im Unterschied zum ***Portemonnaie*** für Münzen. In Deutschland hat man in vornehmer Weise, denn über Geld sprach man nicht, diesen französischen Ausdruck gewählt, der in Frankreich selbst kaum gebraucht wurde. Gegen Ende des Jahrhunderts kamen rechteckige ***Aktentaschen*** mit Klappe, Schloß und Henkelgriff sowie bauchige Bügeltaschen auf, die sich aus der Reisetasche entwickelt hatten und von Ärzten, Beamten und Handlungsreisenden (noch heute als ***Ärztetasche*** bekannt)

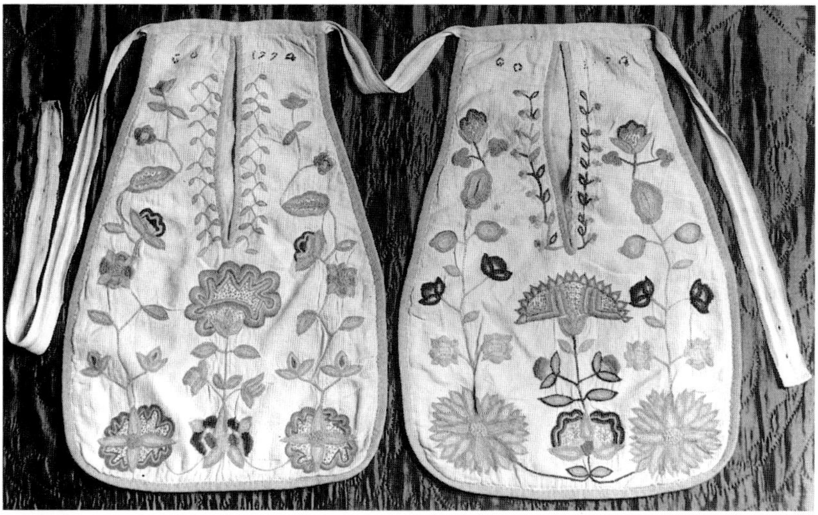

*180 Separat umzubindende Gewandsäcke der Damenmode des 18. Jahrhunderts*

verwendet wurden. Auch Arbeiter bedienten sich ihrer für das Werkzeug, nur waren sie aus weniger gutem Leder oder gebraucht.

In der Damenmode wurde zur Zeit des Directoire und Empire (1795–1815) die Tasche zur ***Hand***tasche. Die dünnen, lose hängenden Chemisenkleider, wie sie der Antike nachempfunden wurden, machten die bisherigen, um den Leib gebundenen Taschen unbrauchbar. Die Tasche, genauer, der Beutel baumelte von nun an seinen Zugbändern vom Handgelenk. Er hieß ***Réticule***, was sich aus dem französischen Wort *Netz* herleitet, da es sich ursprünglich um gestrickte Beutel handelte. Man fand diese kleinen Beutelchen infolge ihrer modischen Urnen-, Vasen-, Muschel- und Lampionformen offensichtlich sehr eigenartig, denn das Wort *Réticule* wandelte sich bald zu Ridicule oder ***Ridikül***, was soviel wie *lächerlich* heißt. Dafür spricht, daß sie um 1825 auch *farceurs* (frz. *Hanswurst* oder *kleine Schäker*) und in England scherzhaft *indispensables* (die *Unentbehrlichen*) genannt wurden. Sie waren oft so klein, daß sie höchstens ein Taschentuch aufnehmen konnten und deshalb *coup de poing* (frz. *Faustschlag*) hießen. Es war Mode, sie so in der Hand zu halten, daß man nur ihr Tragebändchen sah. Sie waren häufig mit Perlenstickerei, Petit point, Pailletten, Spitzen oder Straminstickereien verziert. Der Ridikül hielt sich bis heute als »klassisches« Ball- und Brauttäschchen. Um 1820 war kurzfristig der ***Maroquinbeutel*** beliebt, der eigentlich eine abgesteifte Tasche aus Ziegenleder (dem ursprünglich

*181 Handtasche in Form eines Blumenkörbchens, um 1800*

*182 Ridicul in Muschelform mit Silberkette und Taschentuch, 1814*

aus Marokko stammenden Maroquin-Leder) und mit Metallplättchen verziert war.

Nach 1830 nahmen Körbchenformen zu – häufig waren es tatsächlich Handarbeitskörbchen. Sie wurden mittels eines Eisendrahtes in Form gehalten und hatten einen festen Boden aus Holz, Strohgeflecht oder Karton. Es gab auch flache, steife Taschen aus Leder oder Schildpatt mit einem kurzen Henkel.

Zur Krinoline (1848–1869), zur Turnüre (1869–1875) wie auch zum Cul de Paris (1882–1888) wurden sogenannte ***Châtelaines***[506] beliebt. Es waren sehr kleine Täschchen, die mittels eines Kettchens an den Gürtel (ohne lange Trageschnur) oder den Sonnenschirm, aber auch an einen Finger gehängt wurden. Damit wurden die Hände frei für Sonnenschirm und Fächer. Sie waren oft mit einem ganzen Metallrahmen gearbeitet und zuweilen nur als Geldtasche gedacht.

Mit zunehmend selbständigen Reise- und Freizeitbetätigungen der Frau (bedingt durch den zunehmenden Zugverkehr und den Ausbau des Schienennetzes) kamen ***Reise- und Badetaschen*** auf. Es gab Reisetaschen aus Leder mit fester Inneneinteilung für alle Toilettenutensilien. 1854 begann ***Louis Vuitton***, Kofferpacker am Hofe Napoleons III., erstmals Koffer mit flachen Deckeln herzustellen. Diese Koffer hatten den Vorteil, daß sie in den Reisezügen stapelbar waren, im Gegensatz zu den Truhen, deren Deckel gewölbt waren, damit das Regenwasser beim Transport auf der Kutsche ablaufen konnte.[507] Für kurze Reisen waren

*183 Ridicul in Körbchenform, bestickt, um 1820–1830*

*184 Maroquinbeutel aus Leder mit Preßdekor und Metallbeschlag, Wien, um 1820*

die leichteren Teppich- oder ***Gobelintaschen*** aus Segeltuch mit Wolle bestickt gebräuchlich *(Tafel 13)*. Unter dem Einfluß der Reisetasche kamen gegen Ende des Jahrhunderts voluminöse ***Henkeltaschen*** für die selbständige, berufstätige Frau der Mittelschicht auf.

Im **20. Jahrhundert** trägt der Herr seine persönlichen Utensilien in den Gewandtaschen, den Säcken von Mantel, Sakko und Hose. Beim täglichen Gang zur Arbeit greift er zur ***Aktentasche***, die in Qualität und Aussehen sehr unterschiedlich ist. Oft weniger dem Transport von Geschriebenem als vielmehr der »standesgemäßen« Mitnahme von Mittagessen und Jause diente die Aktentasche noch in den 1950er Jahren. In der zweiten Hälfte der 1960er Jahre kam ein neuer Taschentypus für den Mann auf: Infolge der sehr eng gewordenen Kleidung, zumal der Hosen, paßten Taschentuch, Geldtasche und Schlüssel nicht mehr in die Gewandtaschen, so daß der Herr zu einer extra ***Umhänge- oder Handgelenktasche*** greifen mußte. Da der Mann eine »Extratasche« nicht gewohnt war, sie gerne verlor, vergaß oder ihm entwendet wurde, setzte sie sich nicht nachhaltig durch. In den 1970er Jahren wurde die lederne Aktentasche, da sie nun schon jeder hatte, durch den steifen Aktenkoffer ersetzt, der als ursprünglicher ***Diplomatenkoffer*** von höherem Ansehen war. In der Zwischenzeit ist auch er von Schülern und Auszubildenden übernommen worden. – Aktentaschen waren zu allen Zeiten über ihren praktischen Zweck hinaus soziale Zugehörigkeits- und Abgrenzungszeichen.

Die Tasche der **Frau** wurde im 20. Jahrhundert mannigfaltiger denn je. Die Tasche mußte nicht nur mit der Bekleidung modisch korrespondieren, sondern sie mußte zudem dem Typus der Trägerin entsprechen. Zu Beginn des Jahrhunderts waren zur antiquierten Sans-Ventre-Mode kleine Beutelchen modern. Zum gleichzeitigen Reformkleid dagegen hängte man kleine Silbertäschchen mit einer Ziernadel an das Kleid oder an den Gürtel, um die Hände frei zu halten. Diese hielten sich als ***Theatertäschchen***, häufig mit Petit-point-Stickerei versehen. Beliebt waren auch Silberkettchen-Taschen, von denen sich viele bis heute erhielten, sowie kleine glacélederne Beutel mit einem versteiften Innenteil für das Opernglas und einem extra Teil für die Schminkutensilien.

Als 1909 die Auftritte der Ballets Russes in Paris so sehr von sich reden machten, entsprachen ***Pagodentaschen*** mit Quasten ganz dem Zeitgeschmack.

Um 1910 lösten sehr große, flache sogenannte ***Dokumententaschen*** mit Henkel, denen weniger ein emanzipatorischer, als ein rein modischer Hintergrund gegeben war, die zierlichen Täschchen ab.

In den 1920er Jahren sollte die gerade, geometrische Linie der Tagesmode keinerlei Ablenkung erfahren. Somit wurden die Handtaschen flach, verloren den Henkel und wurden als ***Kuverttasche*** unter den Arm geklemmt. Solche Taschen paßten auch zu sehr emanzipierten Hosenanzügen oder Smokingkostümen. Eidechsen- und Krokoleder waren überaus in Mode. 1921/22 zur Zeit der Entdeckung des Grabes von Tutanchamun dominierten ägyptische Verzierungen auf den Taschen *(Tafel 13)*. Sehr künstlerisch waren Taschen mit kubistischen Ornamenten. Die Tasche war stets als Ensemble zum Schuh gedacht. Abendhandtaschen dagegen waren Teil des Abendkleides und somit aufwendig mit Perlen in typischen ***Art-déco***-Mustern bestickt, hatten silberne Verschlußbügel

*Rechte Seite, von links oben:*

*185 Umhängetasche aus braunem Krokoleder und Metallbügelverschluß, um 1900*

*186 »Mini Kelly Bag« von Hermès 1993, seit 1956 benannt nach Fürstin Gracia Patricia von Monaco*

*187 Abendtasche aus Silberkette mit Blättern farbig in Spritzdrucktechnik verziert, um 1923/25*

*188 Handtasche aus schwarzem Eidechsen- und Schweinsleder, Berlin (?), um 1930. Die Vorderseite ist aus Eidechsenleder zusammengesetzt, in der Mitte das schuppige Rückenteil, am oberen Ende mit Kopf und Glasaugen, seitlich nachgeformte Klaue; Rückseite und Henkel aus Schweinsleder*

oder waren ganz aus Metall, aus Metallnetz farbig mit einer Spritzdrucktechnik verziert, oder aus Schildpatt. Neu für Taschen war gepreßtes ***Galalith*** oder Lactoid[508]. Taschen aus rotem oder schwarzem Galalith, in streng geometrischem Muster voneinander abgesetzt, kombiniert mit kühlem Metall, mit einer silbernen Art-déco-Schnalle oder mit Straß[509] besetzt, gehören heute zu teuren Sammlerstücken.

In den 1930er Jahren wurden Taschen aus Sämischleder oder Schlangenhaut, zu den Schuhen passend, beliebt. Die dem Surrealismus nahestehende Modeschöpferin ***Elsa Schiaparelli*** schuf Handtaschen aus transparenten Materialien sowie »surreale« Taschen in Schuh- oder Muschelform.

In den 1950er Jahren legte die Dame – entsprechend der damaligen Auffassungen des Gut-gekleidet-Seins – großen Wert darauf, daß die Handtasche in Farbton und Stil zu Handschuh und Fußbekleidung paßte. Häufig war eine flache Ledertasche mit Metallrahmen und Lederbü-

*189 Links: Handtasche aus weißem, marmoriertem Galalith; rechts: aus Metall mit schwarzem Galalith-Deckel, USA, um 1953*

gel. Berühmt wurde jene bereits 1937 erfundene Taschenform von ***Hermès***[510] in Paris, die Fürstin Gracia Patricia von Monaco zu verwenden pflegte, die sogenannte *Kelly-Bag*. Viele Frauen, die sich eine Ledertasche nicht leisten konnten, häkelten ihre Tasche selbst aus Bast und nähten sie an einen fertigen Metallbügel. Aus den USA kamen die ersten ***Plastiktaschen***, die besonders aus durchsichtigem PVC[511] Furore machten und für ein neues Zeitalter standen. Sehr extravagant und futuristisch waren jene Taschen in diversen kästchenartigen Formen – Trapezoiden, Ovalen etc. – aus gehärtetem, farbigem Acryl.[512] Sie wurden von namentlich bekannten Design-Firmen, wie Rialto, Llewellyn, Wilardy und Patricia of Miami, hergestellt.[513] Jedes Jahr wurden neue Looks und neue Farben erfunden, von jeder Firma bis zu vierzig Stück. Es sind Taschen, die es in einer Vielzahl an Formen gibt, so daß heute kaum je zwei gleiche auf dem begehrten Sammlermarkt auftauchen.

Anfangs der 1960er Jahre waren henkellose Kuverttaschen und Handtaschen in schwarzweißem Op-art-Dessin aktuell. Kunststoffe, wie Skai, waren beliebte Lederimitate. In der zweiten Hälfte der 1960er kam ein vollkommen neuer Typus von Tasche für die Frau auf, die ***Umhängetasche***. Zu der selbstverständlich gewordenen Hose

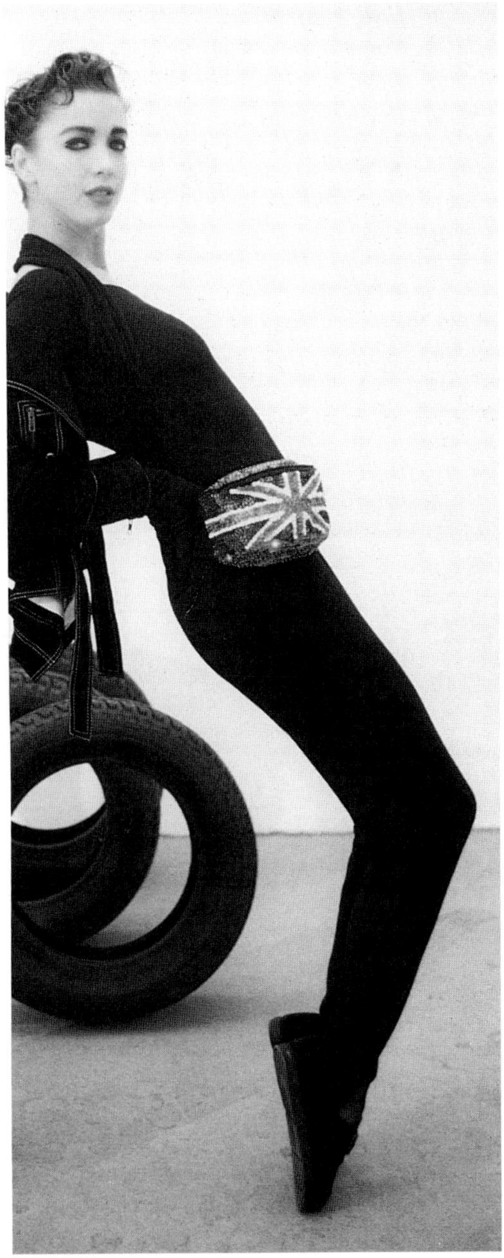

*190 Hippbag mit Pailletten, Modell von C & A Brenninkmeyer, 1990*

paßte nicht mehr die Handtasche, die zudem wenig jugendlich und sportlich aussah. Die Hippie-Mode brachte Umhängetaschen aus Sämischleder mit applizierten Blümchen und Blättern. Die eigentliche Handtasche wurde als zu »madamig« angesehen, weshalb sie mehr oder weniger »gekrönten Damen« verblieb. Aber auch emanzipierte Frauen, wie die ehemalige britische Premierministerin Margaret Thatcher, verstanden es, sich der Handtasche als feminines Markenzeichen zu bedienen.

1975 lancierte der in Paris tätige japanische Designer Kenzo quer um den Oberkörper gehängte, kleine Stofftaschen. Diese Form des Tragens – aus seiner fernöstlichen Tradition – erwies sich in den Großstädten als äußerst zweckmäßig gegen Diebstahl.

Noch unbeschwerter wurde das Tragen einer Tasche, als in den 1980er Jahren junge Frauen zu Stadtrucksäcken, ***Citybags*** genannt, griffen. Witzige Taschen mit Telefonhörer als Henkel und Wählscheibe als Schnalle, Plastiktaschen, die wie Backsteine oder Klinker aussahen, kamen auf den Markt, ebenso Taschen aus schwarzem Gummi. Die Karrierefrau griff zum Aktenkoffer des Mannes, um sich als beruflich kompetent auszuweisen. Längst ist die Tasche als ***Markenzeichen*** erkannt worden, Allover-Drucke mit den Logos von YSL, LV, GG oder FF sind bis zur Übersättigung bekannt und oft nur schwer von all den Imitaten zu unterscheiden.

In den 1990er Jahren feiert die Ledertasche (auch als geknautschtes Leder) ein Comeback, in steifen, aber kleinen Trapezoidformen und in vielen kräftigen Farben. Und die Leggings, die ihr sportliches Image durch eine Umhängetasche verlieren, haben wieder Gürteltaschen, zeitgemäß ***Hippbags*** genannt, in Mode gebracht.

*191 Hippie-Patchwork-tasche aus Leder, um 1970*

# Taschentuch

Die heutige Benutzung eines Taschentuchs läßt kaum den Gedanken an ein sichtbares Modeaccessoire aufkommen. Jedoch war es bis ins 18. Jahrhundert in Adelskreisen üblich, das *Taschen*tuch als Beiwerk in der *Hand* zu halten.[514] (Bis heute heißt im Englischen das Taschentuch *handkerchief*, wörtlich *Handtuch*.) Es diente beiden Geschlechtern als Standeszeichen, Kokettiermittel, Liebespfand und Zierde, jedoch am wenigsten zum Putzen der Nase.

Der Volksglaube verknüpfte das Beiwerk Taschentuch mit magischen Vorstellungen.[515] Man belegte es mit schützenden Kräften und Abwehrmitteln gegen Böses. In manchen Gegenden Deutschlands war es Sitte, daß nahe Verwandte bei einer Beerdigung weiße Taschentücher als Abwehr und Schutz gegen den Tod in den Händen hielten.[516] Das Taschentuch spielte im regionalen Brauchtum auch eine Rolle als Liebeswerbemittel, wenn die Angebetete ein vom Verehrer geschicktes Tuch annahm (es konnte auch umgekehrt der Fall sein). Das kostbare Hochzeitstaschentuch war gleichsam Ehepfand.[517]

## Geschichte

In der **römischen Antike** waren eine Reihe von Tüchern – ***Schweiß- und Mundtücher*** – gebräuchlich, die man später als Etikettücher zusammenfaßte.[518]

Im 1. Jahrhundert v. Chr. erwähnt der Dichter Catullus (87–57 v. Chr.) erstmals Tücher zum Abwischen des Schweißes und zum Verhüllen des Gesichtes als Schutz gegen Witterungseinflüsse oder ansteckende Krankheiten.[519] Dieses ***Sudarium*** (von lateinisch *sudor*, *Schweiß*) war ein den Vornehmen vorbehaltener Luxusartikel und wurde insbesondere von Rednern verwendet. Es war aus feinem ägyptischen Leinen, dem Byssos, und meist quadratisch. Da in der Antike weder eine Gewand- noch eine Handtasche gebräuchlich war, wurde das Tuch in eine Gewandfalte (*sinus*) der Toga unterhalb der Brust gesteckt.

Im 2. Jahrhundert n. Chr. kam das rechteckige, etwas größere ***Orarium*** (von lateinisch *os, oris*, *Mund*) in Gebrauch. Es war zunächst eine Art Mehrzwecktuch, das auch zum Verbinden von Wunden verwendet wurde.[520] Bei den ersten Christen war das Orarium (nun von lateinisch *orare*, *beten*) ein Tuch zum Beten, dem das Volk magische Heilskräfte zusprach. Das Schweißtuch der Veronika, das sie Christus reichte, blieb in dieser Symbolik unübertroffen. Es wurde auch Sitte, daß der Priester dem Täufling ein Taschentuch auf den Kopf legte zu dessen Schutz gegen Böses.[521] In der Malerei des Mittelalters ist das Orarium meist heiligen Personen beigegeben. Maria läßt das weiße Tuch als Symbol der Unschuld und der Reife bei der Verkündigung durch den Engel erschrocken zu Boden fallen.

Ein weiteres in der Antike häufig vorkommendes Tuch war die ***Mappa***. Sie wurde in spätrömischer Zeit – da man mit den Fingern aß – hauptsächlich als Serviette und als Vortuch (Tischtuch) verwendet. Es war auch Sitte, darin kleine Geschenke für den Gastgeber einzuwickeln, oder umgekehrt Speisen von einem Mahle mit nach Hause zu nehmen.[522] Die Mappa war häufig mit einem Ziersaum (*clavus*) und mit Fransen (*fimbriae*) verziert. Kaiser Nero (54–68 n. Chr.) soll, als er in der Arena beim Mahle saß, dem ungeduldig wartenden Volk ein Zeichen zum Spielbeginn mit seiner Serviette gegeben haben.[523] Daraus entstand der Usus, zum Zeichen des Spielbeginns die Mappa sichtbar in der rechten Hand hochzuhalten. Unter Kaiser Aurelian (270–275) kam die Sitte auf, im Theater Persönlichkeiten von hohem Rang sowie den Lieblingsschauspieler durch Schwenken von farbigen Tüchern zu begrüßen oder Beifall kundzutun.[524] In der späten Kaiserzeit gab das Volk bei Gladiatorenspielen durch Winken mit Tüchern seine Entscheidung über die Begnadigung des Besiegten zu verstehen. Das Tuch wurde damit ***Kommunikationszeichen***. Bis heute ist es Sitte geblieben, zum Zeichen des Willkommens oder Abschieds (und als sichtbare Verlängerung des Armes) ein weißes Taschentuch zu schwenken.

Mappa und Orarium nahmen am **byzantinischen Hof** ***Zeremonialcharakter*** an und erhielten sich als liturgische Symbole in der christlichen Meßzeremonie. Wie viele kirchlichen Insignien wurde auch das Taschentuch Bestandteil des Krönungsornates.

Die Profanisierung des Taschentuchs im **Mittelalter** läßt sich nicht mehr genau nachvollziehen. Geht man von anderem Beiwerk, wie Handschuh, Schirm oder Fächer aus, ging wohl auch das Taschentuch als Auszeichnung oder Ehrenzeichen in die Hände des Adels über. Bewiesen ist, daß seit dem 11. Jahrhundert das Tuch als ***Liebespfand*** eine große Rolle im Minnedienst spielte, wie später das Hochzeitstaschentuch. Das vom Söller heimlich herabgeworfene Tuch einer verheirateten Herrin aber konnte in den Händen des ritterlichen Liebhabers dessen Tod bedeuten. Es war Treue- und Tapferkeitspfand, wenn es ein Ritter mit in den Kampf nahm und es mit seinem Schweiß und Blut durchtränkt seiner Angebeteten wieder zurückgab.

Im **15. Jahrhundert** reaktivierte das Patriziat, das in den Adelsstand erhobene reiche Bürgertum, eine Reihe der bereits in der Antike verwen-

*192 Taschentuch mit Nadel- und Klöppelspitze, Beutelchen, Ende 16. Jahrhundert*

deten ***Etikettücher***. Diese Reaktivierung ist im engen Zusammenhang mit der **Verfeinerung der Sitten** an europäischen Adelshöfen zu sehen.[525] Am Hofe zu Burgund wurde es Mode, ein großes, duftendes Seidentuch in der Hand zu halten oder über eine Schulter zu legen.

In italienischen Kleiderinventaren der ersten Hälfte des 15. Jahrhunderts waren bereits eine große Anzahl von Tüchern aufgelistet: *sudarioli* (*Schweißtücher*), *paneti* und *drapeselli* (*Tüchlein*), *paneti da naso* (*Nasentücher*), *paneti da copa* (*Halstücher*) und *fazzoletto* (*Ziertücher*). Die ***Drapeselli***, in Frankreich *pochette*[526] genannt, waren die eigentlichen Taschentücher, ohne Zierat, aber aus feiner, oft Reimser Leinwand. Ein solches »dans la plus fine toile de Reims«[527] ist bereits 1387 im Trousseau von Königin Isabeau de Bavière (Elisabeth von Bayern) erwähnt. Man bewahrte diese eigentlichen Taschentücher in der am Gürtel befestigten Tasche auf, die unter dem oberen Kleidrock getragen wurde *(s. S. 259)*. Die bedeutendste Rolle spielten die ***Fazzoletti***. Der Fazzoletto[528] war ein mit Stickereien und Durchbrucharbeiten verziertes Tüchlein aus Seide oder feinem Leinen (aus Reims oder Cambrai). Es wurde elegant in der Hand gehalten. Auf den Bildern des Malers Domenico Ghirlandajo

*Ziertaschentücher – Fazzoletti*

*193 Sibylle von Cleve mit Fazzoletti, Ausschnitt aus dem Gemälde von Lucas van Valckenborch, um 1579*

*194 Auffallend großes Ziertaschentuch von Königin Maria Anna von Spanien, Ausschnitt aus dem Gemälde von Diego Velàzquez, 1653*

*195 Heinrich III. von Frankreich, in seiner Linken ein spitzenverziertes Taschentuch. Toque, Ohrschmuck, Gürtel, Schmuckknöpfe, Schuhe mit Überschuhen. Unbekannter Meister, um 1580*

(1449–1494) sind die Florentiner Damen mit diesen kostbaren, zuweilen mit geknüpften Fransen umsäumten Ziertüchern in den Händen dargestellt.

Im Laufe des **16. Jahrhunderts** begann man die Tücher mit reichem Spitzenschmuck, Nadel- und Klöppelspitzen und Goldstickerei zu verzieren.[529] Die Damen der Gesellschaft übten sich in der Kunst des Verzierens, doch gab es ab dem 16. Jahrhundert dafür Musterbücher.[530] Das künstlerisch wertvollste und bekannteste Spitzenbuch ist das von Cesare Vecellio, einem Neffen Tizians, 1591 herausgegebene »Corona delle nobili et virtuose donne«. Die kostbarsten Ziertücher wurden in Venedig hergestellt und vornehmlich nach Frankreich exportiert.

Katharina von Medici (1519–1589), Gattin Heinrichs II. von Frankreich, führte das ***Toilettetuch*** am französischen Hof ein. Obgleich es ***Mouchoir*** (von lateinisch *mucus*[531], *Rotz*) oder *pleuroir* (von lateinisch *plorare*, *weinen*) genannt wurde, war es aufgrund seines reichen Dekors höchstens ein Tuch zum Abtupfen der Tränen. Denn bis ins 18. Jahrhundert war es selbst bei Hofe üblich, zwischen den Fingern in die Luft zu schneuzen. Die kostbaren Ziertücher dagegen wurden mit wohlduftenden Essenzen getränkt und als Liebesunterpfand ***Mouchoir de Vénus*** verschenkt.[532] (Das Liebespfand, ein Taschentuch, das Desdemona von Othello erhalten hatte, wurde ihr – irrtümlich in die Hand eines anderen geraten – zum Verhängnis.) König Heinrich III. von Frankreich (1574–1589) liebte die Tücher aus Galanterie und verschenkte sie als Liebesbeweis an seine Günstlinge, die Mignons *(Abb. 195)*.

Auch im englischen und spanischen Hochadel war das in der Hand gehaltene Ziertuch ein begehrtes Modebeiwerk. Anne Boleyn besaß zur Zeit ihrer Hochzeit mit Heinrich VIII. 1533 vier Dutzend Handkerchers. Heinrich VIII. besaß holländische Taschentücher mit Fransen aus »venezianischem Gold«, aus roter und weißer Seide und Taschentücher mit flandrischen Klöppelspitzen.[533] Unübertroffenen Luxus trieb seine Tochter Elizabeth I. von England (1558–1603) mit den Tüchlein, sollten sie doch das Augenmerk auf ihre schönen Hände lenken. Am spanischen Hof signalisierte der *fazuolo* (oder *pañuelo*) – obgleich obligates, stereotyp in der Hand jeder adeligen Dame gehaltenes »Kleidungszubehör« – etwas Charme und Lebensfreude, ja Koketterie angesichts der sonst erstarrten Kleidung.

Ebenso war in Deutschland seit Beginn des 16. Jahrhunderts das Taschentuch unter dem Namen Fazinetel oder Fazilettlein als Zier- und Luxusgegenstand bekannt. Sie hießen auch Schnüffeltücher, was weniger damit zu tun hatte, daß man hineinschnaubte, sondern am Geruch des parfumdurchtränkten Tüchleins schnüffelte. Als solches wird es in den deutschen Kleiderordnungen gegen Ende des Jahrhunderts als den höheren Ständen vorbehalten erwähnt.[534] Taschentücher gehörten auch zu offiziellen Geschenken; so notierte Albrecht Dürer 1520 (oder 1526?), daß er in Köln eine Fazalet geschenkt bekam. Verlobten niederen Standes war es verboten, Taschentücher zu schenken.

Ein ***Schneuztuch*** war allgemein nicht üblich. Eine ausgesprochene Ausnahme blieb Erasmus von Rotterdam schon zu Beginn des Jahrhunderts, der das Schneuzen in ein Taschentuch als eine Anstandspflicht erachtete und laut seines Inventars von 1536 neunundreißig derselben besaß.[535]

Im **17. Jahrhundert** nähten Verliebte in eine Ecke des Liebestüchleins einen Knopf, häufig einen modischen Posamentknopf, zur Erinnerung an den Verehrer oder die Verehrerin. Daraus wurde die Sitte, zur Erinnerung an etwas einen Knoten (Knopf) ins Taschentuch zu machen. Der Galan steckte das Liebespfand seiner Schönen sogar stolz an seinen Hut, ähnlich wie es beim Handschuh als Gunstbeweis der Fall war. Auch war bereits üblich, ein Monogramm ins Taschentuch zu sticken, nicht zuletzt zur Kennzeichnung des wertvollen Ziertuchs.

*196 Frühes Beispiel eines Souvenir-Taschentuchs mit achtzehn Paaren in Nationalkostümen. »Printed on the River Thames in the Great Frost, which began in the Month of January 1739–40.« Solche Illustrationen wurden oft als Quelle für Maskenkostüme verwendet*

Ende des Jahrhunderts verlor beim Mann das Ziertuch – maßgeblich durch die Verbreitung des Tabakschnupfens, das vom französischen Hof seinen Ausgang nahm[536] – seinen Charakter als Luxusgegenstand.

Somit wurde im **18. Jahrhundert** das Schnupftuch oder ***Nasentuch*** des Mannes in der Oberschicht allmählich zum Gebrauchsgegenstand. Es wurde nun auch tatsächlich in die Gewandtasche des Rockes, des damaligen Justaucorps, gesteckt. (Der Ausdruck *Taschentuch* wurde dennoch erst zu Beginn des 19. Jahrhunderts gebräuchlich.) Daß der Gebrauch des Taschentuchs zuerst in der Oberschicht gegeben war, ließ es während der **Französischen Revolution** zum politischen Erkennungszeichen werden: »Was, er schneuzt sich nicht durch die Finger? Er hat ein Taschentuch – er muß ein Aristokrat sein. Hängt ihn auf!« schreit ein Revolutionär in Büchners »Dantons Tod«.

Auch die Damen »ver«steckten ihr ***Mouchoir***[537] nun in einem Sack, und zwar war dieser unter dem Oberrock separat um die Hüften gebunden und infolge des Reifrocks nicht weiter auffallend *(Abb. 180)*. Dies hinderte die Damen jedoch nicht daran, das Taschentuch weiterhin einzusetzen, um wichtige »Verbindungen« zu knüpfen. Oft ließen sie es rein zufällig aus ihrer Hand gleiten und erwarteten, daß es der auserwählte Galant an sich nahm. Außerdem war das Taschentuch beim Gesellschaftstanz vonnöten, denn die jungen Damen hielten es graziös in einer Hand und gaben es bei jeder Figur an die nächste Dame weiter. (Wie es das Gemälde von Pietro Longhi »Der Tanzmeister« 1760 zeigt.)

Die Taschentücher von damals waren wesentlich größer als heute, hatten eher Kopftuchgröße und waren nicht unbedingt quadratisch (oft 60×50 cm). Sehr beliebt wurden sie durch ihre bedruckten Darstellungen. Landkarten, Kalender, religiöse Themen, Porträts von Persönlichkeiten, Partituren, Karikaturen sowie Witz- und Spottbilder fanden sich auf ihnen.[538] Der Herzog von Marlborough erkannte das Taschentuch als politisches ***Werbemittel***. (Es erinnert gewissermaßen an die heutigen bedruckten T-Shirts.) Er ließ 1702 seine Siege auf Tücher drucken und 1710 seine lange Parlamentsrede als Taschentuchgeschenk unter das Volk verteilen. Dank des Zeugdrucks mit gravierten Kupferplatten waren diese Tücher ein preisgünstiges Geschenk und ***Souvenir***, das viele sammelten.[539] Außerdem waren sie wegen ihrer Kleinheit von allen Einfuhrverboten ausgenommen. So waren zum Beispiel in Frankreich und England die Taschentücher per Parlamentsakte 1789 ausdrücklich vom Baumwollverbot ausgenommen, jedoch durften sie nur in einer Farbe

*197 Politisches Taschentuch »Das Ost-Problem. Wer wird es lösen? Das ist die Frage, die jeden bewegt. Gortschakoff, Andrassy, Suavi Pacha oder Bismarck«, 1878*

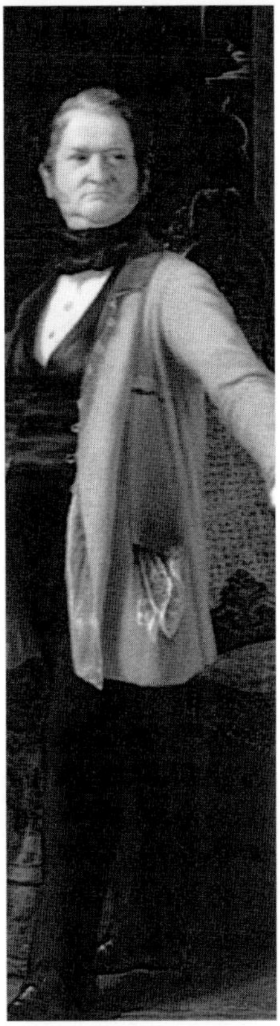

*198 Fabrikant, aus dessen Gewandsack ein schön verziertes Taschentuch hängt, schwarze Halsbinde, Hemdbrust mit Ziernadel und Schmuckknöpfen, Uhrkette. Ausschnitt aus Carl Wilhelm Hübner, Die schlesischen Weber, 1844*

*199 Dame mit Caraco-Jäckchen und Zylinder, Halsbinde und Spazierstock. Aus dem Gewandsack hängt lässig das große Taschentuch. Journal des Luxus und der Moden, 1793*

bedruckt werden.[540] Als eigentliches Schnupftuch wurden die bedruckten Taschentücher wenig gebraucht, denn bis 1752 waren ihre Farben nicht waschecht. Als das Tuch als sichtbares Modeaccessoire im Laufe des 18. Jahrhunderts verschwand, wurde das Ziertuch im ländlichen Feiertagsgewand übernommen. Im ***Volksbrauchtum*** blieb es besonders als Liebespfand erhalten. Der Austausch von Taschentüchern, häufig mit Liebesversen bestickt, sollte den Bund der Liebenden festigen. In alpenländischen Gegenden steckten es sich die jungen Senner beim Almauftrieb in den Gürtel als sichtbaren Liebesbeweis. Auch ließen die Burschen das Fazinetl prahlerisch aus der Joppentasche hängen. Diese Art ***Kokettierfetzen***, wie er umgangssprachlich hieß, war auch in der Stadt beliebt. Regional unterschiedlich war die Übergabe eines ***Hochzeitstaschentuchs***. Es war besonders kostbar ausgeführt, da hier der Glaube an die bindende Kraft am wichtigsten war.

***Nasenlumpen*** wurde auch auf dem Land erst mit dem Tabakschnupfen gebräuchlich. Sie wurden einfarbig, vor allem türkischrot, aber auch kariert populär.

Im **19. Jahrhundert** blieb in der romantischen Zeit des Biedermeier (1815–1848) das Taschentuch als Liebespfand erhalten. Der junge Mann steckte das Kleinod seiner Angebeteten sichtbar in ein Knopfloch des Rockes. Dieser Brauch soll 1802 in London aufgekommen sein, doch bleibt unklar, ob er Initiator des Stecktuchs geworden ist. (Erst ab etwa 1830 sieht man ein farbiges Stecktuch [*s. S. 231f.*] in der Brusttasche des Männerrocks.) Noch wurden die großformatigen, bedruckten Taschentücher in der Hand gehalten oder quollen aus der Gewandtasche im hinteren Schoßteil von Cut oder Frack keck heraus. Auch war das Taschentuch weiterhin als Propagandamittel üblich.[541] 1870 verteilte man im Deutsch-Französischen Krieg Taschentücher an die Soldaten, auf denen der Gebrauch des Gewehrs sowie Landkarten des Feindlandes gedruckt waren.[542] Die stets dunkelfarbenen Schnupftücher verschwanden dagegen in der Gewandtasche.

In der Damenmode zur Zeit des Directoire und Empire (1795–1815) fand das Taschentuch, wenngleich reich verziert, seinen Platz im Ridikül-Beutelchen *(Abb. 182)*. Im Biedermeier allerdings behielt die Frau das Taschentüchlein erneut in der Hand, aus Koketterie und zum Beweis ihrer handarbeitlichen Fähigkeiten. Die Taschentücher waren liebevoll bestickt, mit Durchbrucharbeiten versehen und mit Spitzen umsäumt. Zur Zeit der Turnüren (1869–1875 und 1882–1888) steckte die Dame ihr mit Eau de Cologne getränktes Spitzentuch in Dekolleté oder Ärmel, um es stets griffbereit zu haben.

Anfang des **20. Jahrhunderts** kamen Taschentücher aus Kunstseide auf. Sie hielten sich nicht lange, da sie nicht kochfest waren.

Der elegante Herr trachtete von nun an darauf, seinem, wenngleich nur noch versteckt – also als Taschentuch – aufbewahrten Schnupftuch durch weißes feines Leinen mit handrolliertem Saum Distinktion zu geben. Außerdem bot sich ***Weiß***, da kochfest, als hygienischste Farbe an. Solidaritäts- und Gruppenzeichen von politischer Bedeutung wurde das ***rote*** Taschentuch, das die Anhänger des Kommunismus zu schwenken pflegten.

Obgleich auch die Frau das Taschentuch nunmehr stets in einer Tasche aufbewahrt, gelten solche aus Schweizer Batist, Irischem Leinen und mit Brüsseler Spitzen verziert als besonders elegant. Kaum »standesgemäß«, jedoch dem Lebensstil entspricht das seit den 1970er Jahren übliche ***Papiertaschentuch***. Es stimmt sowohl mit den neuzeitlichen Forderungen eines hygienischen Einmalgebrauchs überein, als auch mit der »Zeit-ist-Geld-Mentalität« des Wegwerfens anstelle von Waschen und Bügeln. In welchem Schrank stapeln sich daher nicht Berge ererbter oder großteils unbenützter Taschentücher. Doch das Anwachsen der Müllberge wird sie reaktivieren.

# Anmerkungen

[1] Grobe Fächer hatten auch die Funktion, die Spreu vom Korn zu trennen oder Feuer anzufachen.
[2] Lat.; Diminutiv von *flabrum*, *das Wehen des Windes*.
[3] Ital. *ventarola*, frz. *éventail*.
[4] Die Geschichte des Fächers ist in der Literatur ausführlich behandelt, siehe Literaturverzeichnis S. 315, und wird hier in einem Überblick behandelt.
[5] August Pauly, Real-Encyclopädie der klassischen Altertumswissenschaft, Stuttgart 1839ff; Stichwort Fächer.
[6] Er ist noch heute in der Basilika des heiligen Johannes des Täufers in Monza bei Mailand aufbewahrt.
[7] Die Straußenfedern stellten Wahrheit und Gerechtigkeit dar, der Spiegel wehrte, da er den Blick des Bösen zurückwarf, Unheil ab, weiße Perlen galten als Symbol der Unschuld und Reinheit, hinzu kommt die individuelle Symbolik jedes Edelsteins.
[8] Von frz. *brisé*, *gebrochen*.
[9] Modes & Révolutions. 1780–1804. Ausst.-Kat. des Musée de la Mode et du Costume, Palais Galliera, Paris 1989.
[10] Die Federn wurden in an den Helm geschweißten Federhülsen verankert, wie sie im Mittelalter auch an den Roßstirnen üblich waren. Federschmuck am Helm war den Heerführern beziehungsweise bis ins 19. Jahrhundert hohen, zumal adeligen Militärs vorbehalten.
Siehe u.a. Reallexikon der deutschen Kunstgeschichte; Stichwort Federn.
[11] 1895 entstand erstmals ein internationales Vogelschutzabkommen in Paris, dem jedoch nur wenige Länder beitraten. 1898 betrug allein der Export von Reiherfedern aus Venezuela 1839 Kilogramm. In England wurde erst im Jahr 1921 der Handel mit seltenen Federn gesetzlich untersagt.
[12] Von frz. *pleurer*, *weinen*.
[13] Max von Boehn, Das Beiwerk der Mode, München 1928, S. 240.
[14] Gemälde von Parmigianino, Antea. Neapel, Museo di Capodimonte.
[15] Die Flexibilität des Fußes und das Austarieren des Gleichgewichts durch die Zehen spielen eine entscheidende Rolle für das Vermögen des Menschen, aufrecht auf »nur« zwei Beinen zu gehen; Möglichkeiten, die wir gerade durch Schuhe unterbinden.
[16] Die Fußsohle bildet eine dicke Hornhaut aus, die, damit sie nicht rissig wird, durch eine überdurchschnittliche Schweißproduktion geschmeidig gehalten wird. In sitzender Tätigkeit werden in 6 Stunden 25 g, im Stehen 37 g und im sportlichen Wettkampf bis zu 300 g Feuchtigkeit über die Fußsohlen ausgeschieden.
[17] Schuhe mit Schnürsenkeln, 1886.
[18] Das galt sogar im amerikanischen Goldsucher-Milieu, wo Frauen Mangelware waren. In dessen Song »Darling Clementine« macht man sich über ein Mädchen mit riesigen Füßen lustig.
Auch bei Männern galten kleine Füße als schön, Petrarca quälte sich in zu engen Schuhen, Dandies schnürten ihre Füße, und Fred Astaire soll seine Tanzschuhe immer eine halbe Nummer zu klein gewählt haben. Colin McDowell, Schuhe, Schönheit, Mode, Phantasie, München 1989, S. 26.
[19] Große Füße galten als Zeichen niedriger Abstammung; Schönheit und Anziehungskraft eines Mädchens wurden mehr an der Größe ihrer Füße als an einem hübschen Gesicht gemessen. Eine Heiratsvermittlerin fragte nicht »Ist sie schön?«, sondern »Wie groß sind ihre Füße?« Die trippelnden Frauen waren Gefangene auf Lilienfüßen. Den Mädchen wurden von fünf Jahren an die vier kleinen Zehen unter die Fußsohle etwa bis zum ersten Fußgelenk gebunden. Darüber wurde der Fuß mit meterlangen Bandagen umwickelt, um die Blutzirkulation und damit das Wachstum zu unterbinden. Die Schmerzen waren oft unerträglich. 1902 erließ die Kaiserinwitwe Ci Xi ein Edikt zum Verbot des Füßebindens, mit dem sie sich nicht sogleich durchsetzen

konnte, da der Brauch tief in der Bevölkerung verwurzelt war.

[20] Rolf Haubl, »Wem der Schuh paßt, der zieht ihn an.« Die Schuh(an)probe als Sexualsymbol, in: z.B. Schuhe, Gießen 1988, S. 176f.

[21] In ergonomischen Untersuchungen wurde festgestellt, daß Frauen mehr rutschen oder umkippen als Männer. Dies hat mit der verringerten Standfläche der Stökkelschuhe zu tun. Auch der gering hohe Stöckelschuh vermindert das Abrollen und die mögliche Schrittlange. Die Frau muß diese Unsicherheit durch bewußte Körperlichkeit, durch demonstratives Balancieren und durch oft künstlich wirkende Bewegungen ausgleichen; weiters durch die Wadenmuskulatur, die überspannte Streckung des Kniegelenkbereichs, starke Hüftbewegung und starkes Hohlkreuz. Dadurch werden Brust und Gesäß betont, was nicht zuletzt ein erotisches Gehverhalten bewirkt sowie Hilflosigkeit signalisiert, wenn der Griff nach dem männlichen Arm eine notwendige Geste ist. Andererseits haben hochhackige Schuhe durch das Hohlkreuz auch entlastende Effekte, und zwar beim Aufstehen und Gehen als Gegenbewegung zum runden Rücken beim Sitzen am Schreibtisch. Barbara Tietze, Der Menschliche Gang. Gegenstand ergonomischer Forschung, in: z.B. Schuhe, S. 94ff.

[22] Aigremont, Fuss- und Schuh-Symbolik und -Erotik, in: z.B. Schuhe, S. 172f.

[23] Animismus ist der Glaube an die Macht der Seele und an Geister.

[24] Die Pantoffeln mit der Aufschrift »Suleika« befinden sich im Bally-Schuhmuseum, Schönenwerd/Schweiz.

[25] In der Ergonomieforschung wurde das Gehen unter anderem durch kleine, blinkende Lämpchen, die an Fußspitze, Knöchel, Knie und Hüften der Versuchsperson montiert waren, und einer fotografischen Dauerbelichtung auf Bildern festgehalten. S. Anm. 21.

[26] »Le Modèle Rouge«, 1935 und 1937, sowie »La Philosophie dans le Boudoir«, 1947, s. Abb. in: Ingrid Loschek, Mode – Verführung und Notwendigkeit, München 1991, S. 259.

[27] Andreas Ley, Single Shoes. Kür gegen die Pflicht, in: Beinnahe. Strümpfe, Schuhe, Unterhosen aus vier Jahrhunderten, Ausst.-Kat. Münchner Stadtmuseum 1990, S. 9f.

[28] Die sogenannten Barfüßerorden, Franziskaner und Minoriten, sahen den Fuß als Symbol der vollständigen demütigen Nacktheit, da der Fuß der Erde am nächsten ist und eine Verbindung zwischen Mensch und Erde darstellt.

[29] Ein Beispiel findet sich im Alten Testament im zweiten Buch Moses, 3. Kapitel, 5. Absatz: »Tritt herzu, zieh deine Schuhe aus von deinen Füßen, denn der Ort, darauf du stehst, ist ein heilig Land.«

[30] Belegt im »Meier Helmbrecht« im 13. Jahrhundert.

[31] Der Gletschermann wurde 1991 gefunden. Seine Ausrüstung wird seither am Römisch-Germanischen Zentralmuseum, Forschungsstelle für Vor- und Frühgeschichte, Mainz, untersucht.

In mancher Literatur wird auf die spätpaläolithischen Felsmalereien in der südfranzösischen Grotte de Cogul von ca. 10000 v. Chr. als älteste Darstellungen von Fußbekleidung, respektive Stiefeln, verwiesen. Erkennbar ist jedoch nur ein »Wadenschutz«. Ein solcher ist physiologisch gesehen auch wichtiger als eine Fußbekleidung, da das Schienbein ein wenig geschützter, hochempfindlicher Knochen ist. Den Darstellungen nach dürften, als Schmuck oder Standeszeichen, auch fellene Wadenringe verbreitet gewesen sein, wie noch im 20. Jahrhundert bei archaischen Völkern üblich.

[32] Die deutsche Bezeichnung *Stiefel* von ahd. *stival*, ital. *aestivale*, bürgerte sich erst im 11. Jahrhundert für *Schuhe mit langem Schaft* ein. Vordem wurde auch der Halbstiefel als *soccus* bezeichnet (s. Anm. 36).

[33] Von indogerm. *skeu*, *Bedecken*, zu ahd. *scuoh*.

[34] Von griech. *kóthornos*, *hoher Schuh*. Ingrid Loschek, Reclams Mode- und Kostümlexikon, Stuttgart ($^2$1988), S. 322.

[35] Nach einer Schuhfibel, gefunden auf dem Dürrnberg bei Hallein, Österreich.

[36] Der Soccus (griech. *sykc[h]os*, ahd. *soc*, nhd. *socke*) war ein niedriger Schlupfschuh, der in der Antike zum Teil als Hausschuh verwendet wurde.

[37] Ordericus Vitalis (1075–1143) berichtet,

daß 1089 erstmals Schuhe mit langen Spitzen in Europa aufgetaucht waren, die allerdings von den Ballen aus gerade zusammenliefen. Er nannte sie »Scorpion Schwanz« und führte sie auf den normannischen Adeligen Fulco d'Anjou zurück. Der normannische Geschichtsschreiber beschreibt in seiner »Historia ecclesiastica« die Taten der Normannen in Europa und im Heiligen Land.

[38] Purrucker vollzog in ihren experimentellen Kostümuntersuchungen die Unzulänglichkeit des Bundschuhs nach. Barbara Purrucker, Hochmittelalterliche Bauernkleidung. Quellen und Probleme der Rekonstruktion, in: Zeitschrift der Gesellschaft für Historische Waffen- und Kostümkunde (ZGWK), Heft 1 und 2, 1990, S. 90f.

Grew und Neergaard dagegen nehmen an, daß Barfüßigkeit bei Bauern nicht die Regel war, sondern auch die ärmsten über Bundschuhe oder ähnliche Fußbekleidungen verfügten, wenn auch ausgetragen und durchlöchert. Die Vielzahl der in London gefundenen mittelalterlichen Schuhe würde dafür sprechen. In der City of London wurden um 1985 1500 Schuhe und Überschuhe aus der Zeit von 1100–1450 ausgegraben. Ein genauer Bericht, auch über die Restaurierung der Schuhe, wurde publiziert; Francis Grew und Margrethe de Neergaard, Shoes and Pattens, in: Medieval Finds from Excavations in London, 2, Museum of London 1988.

Außerdem sind auf spätmittelalterlichen Gemälden oft die Hirten bei der Anbetung des Jesuskindes in Schuhen mit Holzsohle dargestellt.

[39] Die Herkunft des Wortes *Poulaine* ist nicht geklärt. *Kranich* leitet sich von dem stolzierenden Gang beziehungsweise von den Füßen eines Kranichs ab. *Kranich* wurde auch mit der Stadt *Krakau* in Zusammenhang gebracht, was jedoch nicht sehr sinnvoll erscheint.

[40] Eine Gleichsetzung des europäischen Schnabelschuhs mit dem orientalischen ist allerdings unzulänglich. Der formalen Herleitung des Schnabelschuhs aus dem Orientalischen widersprach Robert Forrer, in: Archäologisches zur Geschichte des Schuhes aller Zeiten, Schönenwerd 1942.

[41] Der Wiederaufnahme einer vergangenen Mode, wobei es häufig zu einer modischen Übersteigerung kommt, begegnet man in der Modegeschichte bis heute immer wieder (Cul de Paris, Mini, Hippie-Look etc.). Es hat mit dem Rückgreifen auf Gewohntes, einmal Erfolgreiches zu tun.

[42] Rolf Haubl, in: z.B. Schuhe, S. 176ff., und Eckhard Neumann, Herrschafts- und Sexualsymbolik. Grundlagen einer alternativen Symbolforschung, Stuttgart 1980, S. 79ff.

[43] Von mnd. *trippen*, *laufen*; engl. *pattens*. Die Trippe ist keine Stelzsandale wie der orientalische Kapkap, dennoch kann der formale Ursprung auf orientalische Vorbilder zurückgehen.

[44] Um Holztrippen als Unterschuhe für die Straße handelt es sich um die links im Bild der »Vermählung des Giovanni Arnolfini« von Jan van Eyck stehenden Schuhe, und nicht, wie oft fälschlich interpretiert, um Hausschuhe.

[45] Dt. *Schlappe*, ndt. von *schlappen*, *lose sitzen*.

Der Schuh aus Sohle und Kappe war bereits seit dem 4. Jahrhundert bekannt. Eine Sonderform ist der Pantoffel-Schuh mit niedergedrückter Ferse. Im 16. Jahrhundert wurden Schuhe, die aus Stoff und nicht aus Leder gefertigt waren, zuweilen Pantoffeln genannt; in Hamburg (1583) hießen Pantoffeln aus dem Halbsamt Tripp *tripen tuffeln*.

In der Türkei bekundete der Pantoffel, verkehrt vor den Richter gestellt, ein Scheidungsbegehren. Der Pantoffelheld als jener Mann, der zu Hause unter der Macht der Frau steht, ist bis heute bekannt.

[46] Grew und Neergaard, S. 121.

[47] 1480 wurden in der »Erfurter Chronik« »breite Schuhe, Kuhmäuler mit Überschlägen« erwähnt.

[48] August Fink, Die Schwarzschen Trachtenbücher, Berlin 1963, S. 73.

[49] Zum Zeichen offenen sozialen Widerstands gegen eine Landschätzung steckte angeblich erstmals ein Bauer in Schliengen bei Basel 1443 seinen Bundschuh auf eine hohe Stange. Günter Gall, Der Bundschuh. Versuch einer klärenden Definition, in: Hessische Museen, Bd. 4, 1975.

[50] Ein sehr schöner Frauenschuh, wahr-

scheinlich ein Hochzeitsschuh von 1594, ist im Bayerischen Nationalmuseum erhalten. Seine Besonderheit ist die Schuhsohle aus rot gefärbtem Leder mit Goldlederdekor in Form von Arkaden und hermenartigen Figuren, Initialen und Jahreszahl. Saskia Durian-Ress, Schuhe. Vom späten Mittelalter bis zur Gegenwart, Ausst.-Kat. Bayerisches Nationalmuseum, München 1991, S. 28.

[51] Die Chopine-Hersteller, *Tapiners* genannt, stellten eine eigene, unabhängige Zunft dar, denn nur sie durften Kork verwenden. Spanien verfügte selbst über Kork. Ruth Mathilda Anderson, El Chapin y otros Zapatos Afines (The Chopine and related shoes), The Hispanic Society of America, New York, Reprinted from Cuadernos de la Alhambra, 1969, No 5.

[52] Sie werden oft im Zusammenhang mit dem Kirchgang erwähnt, denn je höher der Sockel war, desto höhere Ablässe erteilte die Kirche, die für die unbequemen Stelzpantoffeln war, da sie die Freiheit der Frau beschnitten. Carmen Bernis, Indumentaria Española en Tiempos de Carlos V., Madrid 1962.

[53] Die Standfläche des wohl arabischen Kapkap ist mit Elfenbein- und Perlmuttereinlagen kostbar verziert.

[54] Dokumentiert u.a. durch ein auffaltbares Blatt, das eine Kurtisane mit Zoccoli zeigt, »Die Venezianerin«, in: Varij vestitus in Picturis praesertim Venetianorum et quorundam Italorum. U. a. Bayerisches Nationalmuseum, München, Bibl. 3659.

[55] Hinweis von June Swann, Consultant History of shoes and shoemaking, Northampton, England. June Swann, Shoes. The Costume Accessories Serie, hrsg. v. Dr. Aileen Ribeiro, London 1982, S. 7.

[56] Diese Theorie Günter Galls, ehemals Direktor des Schuhmuseums Offenbach, wird angezweifelt u.a. von June Swann. Günter Gall, Die Entwicklung des Absatzes in der Schuhmode. Resümee eines Vortrags, in: ZGWK, Bd. 13, 1971. Auch in: z.B. Schuhe, S. 58f.

[57] Besonders prächtige Garnituren sind aus dem Besitz August des Starken, sächsischer Kurfürst und polnischer König (1670 bis 1733), im Grünen Gewölbe, Dresden, erhalten.

[58] Da sich meist Schuhe aus Adelsbesitz erhalten haben, entsteht der falsche Eindruck, die meisten Schuhe hätten mit rotem Leder überzogene Absätze gehabt.
Anhand der Lederbearbeitung und der Verzierungen lassen sich Epoche und Herkunftsland eines Schuhwerks oftmals rekonstruieren.

[59] Zeitlich verzögert übernahm der Bauer zum »Kirchgangsgwand« den Schnallenschuh, der sich bis heute in vielen Trachten erhalten hat.

[60] Schon im 16. Jahrhundert bezeichnete *escarpin* einen leichten Schuh, wie zum Beispiel den Kuhmaulschuh. Loschek ($^2$1989), S. 171.

[61] Von frz. *retrousser*, *zurück- oder aufschlagen*, bzw. *hochschürzen*.

[62] Paul Weber, Der Schuhmacher. Ein Beruf im Wandel der Zeit, Stuttgart 1988. Josef Walch, Von der Schusterstube zur roboterintegrierten Schuhfabrikation. Bilder eines Handwerks, in: z.B. Schuhe, S. 106ff. Angelika Burkhard, Industriegesellschaft Bundesrepublik. Zur 100jährigen Geschichte der Schuhindustrie im südwestpfälzischen Hauenstein, in: z. B. Schuhe, S. 119ff. Theo Schwarzmüller, Das Land der Schlappenflockerei. Vom Aufstieg und Niedergang der Schuhregion Primasens in Rheinland-Pfalz, in: z.B. Schuhe, S. 132.

[63] Der Pariser Anatom und Arzt Jakob Benignus Winslow veröffentlichte 1740 eine Abhandlung über die vollkommenere Schuhform. Es war ein Kampf gegen den unnatürlichen Zustand der höheren Klassen. Auch Jean-Jacques Rousseau spricht in »Emile« von »Zwang und Zivilisation« und erwähnt den »Schuhzwang«. Ärzte und Aufklärer plädierten dafür, Kinder lange barfuß gehen zu lassen. Im 19. Jahrhundert sprach der Pfarrer Sebastian Kneipp (1821–1897) von der »Verkümmerungsmaschine« Schuh und führt aus, daß viele Zivilisationskrankheiten von der mangelnden Abhärtung ausgehen. Er verwies auf seine guten Erfolge mit »Barfuß-Therapien«. Vorbild waren ihm die Landleute, die von der Schneeschmelze bis zum ersten Schnee barfuß gehen. Ulrich Linse, Procrustes ante Portas (Eine schuhreformatorische Schrift von Hermann von Mayer 1857), in: z.B. Schuhe, S. 72.

[64] Wolfgang Born, zit. nach Paul Weber, Schuhe. Drei Jahrtausende in Bildern, Aarau 1980, S. 92.

[65] Von frz. *galoche*, ital. *galoscia*, mlat. *galochia*, was so viel wie *gallische Schuhe* bedeutet haben soll. Der Ausdruck wurde für Überschuhe verwendet, die es bereits in byzantinischer Zeit gegeben hat, jedoch nicht für Stelzschuhe.

[66] Er wurde sehr populär, als Königin Victoria von England Jagdferien in Schottland einführte. *Brogue* kommt von gälisch *brog* für *Schuh*. Das Lochmuster hat seit den 1930er Jahren nur noch dekorative Funktion. Er wird auch *Budapester* genannt, da die hervorragenden Schuhmacher von Buda und Pest (Ungarn) berühmt für ihre Brogues waren.

[67] Gegen Ende des 19. Jahrhunderts wurde erstmals das Gehen ergonomisch untersucht. Anstoß dafür waren militärische Interessen, um die Marschleistungen der Artillerie zu verbessern. Barbara Tietze, in: z. B. Schuhe, S. 94f. S. Anm. 21 und 25.

[68] 1817 geboren, eröffnete Pinet 1855 ein Unternehmen in Paris; sein Sohn expandierte noch zu Beginn des 20. Jahrhunderts das Geschäft.

[69] Loschek ([2]1988), S. 208.

[70] Krepp ist ein vulkanisierter, speziell präparierter Gummi, der schon im 19. Jahrhundert erfunden worden war, aber noch bis in die 1950er Jahre nicht ausgereift war; er wurde im Sommer weich und im Winter hart.

[71] Von engl. *sneak*, *schleichen*, *leisetreten*.

[72] Hans Mathias Zündorf, Die Symbolfunktion des Schuhs in der Rock'n'Roll-Musik, Erkelenz 1988.

[73] Der Ausdruck »Halbstarke« wurde 1956 durch den deutschen Film »Die Halbstarken« mit Horst Buchholz und Karin Baal besonders populär. Der Ausdruck *Halbstarke* war aber schon seit 1912 bekannt für die sogenannten Gassenjungen. 1912 veröffentlichte der evangelische Pastor von St. Pauli in Hamburg, Clemens Schultz, eine Broschüre »Der Halbstarke«, worin er ihn beschreibt als »der junge Mann im Alter von 15–22 Jahren [...], der zur verkommenen Großstadtjugend gehört«. Detlev J. K. Peukert, Clemens Schultens, Naturgeschichte des Halbstarken, in: Schock und Schöpfung. Jugendästhetik im 20. Jahrhundert, hrsg. v. Deutscher Werkbund e.V. und Württembergischer Kunstverein, Stuttgart, 1986.
Die wichtigste Gemeinsamkeit aller Jugendgruppen der 1950er Jahre war der Rock'n'Roll. Deshalb auch die Allgemeinbezeichnung »Rocker«, die im Laufe der Zeit mehr auf chaotische Motorradfans überging. Hans D. Baumann, Rocker. Die wilden Motorradgruppen, Mannheim 1989, und Ingrid Loschek, Mode im 20. Jahrhundert. Eine Kulturgeschichte unserer Zeit, München [4]1990, S. 177 und 233f. sowie Loschek (1991), S. 105f.

[74] 1962 war diese Stiefeletten-Form erstmals von den Beatles getragen worden.

[75] Der Name geht auf die Schuhfirma zurück, die 1833 von Cyrus and James Clark in Somerset, England, gegründet wurde. Sie versprachen damals, Schuhe herzustellen, bei denen man »keine Hühneraugen bekommt«.

[76] Bei den ersten Olympischen Spielen im Jahr 776 v. Chr. liefen die Athleten noch barfuß, bis sich im Laufe der Zeit die Sandale als Laufschuh durchsetzte. Aber schon in der Antike hatte es Versuche für Dämpfungssysteme durch Wolle oder Moos gegeben. Im 16. Jahrhundert erfand der französische Mönch St. Feutre die erste dämpfende Einlegesohle aus einem verfilzten Haar-Wolle-Gemisch. Urs Kamber, Die Geschichte des Sportschuhs. Von der Sandale zum High-Tech-Produkt, in: Sportswear, Ausst.-Kat. Textilmuseum Krefeld 1992, S. 100.

[77] Adi und Rudolf Dassler waren die Firmengründer in Herzogenaurach. Sie begannen um 1920 mit der Herstellung von Turnschuhen, ab 1925 folgten Fußballschuhe mit Nagelstollen, anfang der 1950er Jahre gelang A. Dassler die Erfindung der auswechselbaren Schraubstollen. 1848 gründete Rudolf Dassler die Firma *Puma*.

[78] Der Micro-Pacer von adidas.

[79] Turnschuhe wurden nach ergonomischen Erkenntnissen mit modularen, baukastenartig konstruierten flexiblen Luftpolstern in der Sohle und mit immer neuen Materialien und Herstellungstechniken kreiert. Der Joggingschuh ist Grundlage für jene von der Firma adidas täglich pro-

duzierten 280000 Sportschuhe im Jahr 1987. Josef Walch, Der Kampf der Giganten. Anmerkungen zur Geschichte des Sportschuhs, in: z.B. Schuhe, S. 139ff., und Werbeinformationen der Firma adidas.

[80] Joseph von Westphalen, Warum ich Monarchist geworden bin. 12 Entrüstungen, Zürich 1985.

[81] Doc Martens werden ausschließlich als innen rahmengenähte Schuhe, sogenannte Goodyear welted, hergestellt.

[82] Cherryred wurde von Fußballfans aus Liverpool – nach ihrer roten Clubfarbe – getragen.

[83] Loschek ($^4$1990), S. 222.

[84] Manche Quellen geben an, daß Geldkatzen aus Katzenbalg gemacht wurden. Im süddeutschen Raum erhielten sie den Namen *Bauchranzen*, der eng mit dem holländischen *Ränzel* für *Schultertasche* zusammenhängt. In Tirol heißt der Ranzen *Fatsche* von lat. *fascia*, *Binde*, *Gurt*. Hans W. Stoermer, Lederhosen, Gürtel, Ranzen. Leder in der bairisch-alpenländischen Tracht, Pfaffenhofen 1986, S. 121.
Der breite Bauchranzen hatte sich im 17. Jahrhundert durch seine zunehmend reichere Auszier mit Messing- oder Zinnstifteln zu einem modischen Luxusbeiwerk in der Tracht entwickelt. Der Ranzen erfreute sich in der alpenländischen Tracht bald großer Beliebtheit, da er »nicht notwendig zur Tracht gehörte, sondern ein dem Einzelnen überlassenes Zubehör war. So griffen die Behörden nicht regelnd oder verbietend ein, und doch konnte der Träger seinen Wohlstand dokumentieren.« Stoermer, S. 123. Ein häufiges Motiv des breiten Mittelteils, des Blattls, ist der Doppeladler (ein byzantinisches Machtsymbol von um 1000 n. Chr., das in Westeuropa als Ornament in der romanischen Kunst verwendet wurde). Auffallend ist, daß der Doppeladler, ein Symbol für Stärke und Macht (deshalb auch Motiv des Kaisersiegels) auf den Ranzen stark stilisiert ist, so daß er als Augenpaar erscheint und an symbolische Abwehraugen erinnert, wie sie in vielen außereuropäischen Kulturen vorkommen. (Siehe dazu: Irenäus Eibl-Eibesfeldt und Christa Sütterlin, Im Banne der Angst. Zur Natur- und Kunstgeschichte menschlicher Abwehrsymbolik, München 1992).
Im 18. Jahrhundert hatte sich – unter einheimischen und ausländischen Einflüssen, das Beschlagen von Gürteln und Ranzen mit Zinn- oder Messingstiften zu einem blühenden Kunsthandwerk entwickelt.
Im 19. Jahrhundert machte der Metallbeschlag schlagartig der bunten Federkielstikkerei Platz. Hierfür wurden die Federkiele – je nach Vermögen von Pfauen, Gänsen oder Hühnern – in lange, mindestens drei unterschiedlich breite Streifen gespalten. Heute werden für die bis zu 20 cm breiten *Trachtengürtel* auch Kunststoffäden verwendet.

[85] Der Diamant schützte gegen Gift, der Rubin verlieh inneren Frieden, der Saphir himmlisches Glück, der Smaragd irdisches Wohlgefallen, der Chalcedon steigerte Kraft. Max von Boehn, bearb. v. Ingrid Loschek, Die Mode. Eine Kulturgeschichte vom Mittelalter bis zum Barock. Bd 1, München $^4$1989, S. 88.

[86] Hansferdinand Döbler, Vom Lendenschurz zum Minirock, München 1972, S. 64; a.a.O.

[87] Bächtold-Stäubli, Hanns, Handwörterbuch des deutschen Aberglaubens, Band III, Berlin-Leipzig 1930/31, S. 1215; a.a.O.

[88] Der Mönchsgürtel ist Symbol für die Stricke, mit denen Christus gebunden und gemartert wurde, sowie Symbol mönchischer Enthaltsamkeit und Demut; die drei Knoten im Gürtel bedeuten Armut, Keuschheit und Gehorsam. Am Gürtel hängt der Rosenkranz, ein wichtiges, nach außen sichtbar getragenes Zeichen der Frömmigkeit.
Im Hinduismus bedeutet der verschiedenfarbige Gürtel die Zyklen der Zeit, und seine Ringform ist das Rad der kosmischen Ordnung sowie Symbol des Wiedergeborenen, die heilige Schnur, die zur Initiation angenommen wird.

[89] Im weitesten Sinn stellt auch das Korsett der Frau (das erstmals in der minoischen Kultur auftritt) eine den Körper verändernde Einschnürung dar, die bekanntermaßen zu starken Gesundheitsschäden geführt hatte.

[90] Sylvia Schoske, Schönheit, Abglanz der Göttlichkeit. Kosmetik im alten Ägypten. Ausst.-Buch der Staatlichen Sammlung ägyptischer Kunst, München 1990, S. 134.

[91] Ursprünglich eine phönikisch-syrische Göttin, die unter verschiedenen Namen im Vorderen Orient wie auch in Ägypten verehrt wurde. Sie war in der griechischen Göttersage der Aphrodite gleichgesetzt.

[92] Franz Hancar, Der Gürtel als Träger urtümlicher Kultgedanken, in: Asienberichte Heft 7/1940, S. 7.

[93] Eva Larraß *Der Keuschheitsgürtel, Phantasie und Wirklichkeit*, Vortrag anläßlich der Tagung der Gesellschaft für Historische Waffen- und Kostümkunde, München 30.10.1992. Der Vortrag wird in der Zeitschrift der Gesellschaft für Historische Waffen- und Kostümkunde 1993 abgedruckt.

[94] Auch heute müssen Gefangene ihren Gürtel ablegen, doch um ihnen ein *Kampfwerkzeug* zu nehmen, mit dem sie Wächter schlagen, strangulieren oder auch sich selbst umbringen könnten.

[95] Im modernen Revolvergürtel sieht die Psychologie nicht nur ein männliches Machtsymbol, sondern darüber hinaus den Revolver als Phallussymbol. Das demonstrative breitbeinige Stehen der Westernhelden mit der Hand am Colt wird in Western-Filmen als Männlichkeitsgeste ausgespielt.

[96] Siehe Anm. 1.

[97] Handwörterbuch des deutschen Aberglaubens, S. 1218, a.a.O.

[98] Der Obi kann bis zu 70 cm breit und zwischen 3,65 und 4,60 m lang sein und besteht aus Seide, Seidendamast oder Goldbrokat. Norio Yamanaka, The Book of Kimono, Tokyo 1984.

[99] Daraus entwickelte sich mnd. *gördel* für *Kleiderborte* und *Taillenband*. Es ist eng verwandt mit dem germ. *Garten*, mhd. *Garte* für etwas Umzäuntes, Eingehegtes.; das griech. *chortos* steht für *Weide*, *Gehege* oder *Hof*, das lat. *hortus* für *Garten*. Eine *Kohorte* ist eine miteinander verbundene Schar. *Gardine* wurde zunächst nur für *Bettvorhang* verwendet, der einen Raum abgrenzt. Das engl. *court* steht für *Hof* und die *Kurtisane* für die *Hofdame*.

[100] So war der Gürtel des Praefectus praetorio aus rotem Leder mit goldener Schnalle. Das Cingulum militiae der römischen Soldaten, das diese vorne in der Mitte mit einem schurzartigen, mit Metallplättchen dekorierten Riemenwerk trugen, ging im Zuge der diokletianisch-konstantinischen Staatsreform auch in die Beamtenkleidung über. Im 4. Jahrhundert wurde es von der Zivilbevölkerung kopiert; gegen diesen Mißstand wurde 382 n. Chr. eine Verordnung festgelegt. Später fand das Cingulum militiae Eingang in das liturgische Gewand, so in Gallien, bis es in karolingischer Zeit von der bis heute üblichen Zona romana, dem geknoteten Gürtel der römischen Liturgie, abgelöst wurde. Markus Sommer, Die Gürtel und Gürtelbeschläge des 4. und 5. Jahrhunderts im römischen Reich, Diss., Bonn 1984, Bonner Hefte zur Vorgeschichte Nr. 22.

[101] Das indogerm. *rêm* bedeutet *Riemen* und bezeichnet mehr den ledernen Männergürtel. Stoermer, S.119f.

[102] Marie Schuette, Brettchenweberei, in: Ciba-Rundschau 128/ 1956.

[103] Eine Schnalle besteht aus dem Schnallenrahmen oder -bügel (*rinke*, *boucle*, *bocull*), der an einem Beschläg (*rinkenblech*, *chape*, *queue*) befestigt ist, und dem beweglichen Dorn. Das andere Gürtelende kann durch eine Riemenzunge (Endbeschläg; *senkel*, *mordant*, *pendant*) gefaßt sein. Das Gürtelende, die Zunge, kann durch die Schnalle durchgezogen oder mittels eines mit dem Schnallenrahmen verbundenen Hakens und Löchern geschlossen werden.

[104] Daraus lassen sich auch Herstellungszentren ableiten. Siehe zu den archäologischen Funden die hervorragende Arbeit von Ilse Fingerlin, Gürtel des hohen und späten Mittelalters, München 1971.

[105] Birgit Dübner-Manthey, Die Gürtelgehänge als Träger von Kleingeräten, Amuletten und Anhängern symbolischer Bedeutung im Rahmen der frühmittelalterlichen Frauentracht. Archäologische Untersuchungen zu einem charakteristischen Bestandteil der weiblichen Tracht. Diss., Berlin 1987.
Manche der behandelten Gehängutensilien finden sich bis heute in den bayerischen Gürtelgehäng, dem Charivari.
Besonders eigenartig war das Ziergehänge der Langobardin, das vorne in der Mitte bis zu den Knöcheln herabhing und aus mit Silberplättchen besetzten Lederbändern bestand. An den Enden waren große Glasper-

len oder geschliffene Bergkristallkugeln angebracht, wegen ihrer magischen und medizinischen – zum Lindern von Zahnschmerzen – Kräfte.

[106] H. Steuer sieht auch eine christlich-religiöse Verbindung (Schlüsselpaare in frühgeschichtlichen Gräbern – Zur Deutung einer Amulett-Beigabe. Studien zur Sachsenforschung 3, Veröffentlichung der urgeschichtlichen Sammlung Landesmuseum Hannover 27, 1982, S. 185ff.), die jedoch von Dübner-Manthey angezweifelt wird (Dübner-Manthey, S. 46).
Es wurden auch alte römische Schlüssel wie auch andere Altsachen, zum Beispiel eine Ton- oder Glassscherbe, angehängt, die die Frau gefunden hatte und mehr einem persönlichen Glücksbringer entsprachen.
Einen gesellschaftlichen Repräsentationscharakter hatte der Sieblöffel, der nur der Frau höheren Standes zustand. Er wurde beim Weineinschenken verwendet, um kleinere Substanzen zu entfernen. Das Servieren des Trunkes war ein ehrenhaftes Privileg der Frau und Gastgeberin und gehörte zum spezifischen Tätigkeitsbereich der Damen aus Adel und Patriziat. Dübner-Manthey, S. 45.
Angehängtes Miniaturgerät hatte, einer altorientalischen Tradition folgend, Amulettcharakter. Unter den Kleingeräten dominierten im allgemeinen Gebrauchsgeräte, die geschlechtsindifferent waren.

[107] Meeresschneckengehäuse sowie prismen- und kegelförmige Beinanhänger und Geweihscheiben waren verschiedenste, zum Teil auch standesmäßig differenzierte Fruchtbarkeitsamulette der Frau. Die Meeresschnecken der Spezies Cypraea (Kaurimuschel) ist bereits für das Altertum als weibliches Fruchtbarkeitssymbol überliefert, wie unter anderem die Gürtel im ägyptischen Altertum beweisen *(s. S. 56)*. Noch in der Neuzeit soll die kleinere Kaurimuschel des Mittelmeeres im Raum Neapel von Frauen als Amulett gegen Unfruchtbarkeit angehängt worden sein.
Beinanhänger sind als Abwehrauge gegen Übel sowie als kraftspendende *Herkuleskeule und Donar-Amulett* (Aufsatz von J. Werner, 1964) zu sehen. Scheibenanhänger aus Hirschgeweihrosen waren von der Frühlatènezeit bis in die karolingische Zeit Amulette. Es gibt unverzierte und solche mit Würfelaugenverzierung und ithyphallischen Darstellungen. Dübner-Manthey, S. 67.
Das Anhängen von Tierzähnen, vor allem Bären- (nur bei der Frau), Eber- und Schweinezähne, diente meist der Kraftübertragung.

[108] Fingerlin, S. 36ff. und 58ff.

[109] Fingerlin, S. 24.

[110] Namentliche Meisterzuweisungen sind allerdings nicht möglich. Die in der bildenden Kunst dargestellten Gürtel sind keineswegs Phantasieformen, sondern entsprechen tatsächlich erhaltenen Gürteln bzw. Schnallen und Zungen. Zu vergleichen sind Darstellungen und Funde mit schriftlichen Belegen wie Testamente, Rechnungen, Inventare und Kleiderordnungen. Fingerlin, S. 84ff. und S. 221.

[111] Sein Aufkommen soll mit dem des Plattenharnisches zusammenhängen. Fingerlin, S. 149, und Loschek ($^2$1988), S. 168. Nicht berücksichtigt werden die Formen des eigentlichen Schwertgurts.

[112] Von ndt. *dus, Getöse.*
Es ist nicht eindeutig geklärt, ob auch der Platten- und Scharniergürtel *Dusing* hieß. Das Wort Dusing ist erstmals 1389 in der »Limburger Chronik« (1336–1398) des Tilman Ekken von Wolfhagen erwähnt.
Angeblich war erstmals der Krönungsmantel Kaiser Ottos III. im Jahr 996 mit 355 granatapfelförmigen Glöckchen verziert, im Andenken an den Sieg Ottos I. über die Schellen tragenden Ungarn. Das Schellentragen kam wahrscheinlich aus dem Orient. In archaischen Kulturen werden mit dem Klirren, zum Beispiel der Knochenschürze mongolischer Schamanen, magische Kräfte beschworen. Glocken und Schellen leben bis heute in der Narrentracht, in Fasnachtsgewändern – zum Austreiben des Winters – sowie in manchen bäuerlichen Trachten fort.

[113] Afrz. *escharpe*, ahd. *scharpe*, *die vom Pilger um die Schulter getragene Tasche*; auch die am *Bandelier*, dem *Wehrgehenk*, getragene Packtasche des Soldaten. Die Bezeichnung für die Tasche ging auf das *Band*, das heißt die *Schärpe* über. J.C.A. Heyses Fremdwörterbuch, Hannover 1922, S. 784, und Loschek ($^2$1988), S. 169.

[114] Der orientalische Kummerbund ist ein breiter, langer Stoffstreifen, der mehrmals um die Leibesmitte gewickelt wird. In den dabei entstehenden Falten, auch in kleinen waagrecht eingeschnittenen Taschen, war es üblich, das Geld aufzubewahren. Damit ist die Funktion des Kummerbunds mit der der europäischen Geldkatze und dem alpenländischen Ranzen ähnlich. Der Kummerbund kommt bis heute in National- und Volkstrachten des Orients ebenso wie Armeniens, Albaniens und Griechenlands vor.
Die breite Leibbinde war jedoch als Schärpe auch in der europäischen Männerkleidung des 17. und 18. Jahrhunderts zu finden *(s. S. 66)*.
[115] Die Sans-Ventre-Linie (von frz. *ohne Bauch*) war um 1900 bis 1906/07 in Mode. Sie beruhte auf einem modischen Korsett, das ein starkes Hohlkreuz verursachte und dadurch die Brust zur Geltung brachte, den Bauch jedoch wegpreßte.
[116] Jet[t] S. Anm. 339.
[117] Asiatische Mantelgewänder, so auch Kimonos, haben daher einen schräg am Hals angesetzten schalartigen Kragen, der somit die Funktion eines Schals *(s. S. 200)* hat.
[118] Das lat. *focale* leitet sich von lat. *fauces*, *Hals*, *Kehle* ab. Quintil inst. X 3, 144 und Horaz sat.II 3,255. S. a. S. 146, Anm. 289.
[119] Martial IV 41 und VI 41. Das lateinische Schrifttum liefert keine weiteren präzisen Angaben dazu.
[120] Es wurde in manchen Regionen Deutschlands *goule* genannt (von lat. *gula*, *Kehle*, *Schlund*). Loschek ($^2$1988), S. 135, und Jutta Zander-Seidel, Textiler Hausrat. Kleidung und Haustextilien in Nürnberg von 1500–1650, München 1990, S. 149
[121] S.a.S. 150.
Schon im 13. Jahrhundert tauchte dieses Wort, noch in Form von *clachenez* in Frankreich für das über die Nasenspitze gezogene Wimpel auf, ein Frauentuch, das über Kopf und Kinn gelegt wurde.
[122] Ehemals »der« Fichu; von lat. *fixus*, *befestigt*, *umgehängt*; frz. *ficher*, *hineinstekken*. *Mal fichu* heißt so viel wie *schlecht gekleidet*; *fichu* daher auch *geringfügig*, *schlecht*. Antoine Furtière beschreibt 1701 das Fichu » [...] les femmes s'entourent le cou, se couvrent les épaules et le sein« in: Essay d'un dictionnaire universel.., Den Haag 1701, zit. nach: Reallexikon der deutschen Kunstgeschichte, Bd. 3, Sp. 764. Auch in der Encyclopédie von Diderot und d'Alembert ist es 1756 beschrieben. Im Deutschen bedeutete das auch hier gebräuchliche Wort Fichu im 18. und 19. Jahrhundert ganz allgemein das Halstuch der Frau, im Unterschied zu den wesentlich größeren Shawls. Ende des 19. Jahrhunderts wurde auch das Jabot *(s. S. 148ff.)* Fichu genannt.
[123] Von frz. *foler*, *schäkern*.
[124] Frz. *Gehäuse*.
[125] Dokumentiert ist dieses Halstuch auch in dem Gemälde von F. Massot »Isaline Fé«, 1810, Musée d'Art et d'Historie, Genf, abgebildet in Fançois Boucher, Histoire du costume en occident de l'antiquité à nos jours, Paris 1969, Abb. 882.
[126] Die Tücher boten eine gute Möglichkeit, neue Färbeverfahren zu prüfen und neue Drucktechniken zu erproben. Siehe dazu: Lucie Hampel, Textile Denkmäler. Geschichtliche Ereignisse als Motive zum Bedrucken von Textilien. Teil I-III. In: Lenzinger Berichte 1972.
[127] *Bandana*, *bandanoe* kommt aus dem Sanskrit-Wort *bandha*, was soviel wie *ziehen*, *zuziehen* bedeutet. Die Einfuhr der Bandanas war zunächst in England verboten, wurde aber umgangen. Man bezeichnete sie im Englischen als *kerchiefs große Taschentücher* oder als *neckerchiefs Halstücher*, da sie größer waren als *pocket handkerchiefs* (amerik. *bandanna*, Anm. 128). Sarah Gibbings, The Tie, Trends and Traditions, London 1990, S.32f. und 84f.; Margarete Braun-Ronsdorf, Das Taschentuch, in: Ciba-Rundschau 94/1950, S. 3467
[128] Hillary Weiss, The American Bandanna. Culture on Cloth from George Washington to Elvis, San Francisco 1990.
[129] Baron Herrman-Marten von Eelking, Bilanz der Eitelkeit, Die Geschichte der Krawatte, Göttingen-Frankfurt 1976, S. 119f.
[130] Eelking, S. 157.
[131] Ihr langes Schleiertuch verfing sich 1927 in Nizza bei der Fahrt in einem offenen Auto in den Speichen und erdrosselte sie.

[132] Die Firma wurde 1935 von Joseph H. Lyons als Seidenmanufaktur gegründet.
[133] Die Firma wurde 1837 von Thierry Hermès in Paris gegründet.
[134] Andrew Baseman, The Scarf, New York 1989, S. 14.
[135] Als Sattlerfirma 1906 von Guccio Gucci in Florenz gegründet.
[136] Marchese Emilio Pucci di Barsento begann 1949 mit einem kleinen Damenschneider-Atelier in Florenz.
[137] Für ihre Tücher berühmt sind die Häuser Vera Neumann (USA, seit 1945), Peter Max und Echo (1923 gegründet von Edgar C. Hyman in USA), Liberty (gegründet 1875 in London von Arthur Lasenby Liberty, der 1904 mit der Herstellung von Tüchern begann) und Georgina von Etzdorf. Zika Ascher, seit 1939 Hersteller von Seidentüchern in London, ist bekannt für seine Künstlertücher mit Malereien von Marc Chagall, Paul Cezanne, Jean Cocteau, Henry Moore.
[138] Baseman, S. 102.
[139] Der Handschuh besteht aus dem Handteil einschließlich der Finger, dem Daumen, den Keilen oder Schichteln, das sind die Zwischenteile der Finger, sowie den Stulpen beim Stulpenhandschuh.
[140] Aus dem Grabmal Tutanchamuns (gest. 1323 v. Chr.) sind angeblich die ersten Fingerhandschuhe aus Leinen erhalten. Auf einem Relief in Dascylium, einer lydischen Stadt, aus dem 5. Jahrhundert v. Chr. tragen zwei Priester Handschuhe.
[141] Griech.; lat. *tabula*, *Brett*, *Tafel*, engl. *table*, *Tisch* und *Tablett* von mlat. *tabuleta*, *kleiner Tisch*.
Siehe das Mosaik »Kaiser Justinian und sein Gefolge« in der Kirche San Vitale in Ravenna, um 547. Auch das in der liturgischen Kleidung bis heute zum Insignium gewordene Manipel (von lat. *manus*, *Hand*) wurde ursprünglich zum Bedecken der Hand beim Anfassen heiliger Gegenstände gebraucht.
[142] Das Inventar des Klosters Staffelsee (Bayern) vom Jahre 810 enthält acht Seidenhandschuhe, von denen vier mit Goldstickerei und Edelsteinen verziert sind.
Wenn Mönche mit Handschuhen dargestellt sind, ist dies vielmehr als Luxuskleidung zu sehen, da damals viele Mönche vornehmer Herkunft waren.
[143] Siehe Anm. 153.
[144] Zur Zeit Karls des Großen (768–814) galten Handschuhe aus Otterfell als heilbringend.
[145] Sie gehören zu den Kleinodien des Heiligen Römischen Reiches und werden in der Wiener Schatzkammer aufbewahrt.
[146] Berent Schwineköper, Der Handschuh im Recht, Ämterwesen, Brauch und Volksglauben. Mit einer Einführung: Die Erforschung der mittelalterlichen Symbole, Wege und Methoden, von Percy Ernst Schramm, Berlin 1938, S. 40ff.
[147] Schwineköper, S. 67. Auch im byzantinischen Recht spielte der Handschuh eine Rolle, siehe: V. Laurent, Le gant à Byzance. Symbole monétaire et instument du droit public (in: Cronica Numismatica si Arheologica, S. 113f.), 1939.
[148] Der »Sachsenspiegel« ist das bedeutendste Rechtsbuch des deutschen Mittelalters, in dem das überlieferte, ungeschriebene Gewohnheitsrecht niedergelegt wurde. Er wurde zwischen 1220 und 1235 von dem sächsischen Ritter Eike von Repgau verfaßt.
Richter durften ihre Hände nicht verhüllen, als sinnbildlicher Ausdruck, daß sie nichts zu verbergen hatten.
[149] Zit. nach Boehn (1928), S. 79.
[150] Ein mit solcher Symbolik reich verziertes Hochzeitshandschuhpaar ist im Rijksmuseum Amsterdam zusammen mit einem Porträt, auf dem die Handschuhe gemalt sind, erhalten. Bianca du Mortier, Zur Symbolik und Bedeutung von Hochzeitshandschuhen, in: Die Braut. Geliebt, verkauft, getauscht, geraubt. Zur Rolle der Frau im Kulturvergleich. Hrsg. v. Gisela Völger und Karin von Welck, Ausst.-Buch des Rautenstrauch-Joest-Museum für Völkerkunde, Köln 1985.
[151] A. Latour, Der Handschuh, Ciba Rundschau 71/1947, S. 1613; Boehn (1928), S. 88.
[152] Der Zweikampf war im Mittelalter eine Art Selbsthaftung und galt als Gottesurteil. Er war an feste Rechtsformen und -formalitäten gebunden.
[153] Der Fausthandschuh heißt im Angelsächsischen *glôf*, was vielleicht mit gotisch

*lôfa, flache Hand* zusammenhängt und noch im Englischen *glove* erhalten ist. Die Bezeichnung taucht erstmals zu Beginn des 8. Jahrhunderts im »Beowulfslied« auf. Dort findet sich auch erstmals das Wort *Hondscio[h]*, das regional verschiedene Formen, *hendsche* oder *hansken*, ausbildete. Schwineköper, S. 5.

[154] Griech. *cheírortion, Handhülle*; griech. *cheír* zu lat. *chiro*, davon abgeleitet *Chirurg, Handwerker*. S. Anm. 155.

[155] Im klassischen Latein bedeuteten *manicae* noch *Ärmel* und *Armschienen*. Im 7. Jahrhundert scheint für *Fausthandschuh wantus* als Lehnwort aus dem Germanischen auf, das sich bis heute in frz. *gant*, ital. *guanto*, span. und port. *gante* erhalten hat, das bald den *Fingerhandschuh* bezeichnete, während lat. *muffula* frz. *moufle* für den *Fausthandschuh* gebräuchlich wurde. Im 10. Jahrhundert wurde das lat. *chirotheca* (*Handhülle*) zur offiziellen Bezeichnung liturgischer Handschuhe.

[156] Sie gehörten angeblich dem Abt Morard und sind im Musée de Cluny, Paris aufbewahrt. Im Mittelalter gab es eine Fülle an Verschlingungs- und Nadeltechniken, die heute nicht mehr bekannt sind. Richard Rutt, A History of Hand Knitting, London 1987, S. 23ff., und Leonie von Wilckens, Die textilen Künste. Von der Spätantike bis um 1500, München 1991, S. 334ff.

[157] Eine Vorform des Strickens sind Verschlingungs- und Sprangtechniken, die in kleinasiatischen Kulturen des Altertums bekannt waren. In Europa tauchte die zum Stricken weiterentwickelte Technik erst im 13. Jahrhundert durch arabischen Einfluß in Sizilien und in Spanien auf, s. S. 236, Anm. 451.

[158] Erhalten sind auch Fragmente eines gestrickten Handschuhs des 1297 verstorbenen Bischofs Siegfried von Westerburg im Rheinischen Landesmuseum Bonn. Liturgische Handschuhe des 15. Jahrhunderts, aufbewahrt u.a. in den Schatzkammern der Dome von Brixen und Halberstadt, geben rundgestrickte Finger wider.

[159] Boehn (1928), S. 76.

[160] Friedrich von Schiller »Der Handschuh«. Die von ihm geschilderte Begebenheit trug sich im 14. Jahrhundert am Hofe von König Juan III. von Kastilien zu. S. a.: Friedrich Düsel, Der Handschuh in Dichtung und Kunst, in: Der Handschuh. Ein Vademecum für Menschen von Geschmack, Berlin 1914, S. 66ff.

[161] Schwineköper, S. 125f.

[162] Sie werden allgemein um 1630 datiert, während Braun-Ronsdorf die Handschuhe als Brautgeschenk von 1613 für wahrscheinlicher hält. Margarete Braun-Ronsdorf, Die Handschuhe der Elisabeth Stuart, in: ZGWK 1/1963. Die Handschuhe sind im Bayerischen Nationalmuseum, München, aufbewahrt.

[163] In österreichischen Inventaren sind parfümierte Hanschuhe als *schmeckete Handschuhe* verzeichnet. In den meisten Inventaren und Nachlässen sind alle Handschuhe des Adels und Patriziats detailliert aufgelistet. Das Parfümieren von Handschuhen war schon Ende des 13. Jahrhunderts in Frankreich bekannt.

[164] Mancher Handschuhhersteller hatte eine Nußschale als Handwerkszeichen. Therle Hughes, English Domestic Needlework, London 1962, S. 207.

[165] G. Guenot-Lecointe, Physiologie du Gant, Paris 1841.

[166] Beim Wirken sowie beim Jacquard-Gewebe ließen sich durch Aussperren von Maschen offene und durch Fadenhäufungen dichte und erhöhte Stellen schaffen. 1805 wurde von Joseph-Marie Jacquard der Jacquard-Webstuhl erfunden, auf dem mittels Lochkarten komplizierte Musterungen maschinell hergestellt werden konnten.

[167] Der 1885 von Heribert Bauer erfundene Druckknopf wurde 1903 durch Heinrich August Pryms einteilige Doppelfeder (Patent) entscheidend verbessert.

[168] *Petinet*, von engl. *petty net, feines Netz*.

[169] »Die Dame« 16/1933.

[170] Stoermer (Anm. 84) nennt weitere Darstellungen aus dem 17. Jahrhundert, S. 116f.

[171] Siehe S. 73 und S. 125.

[172] Zu den verschiedenen Materialien und Techniken siehe die sehr ausführliche Literatur bei Annette Wilzbach/Martina Wilzbach-Wald, Knopf Design, Frankfurt am Main 1990.

[173] Marianne Herzog, Knopfsammlung als kultureller Fundus. Pädagogisch-didakti-

sche Gedanken zu einer Verschluß- und Zierform der Kleidung, in: Textilarbeit + Unterricht, 4/1990, S. 215f.
Kostbare Knopfgarnituren von August dem Starken, sächsischer Kurfürst und polnischer König (1670–1733), sind in der Sammlung des Grünen Gewölbes in Dresden aufbewahrt.

[174] Wilzbach/Wilzbach-Wald, S. 9f.

[175] Otto König, Die Ritualisierung des Auges in der Ornamentik, in: Kultur- und Verhaltensforschung. Einführung in die Kulturethologie, München 1970, S. 183ff.

[176] Ähnlich auch bei der Soutane des Priesters, die mit 33 Knöpfen als Sinnbild für die Lebensjahre Christi geschlossen wird.

[177] Auch das nhd. Wort *Nestel*, das dem ahd. *nestila*, *Bandschleife*, entspricht, kommt von *nuhsta*, *Verknüpfen*, und lat. *nodus*, soviel wie *Knopf*.

[178] Wilzbach/Wilzbach-Wald, S. 15.

[179] Wilzbach/Wilzbach-Wald, S. 22.

[180] Die Erfindung geht auf den aus Birmingham stammenden Industriellen Matthew Boulten zurück. Durch diese Knopfart erwuchs den Goldschmieden und Knopfmachern in Europa große Konkurrenz.

[181] 1724 begann Georges Frédéric Stras (1701–1773), ein Juwelier aus Straßburg, Edelsteine aus Glaspaste, einem Spezialglas, das geschliffen und poliert werden kann, herzustellen. Er wollte damit Diamanten imitieren. S. a. S. 167 und Anm. 332.

[182] Wilzbach/Wilzbach-Wald, S. 34f.

[183] Wilzbach/Wilzbach-Wald, S. 25.

[184] Seit der Restauration kam den Ziviluniformen eine größere Bedeutung zu, die durch ihre Ausstattung Autoritätspersonen ein würdevolles Erscheinungsbild verliehen und dem Bürger somit den entsprechenden Respekt abverlangten.

[185] Deutschland war ein Exportland für Militärknöpfe. Ein Zentrum ist bis heute die Lüdenscheider Knopfindustrie geblieben.

[186] Wilzbach/Wilzbach-Wald, S. 88.

[187] Die Einfuhr von Elfenbein wurde erst im Oktober 1989 durch die Washingtoner Artenschutz-Vertragskonferenz mit einem ab 1992 geltenden Handelsverbot belegt (bezüglich des Elfenbeins des afrikanischen Elefanten).
Dagegen war die Verbreitung von Schildpatt in Europa seit jeher eingeschränkt. Daher sind echte Schildpattknöpfe sehr selten zu finden. Sie stammen von der getrockneten Hornplatte des Panzers echter Karettschildkröten. Die Herstellung von Elfenbeinknöpfen wurde in Erbach im Odenwald zu einem Industriezweig.

[188] Er wurde von Charles Goodyear erfunden und war ein profitables Patent.

[189] S. S. 222, Anm. 419.

[190] Benannt nach der damaligen Princess of Wales, auch *Gabrielle* genannt.

[191] Wilzbach/Wilzbach-Wald, S. 62ff.

[192] Loschek ($^2$1988), S. 393.

[193] Wilzbach/Wilzbach-Wald, S. 108.

[194] Spritzgußknöpfe erkennt man an den Einspritzstellen, die auf der Knopfrückseite deutlich sichtbar bleiben. Siehe zu den einzelnen Verfahren synthetischer Herstellung Wilzbach/Wilzbach-Wald, S. 118.

[195] S. S. 74f.

[196] Es muß betont werden, daß die frühesten Darstellungen meist nur Gottheiten oder Menschen im Zusammenhang mit Kulthandlungen zeigen. So ist eine Kopfbedeckung mit »Hasenohren« eines Schifahrers, dargestellt auf der norwegischen Insel Rödöy (Felsgravierung von 5000/4500 v. Chr.), wahrscheinlich ein Geister oder Unheil abwehrendes Symbol und weniger Kälteschutz, zumal die Schifahrer wohl einem Ritual gemäß nackt erscheinen.
Eine Göttin der Vegetation aus Terrakotta von 3500 v. Chr., gefunden in Turkmenien, trägt eine kegelförmige, mit einem Strich- und Punktmuster verzierte Kopfbedekkung, die uns wesentlich realistischer erscheint.
Früheste Zeugnisse einer Schutzbekleidung sind jene Fellkopfbedeckungen der frühen mitteleuropäischen Eisenzeit (Hallstattzeit 1000–400 v. Chr.), die im Salzbergwerk von Hallstatt gefunden wurden. Man kann eine Barett- und eine Zipfelmützenform unterscheiden, die zusammen mit abnehmbaren ledernen Hutbändern möglichweise Rangabzeichen sind, wie sie später in allen Berufen, so auch dem des Bergmannes, vorkamen.
Schutzbekleidung waren auch Sonnenhüte, die in allen Epochen Bauern und Reisende beiderlei Geschlechts trugen. Eine schüt-

zende Kopfbedeckung finden wir bei den Skythen in deren Baschlik.

[197] Die Mütze als solche konnte nur durch die erhaltenen Perlen rekonstruiert werden. Es handelt sich dabei um die Rekonstruktion eines gravettienzeitlichen Doppelgrabs in Sunig bei Moskau von um 28000/20000 v. Chr. Anne Scheer, Versuch einer Rekonstruktion gravettienzeitlicher Kleidung. Ein Beitrag zur experimentellen Archäologie, in: Archäologisches Korrespondenzblatt 14/1984. S. 239f.

[198] »[...] carved from a piece of mammoth tusk, found in Buret«, Francis Weiss, When Man Covered his Head, in: Costume 13/79, S.17. Ebenso wurde 1940 eine Felsdarstellung einer Frau in einem Fellgewand, das nur das Gesicht freiläßt – eine Art Anorak – entdeckt, wahrscheinlich von 15000/10000 v. Chr. in der Höhle Gabillou in der Dordogne, sowie eine aus einem Pferdezahn geschnitzte kleine Mannesgestalt mit Pelzkapuze in der südlich von Toulouse gelegenen Höhle Bédeilhac.

[199] Der Sich-Ergebende verringert durch das Einnehmen einer zum Angriff ungünstigen Ausgangsposition oder durch das Senken der Augen funktional eindeutig seine Wehrhaftigkeit. Neumann spricht von aggressionshemmenden Ritualen (S. 191). Bösel sieht darin eine vererbte Demutsgeste, die dem Ducken der Tiere entspricht, im Gegensatz zum Aufplustern. Neumann, S. 191 und 194ff., R. Bösel, Humanethologie, ethologische Aspekte menschlichen Verhaltens, Stuttgart 1974, S. 67.

[200] Bei Uniformträgern degenerierte der Akt des Hutziehens zu einem symbolischen »Hut betasten«, da bei Helmen und Mützen mit Sturmriemen ein Abnehmen praktisch unmöglich war.

Der Nationalsozialismus verlagerte das rigorose Grußzeremoniell in eine wiederbelebte Konvention des Handhebens, die aus der militärischen Achtungshaltung abgewandelt wurde. Da der Gruß nur dem Führer galt, wurde er auch von Frauen verlangt.

In den 1950er Jahren war man bemüht, wieder die bürgerlichen Anstandssitten zu pflegen, nicht zuletzt um die aufgezwungenen nationalsozialistischen Umgangsformen zu verdrängen. Dagegen zeigt sich seit den 1960er Jahren eine ausgeprägte Tendenz zum Informellen. Darauf ging Elias in seiner Menschenwissenschaft ein. Norbert Elias, Über den Prozeß der Zivilisation, Frankfurt 1976.

[201] Hermann Bausinger, Bürgerlichkeit und Kultur, in: Jürgen (Kocka), Hrsg., Bürger und Bürgerlichkeit im 19. Jahrhundert. Göttingen 1987, S. 124.

[202] Schleier beziehungsweise Kopftücher (abgesehen von den nur am Oberkopf sitzenden, gewickelten Turbanformen, die aus meterlangen Stoffbahnen bestehen) bildeten sich in der Männertracht nur bei Wüstenbewohnern, bei Arabern und Tuaregs, als Schutzbekleidung aus. Bei den nomadisierenden Tuaregs tragen nur Männer eine vollkommene Verschleierung, den *tagulmust*. Er hat die Form eines fünf Meter langen, weißen oder blauschwarzen Baumwolltuchs, das der junge Tuareg mit etwa 17 Jahren von seinem Vater erhält. Danach legt er den «Turbanschleier« auch nicht zum Essen und Schlafen ab, wahrscheinlich um die ungeschützten Körperöffnungen von Mund und Nase vor krankmachenden Geistern zu schützen, aber auch um unerkannt zu bleiben, da die Tuaregs ein »Raubritter-Geschlecht« waren.

[203] Meral Akkent und Gaby Franger, Das Kopftuch. Ein Stückchen Stoff in Geschichte und Gegenwart, Frankfurt a. M. 1987, S. 61ff.

Der rote Brautschleier ist in Albanien, Indien, China, Bulgarien und der Türkei verbreitet. Der weiße (als Symbolik von Reinheit und Jungfräulichkeit), christliche Brautschleier setzte sich erst im 19. Jahrhundert durch, infolge der antikisierenden Mode im Directoire. Er ist ein modisches, zumal städtisches Beiwerk. Die ländliche, jungfräuliche Braut trug eine Brautkrone. Siehe: Die Braut. Geliebt, verkauft, getauscht, geraubt. Zur Rolle der Frau im Kulturvergleich. Hrsg. v. Gisela Völger und Karin v. Welck, Ausst.-Buch, Köln 1985.

[204] »Will sie sich nicht bedecken, so schneide man ihr das Haar ab«. »Ich wünsche, daß ihr folgendes wißt: Jedes Mannes Haupt ist Christus, das Haupt der Frau aber ist der [ihr] Mann, das Haupt Christi aber ist Gott. Jeder Mann, der betet oder

prophetisch redet und dabei etwas auf dem Kopf hat, der schändet [deshalb] seinen Kopf. Jede Frau hingegen schändet ihren Kopf, wenn sie mit unverhülltem Kopf betet oder prophetisch redet.« Apostel Paulus, 1. Korinther Kap. 11, Vers 3–16.
H. Gropp, Der *Schleier* in der Religionsgeschichte bis zur Gegenwart, Schriftliche Arbeit zur Lehramtsprüfung, Oldenburg 1982.

[205] Der Begriff *Weib* war im Althochdeutschen eine Form von *wiba*, was soviel wie *das Verhüllte* bedeutete, womit zunächst die Kopfbedeckung der verheirateten Frau gemeint war. Im Mittelalter wurden *Frau* und *Verhüllt* gleichgesetzt.
Auch weltlichem Bestreben von Macht und Einhaltung der sittlichen Ordnung kam das Gebot des Tragens einer Haube für die »ehrbare Bürgerin« durchaus zugute, s. S. 117f.

[206] »Islamische Zeloten verkünden, daß der Schleier die Krone ist, die Allah der Frau vermacht hat [...], daß das Haus ihr Königreich und der Ehemann ihr König sei. Sie sehen die unverschleierte Frau einschließlich der Christin als sündig und sittenlos an.« (Erdmute Heller, Eine peinliche Affäre, Süddeutsche Zeitung, Nr. 18, 23.1. 1993) Bei den islamischen Fundamentalisten steht dem Mann auch zu, sein Weib zu züchtigen, wenn es keinen Schleier trägt, da dies ihn und seine Familie entehrt. Dadurch fühlt sich die Frau noch stärker an das Gebot gebunden. Angst bindet den Menschen an Gebote, wie es auch Sinn der Erbsünde im Christentum ist. Siehe dazu Irenäus Eibl-Eibesfeldt, Die Biologie des menschlichen Verhaltens. Grundriß der Humanethologie, München 1984, S. 105f.
Befürworterinnen des Schleiertragens sehen darin eine gewisse »Freiheit«, indem sie sich unerkannt und unbelästigt in der Öffentlichkeit bewegen können. Akkent und Franger, S. 145f.

[207] Koran 24:31 und 33:59.

[208] Zum Beispiel gingen in Persien die Frauen bis zum 15. Jahrhundert unverschleiert. Die turkmenischen Frauen gingen in der osmanischen Hauptstadt Bursa verschleiert, um angeblich wegen ihrer außerordentlichen Schönheit weniger angestarrt zu werden. Demnach wurde die Verschleierung ein beliebtes Täuschungsmittel. Machthabende Sultane geboten ihren Frauen, sich zu verschleiern, damit sie sich von den Christinnen unterschieden. Der Schleier ist im Islam auch als soziales Gleichheitszeichen geschätzt; Akkent und Franger, S. 101ff.; Kleidung und Schmuck, aus der Reihe Mensch, Kultur, Umwelt. Museum für Völkerkunde und Schweizerisches Museum für Volkskunde Basel, 1988, S. 62f.

[209] Auf Bildnissen adeliger Ritter des 16. Jahrhunderts liegt der Helm auf dem Tisch neben dem gerüsteten Porträtierten, wie bei gekrönten Häuptern die Krone. Elisabeth Heller-Winter, Der Hut im Bilde – mehr als ein Kleidungsstück, in: Von Kopf bis Hut. Ausst.-Kat. Münchner Stadtmuseum, 1984, S. 12 und 37.

[210] Ein weiteres Beispiel ist, daß bei Aufhebung der Reichsacht dem Fürsten symbolisch der Fürstenhut überreicht wurde, was die Rehabilitierung seiner Person aussagte. Ähnlich vertritt der Handschuh den Handschlag der rechten Hand (*s. S. 80*).
Insignien kennzeichnen die Person des Herrschers, denn nur ihm allein stehen sie zu und können ihn daher vertreten.

[211] Das Ausscheiden der Fülle an Uniformen brachte zwar eine äußerliche Nivellierung, das heißt ein gleichförmigeres öffentliches Kleidungsbild, jedoch keineswegs eine gleichförmige Mode. Loschek (1991), S. 172f.

[212] Theodor Lipps, Über die Symbolik unserer Kleidung, Berlin 1885, S. 351.

[213] Besonders das Militär bot eine Vielfalt von Helmformen.

[214] Ausnahme waren zum Beispiel Göttinnen und Herrscherinnen der Skythen mit zylindrischen oder leicht konischen Kopfbedeckungen aus steifem Material. Als Prunkhauben waren sie reich mit Zierplättchen wie Rosetten, Sphingen und menschlichen Masken verziert, allesamt Symbole der Fruchtbarkeitsgottheiten. Die Goldapplikationen waren hauptsächlich vorne horizontal angebracht, da der Rest der Haube durch ein Schulterkopftuch (Schleier), der meist rot gefärbt und längs der Ränder goldbesetzt war, verdeckt war. Sie erhielten – unter Vorbehalt – die Bezeichnung *skythischer Kalathos*. Renate Rolle, Michael Müller-Wille und Kurt Schietzel

(Hrsg.), Gold der Steppe. Archäologie der Ukraine, Archäologisches Landesmuseum, Schleswig 1990, S. 107.

[215] Von griech. *petánnymi, ausbreiten.*

[216] Von griech. *thólos, Kuppel.*

[217] Die Alltagskopfbedeckung wurde in einer Spanschachtel dem Toten ins Grab beigegeben. Eine genaue Beschreibung der Mützen aus den bronzezeitlichen Baumsargfunden im Gebiet des heutigen Dänemarks und Schleswig-Holsteins siehe Karl Schlabow, Gewebe und Gewand zur Bronzezeit, Neumünster 1962, S. 28f.

[218] Schlabow, S. 50.
Haarnetze sind seit der Jüngeren Altsteinzeit bekannt. Die gerasterten Frisuren der sogenannten Venus von Willendorf ebenso wie die des Elfenbeinkopfes von Brassempouy von 27000/20000 v. Chr. lassen auf Haarnetze schließen. Möglich, daß sie bereits Symbol der verheirateten Frau *(s. S. 105f.)* waren, zumal es sich um weibliche Idolfiguren handelt. Loschek (1991), S. 28.

[219] Der *pfoewin* oder *pfâben huot* wird zum Beispiel im Parzvial-Epos von Wolfram von Eschenbach hervorgehoben. In der christlichen Symbolik des Mittelalters war der Pfau – da sein Fleisch als unverweslich galt – Sinnbild für Unsterblichkeit und Auferstehung. Die »hundert Augen« des Schwanzes sind die alles sehende Kirche.

[220] Mlat. *pileus cornutus* genannt, was so viel wie *gehörnte Kappe* bedeutet.
Eine weltweite Kennzeichnung der Juden, wie auch Andersgläubiger, bestätigte 1215 das 4. Lateranische Konzil. Auf dem Mainzer Diözesankonzil 1229 verpflichtete man die Juden, den gelben Spitzhut, aber auch den langen Judenrock, den Kaftan, mit gelbem Fleck, den Judenstock sowie einen langen spitzen Judenbart zu tragen.

[221] Zum mittelalterlichen Kopftuch s.: Barbara Purrucker, Hochmittelalterliche Bauernkleidung. Quellen und Probleme der Rekonstruktion, Teil II, in: ZGWK, 1,2/1990, S. 74ff.

[222] Das frz. *chapel* ist als Diminutiv, *chapelet*, von *chape*, *Mantel mit Kappe*, anzusehen, das sich zu *chapeau*, *Hut*, wandelte. Die ethymologische Erklärung von A.G. Petitpierre in: Der Hut, Ciba Rundschau, 31/1938, S. 1135f. ist unkorrekt.
Zur Herstellung von Kunstblumen s. S. 160f.

[223] Bernward Deneke, Hochzeit, München 1971, S. 88f. »Die Gepflogenheit, zur Hochzeit mit Kranz oder Krone zu prunken, wurde von der Obrigkeit in das System ihrer Überwachung der guten Sitten einbezogen.« – »Waren die Hochzeiter dieses Zeichens reiner Jungfrauenschaft nicht mehr würdig«, mußten sie mit Strohkränzen vorlieb nehmen. Deneke, S. 93.

[224] Schon bei dem germanischen Stamm der Langobarden hatte die Frau ihren sonst lose herabfallenden Schleier mit silbernen und bronzenen Haarnadeln fixiert.

[225] Von germ. *hel*, *verbergen*, ahd. *hullan*, *verhüllen.*

[226] Von mhd. *risen*, *herabhängen*, ein weißes Leinentuch, das von einer Schläfe um Hals und Kinn zur anderen drapiert und zusammen mit einem Kopfschleier getragen wurde, in England *Wimpel* (ahd. *wimpal*, *leichtes Gewand*, *Schleier*) genannt, was allerdings den Kopfschleier mit einbezog.

[227] U.a. bei Chretien de Troyes, zit. von Bruno Schier, Die mittelalterlichen Anfänge der weiblichen Kopftrachten im Spiegel des mittelhochdeutschen Schrifttums, in: Beiträge zur sprachlichen Volksüberlieferung, Berlin 1953, S. 146.

[228] Die Frau behielt sogar in der Badestube eine Haube, bei völliger Nacktheit, auf: »Als das einzige zum Bad verbleibende Kleidungsstück mußte sie die Sittsamkeit und die Reize ihrer Trägerin zugleich unterstreichen.« (Heller-Winter, S. 15.) Aber es dürfte sich dabei meist um eine einfachere, schützende »Badehaube« gehandelt haben.

[229] Anm. 221. Ital. *cappuccio*, wie auch in deutschen Ländern die Kapuze und Bakkenkappe genannt wurde.

[230] Giovanni Arnolfini trägt einen solchen Hut auf dem berühmten Gemälde »Die Vermählung« von Jan van Eyck, 1434, London, National Gallery.

[231] Der Ausdruck ist in keinerlei symbolische Beziehung von Hörnern zu setzen, sondern ist rein aus der Form entstanden.

[232] Zur Herkunft der Schellen s. Anm.112.

[233] Der Maler Domenico Ghirlandajo (1449–1494) stammte von einem Florentiner Goldschmied ab, der solche *ghirlanda*

aus Gold und Silber anfertigte und danach Ghirlandajo, der »Girlandenmacher«, hieß.

[234] 1531, Rom, Galerie Borghese.

[235] Act of Parliament, 1571–1597.

[236] Wie jede asymmetrische Linie Dynamik, Unruhe, Extrovertiertheit und Aufgeschlossenheit bis hin zu Verwegenheit, aber auch Leichtfertigkeit und Schlitzohrigkeit aussagt.

Veit Konrad Schwarz trug während der Trauerzeit für Jakob Fugger seinen steifen Hut gerade, »also ganz erber«, wie er schrieb, wahrend er sich einen Monat später mit dem sehr schräg aufs Ohr geschobenen Trauerhut zeigt, »alsdann fein lustig wie unden anzaigt«, 1561. August Fink, Die Schwarzschen Trachtenbücher, Berlin 1963, II, 37, S. 250.

[237] Frz.; von baskisch *tauka, eine Art Haube.*

Eine erste Abbildung erschien in dem anonymen deutschen Manuskript »Recueil de costumes de divers pays« um 1540, das sich in der Collection Madrazo Daza, Madrid, befindet. 1548 soll dieser Hut erstmals von spanischen Adeligen aufgesetzt worden sein anläßlich eines Verkleidungsfestes (Maskerade) in Brüssel zu Ehren des Besuchs von Prinz Philippe, dem späteren spanischen König. Carmen Bernis, Echanges pendant la Renaissance entre les Modes Espagnoles et les Modes de l'Europe Centrale et orientale (Hongroise, Albanise et Turque), Sonderdruck der Ungarischen Akademie der Wissenschaften, Budapest 1959 (?), S. 45f.

[238] Dies war auch einer der Gründe für die zahlreichen Kleiderordnungen, die vom Mittelalter bis ins 18. Jahrhundert erschienen sind.

[239] Jutta Zander-Seidel, Das erbar gepent. Zur ständischen Kleidung in Nürnberg im 15. und 16. Jahrhundert, in: ZGWK, 2/1985, S. 119f.

[240] Von lat. *respondere, antworten, entsprechen.* Der Respondent wurde so aufgesetzt und seine breite Krempe so gestaltet, daß er der Stimmung und dem Charakter des Trägers entsprach.

[241] Eigentlich Marie-Angélique de Scorraille de Rousilles (1661–1681), erhielt 1680 durch Ludwig XIV. den Titel Herzogin von Fontanges.

[242] Eine Sonderform war der vom Preußischen Regiment getragene, vorne abgeflachte und seitlich stark aufgeschlagene Dreispitz, der *Chapeau à l'Androsmane* oder nach dem österreichischen Feldmarschall *K[h]evenhüller* genannt wurde und dem späteren Napoleonshut ähnlich war.

[243] Die *Panache* (frz. *Federbusch*) wurde im 18. Jahrhundert ganz von der *Plumage* abgelöst. Die Plumage (frz. *Gefieder, Federn*) ist ein Federbesatz aus einer gespaltenen Straußenfeder, die den inneren Rand des Dreispitzes säumte. Sie war Rangabzeichen der Stabsoffiziere und Generäle. Bei der *Plume à deux points* handelte es sich um zwei vorne symmetrisch angebrachte Straußenfedern.

[244] Die Zipfelmütze hatte sich Ende des 15. Jahrhunderts aus der Gugel entwickelt und sich in der Hauskleidung des Mannes bis Ende des 18. und als Schlafmütze bis anfang des 20. Jahrhunderts erhalten. Wegen Bequemlichkeit und Wärmeschutz fand sie Eingang in die Sportkleidung, wo sie seit den 1920er Jahren auch von der Frau getragen wird. Aus der Schlafmütze entwickelte sich im 18. Jahrhundert auch die militärische Feldmütze für den Soldaten im Lager. Da dem Grenadier beim Werfen der Granate der Dreispitz hinderlich war, setzte er im Gefecht seine Feldmütze auf. Sie wurde zum Beispiel bei den preußischen Grenadieren mit einem spitzdreieckigen Metallschild versehen zur Kopfbedeckung der Grenadiere, während sie in England mit Pelz verbrämt wurde, wo noch heute die Bärenfellmütze den Grenadier auszeichnet.

[245] Der Hohe Hut ebenso wie der Zylinder eigneten sich trotz ihrer hohen Fasson für den Reitsport, da sie nur nach genauem Kopfmaß gearbeitet wurden, wofür es eigene Meßapparaturen gab und sie außerdem innen ein zusammenziehbares Band hatte.

[246] Révolution de Paris No. 141 (17-24-March 1792), zit. nach Nicola Lepp, Ausschnitte einer Kleidergeschichte des Protests, in: Kleider und Leute, Kat. der Vorarlberger Landesausstellung, Schloß Hohenems 1991, S. 266.

[247] Von frz. *barbe, Bart*, ging der Ausdruck auf *alles vom Kopf herunterhängende* über.

[248] Nach dem französischen Maler Antoine Watteau (1684–1721).

[249] Ersterer war nach dem englischen Maler Thomas Gainsborough (1727–1788) benannt, letzterer nach dem erneut populär gewordenen »Chanson de Marlborough«.
[250] S. S. 19.
[251] Auch die Beamtenkleidung wurde über rangmäßig differenzierte Uniformen geregelt. In den Livreen am österreichischen Kaiserhof blieb der Zweispitz bis zu Beginn des Ersten Weltkriegs erhalten.
[252] So zeigt das Gemälde von Franz Ludwig Catel »Kronprinz Ludwig in der Spanischen Weinschänke zu Rom« von 1824 den Schankwirt und zwei Zecher im Zylinder, während ein Zylinder neben dem Kronprinz auf dem Boden liegt und diesem durchaus gehören könnte. Bayerische Staatsgemäldesammlung, Neue Pinakothek, München.
[253] Schon 1849 gehörte der Zylinder zur Alltagslivree der Reitknechte am Österreichischen Kaiserhof, während für die Galalivree der Dreispitz gedacht war.
[254] Sie wurden Karbonari genannt, weil sie sich in verlassenen Kohlenmeilern (ital. *carbonaio, Köhler*) trafen.
[255] Seine Anhänger haben seiner Kleidung – blusenartiges Hemd, Halstuch, Gürtel und Schlapphut – eine romantische Verherrlichung gegeben und rückten – typisch für die Zeit – sein Aussehen in die Nähe des »heldenhaften Räubers«.
[256] Max von Boehn, Polizei und Mode, In W. Abegg (Hrsg.), Die Polizei in Einzeldarstellungen, Bd. 10, Berlin 1926, S. 116.
[257] In England *coke* genannt, da William Coke, später Earl of Leicester, sein Personal mit einer neuen, weniger auffälligen Hutform als dem Zylinder ausstatten wollte und dem Nobelhutmacher Lock's dafür den Auftrag erteilte. Dieser beauftragte Thomas William Bowler mit der Herstellung der Hüte. Der Hutfilz war aus Kaninchenhaaren und innen mit Schellack versteift. Volkstümlich hieß er in Deutschland Eiersieder und Hartmann, in England Billycoke und in den USA um die Jahrhundertwende Derby.
Die in Peru getragene Kopfbedeckung geht auf den europäischen Bowler zurück, den die Eingeborenen von den reichen Minen- und Grundbesitzern übernahmen.
[258] Dieses informelle Zeichen begann sich fast zwangsläufig und parallel zum Entstehen eines proletarischen Klassenbewußtseins auszubilden.
Zu Beginn des 20. Jahrhunderts verdichtete sich die Mütze – Jobbermütze (von engl. *job, Gelegenheitsarbeit*) – zum Zerrbild des Mobs. Bis heute sind bestimmte Formen der Schirmmütze signifikant für die Outlaws in amerikanischen Großstädten.
Eine politisch aussagekräftige Variante war die auf die traditionelle Arbeiterkleidung zurückgehende *Leninmütze*. Sie kennzeichnete die Mitglieder des 1924 gegründeten Rotfrontkämpferbundes, der Wehrformation der deutschen KPD (Lepp, in: Kleider und Leute, S. 276 und 288).
Von dem Mob aber wollte sich der eigentliche Arbeiter distanzieren. Zu Maifeiern ebenso wie zu Protestaktionen trug er möglichst den besten Anzug und Hut, so daß uns heute – aus der hutlosen Zeit heraus – Abbildungen mit Versammlungen der Arbeiter wie ein *Großtreffen von Kommerzienräten* (Bausinger, S. 124) anmutet. Auch die Vertreter kommunistischer Parteien emanzipierten sich. Erich Honecker trug einen verklemmten, schmalkrempigen Hut, Michael Gorbatschow ein wesentlich dynamischeres, breitkrempiges Modell.
Bereits Mitte des 19. Jahrhunderts zeigen Stiche und Fotos Golfspieler mit Schirmmützen (noch zu Beginn des Jahrhunderts sind sie mit Zylinder dargestellt). Zu Crokket, Hockey und Cricket setzten die Herren in England eine flache Form des Bowlers auf *(s. S. 131 und 133)*. S. a. Anm. 272.
[259] Zit. nach Lepp, in: Kleider und Leute, S. 272.
1906 trug in England Keir Hardie seine Schirmmütze bei seiner Wahl zum ersten Parlamentsabgeordneten der Labour-Partei, als Zeichen der Solidarität mit der Arbeiterpartei (siehe als Vergleich dazu Joschka Fischer, *s. S. 47f.*)
[260] Leichter Strohhut aus den Blättern der Kolbenpalme (Heimat Ecuador), benannt nach dem Umschlagplatz Panama. Loschek ($^2$1988), S. 368f.
[261] Der Canotier wurde, ähnlich dem Zylinder im 19. Jahrhundert, in England von vielen sozialen Klassen getragen. Er gehörte zur Arbeitskleidung der Metzger (angeblich weil er kühl war und vor herabtropfen-

dem Blut schützte), ebenso wie er zur sommerlichen Schuluniform gehörte.

[262] Ein mittels einer Feder zusammenklappbarer, mit Seide überzogener Zylinder, der 1823 vom Pariser Hutmacher Gibus erfunden und 1837 patentiert wurde. Später wurde das System durch eine pneumatische Feder verbessert. Loschek ($^2$1988), S. 146.

[263] Die Bezeichnung *Schute* leitet sich wahrscheinlich von dem gleichnamigen Schiffstyp mit seinem weit ausladenden Vordersteven ab. Zu ihrer Zeit hieß sie allerdings *Capote*, wie alle Haubenhüte des 19. Jahrhunderts.

[264] Nach der Hauptfigur von Samuel Richardsons 1740 erschienenem Roman »Pamela«.

[265] Der Homburg wurde ursprünglich in Bad Homburg hergestellt und um 1900 durch den häufigen Kurgast Prince of Wales, später König Edward VII. von England, in Mode gebracht. Der Homburg wurde bei offiziellen und halboffiziellen Anlässen zum Stresemann mit seinem schwarzen Sakko und der gestreiften Hose getragen.
Ein brauner Hut war in England als Stadthut stets verpönt.

[266] Der Snapbrim war unter der Bezeichnung *Fedora* schon 1883 aufgekommen, benannt nach Princess Fedora Romanoff, der Dramenfigur eines viktorianischen Melodrams von Sarah Bernhardt.
Zu neuem Ruhm gelangte er durch Warren Beatty, der ihn in dem Film »Dick Tracy« trug.

[267] Die englische Bezeichnung kommt von der runden, ebenso genannten Schweinefleischpastete; in Österreich wurde er volkstümlich *Reindl* genannt nach seiner runden Form einer Kasserolle.

[268] Er wurde von dem italienischen Hutmacher G. Borsalino erfunden, der 1857 in Mailand eine Hutfabrikation gegründet hatte.

[269] Nach der gleichnamigen Novelle von George du Maurier, 1894.

[270] Beuys kaufte – nach eigenen Angaben – seine Hüte der Marke Stetson in London. Joseph Beuys im Gespräch mit Joachim Rönneper. Kleider machen Leute, Köln 1990, S. 6.

[271] Marina Schneede, Künstler-Selbstdarstellung, in: Anziehungskräfte, Ausst.-Buch des Münchner Stadtmuseum, 1986, S. 321 f. Siehe auch: Franz Verspohl, Joseph Beuys, Da ist zunächst einmal dieser Hut, in: Kritischer Bericht 2/1986.

[272] Am 24.4.1849 sollen die Baseballspieler des New Yorker Knickerbocker-Clubs (so genannt wegen der holländischen Pumphosen, die die Spieler trugen) erstmals mit Kappen auf das Spielfeld von Hoboken aufgetreten sein. Die Steifheit beziehungsweise Höhe ihrer Kappen, die noch mit oder ohne Schild waren, resultierten aus der Form des Zylinders und boten Schutz gegen den harten Ball. Die Kappen sind in den USA Bestandteil einer inoffiziellen *Volksuniform*, dem Tirolerhut oder der einstigen chinesischen Mao-Mütze vergleichbar.

[273] Von frz. *pleurer, weinen*. Loschek ($^2$1988), S. 380.

[274] Die Baskenmütze ist eine schirm- und randlose Filzmütze, die sich um 1570/80 wahrscheinlich aus dem Barett (*s. S. 115 f.*) entwickelt hatte und zur nationalen Kopfbedeckung der Basken wurde, aber auch allgemein der Fischer; der Schottenhaube vergleichbar. Die Baskenmütze wird gestrickt und anschließend gewalkt. Seit etwa 1927 ist sie eine modisch-sportliche Kopfbedeckung beider Geschlechter.

[275] Anm. 247.

[276] Es wurde zunächst als Solidaritätsbekundung für das staatenlose, unterdrückte palästinensische Volk übernommen (*s. S. 75 f.*).

[277] Von Kopf bis Hut, S. 10.

[278] »L'Art de mettre sa cravate« erschien unter dem Pseudonym Baron Emile de l'Empésé, 1827; s. Anm. 301.

[279] Ebendort, Anm. 8.

[280] Infolgedessen ändern sich Sitten nur langsam, auch weil Neues immer die Anerkennung der Gemeinschaft, bewußt oder stillschweigend, braucht. Sitten dämmen Zufälle und Chaos ein, aber reduzieren zugleich Freiheit und Individualität. Loschek (1991), S. 162 f.

[281] Ernst Moritz Arndt, »Ein Wort über Sitte, Mode und Kleidertracht«, in: Der Wächter, hrsg. 1815/16, zit. n. A. Varron, Die Krawatte, Ciba 35/1939, Sp. 1298.

[282] Varron, Sp. 1298.
[283] Es wurde damals von der »Übernahme abendländischer Zivilisation« gesprochen.
[284] Frz. *matelot*, *Matrose*.
Uniformen für die Kriegsmarine gibt es erst seit Mitte des vorigen Jahrhunderts.
[285] Regelmäßige Diagonalstreifen in Hell-Dunkel-Abfolge heißen *marokkanische Streifen* oder *Mogadors* (nach einer kleinen Stadt in Marokko), da sie eigentlich den Streifen der Hemdgewänder, der Djellabas, ähneln. Streifen, denen Schattenstreifen folgen, heißen *Ombréstreifen*; horizontale Streifen *Panels*.
[286] S. Anm. 289.
[287] Gewiß, die Fülle an Dessins ist groß, aber auch sie werden von Designern der Industrie erdacht und erfordern kein aktives Gestalten. Mode ist heute nicht mehr jener Teil der Lebensgestaltung, für die ein großer Zeitaufwand akzeptiert wird.
Die unendliche Variationsvielfalt der Krawatte des 19. Jahrhunderts ist heute völlig unbekannt. Siehe dazu: Eelking, Bilanz der Eitelkeit. Die Geschichte der Krawatte, Göttingen 1976, und Davide Mosconi/ Riccardo Villarosa, Fliegen und Krawatten. Die verbindliche Kunst des feinen Knotens, Köln 1985. (Die in diesem Buch dargestellten Krawatten- und Schleifenformen und Bezeichnungen sind nicht immer mit historischen Bezeichnungen identisch, sondern vielfach Phantasienamen.)
[288] Allerdings wurde von den Damen die Steinkerke nach rechts geschlungen, wo sich – anders als beim Mann – die Knopflöcher ihrer Reitjacke, die dem Justaucorps des Mannes ähnlich war, befanden.
[289] Von lat. *fauces*, *Kehle*, *Hals* (*s.S. 71*, Anm. 118). Naheliegend wäre auch die Ableitung von lat. *foculum*, was ein *Wärmemittel* im allgemeinen bedeutet. Schon allein durch das Abschnüren der Kehle kommt es zu einem Hitzestau, dem Träger wird somit heiß. Vielleicht nahmen die römischen Soldaten das Focale als eine Art »Temperaturregler« an, denn zum Warmhalten der Bronchien wäre nur ein dicker Wollschal geeignet gewesen. Da das Focale über dem Brustpanzer liegt, kommt es als Schutz gegen den harten Panzer nicht in Frage.
Noch heute muß eine enge Krawatte gelöst werden, wenn dem Träger infolge von Hitze oder Aufregung zu heiß wird. In heißen Rededuellen wird der Krawattenknoten gelöst, um sich – im wahrsten Sinne des Wortes – Luft zu verschaffen.
[290] Als Ursprung für die Krawatte kommt nicht in Frage – wie in mancher neuerer Literatur dargestellt (Mosconi/Villarosa, S. 9; Gibbings, S. 8; Stefan Thull, Krawatten. Das Handbuch, Berlin 1990, S. 12) – die Kleidung der Soldaten des chinesischen Kaisers Quin Shi Huangdi (gest. 210 v. Chr.). Sie ist durch die seit 1974 bei Xi'an ausgegrabene sogenannte »tönerne Armee« bekannt. Manche der Soldaten weisen vorne eine »Halsschleife« auf, die jedoch die Bandschleife der Kopfbedeckung (*hohe Kappe*, *Flügelkappe*) ist, die den militärischen Rang des Trägers anzeigt. Es handelt sich um eine einäugig (Anm. 291) gebundene Bandschleife und keineswegs um zwei »Zipfeln« oder um ein »halstuchähnliches« (Thull) Tuch.
Am Hals wird bei den chinesischen Soldaten außerdem eine Art Schal sichtbar, bei dem es sich aber um den typisch asiatischen Kragen des asymmetrisch geschlossenen Hemdes handelt. (Siehe dazu: Max Tilke, Studien zu der Entwicklungsgeschichte des orientalischen Kostüms, Berlin 1923; Zhou Xun und Gao Chunming, Fünftausend Jahre Chinesische Mode. Kleidung, Kopfputz, Schuhwerk, Schmuck. Tübingen, 1985.) Also ist auch dies kein Vorläufer einer Halsbinde und weitergehend einer Krawatte.
[291] Eine zu einer Schleife gebundene Halsbinde ist unter anderem in der Darstellung eines württembergischen Generals von 1638 belegt, in: Wilhelm Kohlhaas, Württembergische Uniformen. Offsetfaksimileausgabe des Tafelwerks von L.J. von Stadlinger 1856 »Geschichte des Württembergischen Kriegswesens von der frühesten bis zur neuesten Zeit«, Blatt 1, Wuppertal 1978. Siehe Abb. 120.
[292] Für die Entwicklung aus dem Hemdkragen spräche, daß auch noch Ende des 17. Jahrhunderts, als sich die lose Spitzenkrawatte längst etabliert hatte, es auch »Krawatten« gab in Form von an den Hemdkragen angenähtem Spitzenvolant; siehe das Gemälde von H. Rigaud, Bildnis

des Ministers Charles Colbert, Bruder von Jean Baptiste Colbert, Stich von Edelinck 1691.

[293] Dokumentiert in zahlreichen Schlachtenbildern der Zeit, vor allem von Peeter Snayers (1592–um 1667) zum Beispiel auf *Sieg Piccolominis über Marschall Peuquières bei Diedenhofen*, im Heeresgeschichtlichen Museum, Arsenal, Wien.

[294] Der Ausdruck *cravatta* stammt vermutlich von den *Kroaten*. Die Kroaten nannten sich selbst *Hrvati*, ihr erobertes Land wurde *Chorbatia, Chrobatia, Croatia* genannt. Im Wiener Dialekt bedeutet *Kråwåt, Kroate* (*hrvat*) für *herumziehende Slawen* im allgemeinen. Hinzu kommt, daß *kroat* auf *krowatt* im Sinne der späteren flämischen Bezeichnung *Krawaat*, was einen ungebärdigen Menschen bezeichnet, im Zusammenhang steht. In England versteht man unter *cravat* ein altmodisches Halstuch, während *tie* für den Landbinder steht.

1380 allerdings ist in einem Text des französischen Balladendichters Eustache Deschamps (um 1340–um 1407) von »faites restraindre sa cravate« (»zieht seine Krawatte enger«) die Rede. Und 1590 beschreibt Cesare Vecellio (um 1530–1606) in seinem Kostümwerk »De gli abiti antichi et moderni di diversie parti del mondo« (418 Holzschnitte) einen römischen Soldaten mit einer Art »una specia di cravatta« um den Hals.

Aus diesem Grund wird auch umgekehrt angenommen, daß die Kroaten so von den Franzosen bezeichnet wurden, nach ihren Halstüchern.

[295] Nach etwa 1660 bürgerte sich bei den Truppen Ludwigs XIV. ein breites, wie bei den Kroaten meist rotes Halstuch – *la cravate* – ein. Das kroatische Reiterregiment der Franzosen erhielt von da an den Namen *Royal Cravate*.

[296] Eine Schleife besteht aus zwei verknoteten Schlaufen, man spricht dann von einer sogenannten zweiäugigen Schleife.

[297] In den 1690er Jahren war die *Cravate à la Chaconne* modern, die zweimal, direkt am Hals und etwas tiefer geknotet wurde. Der französische Tänzer Pécourt soll sie 1692 in Mode gebracht haben, als er eine solche beim Tanz einer Chaconne trug.

[298] Anm. 127.

[299] Frz., von *Moschus*, ein stark riechendes Parfum.

[300] Erwähnenswert ist in diesem Zusammenhang, daß auch die Kroaten ihre Halstücher zusammen mit einem Amulett trugen. Marie Schuette, Alte Spitzen. Nadel- und Klöppelspitzen, Braunschweig [4]1963, S. 237. Inwieweit dieses Amulett Vorläufer der sogenannten Krawattennadel ist, bleibt jedoch dahingestellt (*s. S. 156*).

[301] Bis heute dauert die Diskussion an, ob sich hinter dem Pseudonym Emile Marc de Saint Hilaire (1793–1887) (Stefen Thull, Hrsg). in: »Die Kunst des Krawattenbindens« Faksimile, Bonn 1989, Nachwort S. 125 f.) oder Honoré de Balzac verbirgt (Varron, Sp. 1303, da der Karikaturist Henry Monnier bestätigte, das Titelblatt für Balzacs Büchlein gestaltet zu haben und Balzac der Autor ist). Für Annemarie Kleinert ist Balzac zumindest der Herausgeber, der 1826–1828 eine Druckerei besaß. Annemarie Kleinert, Balzac – erst Journalist, dann Schriftsteller. Die Jugendjahre von 1819–1822, in: Publizistik, Vierteljahresheft für Kommunikationsforschung, Heft 2, 32. Jg. 1987, und Annemarie Kleinert, Balzac et la presse de son temps: Ses œuvres et son activité vues par le »Journal des Dames et des Modes«, in: *L'Année Balzacienne*, 1988.

Varron stellte fest, daß sich Balzac nach drei Jahren selbst von seiner Schrift distanzierte, da sie ihm zu spießig vorkam: »So legt man das Genie in Fesseln und bindet es in die Windeln der Routine«, in: »La Mode« 1830. Balzac meinte, die Krawatte lebe nur von der Originalität, sie dürfe sich keiner Regel unterwerfen und müsse von spontaner Eingebung schöpferisch gestaltet werden. Varron, Sp.1303.

Balzac beschäftigte sich sehr mit Mode, denn er verfaßte im Jahr 1830 vierzehn Modeartikel in *La Mode*. Annemarie Kleinert, Die frühen Modejournale in Frankreich. Studien zur Literatur der Mode von den Anfängen bis 1848. Studienreihe Romania Berlin 1980, S. 188 ff.

[302] Gibbings, S. 84 f.

[303] Der Ausdruck Plastron kommt von mlat. *plastra*, lat. *emplastrum*, *Bruststück des Harnisch*. Im 19. Jahrhundert bedeutete Plastron ein Serviteur oder Chemisette,

ein latzartiges Vorhemd aus feinem Stoff, das über das Herrenhemd gebunden und im Ausschnitt der Weste sichtbar blieb. Die Bezeichnung Plastron ging dann auf die die Brust bedeckende Krawatte über. Umgangssprachlich nannte man es Betrügerchen.

[304] Zu den berühmten Pferderennen in der englischen Stadt Ascot, die seit 1771 jährlich im Juni stattfinden, war den Herren seit Mitte des 19. Jahrhunderts Cutaway und Plastron, nun *Ascottie* genannt, vorgeschrieben.

[305] Eelking, S. 45 ff. Gibbings dagegen leitet die *Four-in-Hand* von der ersten englischen Schulkrawatte, entstanden im Ruderklub des Oxford University's Exeter College, ab, was erst 1880 gewesen wäre. S. 80 ff.

[306] Das ursprünglich norddeutsche Wort *Schlips* kommt von mndt. *slippe* für *Zipfel.* Bereits um 1840 bezeichnete es die losen Enden von Halstuch oder Krawatte. Die umgangssprachliche Redewendung »jemanden auf den Schlips treten« für »beleidigen« bezieht sich auf die Rockschöße.

[307] Die *Lavallière* wurde nach der Herzogin Louise de La Vallière, einer Mätresse Ludwig XIV., benannt, die diese Schleifenform, die eigentlich zur Urform aller Krawattenschleifen wurde, kreiert hatte.

[308] S. S. 203 f.

[309] Die Idee soll ihm durch seine vorne herabhängende Hutschnur gekommen sein, für die er eine Spange zum Zuziehen und Festhalten der Kordel erfand. Er gestaltete diese zum dekorativen Beiwerk – ohne Hut – als Form einer Krawatte. Die Spange gestaltete er zu einem attraktiven, auch goldenen oder silbernen mit Edelsteinen verzierten Schmuckstück.

Weiße Kordeln, die in Quasten oder Bommeln endeten, fielen bereits in der Männerkleidung des 17. Jahrhunderts auf, als der separate Kragen mit Hilfe einer vorn sichtbar geknoteten Kordel zusammengehalten wurde.

[310] Bill Haley hatte noch nicht auf eine Fliege bei seinen Auftritten verzichtet, ebenso trugen die Beatles zu Beginn ihrer Karriere unter ihren neu gestylten Nehru-Jackets dunkle schmale Binder.

[311] Auf dem Porträt von Georg Herzog zu Braunschweig-Lüneburg in Calenberg (1582–1641) aus dem Jahr 1636 (in Schloß Herrenhausen bei Hannover) fällt auf, daß der Knoten seiner zu einer Schleife gebundenen Halsbinde mit einer Edelsteinbrosche versehen ist. Die weiße Halsbinde ist besonders auffällig, da sie über einer geschwärzten Rüstung getragen wird.

[312] Barbara Krafft, Anton von Marx mit seiner Familie, 1803, Österreichische Galerie des 19. und 20. Jahrhunderts, Wien.

[313] Siehe das Porträt von Karl Joseph Stieler aus dem Jahr 1828. Bayerische Staatsgemäldesammlung, Neue Pinakothek, München.

[314] Baron von Eelking (1976), S. 187 f.

[315] Zur Ethymologie des Wortes s. S. 110, Anm. 222.

[316] Auf dem berühmten Gemälde von François Boucher, 1756. Sammlung Rothschild, Paris.

[317] Tione Raht, Die Geschichte der Seidenblume, Hannover 1981, S. 16.

[318] Nachdem sich Mme Bertin während der Französischen Revolution in England vergeblich eine neue Existenz aufzubauen versucht hatte, gelang es ihr danach wieder in Paris Fuß zu fassen und Joséphine de Beauharnais, spätere Gemahlin Napoleons I., als ihre Kundin zu gewinnen. Loschek ($^2$1988), S. 483.

[319] Nach der Hinrichtung ihres Geliebten flüchtete sie in die Schweiz, wo sie eine erfolgreiche Schriftstellerin wurde.

[320] Männer übernahmen die Organisation, das Färben und Appretieren der Stoffe wie auch das Umspannen der Drähte mit grünem Papier für die Blumenstiele. Die Feinarbeit, zu der das Handkolorieren gehörte, blieb weiterhin in Frauen- und Kinderhänden. Monsieur Sequin war einer der ersten bedeutenden Seidenblumenhersteller in Paris.

Ausschlag- und Stanzeisen wurden erfunden, die Wölbungen und Äderungen wurden mit heißgemachten Eisen hineingepreßt und mit Stäbchen die Blütenränder gekräuselt. Raht, S. 12 ff.

Friedrich Justin Bertuch, der Herausgeber der ersten deutschen Modezeitung »Journal des Luxus und der Moden« unterhielt die Fürstlich privilegierte Blumenfabrik zu Weimar in seinem Haus. Hier arbeitete auch Christiane Vulpius (1765–1816), Lebensgefährtin und spätere Ehefrau Goethes. Die Herstellung von Seidenblumen zählte zu einer Tätigkeit, der auch Töchter aus gutem (aber verarmtem) Hause nachgehen konnten.

[321] Raht, S. 14. Beaulard hatte auch eine auf Knopfdruck zusammenfaltbare Frisur erfunden, mittels derer die Damen bequem durch Zimmer- und Karossentüren kamen, ohne steckenzubleiben.

[322] 1847 existierten in Paris 48 Fabriken für Blumen-Bestandteile mit ungefahr 500 Arbeiter/innen. In weiteren 100 Betrieben wurden die einzelnen Blumenteile zusammengesetzt, die über 6000 Heimarbeiter beschäftigten. 1865 gab es in Paris bereits 2000 Werkstätten für Seidenblumenherstellung mit 15000 Beschäftigten, großteils Frauen und Mädchen. In Deutschland waren Dresden und Sebnitz Herstellungszentren.

In Böhmen, das zur Habsburgischen Donaumonarchie gehörte, war seit langem eine volkstümliche Blumenkunsttradition vorhanden, deren bunte Produkte für den Schmuck von Volkstrachten, aber auch ländlicher Kirchen und Grabkreuze diente. Raht, S. 22.

[323] Raht, S. 64.

[324] Berühmt wurde das sogenannte Makartbouquet aus getrockneten Blumen.

[325] »Les Modes«, 1905.

[326] Die engl. Bezeichnung *cufflink* für Manschettenknopf, zusammengesetzt aus *cuff*, *Manschette* und *link*, *verbinden*, macht dies deutlich.

[327] Von frz. *manche*, *Ärmel*, zu Diminutiv *manchette*, *Ärmelchen*.

[328] Diese hatten ihrerseits die in der zweiten Hälfte des 16. Jahrhunderts üblichen Handkrausen verdrängt.

Die Bezeichnung *Manschette* (Anm. 327) kam erst im 17. Jahrhundert auf, für die separat gearbeiteten, abgesteiften Spitzenvolants, die über Wams- oder Kleidärmelabschluß gestülpt wurden.

[329] Melissa Gabardi, Bijoux de Couture, Frankreich 1927–1968, in: Glanzstücke. Modeschmuck vom Jugendstil bis zur Gegenwart, München 1991, S. 225–251.

[330] George Ravenscroft (1618–1682) hatte eine Glaspaste aus hochwertigem transparentem Bleiglas, aus der Edelstein-Imitate hergestellt wurden, erfunden.

[331] Die Firma Ciro ist seit 1910 international bekannt für ihren hochwertigen Imitationsschmuck.

[332] 1724 begann Georges Frédéric Stras (1701–1773), ein Juwelier aus Straßburg, Edelsteine aus Glaspaste herzustellen, ein Spezialglas, das geschliffen und poliert werden kann. Er wollte damit Diamanten imitieren und eroberte mit seinen funkelnden Steinen um 1730 Paris im Sturm. Am 15. Mai 1734 wurde er zum Hofjuwelier des französischen Königs ernannt. Sein Goldschmiedezeichen war GFS und ein Schwert mit Krone. Die in manchen Büchern behauptete Erfindung von Straß durch den Wiener Joseph Strasser wurde eindeutig widerlegt. Gabriele Greindl, Straß. Modeschmuck aus zwei Jahrhunderten. Mit einer Einführung von Dominica Volkert. München, 1990.

[333] Daniel Swarowski (1862–1956, geboren im böhmischen Georgenthal, dem Zentrum der Glasindustrie) fand unmittelbare Anregungen dazu 1883 beim Besuch der »Ersten Elektrik-Ausstellung« in Wien. Am 1.10.1895 gründete er seine Fabrik in Wattens in Tirol, basierend auf seiner Entwicklung einer Maschine, die in einer neuen Weise Glas schleifen konnte.

Ein weiteres Zentrum der Glasschleiferei entwickelte sich in Gablonz, Böhmen.

[334] Der *Jugendstil* wurde nach der seit 1896 in München erscheinenden Zeitschrift *Jugend* genannt. Für die Bezeichnung *L'Art Nouveau* war die gleichnamige Galerie von Siegfried Bing namensgebend, ein auf japanische Kunst spezialisierter Händler und »La Maison Moderne«, die dem deutschen Kunstkritiker Julius Meier-Graefe gehörte.

[335] Vivienne Becker, Das neue Jahrhundert und die Art nouveau, 1900–1915, in: Glanzstücke, S. 15–49.

Nicht als Designer von Modeschmuck anzusehen, aber als indirekt großen Einfluß ausübender Künstler ist René Lalique (1860–1945) anzusehen, da er es wagte, trotz seines elitär dekadenten Stils, Edelsteine und -metalle mit Glas oder Horn zu kombinieren. Lalique wählte seine Materialien allein wegen ihrer Schönheit, Farbe, Struktur und wegen ihres Bezugs zu seinen

Ideen und Themen, ohne ihren Wert zu beachten.
[336] Benannt nach dem englischen Kunsthändler und Kaufhausgründer Arthur Lasenby Liberty.
[337] Kolo Mosers Schmuckkreationen sind vor allem durch seinen Schmuck, den Emilie Flöge zu den Kleidern von Gustav Klimt trägt, bekannt.
[338] Trude Hansen, Wiener Werkstätte, Mode, Stoffe, Schmuck, Accessoires. Wien–München 1984, S. 156. S. a. Gerda Buxbaum, Die opulente Qualität der Armseligkeit, Österreich und Deutschland 1900–1950, in: Glanzstücke, S. 49–111.
[339] Jet[t], auch Gagat genannt, ist eine besonders harte, polierfähige Braunkohlenart, die seit dem frühen 19. Jahrhundert zur Modeschmuck-Herstellung, wie Perlenketten, aber auch für Trauerschmuck, verwendet wurde. Queen Victoria von England tauschte aus Kummer um den Tod ihres Prinzgemahls Albert von Sachsen-Coburg 1861 ihren gesamten Schmuck gegen schwarzen Jet-Schmuck aus. Da Jet aber ein zu kostspieliges Material für den einfachen Bürger war, wurde bald von den Gablonzer Glasmachern in Form des *Französischen Jets* ein preiswerterer Ersatz gefunden.
[340] Die Bezeichnung geht auf die Ausstellung »Exposition Internationale des Arts Décoratifs et Industriels Modernes« 1925 in Paris zurück.
War der frühe Art-déco-Stil noch sehr figurativ und basierte auf Stilrichtungen des 18. Jahrhunderts, so wandte er sich nach 1925 dem Modernismus abstrakter Formen und der totalen Unterdrückung von Farben und unnötigen Ausschmückungen zu.
[341] Schon 1855 stellte der Engländer Alexander Parkes das erste kommerzielle Kunststoffmaterial her, ein Zellulose-Nitrat, das er Parkesine nannte; weiterentwikkelt 1868 und patentiert von den Brüdern John Wesley und Isaiah Hyatt. Es gleicht Elfenbein und Horn und wurde bereits anfangs des Jahrhunderts für Steckkämme anstelle von Schildpatt eingesetzt.
[342] Von dem belgischen Chemiker Leo Hendrik Baekeland erfunden und 1909 patentiert.
[343] Anm. 508.
[344] Er zog 1940 nach New York und wurde dort einer der erfolgreichsten Schmuckdesigner. Er starb 1987.
In den Vereinigten Staaten waren bereits in den 1920er Jahren viele der führenden Modeschmuckfirmen, wie Fishel, Trifari, Eisenberg und Napier gegründet worden.
[345] Die Bezeichnung *Cocktail* bedeutet *Hahnenschwanz* und steht für das bunte Mixen eines Getränkes. Cocktail-Parties wurden in Europa erst in den 1950er Jahren populär und bedeuteten eine »kleine« vorabendliche Geselligkeit, in der nur das *kleine Schwarze* oder ähnliches adäquat war, im Unterschied zum »großen«, das heißt langen Abendkleid für eine große Abendveranstaltung.
[346] Die besten Steine kamen weiterhin von Swarowski in Österreich und aus der Tschechoslowakei.
[347] Nicoletta Bocca (Hrsg.), Vom Souvenir zum Designobjekt. Italien 1945–1970, in: Glanzstücke, S. 253–311.
[348] Giuliano Fratti gründete sein Unternehmen mit Sitz in Mailand anfangs der 1930er Jahre.
[349] Sie war seit 1946 in Mailand tätig und arbeitete mit Jacques Fath und Schiaparelli zusammen. Bis 1972 lag der Schwerpunkt des Unternehmens auf Kristallschmuck für den amerikanischen Markt.
[350] Seine Kreationen wurden in den USA von Mitchel Maer und ab 1955 von der Pforzheimer Firma Henkel & Grosse ausgeführt.
[351] Pseudonym für Henrietta Kanengieser, die mit ihren Eltern aus Österreich in die USA auswanderte.
[352] Einen sehr guten Überblick über Couture- und Designer-Schmuck der letzten Jahrzehnte siehe Vivienne Becker, Die Rückkehr zum Schmücken, 1965 bis heute, in: Glanzstücke, S. 313–367.
[353] Zu anderen Männerschmuck-Arten siehe: Krawattennadel und Manschettenknopf.
[354] Der Glaube an die Heilwirkung des Ohrrings war an die Stelle älterer Heilmittel getreten, wie jener der Humoralpathologie. Diese, wie auch die chinesische Akupunktur, geht von einer engen Verbindung zwischen Ohr und Auge aus. Aus Schilderungen von Seeleuten und Droschkenkut-

schern ist eine Verbesserung der Sehschärfe besonders bei Nacht durch das Tragen von Ohrringen belegt. Karin Göbel und Heidi Müller, Das Ohrlochstechen, in: Auf's Ohr geschaut. Ohrringe aus Stadt und Land vom Klassizismus bis zur neuen Jugendkultur. Ausst.-Kat. des Museums für Deutsche Volkskunde, Berlin 1990, S. 21ff.

[355] Auf seinen Porträts, die alle bayerischen Amtsstuben zierten, war sein Ohrring deutlich sichtbar. Max I. Joseph begann ihn zu tragen, als er im angesehenen französischen Regiment »Alsace« gedient hatte. Die Mode des Königs fand sowohl beim Volk als auch in Adelskreisen Nachahmung. Konrad Vanja, Der Männerohrring, in: Auf's Ohr geschaut, S. 79ff.

[356] Das Wort *Muff* stammt von mlat. *muffula* für *Pelzhandschuh*; frz. *moufle*, heute *manchon*. Im Frühndt. heißt *muffel Halbhandschuh*. Im Englischen, wie auch in dt. Dialekten bedeutet *muffel sich einhüllen*; der sprichwörtliche *Muffel* ist ein Mensch, der sich »einhüllt, zurückzieht, in seinen vier Wänden bleibt«.
Die *Muffe*, jener Ärmelansatz, heißt ndt. *Vörmoube*, dt. regional und mhd. *Prieschen*, von *brîse*, *Einfassung*.

[357] »Receuil de la Diversité des habits qui sont à present en usage«, 1567. 1590 erwähnt Cesare Vecellio in seinem Trachtenbuch »De gli habiti antichi et moderni di diverse parti del mondo«, Venedig, ebenfalls den Muff.

[358] Berühmt sind die Darstellungen des in England tätigen, deutschen Modezeichners Niklaus Wilhelm von Heideloff, der Herausgeber des berühmten Modejournals »The Gallery of Fashion« (1794–1803) war. Auf seinen handkolorierten Aquatinta-Blättern tauchen Boa und Muff immer wieder auf.

[359] Ursula Steffens, Das textile Ornament am Beispiel von Tüchern, in: Textilarbeit + Unterricht, 4/1990, S. 202.

[360] Der Schal unterscheidet sich auch von der Stola (*s.S. 233*), die etwas abgesteift oder aus Pelz hergestellt wird. Nicht gleichzu-setzen ist der Schal mit dem Schleier (*s.S. 106 und 110*) oder dem mantelartigen Umhangtuch in Antike und Mittelalter.

[361] Hinzu kommt, daß alle asiatischen Mantelgewänder oder Untergewänder der frühen Kulturen, so auch Kimonos, einen schräg am Hals angesetzten schalartigen Kragen haben, der somit die wärmende Funktion eines Schals hat. Zhou Xun und Gao Chunming, Fünftausend Jahre Chinesische Mode. Kleidung, Kopfputz, Schuhwerk, Schmuck, Tübingen 1985; Max Tilke, Studien zu der Entwicklungsgeschichte des orientalischen Kostüms, Berlin 1923.

[362] S.S. 71, Anm. 118 und s.S. 146, Anm. 289.

[363] Friedrich Kluge, Etymologisches Wörterbuch der deutschen Sprache, 17. Aufl., Berlin 1957, S. 632. Hier wird das pers. *šal* auf den Ort der angeblich ersten Herstellung der indischen Stadt Schâliât abgeleitet. S. a. Johann, Christoph August Heyse, Fremdwörterbuch, 21. Aufl. 1922, S. 783

[364] Von sanskrit *kaçmira*, ehemals frz. *casimir*, engl. *casimere, cassemere*.

[365] Das Besondere des Kaschmirtals war jedoch sein hervorragendes Wasser, das notwendig war, um die Schals nach dem Weben zu waschen. Dies war erforderlich, denn ein sehr schöner Schal beanspruchte eine Webdauer bis zu drei Jahren, in der die Kettfäden immer aufgespannt blieben und regelmäßig mit Mehlreiskleister befeuchtet werden mußten, damit sie haltbar blieben. Die frühen Schals wurden nur von Männern hergestellt. Für einen Schal von ca. 120 cm Breite rechnete man etwa zwei- bis dreitausend Kettfäden. Sie wurden in der Bobinetwebtechnik hergestellt. Monique Lévi-Strauss, Cashmere. Tradition einer Textilkunst, Frankfurt a. M. 1987, S. 15.

[366] Auch Mir-i-botah, Mir-e-boteh, oft auch nur Miri- oder Botah-Motiv; pers. von *mir*, *Fürst* und *bota*, *Blume*, oder *Blumenbüschel*, also soviel wie *fürstliche Blume*. Das Miri wird auch als Flamme des Zarathustra, Krümmung des Flusses Jamuna, oder als sprießendes Palmenblatt respektive die Palme, die sich bei übergroßer Hitze schützend über Mohammed beugte, gedeutet. In der Schreibung *Mühur-i-bota* ging es auf ein Siegelmuster zurück, als angeblich Fürsten die Faust in Blut tauchten und mit der Handkante Gesetze und Todesurteile »stempelten«. Allgemein auch als Mandel- oder Zapfenmotiv erläutert.
Die Namen, Deutungen und Legenden

sind Gradmesser der Beliebtheit des Motivs, das auch auf persischen Teppichen wie dem Mir und dem Serabend typisch ist. (Effi Biedrzynski, Bruckmann's Teppich-Lexikon, München o.J., S. 180.)
Manchmal hat das Miribota zwei oder drei »Füßchen«, die als Wurzeln zu sehen sind. Das Miribota kann sehr klein wie eine Walnuß sein bis sehr großformatig und mit blumiger, bunter Binnenzeichnung, wie bei den echten Kaschmirschals. Es kommt immer als Rapportmuster vor in einfacher oder versetzter Reihung oder in Streifen eingelassen.
Auch der Krönungsmantel der persischen Kaiserin Farah Dibah war mit Miribota-Motiven bestickt.
Der Verhaltensforscher Otto König sieht das Miribota-Motiv als Augenmotiv, wie es als ritualisiertes Schmuck- und Textilornament in ganz Europa und Asien vorkommt. Es ist das Abwehrauge gegen den »Bösen Blick«. Da es sich bei den Miribotas um ritualisierte Augenornamente handelt, ist die einfache Binnenverzierung Wimpernkranz und Pupille über eingeschlossenen Palmetten- und Blütenmotiven bis hin zur Mehrfachsymbolik von Löwen, Pferden und Sphinxen im Inneren. Im Zusammenhang mit »Fürst aller Blätter« hat der Fürst die Funktion des Wächters und Aufsehers inne, der sein »Auge« (Augenmotiv) offen hält. (Davon auch das Wort »Admiral«, der *Fürst auf dem Meer.*) Otto König, Kultur- und Verhaltensforschung. Einführung in die Kulturethologie. München 1970, S. 212ff.

[367] Über die Deutung und Bezeichnung der *Palmetten* sind sich die Textilexperten bis heute nicht einig. Sehr oft werden die Palmetten – fächerartig, meist symmetrisch über einem Kern angeordnete Blätter – mit dem Miribota-Motiv (Anm. 366) gleichgesetzt. Die stets symmetrischen Palmetten finden sich eher selten in Kaschmirschals. Lévi-Strauss weist in ihrem hervorragenden Buch (Anm. 365) darauf hin, daß in früherer Literatur oft Palmetten mit Miribotas gleichgesetzt wurden.

[368] In Kaschmir stellte man auch gestreifte Schals oder quadratische Rosettenschals her, doch entsprachen sie nur dem türkischen und persischen Geschmack.

[369] Lévi-Strauss, S. 16.

[370] Zit. nach Lévi-Strauss, S. 16.
Der Nebel des Weihrauchs sollte der Vorstellung die gewünschte »Entrücktheit« und geheimnisvolle Verführung geben, was an den heutigen Gebrauch des Trockeneisnebels als Showeffekt erinnert.

[371] S. S. 76; Loschek (1991), S. 89.

[372] Unter anderem ist es aus diesem Grund besonders bei den qualitativ nicht so hochwertigen Schals schwierig, die Herkunft zu bestimmen.

[373] Ursprünglich webte man die Schals in einem Stück. Um die Nachfrage decken zu können, begannen die Weber in Kaschmir zu Beginn des 19. Jahrhunderts preisgünstigere Schals in zwei Teilen auf zwei Webstühlen zu weben und dann mit den freien Kettfäden zusammenzunähen. Auch begann man das Muster zu sticken, denn die Bobinetweberei erfordert erheblich mehr Zeit und Genauigkeit. Nur sehr wenige Ausnahmen wurden in Europa in der ursprünglichen Technik hergestellt. Außerdem wurden die europäischen Schals zu Beginn des 19. Jahrhunderts in mehreren Teilen gewebt, die man zusammensetzte: die Palmenbordüre, die Längsbordüre und den einfarbigen Grund.

[374] Joseph-Marie Jacquard hatte 1805 seine neue Maschine vorgestellt, bei der mit Hilfe eines Lochkartensystems und Platinen das Webfach gebildet wird. Damit konnten sehr komplizierte Muster relativ schnell gewoben werden.

[375] Zu den verschiedenen Stilen des Paisley-Musters siehe: Ed Rossbach, The Art of Paisley, New York 1980.
Das Muster ist aktuell geblieben, weil besonders das Londoner Textilhaus Liberty (gegr. 1875) das Muster bis heute in ihrem Dessin-Repertoire hat. Seither wird es auch für Dekorationsstoffe bis hin zu Schreibwaren und Bucheinbänden verwendet.

[376] Lucie Hampel, Vom persischen und vom türkischen Schal zum »Wiener Schal«, Lenzinger Berichte 23, Lenzing 1967, S. 91.

[377] Angela Völker, Die Produktion von »Wiener Schals« in der ersten Hälfte des 19. Jahrhunderts, in: Documenta Textilia, Nr. 7, München 1981.

[378] Natürlich sieht man auch in dieser Zeit Kaschmirschals auf Gemälden, waren sie

doch sehr kostbar, so daß man ihren Besitz zeigen wollte. Außerdem war der Kaschmirschal oft ein Brautgeschenk gewesen oder ein besonderes Erbstück, das im Bild wiedergegeben werden sollte.

379 Der (heute *das*) Plaid (von gälisch *plaide*, *Wolldecke*, zusammengesetzt aus *peallaid*, *Schaffell*) bezeichnete den Umhang der Bergschotten aus kariertem Wollstoff, dem Tartan. Aus der um den Körper drapierten (wie ein indischer Sari) Wolldecke reduzierte sich der Wickelrock, der Kilt. Im 19. Jahrhundert ging dieser Ausdruck auf die großen modischen Umhangtücher über.

380 Jenny Schneider zählt einige dieser Drapierungen auf, in ihrem Beitrag Kaschmir-Schals, in: ZGWK, 1/1986, S. 68 ff.

381 Berrus arbeitete für Schalfabrikanten in Lyon und gründete um 1840 ein Cabinet de Dessin in Paris, wo über hundert Leute arbeiteten, die Zeichnungen und Entwürfe für Schals entwarfen und auf Lochkarten für die Jacquard-Webstühle umsetzten.

382 Lévi-Strauss, S. 50 f.

383 Friedmar Apel, Angezogen, Ausgezogen, Berlin 1984, S. 212.

384 Aus der Funktion des Abschirmens ergaben sich Begriffe wie Ofen-, Lampen- und Mützenschirm.

Die englische Bezeichnung *umbrella* geht auf lat. *umbra*, *Schatten* und *umbraculum*, *Sonnenschirm* zurück. Im Französischen gibt es sowohl die Bezeichnungen *parasol* (von griech. *pará*, *gegen*, *entlang* und lat. *sol*, *Sonne*; zu frz. *parer*, *abhalten*) als auch *ombrelle* für Sonnenschirm.

385 Im chinesischen Buddhismus besitzen die Götter Virudhaka beziehungsweise Moli hung den (Schutz-)Schirm gegen Erdbeben, Finsternis und Chaos, als eine der acht Kostbarkeiten.

386 In Siam war das höchste Zeichen königlicher Würde der goldverzierte, siebenstökkige Schirm. Dieser ist neben Thron und Krone auch auf dem königlichen Siegel abgebildet und damit Insignie.

Percy Ernst Schramm, Der Schirm. Herrschafts-, Würde- und Rangzeichen in drei Erdteilen. In: Festschrift für Hermann Heimpel zum 70. Geburtstag am 19. September 1971. 3. Bd. Herausgegeben von den Mitarbeitern des Max-Planck-Instituts für Geschichte, Göttingen 1972, S. 567 bis 593.

387 Ebenfalls als Hieroglyphe *ka* dargestellt.

Diese Vorstellung leitet sich aus der Darstellung der Göttin Nut ab. Sie personifiziert das Himmelsgewölbe und ist Mutter des Sonnengottes Rê. Ihre Füße und Arme berühren die Erde, während der Körper einen Bogen (ein Himmelsdach) formt; ihren Leib entlang läuft die Sonnenscheibe. Man glaubte, jeden Abend verschlingt Nut die Sonne, um sie am Morgen wieder zu gebären, also neues Leben zu spenden. Sohn der Nut ist auch Osiris, ursprünglich ein Gott der Fruchtbarkeit. Symbol des Osiris wurde der sogenannte Djed-Pfeiler mit seinen scheibenartigen Bekrönungen. Er geht auf einen prähistorischen Fruchtbarkeitsfetisch zurück, vielleicht auf einen Baum, dem man die Äste entfernt hat. Später wurden seine Scheiben auch als Schirme aufgefaßt.

Auch in indischen Religionen spielte der Schirm eine bedeutende Rolle, wie der feuchtigkeitsspendende Sonnenschirm Varunas, mit dem der Gott Wischnu aus der Hölle ans Licht der Welt emporsteigt.

388 Annie Sagalow, Les Accessoires du Temps. Ombrelles, Parapluies, Ausst.-Kat. Musée de la Mode et du Costume, Palais Galliera, Paris 1989/90, S. 12.

Der Dionysos- beziehungsweise Bacchus-Kult weist Parallelen zum ägyptischen Osiris-Kult auf. Der Schirm in symbolischer Verbindung mit Fruchtbarkeit taucht auf einer Münze des König Herodes Agrippa zur Zeit des römischen Reichs auf, die auf der einen Seite einen Schirm, auf der anderen drei Ähren zeigt. Der Schirm war auch hier zur Insignie geworden.

389 A. Varron, Der Schirm, in: Ciba-Rundschau 52/1941, S. 1894, und T. S. Crawford, A History of Umbrella, Newton Abbot 1970, S. 25.

390 Cumming weist auf die oft in Dreizahl auftretenden kreisförmigen, nach oben immer kleiner werdenden Scheiben hin, die horizontal über den Häuptern indischer Götterfiguren schweben. C. F. Gordon Cumming, Pagodas, Aurioles and Umbrellas, in: The English Illustrated Magazine, 1887–88, S. 601–612 und 654–667.

Die Gloriole soll auf den Schirm zurückge-

hen. Im Christentum wurde der Glorienschein nicht vor dem 4. Jahrhundert gebräuchlich, dagegen ist er in anderen Religionen älter. Der Heiligenschein symbolisiert die göttliche Ausstrahlungskraft, die geistliche Macht und Kraft des Lichtes sowie die lebensspendende Energie der Weisheit.
Im indischen, 500 Jahre vor Christus gegründeten Dschaina(Jaina)-Kult verharrt das erlöste, rein geistige Individuum im höchsten Himmel, *isatpragbhara*, dem sogenannten *leicht geneigten Schirm*. Crawford, S. 20.

[391] In der historistischen Architektur des 19. Jahrhunderts findet sich bei »kultähnlichen« Gebäuden, wie dem Bayerischen Nationaltheater, als Deckenverzierung ein Schirm.

[392] Christine Hartmann, Kunst im Zeichen des Schirms, in: Schirm, Objekte aus Handwerk, Mode und Kunst, Ausst.-Kat. des Landschaftsverbandes Rheinland, Schriften des Rheinischen Museumsamtes Nr. 55, Köln 1992, S. 98ff.

[393] Hartmann, 102ff.

[394] Crawford gibt ein solches Palmblatt auf einem Relief, das eine äthiopische Prinzessin in Theben darstellt, leider ohne nähere Angaben an. S. 22.

[395] Ein Relief von um 3000 v. Chr. zeigt den König Skorpion begleitet von zwei Dienern, die Fächerschirme tragen. Ashmolean Museum, Oxford (England).

[396] Außerdem ist er mit Infulen ähnlichen Stoffstreifen versehen, wahrscheinlich als zusätzliches priesterliches Würdezeichen. Das Infula ist die lateinische Bezeichnung der an Tiara und Mitra angebrachten, meist paarweisen Stoffstreifen (*Abb. 81*).

[397] Literarisch belegt in Aristophanes »Die Ritter« 424 n. Chr. Agoracrites sagt zu Demoas: »Deine Ohren waren ausgespannt grad' wie ein Sonnenschirm und klappten wieder zu.«
Zit. nach Max von Boehn (1928), S. 127. S. a. August Pauly, Real-Encyclopädie der klassischen Altertumswissenschaft, Stuttgart 1839ff. Neu hrsg. von Georg Wissowa und Wilhelm Kroll, Stuttgart 1893ff., Stichwort Schirm.
Herstellungstechnisch war der Schirm am weitesten in China entwickelt, doch ist unklar, ob ein diesbezüglicher Einfluß bis nach Griechenland gegeben war.

[398] Dieser Schirm ist durch eine Malerei auf einem Tongefäß bekannt, auf der ein gekrönter Satyr einen Schirm über eine Göttin hält. Griechisches Tongefäß, um 440 v. Chr. Berlin, Altes Museum.

[399] Auf einer Illumination zu Psalm 27 des sogenannten Utrecht-Psalters (Universitätsbibliothek, Utrecht) findet sich eine Darstellung König Davids, dem ein Engel einen Schirm als königliches Zeichen über den Kopf hält, um 830.

[400] Diese Zeremonie ist auf einem Freskenzyklus von Mitte des 13. Jahrhunderts in der Kirche Quattro Coronati in Rom dargestellt. Der glockenförmige Schirm hat ein zweifarbig gestreiftes Dach.

[401] Papst Alexander III. verlieh ihn 1177 dem Dogen Sebastiano Ziani. Zu den Attributen des Dogen gehörten Schirm, Sessel und Schwert, die alle bei feierlichen Umzügen des Dogen mitgetragen wurden.
Dagegen dürfte es sich bei dem historisch belegten Geschenk des Bischofs Alkuin von Tours im Jahre 800 an den Bischof Arno von Salzburg um einen Regenschirm gehandelt haben, da er schreibt: »[…] damit es Euer verehrungswürdiges Haupt vor Regengüssen bewahre«, zit. nach Boehn (1928), S. 130.

[402] Der Baldachin erhielt seine Bezeichnung von dem schweren Seidenstoff aus Baldac (Bagdad), der an vier Streben befestigt wurde. Bei Prozessionen wird er über dem Sakrament, dem Tabernakel (lat. *tabernaculum*, das ebenfalls *Zelt, Schirm* bedeutet) und bei feierlichen Umzügen über dem Papst getragen. Bei Prozessionen wurde der Papst von zwei Schirmträgern begleitet, einer trug einen offenen Schirm als Zeichen der geistlichen, der andere einen geschlossenen als Zeichen der weltlichen Macht.

[403] In dem Reisebuch von Johann Israel und Johann Theodor de Bry, Frankfurt 1598, werden portugiesische Kaufleute in Indien von Fächerträgern begleitet dargestellt. Abb. Varron, S.1899.

[404] Zit. nach Boehn (1928), S. 136.

[405] Zeichnung Coll. Reiset.

[406] Im 17. Jahrhundert wurden Regentücher wie die Heuke über ein rundes Draht-

gestell, der Wiehre, über den Kopf gelegt. In manch stark traditionsverbundenen, einfachen ländlichen Trachten wird noch bis heute als Regenschutz der obere Kittelrock von hinten über den Kopf gelegt. Ingrid Loschek ([2]1988), S. 256 und S. 391.

[407] S. Anm. 384.

Ein Inventar der Wiener Schatzkammer aus dem Jahr 1619 verzeichnet »fünf türkische und teutsche Umbrall für die Sohn (Sonne) zu gebrauchen«, Boehn (1928), S. 138.

[408] Von frz. *parer*, *abhalten* (s. Anm. 384) und *pluie*, *Regen*. *Parapluyes* und *Garde Collets* (wörtlich *Kragenwächter*) sind 1622 in einer Schrift gegen den Scharlatan Tabarin erwähnt. Varron, S. 1901. Den Parapluie erwähnte auch der Schriftsteller Antoine de Furetière (1619–1688) in seinem »Dictionnaire universel«, 1684.

[409] Lyon war ein wichtiges Herstellungszentrum. Über Herstellung und Schirmstoffe, Varron, S. 1910ff. und 1922.

[410] Belegt in den »Mémoires secrets« von Louis Petit de Bachaumont und in einem Stich aus dem Jahr 1771 von Henry William Bunbury.

[411] Die Modehändlerinnen waren damals für den Aufputz der Damengarderobe zuständig, (*s. S. 161*).

[412] Hanway (1712–1786) benutzte seinen Schirm sowohl gegen die Sonne als auch gegen Regen. Da er Gründer der Marine Society und des Foundling Hospitals war, war er nicht unbekannt und trug so zur Verbreitung des Schirms bei. Crawford, S. 114f., a.a.O.

In England nannte man Regenschirme auch *robinsons* nach dem 1719 erschienen, gleichnamigen Roman Daniel Defoes.

[413] In Deutschland findet sich bereits 1726 eine Anweisung von dem Mechaniker Jakob Leupold (1674–1727), bei Wetterhäuschen für Schlechtwetter die Frau mit aufgespanntem Regenschirm darzustellen.

[414] Interessant ist das Titelblatt mit einer Karikatur auf den Bürgerkönig. Louis-Philippe ist als Basarkaufmann dargestellt, der sich mit dem Regenschirm als Zepter zum König der Chinesen macht und sie konstitutionell regiert. Voll Spott wird versucht, den dunklen Ursprung des Schirms mit scheinbarer archäologischer Genauigkeit zu ergründen. Er wird auf die achte Inkarnation Wischnus zurückgeführt und Pythagoras für die Einführung des Schirms in Griechenland verantwortlich gemacht. Varron, S. 1905, a.a.O.

[415] Christiane Spary, Parapluismacher und Schirmfabrik, in: Schirme (s. Anm. 9), S. 48ff.

[416] Peter Joerißen, Nicht jeder Taschenschirm ist ein »Knirps«, in: Schirm, S. 78ff.

[417] Seit 1924 stellt die englische Firma Burberry Regenschirme her.

[418] Das Wort *Brille* kommt von *Beryll*, ein farbloses oder farbiges Mineral, das im Mittelalter geschliffen und als optisches Hilfsmittel verwendet wurde.

[419] Zellhorn, wie es auch genannt wird, wurde in den USA entwickelt und war der erste in allen Farben und Materialimitationen herstellbare Kunststoff, der sich auch präzise genug und damit für Brillenfassungen geeignet verarbeiten ließ.

[420] Die Pex-Brille war sehr instabil und wurde von der Windsor-Brille mit einer Metallverstärkung abgelöst.

[421] Eine neue Generation von synthetisch hergestellten sogenannten Polymerisationskunststoffen ließ, im Spritzgußverfahren hergestellt, große Stückzahlen zu.

[422] Boehn (1928), S. 97.

[423] Menschenaffen verwenden einen dünnen Stock als »Eßgerät«, das heißt zum Hervorholen von Termiten, sowie als drohende Waffe. Letztere entwickelte der Mensch weiter zur massiveren Keule, zum funktionellen Knüppel bis zur Stechwaffe wie Dolch und Bajonett.

[424] Zur Symbolik des Stabes siehe: Eckhard Neumann, Herrschafts- und Sexualsymbolik, Stuttgart 1980; Ulrich Klever, Spazierstöcke. Zierde, Werkzeug und Symbol, München 1984; August Pauly, Real-Encyclopädie der klassischen Altertumswissenschaft, Stuttgart 1839ff., neu hrsg. v. Georg Wissowa u. Wilhelm Kroll, Stuttgart 1893ff, Stichwort Stab.

[425] Bei den Israeliten hieß der Stock *kanch*, woraus frz. *canne* wurde, das für eine Maßeinheit ebenso wie die Rohr-Elle (etwa 2,23 m) steht.

[426] Klever, S. 14f., und Boehn (1928), S. 98f.

Man könnte Stab wie auch Handschuh als primäre Hoheitszeichen bezeichnen, im

Unterschied vom Fächer und Schirm, die im Altertum sowie im religiösen Zeremoniell von einem Diener gehalten werden, als sekundäre Hoheitszeichen.

427 Der Caduceus (Kaduzeus) war ursprünglich ein reiner Zauberstab; die Berührung mit ihm brachte Träume, Segen und Reichtum.

428 2. Buch Mose 7, 10.

429 Boehn (1928), S. 108.

430 Das Wort *spazieren* ist im Deutschen erst seit dem 13. Jahrhundert belegt; von lat. *spatiari, einherschreiten, lustwandeln*; aus dem lat. Stammwort *spatium, Raum, Wegstrecke.*

431 Zu der Fülle an Materialien und Formen, Musterblätter und Vorlagen zur Gestaltung, s. Klever, S. 34ff.

432 Boehn (1928), S. 110.

433 Boehn (1928), S. 112, und Klever S. 30.

434 Dies hing auch damit zusammen, daß die Schuhe von damals keineswegs so massiv gearbeitet waren und die Paßform zu wünschen übrig ließ, nachdem es keine Rechts-Links-Verschiedenheit gab (*s. S. 26*).

435 »Journal des Luxus und der Moden«, 1.9.1786.

436 Lithographie, erschienen am 21. Juli 1831 in »La Caricature«.

437 »Birne« (»La Poire«) war der Spitzname und Karikatur des Königs.

438 Klever, S. 31.

439 J. Charlemont: L'art de la boxe française et de la canne. Nouveau traité théorique et pratique, Paris, l'Académie de Boxe, 1899, zit. nach Klever, S. 27.

440 Hermann-Marten von Eelking, Lexikon der Herrenmode, Göttingen 1960, S. 137.

441 John de Greef, Krawatten & Accessoires, Bonn 1989, S. 62.

442 Von ital. *sacco, Sack*.

443 Weder in »Dress for Success« von John T. Molloy aus dem Jahr 1975, noch in »A Gentleman's Wardrobe« von Paul Keers von 1987 wird das Stecktuch als zur korrekten Herrenkleidung gehörend hervorgehoben! Behandelt wird es jedoch in »Das neue Männerbuch« von Reinhard Haas und Axel Thorer, das 1992 erschienen ist. Es zeigt, daß das Stecktuch erst in den 1990er Jahren wieder in Mode gekommen ist.

444 Bei den Griechen bedeutete *Stola* die gesamte Bekleidung, einschließlich der Frisur und des Schmucks – also die *Mode* – bis hin zur Heeresausrüstung. In dieser umfassenden Bedeutung wurde *Stola* in der römischen Antike übernommen. Bei den Römern ging der Begriff auf das Ehrenkleid der Matrone, das heißt der verheirateten Frau der Oberschicht über. Es war ein ärmelloses, gegürtetes Hemdgewand, das auf den Schultern durch Bänder gehalten wurde. Die Stola war eine Art Übergewand, die mit der männlichen Toga gleichgesetzt wurde. Plebejerinnen, Halbfreien, Fremden, Hetären und Sklavinnen war sie verboten. Pauly, Stichwort Stola, und Loschek ($^2$1988), S. 436.
In der byzantinischen Kultur war die Stola mit langen Ärmeln Teil des Kaiser- und Priesterornats. Joseph Wilpert, Die Gewandung der Christen in den ersten Jahrhunderten. Vornehmlich nach den Katakomben-Malereien dargestellt, Köln 1898.
In der christlichen Literatur wird die Stola aus der griechischen Tradition als Männerkleid genannt und erscheint als leinernes Priestergewand. Pauly, Stichwort Stola. Die priesterliche Stola wurde mit farbigen Senkrechtstreifen besetzt. Diese Streifen verselbständigten sich zu einer um die Schulter gelegten Binde, die Stola genannt wurde.

445 Xun und Chunming, s. Anm. 361.

446 Außerdem hatte es schon in der ersten Hälfte des 17. Jahrhunderts ein kragenartiges Spitzentuch zum Verhüllen des Dekolletés gegeben, auf das später auch der Name *Palatine* überging. Loschek ($^2$1988), S. 367.

447 Nicht zu verwechseln mit dem *Bayadère* genannten schmalen Schal aus Seide oder Spitze (*s. S. 204*). Loschek ($^2$1988), S. 124.

448 Anm. 31.

449 Ein Fragment von 256 n. Chr. stammt aus der altbabylonischen Stadt Dura, heute Ost-Syrien. 1922 ausgegraben und heute im Yale University Museum USA aufbewahrt. Rutt, S. 28.

450 Anm. 454.

451 Es gibt eine Fülle an Verschlingungstechniken (engl. nalbinding), die jedoch nicht unter eigenen Begriffen bekannt sind. Sprang ist viel älter als Stricken, die ersten Beweise stammen aus der dänischen Bron-

zezeit von 1400 v. Chr. Es ist eine besondere Art elastischer »Stoff«, bei dem senkrecht gespannte Fäden miteinander verschlungen oder verkreuzt werden. Peter Collingwood, The Techniques of Sprang, 1974, und von Wilckens, S. 336.

[452] Zum Meßornat des Bischofs gehören bis heute Pontifikalstrümpfe als Symbol der Reinheit und des Schutzes der Berührung mit dem Boden. Um Strümpfe und Sandalen vor jeder Berührung mit Profanem zu bewahren, werden sie vor der Messe verhüllt herbeigetragen und erst kurz zuvor dem Bischof angezogen. Die Farbe der Strümpfe richtet sich nach dem Ritus des Feiertags. Die vermutlich ältesten erhaltenen Pontifikalstrümpfe stammen aus dem 12. Jahrhundert aus Delsberg (Delémont), Schweiz, und sind vermutlich eine mit der Nadel gefertigte Verschlingungsarbeit aus weißen Leinenfäden. Aus dem 14./15. Jahrhundert sind aus Seidenbrokat genähte Pontifikalstrümpfe erhalten, u.a. im Museé de Cluny in Paris und im Dom-Museum zu Halberstadt.

[453] Der Soccus (griech. *sykc[h]os*, ahd. *soc*, nhd. *socke*) war ein niedriger Schlupfschuh in der Antike.

[454] Die Hose mit längeren Beinen wurde als *femoralia* (nlat.), *bracae* (lat.) oder *hosa* (ahd.) bezeichnet, im Unterschied zur kurzen Unterhose, der *feminalia*, von lat. *fascia feminalium*, *Binden um die Hüften*. Die Hosenbeine wurden mit einem Knieband anliegend gestaltet, was häufig zu der Fehlinterpretation führte, es handelte sich um Strümpfe. Die Beinbinden hießen lat. *tibialia* oder german. *hose*. Pauly, Stichwort *Strumpf*, und Loschek ($^{2}$1988), S. 185 u. 439.

[455] Anm. 452 und 457.

[456] Anm. 454.

[457] Das Wort *Strumpf* ist zwar seit dem 13. Jahrhundert bezeugt, doch in der Bedeutung von *Hosen-Stumpf*, also Hosenbein. Bis heute spricht man von ein »Paar« Hosen. Im Englisch heißen Frauenstrümpfe *hoses* und Strumpfwaren *hosiery*.

[458] Mitunter liefen die Bänder auch vom oberen Gürtel des Rockes durch besondere Öffnungen.

[459] Die Technik des Strickens begann in der Antike mit Schling- und Nadeltechniken, die heute nicht mehr existent oder nur in nicht industrialiserten Gegenden bekannt sind. Siehe Anm. 451.

Leider gibt es hierzu eine Fülle unkompetenter Literatur.

Ausnahmen sind u.a.: Richard Rutt, A History of Hand Knitting, London 1987; Joseph Braun, Mittelalterliche Maschenarbeiten, in: Zeitschrift für christliche Kunst, 20/1907; Regina Flury von Bültzingslowen und Edgar Lehmann, Nichtgewebte Textilien vor 1400, Wirkerei- und Strickerei-Technik, Coburg 1954; Dorothy Burnham, Coptic knitting: an ancient technique, Textile History 3, 1972; Leonie von Wilckens, Die textilen Künste. Von der Spätantike bis um 1500, München 1991.

[460] Erhaltene Exemplare sind im Detroit Institute of Arts, Detroit, und im Metropolitan Museum of Art, New York. Sie stammen aus Ägypten zur Zeit der Fatimiden.

[461] Sie befinden sich im Museo de Telas Medievales, Monasterio de Santa Maria la Real de Huelgas Burgos, Spanien. Das älteste Polster befand sich im Grabmal von Prinz Fernando de la Cerda, Erbe Alfons X von Kastilien.

Kurz vor Mitte des 14. Jahrhunderts zeigt ein Gemälde der heiligen Familie aus der Werkstatt des norditalienischen Malers Ambrogio Lorenzetti Maria beim Stricken. Das berühmteste Gemälde ist jenes vom Meister Bertram von Minden, um 1405–1410, das Madonna mit vier Stricknadeln einen Kittel für das Jesuskind strikkend zeigt, Hamburg, Kunsthalle. Robert L. Wyss, Die Handarbeiten der Maria. Eine ikonographische Studie unter Berücksichtigung der textilen Techniken. in: Artes Minores. Dank an Werner Abegg, Bern 1973.

[462] Das Mi-parti (frz.-lat. *halb geteilt*) ist wahrscheinlich maurisch-orientalischen Ursprungs und tauchte erstmals in Europa auf wenigen Miniaturen im 10. Jahrhundert auf. Es verbreitete sich aus dem Wunsch nach farbenfroher Kleidung, da bunt gemusterte Stoffe in Europa noch selten und sehr kostbar waren. Zuerst wurde die Oberkleidung senkrecht in zwei Farben geteilt.

[463] Von frz. *jarret*, *Kniekehle*.

[464] Eine erste Erwähnung findet sich 1519 in den »Records« (Parlamentsprotokollen) der englischen Stadt Nottingham.

[465] Nach der Technik seines Wirkstuhls wurde bis ins 20. Jahrhundert gearbeitet. Loschek ($^2$1988), S. 440f.
[466] Um die Arbeit der Handstricker aufrechtzuerhalten, führte Elizabeth I. ein *statute cap* ein, ein in Statuten festgelegtes gestricktes Barett, das jeder männliche Untertan besitzen mußte (*s. S. 116*).
[467] Von frz. *(Kanonen-)Rohr*.
[468] Johann Heinrich Zedler, Großes vollständiges Universal-Lexikon aller Wissenschaften und Künste, Bd. 40, 1744, Sp. 1080–1083.
[469] Benannt nach dem Standort der Fabrik, 1726–1797.
In der zweiten Hälfte des 18. Jahrhunderts sank der Export französischer Seidenstrümpfe nach Amerika und Rußland infolge der starken Konkurrenz chinesischer Seidenstrümpfe. Aimé Weber, Der Strumpfwirkstuhl, in: Der Strumpf, Ciba-Rundschau 115/1954, S. 4231ff.
[470] Noch im 18. Jahrhundert war weder der Ausdruck *wirken* geläufig, noch wurde ein Unterschied zwischen Web- und Wirkstuhl gemacht, was beim Studium der Literatur oft sehr verwirrt.
[471] Mechthild Meyer-Schneidewind/Ilona Sauerbier, Strümpfe. Mode, Markt und Marketing, Frankfurt am Main 1992, S. 26f.
[472] Lexikon der Frau, Zürich 1953, Bd. 1, S. 450, und Bd. 2, S. 658; Annette Kuhn (Hrsg.), Die Chronik der Frauen, Dortmund 1992, S. 303 und S. 319.
[473] 1797 erstmals zitiert in »Jenaer Allgemeine Zeitung« Nr. 348.
[474] Ehefrau und Tanzpartnerin von Salvatore Viganò (1769–1821).
[475] Fürstin Pauline von Metternich (1836–1921) war mit dem österreichischen Diplomaten und Botschafter in Paris Fürst Richard von Metternich verheiratet und galt bei ihren Wien-Aufenthalten als Pariser »Modebotschafterin«.
[476] In »L'Education sentimentale« (1869) schildert Gustave Flaubert Sitten und Gefühle der Generation der Jahrhundertmitte.
[477] Der Name *Argyle* (sprich: agail) hat nichts mit der schottischen Familie Argyll zu tun. Er bezieht sich allgemein auf einen Socken mit schottischem Rautenmuster, der auf die früheren, zum Kilt getragenen Kniestrümpfe aus Tartan zurückgeht. Sie kamen Ende des 19. Jahrhunderts zu Knikkerbockern in Mode. Echte Argyles erkennt man an den Knoten innen.
[478] Zudem unterlag die Kunstseide nicht den Preisschwankungen der importierten Naturprodukte, wie Baumwolle und insbesondere Seide.
Bereits nach 1890 war es gelungen, seidenähnliche Garne aus Holzzellulose herzustellen, die jedoch noch zu hart waren für die Fabrikation von Maschenware. 1912 kamen die ersten Kunstseidenstrümpfe in England auf, doch wurde ihre Weiterentwicklung und Verbreitung durch den Krieg unterbrochen.
[479] Eine vom Bemberg-Konzern, Wuppertal-Oberbarmen, hergestellte und seit 1890 als Marke geschützte Kupferkunstseide.
[480] 1932 wurde *Nylon*, ein vollsynthetisches Polyamid (im Gegensatz zu der auf Naturmaterial basierenden Kunstseide), von den Amerikanern Wallace Carothers (er beging 1937 Selbstmord) und Julian Hill erfunden. 1938 gründete die Firma Du Pont die erste Produktionsstätte für Nylon. Im gleichen Jahr patentierte der deutsche Chemiker Paul Schlack (I.G. Farben) das dem Nylon sehr ähnliche *Perlon*. Seine Erfindung aber konnte sich infolge des Kriegsausbruchs kaum vergleichbar entfalten wie das amerikanische Nylon. Der Name *Perlon* ist ein eingetragenes Wort- und Bildzeichen; Nylon ist kein eingetragenes Warenzeichen.
[481] Nicht nur Strümpfe wurden aus Nylon hergestellt, sondern Fallschirme, Netze, Pistolengriffe, Seile etc. Die Fallschirme der Amerikaner waren aus Nylon, und ihr Slogan hieß: »Nylon für den Sieg«.
Die Nylon-Strümpfe von Hollywood-Star Betty Grable brachten bei einer Wohltätigkeitsveranstaltung 40000 Dollar in die amerikanische Kriegskasse.
[482] Die Cotton-Maschine war 1868 von William Cotton (1819–1887) erfunden worden, bei der bis zu 40 Strumpf-Teile in einem Arbeitsgang hergestellt werden konnten.
[483] Der Nylon-Strumpf war auch ein nützliches Ersatzmittel, zum Beispiel für gerissene Keilriemen oder für Einbrecher und Bankräuber zum Verbergen des Gesichts.

[484] Ein unter Hitze in Wellenform hochgedrehtes Garn. *Helanca* ist ein eingetragenes Warenzeichen der Firma Rhodia AG, Freiburg, für aus synthetischen Fäden hergestellte Kräuselgarne.
[485] Erstaunlicherweise aber wurden 1966 fast 600 Millionen Strümpfe und nur 17 Millionen Strumpfhosen in Westdeutschland verkauft; erst 1973 hatte sich das Blatt gewendet: 500 Millionen verkaufte Strumpfhosen standen 96 Millionen Paar Strümpfen gegenüber. Meyer-Schneidewind / Sauerbier, S. 52.
[486] Meyer-Schneidewind/Sauerbier, S. 132.
[487] Von engl. *leg, Bein.* Leggings sind die von nordamerikanischen Indianern zum Reiten getragene, schützende Beinbekleidung. Sie besteht aus zwei ledernen Beinlingen, die separat am Leibgürtel befestigt werden.
[488] *Lycra* ist der Handelsname für Elasthangarne der Firma Du Pont und war bereits 1960 auf dem Markt. Lycra behält, anders als Gummi, seine Elastizität, verhindert im Strumpf mitverarbeitet Beulen und Falten und hat einen leichten Stütz- und Wärmeeffekt.
[489] Im Mittelalter wurden auch Zahnstocher und Eßbesteck mitgeführt, jedoch nicht ein Taschentuch, da dieses noch unbekannt war (*s. S. 270*).
[490] Eine Ausnahme bilden zum Beispiel die Netztaschen der Kwoma-Frauen (später auch der Männer) der Papuas, die auf ein mythisches Flügel- und Federkleid zurückgehen. Kwoma heißt soviel wie *Berg- oder Netztaschen-Leute*. Christian Kaufmann, Bekleidete Nackte in der Südsee. Zu einem Vorturteil der Europäer, in: Kleidung und Schmuck, S. 36.
[491] Der Beutel symbolisiert Geld und im übertragenen Sinn den Kaufmann. Bei den Attributen christlicher Heiliger erinnert der Beutel des heiligen Matthäus daran, daß er vor seiner Berufung zum Apostel Zöllner war, der Beutel des Judas' an jene dreißig Silberlinge, die er für den Verrat Christi erhalten hatte. Der Sack dagegen symbolisiert Verschwiegenheit und Zurückhaltung.
[492] Ein Beutel mit Kupfermünzen wurde bei den Ausgrabungen in Pompeji gefunden, ein anderes Exemplar mit römischen Münzen aus dem 4. Jahrhundert n. Chr. in Köln. Durch einen Moorfund in Holland wurde ein Lederbeutel mit 312 Silbermünzen sichergestellt.
[493] Dietwulf Baatz hat nachgewiesen, daß es sich bei den viereckigen Gegenständen, die bei römischen Soldaten häufig sichtbar im Gürtel steckten, nicht um eine Gürteltasche, sondern um eine, durchaus übliche, Schreibtafel handelt. Dietwulf Baatz, Lederne Gürteltaschen römischer Soldaten? in: Archäologisches Korrespondenzblatt, 13/1983, S. 359f.
[494] Aus Gründen des Glaubens an eine magische Abwehrkraft des Gürtels ist es nicht wahrscheinlich, daß Geldbeutel im frühen Mittelalter an der Brustfibel befestigt wurden, wie mancherorts erwähnt.
[495] Margarete Braun-Ronsdorf, Die Tasche, in: Ciba Rundschau 129/1956, S. 26ff.
[496] In dieser Form wurden sie auch als Reliquienhülle verwendet, weshalb sie sich bis heute in kirchlichem und klösterlichem Besitz erhalten haben.
[497] Eine solche Tasche entstammt der Sammlung von Erzherzog Ferdinand II. von Tirol und ist auf Schloß Ambras bei Innsbruck, Österreich aufbewahrt.
[498] Ende des 15. Jahrhunderts arbeiteten in Paris 80 Stickerinnen, von denen 43 sogar namentlich bekannt waren. Braun-Ronsdorf erwähnt den am Burgundischen Hof berühmten Brodeur en titre Thierry de Chastel. Braun-Ronsdorf, S. 27.
[499] Beutler stellten immer auch Handschuhe ebenso wie Lederdecken und Satteltaschen her. Um das Aufkommen von Großbetrieben zu verhindern, gestattete man in den meisten Orten den Meistern nur drei Gesellen.
[500] Die Schamkapsel, französisch *braguette*, ist der Verschlußlatz der Männerhose, der im 16. Jahrhundert eine voluminöse Kapsel- oder Beutelform angenommen hatte. Loschek ($^2$1988), S. 407.
[501] Es sind meines Wissens aus dieser Zeit noch keine derartigen »Untertaschen« erhalten, doch weisen die Kleider der Frau keine Säcke, sondern nur Eingriffsschlitze in Form einer offenen Seitennaht auf.
[502] Manche Quellen geben an, daß der Teil der Tasche aus Katzenbalg gemacht wurde.
[503] Anm. 522.

[504] Frz., von lat. *porter, tragen* und lat. *folium, Blatt.*
[505] Die Stadt Offenbach besitzt in ihrem bekannten Ledermuseum eine der weltweit größten einschlägigen Sammlungen.
Erst gegen Ende des 19. Jahrhunderts entstanden durch die verbesserten Ledernähmaschinen Großbetriebe für Taschen- und Kofferherstellung.
[506] Frz. *Gürtelkette.*
[507] Louis Vuitton ließ seine Stoffe mit Knochenleim (heute Kunststoff) bestreichen, damit sie wasserundurchlässig wurden.
1886 führte er das verschlungene Signet der Buchstaben LV ein, umrahmt von stilisierten Blüten und Sternen. Die Firma ist noch heute auf exklusives Reisegepäck spezialisiert.
[508] Galalith, von griech. *Milchstein*, oder Lactoid (von lat. *lacto, Milch*) ist ein 1897 erfundener Kunststoff aus gequollenem und mit Formaldehyd gehärtetem Kasein. Galalith ist hornähnlich, nicht brennbar und kann bearbeitet, poliert und gefärbt werden.
[509] Anm. 332
[510] 1837 hatte der Sattler Thierry Hermès ein Geschäft in Paris eröffnet, stellte die gesamte lederne Reitausstattung für den Adel her, begann um 1900 auch Reisegepäck und seit den 1920er Jahren die berühmten Seidentücher (*s. S. 76f.*) herzustellen.
[511] Polyvinylchlorid, ein säurefester Kunststoff.
[512] Die genaue Kunststoff-Zusammensetzung unterlag den einzelnen Firmengeheimnissen und waren patentiert. Anfangs wurde zumeist durchsichtiges Plexiglas, bald verschiedene Acetate, aber auch leicht brennbare Nitrate verwendet.
[513] Robert Gottlieb und Frank Maresca, A Certain Style. The Art of the Plastic Handbag, 1949–1959, New York 1988
[514] Die erste Abbildung eines in der Hand gehaltenen Tuches stammt aus dem ägyptischen Altertum von um 2500 v. Chr. Es ist das Zaubertuch des Täuschungskünstlers Dedi. Bele Bachem, Magisches Taschentuch, München 1959, S. 12.
[515] Sie sind im regionalen Brauchtum zum Teil noch heute erhalten. Hanns Bächtold-Stäubli, Handwörterbuch des deutschen Aberglaubens Bd. VIII, Berlin-Leipzig 1936/37, S. 670f.
[516] Margarete Braun-Ronsdorf, Das Taschentuch, in: Ciba-Rundschau 94/1950, S. 3472., und Bächtold-Stäubli, S. 674.
[517] In Dalmatien wechselten bis in die jüngste Vergangenheit die Verlobten statt der Ringe seidene Tücher.
[518] Unter Etikette versteht man *zur bloßen Förmlichkeit erstarrte offizielle Umgangsformen.*
[519] Braun-Ronsdorf spricht deshalb von »Mund- und Schweißtüchern«, S. 3448
[520] Als liturgischer Gebrauchsgegenstand übernommen, war es zunächst Mundtuch, das der Diakon den Gläubigen nach dem Abendmahl reicht. Es erstarrte zu einem liturgischen Zeichen.
[521] Bachem, S. 24.
[522] Nicht zu verwechseln mit Manipel, Anm. 141.
Im 15. Jahrhundert kam der Begriff *mappa mundi* für *Weltkarte, Landkarte* auf, im Sinne eines Tuches aus Leinwand mit einer karthographischen Darstellung der Erdteile (*mappieren, Landkarten zeichnen*). Die davon abgeleitete Bedeutung *Umschlagtuch für Landkarten* wurde auf die im 18. Jahrhundert aufgekommene große flache Tasche für Schriftstücke, die *Mappe*, übertragen.
J.C.A. Heyse, Fremdwörterbuch, Hannover 1922 a.a.O., S. 521.
[523] Erwähnung bei Casiodor (um 490–um 596), zit. nach Braun-Ronsdorf, S. 3449.
[524] Kaiser Aurelian beschenkte zu diesem Zweck das Volk mit Tüchern. Braun-Ronsdorf, S. 3450.
Ähnlich wie heute Sprühkerzen oder Feuerzeuge als anerkennendes Stimmungszeichen in Open-air-Veranstaltungen verwendet werden.
[525] Verfeinerungen beziehungsweise Regeln alltäglichen Verhaltens, die Sitten bewirken, stehen im engen Zusammenhang mit wechselwirkenden Abhängigkeiten des einzelnen Mensch in der Gesellschaft. Verfeinerung der Sitten kommen dem Aufbau hierarchischer Ordnungen entgegen. Den sozialen Regulativen – als ein Beispiel das Naseputzen – hat sich sehr ausführlich der Soziologe und Kulturphilosoph Norbert Elias in seinem Hauptwerk »Über den Pro-

zeß der Zivilisation«, Stuttgart 1976, gewidmet.

[526] Von *poche*, *Tasche*, zurückgehend auf fränkisch *pokka*, *Sack*.

[527] Indispensables Accessoires, XVI–XX siècle, Ausst.-Kat. Musée de la Mode et du Costume, Palais Galliera, Paris 1984, S. 83.

[528] Heute auch *das*; wahrscheinlich von lat. *faccia*, *Gesicht*.
Die früheste bekannte Erwähnung des Fazzolettos stammt von 1447 in einer Eintragung des Florentiner Marco Parento, der seiner Braut Caterina Strozzi dreißig Taschentücher, dazu ein besticktes, schenkte. Braun-Ronsdorf. S. 3454.
In manchen Gegenden Deutschlands ist das Taschentuch oder das Handtuch noch heute als *Fazinett* oder *Fazilett* bekannt. Ital. *pezzuola*, *Schnupftuch*.

[529] Die Art der Verzierung gibt am sichersten Aufschluß für die Datierung erhaltener Tücher.

[530] Siehe: Marie Schuette, Alte Spitzen. Nadel- und Klöppelspitzen, Braunschweig [4]1963.
Die Vorlagemuster für Spitzen wurden meist von Männern herausgegeben. Eine der wenigen Herausgeberinnen ist die Italienerin Elisabetta Cattanea Parasole mit drei Spitzenbüchern. Schuette, S. 83f.

[531] In spätrömischer Zeit ist ein *muscinium* erwähnt.

[532] Eine der beiden Kokotten auf dem Gemälde von Vittore Carpaccio, 1500/10, hält ein solches *Mouchoir de Vénus* in der Hand.

[533] Braun-Ronsdorf, S. 3457.

[534] Als Beispiel die Polizei-Ordnung des Rates von Halberstadt 1600: »Das Schnupftuch des ersten Standes soll nicht über 2 Thaler, des anderen über 1 Taler, des dritten Standes über ½ Thaler wert sein, bei Strafe einer neuen Mark.«

[535] Zeitschrift für Kulturgeschichte, NF. IV, 1897, S. 435; a.a.O.

[536] Tabakschnupfen hatte sich vom französischen Hof ausgehend im 18. Jahrhundert rasch in ganz Europa auch in Bürgerkreisen durchgesetzt.

[537] Anm. 531.

[538] Selbst Napoleon wurde, nach dem Brand von Moskau 1812 und der für ihn vernichtenden Schlacht von Waterloo 1815, zur Zielscheibe des Spotts auf Taschentüchern.

[539] Die ersten in England bedruckten Taschentücher, die aus Seide oder Baumwolle waren, wurden von Landkartenherstellern 1655 ausgeführt.
Im 18. Jahrhundert war besonders das »Planche plate«-Verfahren verbreitet, bei welchem mit der Kupferplatte einfarbige, doch sehr fein nuancierte und schattierte Abbildungen erzielt wurden. Viele dieser Tücher stammen aus der bis ins 19. Jahrhundert berühmten Manufaktur von Philippe Oberkampf.
Das Museum of London besitzt eine Sammlung sogenannter »commemorative handkerchiefs«, denen 1988 die Ausstellung »This Gorgeous Mouchoir« gewidmet war und zu der von Valerie Cumming und Kay Staniland das Begleitbüchlein »Printed Handkerchiefs« erschienen ist.
Siehe auch: Lucie Hampel, Textile Denkmäler. Geschichtliche Ereignisse als Motive zum Bedrucken von Textilien, Teil I–III, in: Lenzinger Berichte 1972.
Ebenso erkannte man in Nordamerika um 1770 die werbemäßige Einsatzmöglichkeit bedruckter Tücher, die man jedoch mehr als Halstuch, das Bandana, benutzte. S. Anm. 127 und 128.

[540] Bereits seit Mitte des 17. Jahrhunderts kamen bedruckte Baumwollstoffe, darunter auch Hals- und Taschentücher, in größeren Mengen aus Indien nach Europa. Die Stoffe hießen Indiennes oder Kattune und waren so beliebt, daß sie mit Rücksicht auf die eigenen Stoffmanufakturen in vielen europäischen Ländern verboten wurden. In Preußen ging das Kattunverbot so weit, daß Friedrich Wilhelm I. 1733 »bei Strafe des Halseisens« verbot, Indienne-Tüchlein zu besitzen. Er selbst aber ließ sich zwölf indische Tüchlein schenken.

[541] S. S. 276.
Die bekannten Zeichner und Karikaturisten Paul Gavarni und Honoré Daumier konzipierten viele Spottbilder für Taschentücher.

[542] Bachem, S. 82.
Solche »Instruktionstücher« sind u.a. im Heeresgeschichtlichen Museum, Arsenal, Wien ausgestellt.

# Literatur

## *Allgemein*

Accessoires. Zeitschrift für das schöne Zubehör. Frankfurt am Main 1975–1991

Apel, Friedmar: Angezogen, Ausgezogen, Berlin 1984

Anziehungskräfte. Variété de la Mode 1786–1986, Ausst.-Buch des Münchner Stadtmuseums, München 1986

Bächtold-Stäubli, Hanns: Handwörterbuch des deutschen Aberglaubens, Berlin-Leipzig 1936/37

Baumann, Hans D.: Rocker. Die wilden Motorradgruppen, Mannheim 1989

Braun, Joseph: Mittelalterliche Maschenarbeiten, in: Zeitschrift für christliche Kunst, 20/1907;

Burnham, Dorothy: Coptic knitting: an ancient technique, in: Textile History 3/1972

Bernis, Carmen: Indumentaria Española en Tiempos de Carlos V., Madrid 1962

Dies.: Echanges pendant la Renaissance entre les Modes Espagnoles et les Modes de l'Europe Centrale et orientale (Hongroise, Albanise et Turque), Sonderdruck der Ungarischen Akademie der Wissenschaften, Budapest 1959(?)

Boehn, Max von: Das Beiwerk der Mode, München 1928

Ders.: bearb. v. Ingrid Loschek: Die Mode. Eine Kulturgeschichte vom Mittelalter bis zum Jugendstil, 2 Bde., München $^{4}$1989

Ders.: Polizei und Mode, in: W. Abegg (Hrsg.), Die Polizei in Einzeldarstellungen, Bd. 10, Berlin 1926

Bösel, R.: Humanethologie, ethologische Aspekte menschlichen Verhaltens, Stuttgart 1974

Boucher, Fançois: Histoire du costume en occident de l'antiquité à nos jours, Paris 1969

Bowman, Sarah / Molinare, Michel: A Fashion for Extravagance. Art Déco Fabrics and Fashions, New York 1985

Die Braut. Geliebt, verkauft, getauscht, geraubt. Zur Rolle der Frau im Kulturvergleich. Hrsg. v. Gisela Völger und Karin v. Welck, Ausst.-Buch, Köln 1985

Buck, Anne: Victorian Costume and Costume Accessories, Bedford $^{2}$1984

Collingwood, Peter: The Techniques of Sprang, London 1974

Davenbport, Millia: The Book of Costume. A Comprehensive Detailed Account of Costume Through the Ages, Covering Dress, Jewelry, Ornament, Coiffure and All Other Elements, New York $^{2}$1972

Delandres, Yvonne / Müller, Florence: Histoire de la mode au XXe siècle, Paris 1986

Deneke, Bernward: Hochzeit, München 1971

Döbler, Hansferdinand: Vom Lendenschurz zum Minirock, München 1972

Drüber und Drunter. Wiener Damenmode von 1900–1914. Auss.-Kat. Historisches Museum der Stadt Wien, Wien 1988

Eelking, Hermann-Marten von: Lexikon der Herrenmode, Göttingen 1960

Eibl-Eibesfeldt, Irenäus: Die Biologie des menschlichen Verhaltens. Grundriß der Humanethologie, München 1984

Ders. / Sütterlin, Christa: Im Banne der Angst. Zur Natur- und Kunstgeschichte menschlicher Abwehrsymbolik, München 1992

Elias, Norbert: Über den Prozeß der Zivilisation, Frankfurt 1976

Fink, August: Die Schwarzschen Trachtenbücher, Berlin 1963

Flury-von Bültzinglöwen, Regina / Lehmann, Edgar: Nichtgewebte Textilien vor 1400, in: Wirkerei- und Strickerei-Technik, Coburg 1954;

Four Hundred Years of Fashion. Ausst.-Kat. hrsg. v. Natalie Rothstein, London 1984

Fuchs, Eduard: Die Frau in der Karikatur, München 1907

Ders.: Illustrierte Sittengeschichte. Die galante Zeit, München 1910

Haas, Reinhard / Thorer, Axel: Das neue Männerbuch, München 1992

Hansen, Trude: Wiener Werkstätte, Mode, Stoffe, Schmuck, Accessoires, Wien–München 1984
Heyse, J.C.A.: Heyses Fremdwörterbuch, Hannover 1922
Hughes, Therle: English Domestic Needlework, London 1962
Indispensables Accessoires, XVI-XX siècle, Ausst.-Kat. Musée de la Mode et du Costume, Palais Galliera, Paris 1984
Keers, Paul: A Gentleman's Wardrobe. Classic Clothes and the Modern Man, London 1987
Kleider und Leute, Ausst.-Kat. der Vorarlberger Landesausstellung, Schloß Hohenems, Hohenems 1991
Kleidung und Schmuck, Reihe: Mensch, Kultur, Umwelt 3. Museum für Völkerkunde und Schweizerisches Museum für Volkskunde Basel, 1988
Kleinert, Annemarie: Die frühen Modejournale in Frankreich. Studien zur Literatur der Mode von den Anfängen bis 1848. Studienreihe Romania, Berlin 1980
Kluge, Friedrich: Etymologisches Wörterbuch der deutschen Sprache, Berlin $^{17}$1957
Kuhn, Annette (Hrsg.): Die Chronik der Frauen, Dortmund 1992
Leloir, Maurice: Dictionnaire du costume et de ses accessoires, des armes et des étoffes des origines à nos jours, Paris 1951. Neudruck 1992
Lexikon der Frau, Zürich 1953
Lipps, Theodor: Über die Symbolik unserer Kleidung, Berlin 1885
Loschek, Ingrid: Mode im 20. Jahrhundert. Eine Kulturgeschichte unserer Zeit, München $^{4}$1990
Dies.: Mode – Medium der Anschauungen, in: Aschke, Katja (Hrsg.): Kleider machen viele Leute. Mode machen – aber wie?, Reinbek 1989
Dies.: Mode – Verführung und Notwendigkeit, Struktur und Strategie der Aussehensveränderungen, München 1991
Dies.: Politische Kleidersprache. Vom kleinen Konferenzanzug zur arabischen Deschellaba, in: Süddeutsche Zeitung, 27.9.1990
Dies.: Reclams Mode- und Kostümlexikon, Stuttgart $^{2}$1988
Modes & Révolutions. 1780–1804, Ausst.-Kat. Musée de la Mode et du Costume, Palais Galliera, Paris 1989
Modisches aus alter Zeit. Accessoires aus vier Jahrhunderten, Ausst.-Kat. des Bayerischen Nationalmuseums, München 1979
Molloy, John T.: Dress for Success, New York 1975
Neumann, Eckhard: Herrschafts- und Sexualsymbolik. Grundlagen einer alternativen Symbolforschung, Stuttgart 1980
Pauly, August: Real-Encyclopädie der klassischen Altertumswissenschaft, Stuttgart 1839ff. Neu hrsg. von Georg Wissowa und Wilhelm Kroll, Stuttgart 1893ff.
Real-Lexikon zur deutschen Kunstgeschichte, hrsg. v. Zentralinstitut für Kunstgeschichte, München 1937ff. [RdK]
Rolle, Renate / Müller-Wille, Michael / Schietzel, Kurt (Hrsg.), Gold der Steppe. Archäologie der Ukraine. Archäologisches Landesmuseum, Schleswig 1990
Rutt, Richard: A History of Hand Knitting, London 1987
Sagalow, Annie: Les Accessoires du Temps. Ombrelles, Parapluies, Ausst.-Kat. Musée de la Mode et du Costume, Palais Galliera, Paris 1989
Scheer, Anne: Versuch einer Rekonstruktion gravettienzeitlicher Kleidung. Ein Beitrag zur experimentellen Archäologie, in: Archäologisches Korrespondenzblatt 14/1984
Schlabow, Karl: Gewebe und Gewand zur Bronzezeit, Neumünster 1962
Schneider, Jenny: Von der Berlocke zum Stricknadelstiefelchen. Modisches Beiwerk des 18. und 19. Jahrhunderts, Bern 1971
Schock und Schöpfung. Jugendästhetik im 20. Jahrhundert, hrsg. v. Deutscher Werkbund e.V. und Württembergischer Kunstverein Stuttgart, 1986
Schoske, Sylvia: Schönheit, Abglanz der Göttlichkeit. Kosmetik im alten Ägypten. Ausst.-Kat. Staatliche Sammlung ägyptischer Kunst, München 1990
Schuette, Marie: Brettchenweberei, Ciba-Rundschau 128/1956
Dies.: Alte Spitzen. Nadel- und Klöppelspitzen, Braunschweig $^{4}$1963

Sportswear, Ausst.-Kat. Textilmuseum Krefeld 1992

Stengel, Walter: Der Guckkasten. Altberliner Curiosa, Berlin 1962

Tilke, Max: Studien zu der Entwicklungsgeschichte des orientalischen Kostüms, Berlin 1923

400 Jahre Garderobe & Co von der Renaissance bis heute, bearb. von Eva Marko, Steiermärkisches Landesmuseum Joanneum, Graz 1990

Wendel, Friedrich, Die Mode in der Karikatur, Dresden 1928

Wilckens, Leonie von: Die textilen Künste. Von der Spätantike bis um 1500, München 1991

Wilpert, Joseph: Die Gewandung der Christen in den ersten Jahrhunderten. Vornehmlich nach den Katakomben-Malereien dargestellt, Köln 1898

Wyss, Robert L.: Die Handarbeiten der Maria. Eine ikonographische Studie unter Berücksichtigung der textilen Techniken, in: Artes Minores. Dank an Werner Abegg, Bern 1973

Xun, Zhou / Chunming, Gao: Fünftausend Jahre Chinesische Mode. Kleidung, Kopfputz, Schuhwerk, Schmuck, Tübingen 1985

Zander-Seidel, Jutta: Textiler Hausrat. Kleidung und Haustextilien in Nürnberg von 1500–1650, München 1990

Zedler, Johann Heinrich: Großes vollständiges Universal-Lexikon aller Wissenschaften und Künste, Halle 1732

Zeitschrift der Gesellschaft für historische Waffen- und Kostümkunde, 3. Folge, 1959 ff. [ZGWK]

Zeitschrift für historische Waffen- und Kostümkunde, NF. 1923–1945 [ZWK]

200 Jahre Mode in Wien. Aus den Modesammlungen des Historischen Museums der Stadt Wien, Auss.-Kat., Wien 1976

## *Boa*

Ewing, Elizabeth: Fur in Dress, London 1981

## *Fächer*

Alexander, Hélène, Fans, Shire Album 243, Aylesbury 1989

Eventails, Actualités – Vie Parisienne, Auss.-Kat. Musée Carnavalet, Paris 1973

Fächer. Kunst und Mode aus fünf Jahrhundert. Kat. der Sammlungen des Bayerischen Nationalmuseums (Hrsg.) und des Münchner Stadtmuseums, München 1987

Mayor, Susan: Fächer, München 1981

Dies.: Fans. A Collector's Guide, New Jersey 1990

Ohm, Annaliese, Fächer, in: RdK, Bd. 6

## *Feder*

Felmayer-Brunswick, Johanna / Middeldorf-Kosegarten, Antje / Philiüüovich, Eugen, von: Feder, in: RdK, Bd. 7

## *Flohpelz*

Boehn, Max von: Das Beiwerk der Mode, München 1928

## *Fußbekleidung*

Anderson, Ruth Mathilda: El Chapin y otros Zapatos Afines (The Chopine and related shoes), The Hispanic Society of America, New York, Reprinted from Cuadernos de la Alhambra, 5/1969

Baynes, Kenn und Kate (Hrsg.): The Shoe Show. British Shoes since 1790, London 1979

Beard, Tyler / Arndt, Jim: The Cowboy Boot Book, Salt Lake City 1992

Brandon, Sue: Buttonhooks and Shoehorns, Shire Album 122, Aylesbury 1984

Broenman-van Waateringe, Willy: Die Lederfunde von Haithabu, in: Berichte über die Ausgrabungen von Haithabu, Nr. 21, Hrsg. von Kurt Schietzel, Neumünster 1984

Deutsches Ledermuseum, Katalog Heft 6, Deutsches Schuhmuseum, Offenbach am Main 1980

Durian-Ress, Saskia: Schuhe. Vom späten Mittelalter bis zur Gegenwart, Ausst.-Kat. Bayerisches Nationalmuseum, München 1991

Forrer, Robert: Archäologisches zur Geschichte des Schuhes aller Zeiten, Schönenwerd 1942

Gall, Günter: Der Bundschuh. Versuch einer klärenden Definition, in: Hessische Museen, 4/1975

Ders.: Die Entwicklung des Absatzes in der Schuhmode, in: ZGWK, 13/1971

Ders.: Die Krönungsschuhe der Deutschen Kaiser, in: ZGWK, 15/1973

Grew, Francis / Neergaard, Margrethe de: Shoes and Pattens, in: Medieval Finds from Excavations in London 2, Museum of London 1988

Lau, Otto: Schusterhandwerk in der griechisch-römischen Literatur und Kunst, Diss., Bonn 1967

McDowell, Colin: Schuhe. Schönheit, Mode, Phantasie, München 1989

I protagonisti della moda. Salvatore Ferragamo (1898–1960). Ausst.-Kat. Palazzo Strozzi, Florenz 1985

Rossi, William A.: The Sex Life of the Foot and the Shoe, London 1977

Roux, Jean-Paul: La chaussure, Paris 1980

Sutton, George Barry, C. and Clark, J. 1833–1903. A History of Shoe Making in Street, Somerset, 1979

Swann, June: Shoes. The Costume Accessories Serie, hrsg. v. Aileen Ribeiro, London 1982

Dies.: Shoemaking, Shire Album 155, Aylesbury 1986

Vigeon, Evelyn: Clogs or Wooden Soled Shoes, in: Costume 11/1977

Weber, Paul: Schuhe. Drei Jahrtausende in Bildern, Aarau 1980

Ders.: Der Schuhmacher. Ein Beruf im Wandel der Zeit, Stuttgart 1988.

Weber, R. E. J.: Postillonstiefel, ZGWK 6/1964

z.B. Schuhe. Vom bloßen Fuß zum Stökkelschuh. Eine Kulturgeschichte der Fußbekleidung, hrsg. v. Michael Andritzky, Günter Kämpf und Vilma Link, Werkbund-Archiv 17, Gießen 1987

Zündorf, Hans Mathias: Die Symbolfunktion des Schuhs in der Rock'n'Roll-Musik, Erkelenz 1988

## *Gürtel*

Dübner-Manthey, Birgit: Die Gürtelgehänge als Träger von Kleingeräten, Amuletten und Anhängern symbolischer Bedeutung im Rahmen der frühmittelalterlichen Frauentracht. Archäologische Untersuchungen zu einem charakteristischen Bestandteil der weiblichen Tracht. Diss., Berlin 1987

Fingerlin, Ilse: Gürtel des hohen und späten Mittelalters, München 1971

Hancar, Franz: Der Gürtel als Träger urtümlicher Kultgedanken, in: Asienberichte, 7/1940

Post, Paul: Dusing, in: RdK, Bd. 4

Sommer, Markus: Die Gürtel und Gürtelbeschläge des 4. und 5. Jahrhunderts im römischen Reich, Diss., Bonner Hefte zur Vorgeschichte 22, Bonn 1984

Steuer, H.: Schlüsselpaare in frühgeschichtlichen Gräbern – Zur Deutung einer Amulett-Beigabe. Studien zur Sachsenforschung 3, Veröffentlichung der urgeschichtlichen Sammlung Landesmuseum Hannover 27/1982

Stoermer, Hans W.: Lederhosen, Gürtel, Ranzen. Leder in der bairisch-alpenländischen Tracht, Pfaffenhofen 1986

Wolf, Heike: Die Bedeutung des Gürtels in der Entwicklung der Kleidung als Anregung für neue Designvorschläge in der DOB, Diplomarbeit Hochschule für angewandte Kunst und Musik, Bremen 1984

## *Halstuch*

Baseman, Andrew: The Scarf, New York 1989

Braun-Ronsdorf, Margarete: Cachenez, in: Rdk, Bd. 3

Wagner, Gretel: Fichu, in: RdK, Bd. 7

Weiss, Hillary, The American Bandanna. Culture on Cloth from George Washington to Elvis, San Francisco 1990

## *Handschuh*

Braun-Ronsdorf, Margarete: Die Handschuhe der Elisabeth Stuart, ZGWK 5/1963

Cumming, Valerie: Gloves, The Costume Accessoires Serie, hrsg. v. Aileen Ribeiro, London 1983

Düsel, Friedrich: Der Handschuh in Dichtung und Kunst, in: Der Handschuh. Ein Vademecum für Menschen von Geschmack, Berlin 1914

Griesshammer, Birke: Handschuhmacher, ein altes Hugenottenhandwerk, Ausst.-

Kat. Erlanger Stadtmuseum, Erlangen 1982
Guenot-Lecointe, G.: Physiologie du Gant, Paris 1841
Latour, Anny: Der Handschuh, Ciba Rundschau 71/1947
Mortier, Bianca du: Zur Symbolik und Bedeutung von Hochzeitshandschuhen, in: Die Braut. Geliebt, verkauft, getauscht, geraubt. Zur Rolle der Frau im Kulturvergleich. Hrsg. von Gisela Völger und Karin von Welck, Ausst.-Buch des Rautenstrauch-Joest-Museum für Völkerkunde, Köln 1985
Schwineköper, Berent: Der Handschuh im Recht, Ämterwesen, Brauch und Volksglauben. Mit einer Einführung: Die Erforschung der mittelalterlichen Symbole, Wege und Methoden von Percy Ernst Schramm, Berlin 1938

## *Knopf*

Dihle, Helene: Brandenbourg(s), in: RdK, Bd.2
Herzog, Marianne: Knopfsammlung als kultureller Fundus. Pädagogisch-didaktische Gedanken zu einer Verschluß- und Zierform der Kleidung, in: Textilarbeit + Unterricht, 4/1990
Hostert, Walter: Lüdenscheid und die Knöpfe. Eine kleine Kulturgeschichte des Knopfes, Lüdenscheid 1976
Luscomb, Sally C.: The Collcetor's Encyclopedia of Buttons, New York $^{2}$1968
Nevinson, John: Buttons and Buttonholes in the 14th Century, in: Costume, 11/1977
Whittemore, Joyce: 1000 Knöpfe. Alles über ein schönes Accessoire und seine Verwendung, Köln 1992
Wilzbach, Annette / Wilzbach-Wald, Martina: Knopf Design, Frankfurt am Main 1990

## *Kopfbedeckung*

Akkent, Meral / Franger, Gaby: Das Kopftuch. Ein Stückchen Stoff in Geschichte und Gegenwart, Frankfurt a. M. 1987
Biebuyck, Daniel P./Abbeele, Nelly van den: The Power of Headdresses. A Cross-Cultural Study of Forms and Functions, Brüssel 1984
Campione, Adele, Il Cappello da Donna, Mailand 1989
Chapeaux 1750–1960. Ausst.-Kat. des Musée de la Mode et du Costume, Palais Galliera, Paris 1980
Chapeaux d'hier et d'aujourd'hui. Zwei Jahrhunderte Pariser Hut, Neue Schweizer Damen- und Herrenhüte, Ausst.-Kat. Kunstgewerbemuseum Zürich, Zürich 1950
Clark, Fiona: Hats, The Costume Accessoires Serie, hrsg. v. Aileen Ribeiro, London 1982
Daché, Lilly: Talking Through My Hats, 1946
Eelking, Hermann-Marten von: Das Bildnis des eleganten Mannes. Ein Zylinderbrevier von Werther bis Kennedy, Berlin 1962
Ginsburg, Madeleine: The Hat. Trends and Traditions, London 1990
Gropp, H.: Der »Schleier« in der Religionsgeschichte bis zur Gegenwart, Schriftliche Arbeit zur Lehramtsprüfung, Oldenburg 1982
(K)ein alter Hut, Schriften des Rheinischen Museumsamtes 36, Köln 1986
Krogerus, Gunvor: Bezeichnungen für Frauenkopfbedeckungen und Kopfschmuck im Mittelniederdeutschen, in: Commentationes Humanarum Litterarum 72, Helsinki 1982
Kopfbedeckungen aus Europa, Ausst.-Kat. Museum für Völkerkunde und Schweizerisches Museum für Volkskunde, Basel 1964
Liebreich, Aenne: Der Kruseler im 15. Jahrhundert, in ZWK, NF. 1/1923–25
List-Hüte zwischen 1914 und 1970, Ausst.-Kat. Hochschule für angewandte Kunst, Wien 1983
Nienholdt, Eva: Haubenformen der Spätgotik und Frührenaissance in den norddeutschen Hansestädten, in: ZWK NF. 4/1932
Peacock, Primrose: Decorative Hatpins, in: Costume, 19/1975
Petitpierre, A.G., in: Der Hut, Ciba Rundschau, 31/1938
Probert, Christina: Hats in Vogue, Since 1910, New York 1981
Rady, Ottilie: Der Kruseler, in: ZWK, NF.

1/1923–25
Relang, Regi / Riederer, Marietta: Faszination Hüte. Von 1934 bis 1984, Königsbach-Stein 1985
Scarce, Jennifer M.: The Development of Women's Veils in Persia and Afghanistan, in: Costume 9/1975
Schier, Bruno: Die mittelalterlichen Anfänge der weiblichen Kopftrachten im Spiegel des mittelhochdeutschen Schrifttums, in: Beiträge zur sprachlichen Volksüberlieferung, Berlin 1953
Simon, Hertha / Knötel, Herbert: Dreispitz, in: RdK, Bd. 4
Tragen Sie Hut? An- und Einsichten über Hüte und andere Kopfbedeckungen, Ausst.-Kat. hrsg. v. Bärbel Kerkhoff-Hader, Universität Köln 1991
Verspohl, Franz: Joseph Beuys, Da ist zunächst einmal dieser Hut, in: Kritischer Bericht 2/1986
Von Kopf bis Hut. Kopfbedeckungen aus der Textilsammlung des Münchner Stadtmuseum vom 18. Jahrhundert bis 1984, Zus.-gest. von Andreas Ley, München 1984
Wilcox, Ruth Turner: The Mode in Heads and Headdress, New York $^{2}$1959
Zander-Seidel, Jutta: Das erbar gepent. Zur ständischen Kleidung in Nürnberg im 15. und 16. Jahrhundert, ZGWK 27/1985

## *Krawatte*

Colle, Doriece: Collars, Stocks, Cravats. A History and Costume Dating Guide to Civilian Men's Neckpieces 1655–1900, London 1974
Eelking, Hermann- Marten von: Bilanz der Eitelkeit. Die Geschichte der Krawatte, Göttingen 1976
Gibbings, Sarah: The Tie, Trends and Traditions, London 1990
Greef, John de: Krawatten & Accessoires, Bonn 1989
Kleinert, Annemarie: Balzac – erst Journalist, dann Schriftsteller. Die Jugendjahre von 1819–1822., in: Publizistik, Vierteljahresheft für Kommunikationsforschung, Heft 2, 32. Jg. 1987 und Balzac et la presse de son temps: Ses œuvres et son activité vues par le *Journal des Dames et des Modes*, in: L'Année Balzacienne, 1988.
Mosconi, Davide / Villarosa, Riccardo: Fliegen und Krawatten. Die verbindliche Kunst des feinen Knotens, Köln 1985
Thalheim, Yvonne / Nadolny, Harald: Krawatten. Fliegen, Schals und Tücher gekonnt binden, Niedernhausen 1990
Thull, Stefan: Krawatten. Das Handbuch, Berlin 1990
Ders. (Hrsg).: »Die Kunst des Krawattenbindens« Faksimile, Bonn 1989
Varron, A.: Die Krawatte, Ciba-Rundschau 35/1939

## *Krawattennadel*

Grasser, Walter: Historische Krawattennadeln. Die Kunst, eine Krawatte zu schmücken. Sammlerjournal 7/1989

## *Kunstblume*

Raht, Tione: Die Geschichte der Seidenblume, Hannover 1981

## *Manschettenknopf*

Jonas, Susan und Nissenson, Marilyn: Cuff Links, New York 1991

## *Modeschmuck*

Becker, Vivienne: Modeschmuck im Wandel der Zeit. Straß, Phantasieschmuck und Imitationen, München 1991
Glanzstücke. Modeschmuck vom Jugendstil bis zur Gegenwart, München 1991
Greindl, Gabriele: Straß. Modeschmuck aus zwei Jahrhunderten. Mit einer Einführung von Dominica Volkert, München, 1990
Auf's Ohr geschaut. Ohrringe aus Stadt und Land vom Klassizismus bis zur neuen Jugendkultur. Ausst.-Kat. des Museums für Deutsche Volkskunde, Berlin 1990
Shields, Jody / Vadukul, Max: All that Glitters. The Glory of Costume Jewelry, New York 1987
Theodor Fahrner, Schmuck zwischen Avantgarde und Tradition, Jugendstil, Art Déco, Fünfziger Jahre, Ausst.-Kat. Schmuckmuseum Pforzheim, Pforzheim 1992

## Muff

Ewing, Elizabeth: Fur in Dress, London 1981

## Schal

Ames, Frank: The Kashmir Shawl and its Indo-French Influence, Woodbridge 1986

Hampel, Lucie: Vom persischen und vom türkischen Schal zum »Wiener Schal«, Lenzinger Berichte 23, Lenzing 1967

Irwing, John: The Kashmir Shawl, London 1973

König, Otto: Die Ritualisierung des Auges in der Ornamentik, in: Kultur- und Verhaltensforschung. Einführung in die Kulturethologie, München 1970

Lévi-Strauss, Monique: Cashmere. Tradition einer Textilkunst, Frankfurt a. M. 1987

La Mode du châle cachemire en France, Ausst.-Kat. Musée de la Mode et du Costume, Palais Galliera, Paris 1982

Rock, Cyril Howard: Paisley Shawls. Paisley Museums and Art Galleries, Paisley 1966

Rossbach, Ed: The Art of Paisley, New York 1980

Schneider, Jenny: Kaschmir-Schals, in: ZGWK, 28/1986

Steffens, Ursula: Das textile Ornament am Beispiel von Tüchern, in: Textilarbeit + Unterricht, 4/1990

Völker, Angela: Die Produktion von »Wiener Schals« in der ersten Hälfte des 19. Jahrhunderts, in: Documenta Textilia 7, München 1981

## Schirm

Les Accessoires du Temps, Ombrelles, Parapluies, Auss.-Buch Musée de la Mode et du Costume, Palais Galliera, Paris 1989

Crawford, T. S.: A History of Umbrella, Newton Abbot 1970

Cumming, C. F. Gordon: Pagodas, Aurioles and Umbrellas, in: The English Illustrated Magazine, 1887–88

Farrell, Jeremy: Umbrellas & Parasols. The Costume Accessories Serie, hrsg. v. Aileen Ribeiro, London 1985

Schirm, Objekte aus Handwerk, Mode und Kunst, Ausst.-Kat. des Landschaftsverbandes Rheinland, Schriften des Rheinischen Museumsamtes 55, Köln 1992

Schramm, Percy Ernst: Der Schirm. Herrschafts-, Würde- und Rangzeichen in drei Erdteilen, in: Festschrift für Hermann Heimpel zum 70. Geburtstag am 19. September 1971. 3. Bd. Herausgegeben von den Mitarbeitern des Max-Planck-Instituts für Geschichte, Göttingen 1972

Varron, A.: Der Schirm, Ciba-Rundschau 52/1941

## Sonnenbrille

Jockel, Nils: Vor Augen. Formen, Geschichte und Wirkungen der Brille. Eine Dokumentation der Firma Ruhnke Optik anläßlich ihres 90jährigen Bestehens, Hamburg 1986

## Spazierstock

Boehn, Max von: Das Beiwerk der Mode, München 1928

Dike, C.: Les canes à système, Paris 1982

Klever, Ulrich: Spazierstöcke. Zierde, Werkzeug und Symbol, München 1984

## Stola

Braun-Ronsdorf, Margarete: Eine Pelisse des 18. Jahrhunderts, in: ZGWK 12/1970

Pauly, August: Real-Encyclopädie der klassischen Altertumswissenschaft (s. Allgemein), Stichwort: Stola

## Strumpf und Strumpfband

Beinnahe. Strümpfe, Schuhe, Unterhosen aus vier Jahrhunderten, Ausst.-Kat. Münchner Stadtmuseum 1990

Braun-Ronsdorf, Margarete: Canons, in: RdK, Bd. 3

Farrell, Jeremy: Socks & Stockings. The Costume Accessories Serie, hrsg. v. Aileen Ribeiro, London 1992

Latour, Anny: Der Strumpf. Strumpf und Mode, in: Ciba-Rundschau 115/1954

Meyer-Schneidewind, Mechthild / Sauer-

bier, Ilona: Strümpfe. Mode, Markt und Marketing, Frankfurt am Main 1992
Weber, Aimé: Der Strumpfwirkstuhl, in: Der Strumpf, Ciba-Rundschau 115/1954

## *Tasche*

Baatz, Dietwulf: Lederne Gürteltaschen römischer Soldaten? in: Archäologisches Korrespondenzblatt, 13/1983
Braun-Ronsdorf, Margarete: Die Tasche, in: Ciba Rundschau 129/1956
Foster, Vanda: Bags and Purses, The Costume Accessories Serie, hrsg. v. Aileen Ribeiro, Ribeiro, London 1982
Gall, Günter: Das Portemonnaie, Sonderdruck aus: Die BASF, 20/1970
Gottlieb, Robert / Maresca, Frank: A Certain Style. The Art of the Plastic Handbag, 1949–1959, New York 1988
Deutsches Ledermuseum, Katalog Heft 1, Offenbach 1974

## *Taschentuch*

Bachem, Bele: Magisches Taschentuch, München 1959
Braun-Ronsdorf, Margarete: The History of Handkerchief, Leighon-Sea 1967
Dies.: Das Taschentuch, Ciba-Rundschau 94/1950
Hampel, Lucie: Textile Denkmäler. Geschichtliche Ereignisse als Motive zum Bedrucken von Textilien. Teil I–III, in: Lenzinger Berichte 1972
Schoeser, Mary: Printed Handkerchiefs. Begleitbuch zur Auss. »This Gorgeous Mouchoir«, hrsg. v. Valerie Cumming und Kay Staniland, London Museum, London 1988

# Register

Geradestehende Ziffern verweisen auf die Seitenzahlen des Textes, *kursive* auf die Seitenzahlen der Bildunterschriften.

# Bildnachweis

Bei Kunstwerken und Accessoires sind die Aufbewahrungsorte (abgekürzt ABO), wo bekannt, in Klammern vermerkt.

*Abb. 1:* © Gilbert Mangin (Musée des Beaux-Arts, Nancy) – *Abb. 2, 3, 13, 63, 149:* aus Max von Boehn, Das Beiwerk der Mode, Bruckmann Verlag, München 1928 – *Abb. 4, 90, 145:* © The National Portrait Gallery, London (auch ABO) – *Abb. 5:* aus Susan Mayor, Fächer, Callwey Verlag, München 1981, mit freundlicher Genehmigung von Christie's, South Kensington/London – *Abb. 6, 15, 20, 21, 24, 25, 33 (Foto: Marianne Stöckelmann, München), 170, Tafel 13 Mitte links (Foto: Archiv der Bayerischen Versicherungskammer, München), Tafel 13 Mitte rechts, Tafel 16 Mitte:* Bayerisches Nationalmuseum, München (auch ABO) – *Abb. 7, 150, 171 links:* © Photothèque des Musées de la Ville de Paris (Musée Carnavalet, Paris) – *Abb. 8:* Color Utrecht BV (Centraal Museum, Utrecht) – *Abb. 9, 10, 35 (Foto: Bernd Heisig, München), 36 (Foto: Bernd Heisig, München), 40, 41, 48, 49, 52 (Foto: E. Neumann, München), 55, 57, 92, 93, 96, 97, 98, 99, 100, 101, 105 (auch ABO/Foto), 106 (auch ABO/Foto), 107, 109, 110, 111 (Archiv Lisa Widemann), 116, 118, 119, 120, 124, 125 (Foto: Bernd Heisig, München), 137 (Foto: Bernd Heisig, München), 147, 155, 160 (Foto: Bernd Heisig, München), 162, 163, 167, 168, 174, 177, 181, 182, 189 (Foto: Bernd Heisig, München), Tafel 12 links (Foto: © Andreas Them, München), Tafel 15 Mitte links (Foto: Bernd Heisig, München), Schutzumschlag/Vorderseite (Foto: Bernd Heisig, München) Schutzumschlag/Rückseite (Foto: © Andreas Them, München):* Archiv Loschek, Krailling/München – *Abb. 11, 178:* Rheinländer, Hamburg (Museum für Kunst und Gewerbe, Hamburg) – *Abb. 12:* © Karl Lagerfeld, Paris (Pressefoto) – *Abb. 14:* Salvador Dalí © VG Bild-Kunst, Bonn 1993, Reproduced by kind permission of the Trustees of the Edward James Foundation, West Dean Estate, West Dean, Chichester, England (auch ABO). – *Abb. 16:* Irving Solero, Courtesy of the Design Lab, Fashion Institute of Technology, New York (auch ABO) – *Abb. 17, 18, 23, 179, 184, 191:* Deutsches Ledermuseum, Offenbach (auch ABO) – *Abb. 19, 196:* Museum of London (auch ABO) – *Abb. 22, 64:* Staatliche Kunstsammlungen Dresden, Rüstkammer (auch ABO) – *Abb. 26, 29:* Photo Massin, Paris – *Abb. 27:* aus Sue Brandon, Buttonhooks and Shoehorns, Shire Publ., U.K. 1984 – *Abb. 28, 67:* Ajuntament de Barcelona (Museu Tèxtil i d'Idumentaria, Barcelona) – *Abb. 30:* Eduard Meier, München – *Abb. 31:* Shoe Museum Northampton (auch ABO) – *Abb. 32, 151, 185, Tafel 13 unten rechts, Tafel 14 Mitte links:* Historisches Museum der Stadt Wien (auch ABO) – *Abb. 34, Tafel 14 unten rechts:* Salvatore Ferragamo, Florenz (auch ABO) – *Abb. 37, 69, 71 (Foto: Julia Köbel), 171 rechts, Tafel 14 unten links:* Münchner Stadtmuseum (auch ABO) – *Abb. 38, 46, 187:* Landesmuseum Joanneum, Graz, Abteilung für Kunstgewerbe (auch ABO) – *Abb. 39, 156:* Vogue, März 1965 (Archiv Loschek, Krailling/München) – *Abb. 42, 45:* aus Ilse Fingerlin, Gürtel des hohen und späten Mittelalters, Deutscher Kunstverlag, München–Berlin 1971 – *Abb. 43:* Fonds Albertina aus dem Bildarchiv der Österreichischen Nationalbibliothek, Wien (Graphische Sammlung Albertina, Wien) – *Abb. 44:* Mauritshuis, Den Haag, copyrights are vested in the Foundation Johan Maurits van Nassau (auch ABO) – *Abb. 47:* Öffentliche Kunstsammlung Basel, Kupferstichkabinett (auch ABO) – *Abb. 50, 114:* L'Art et la Mode, 1952 (Archiv Loschek, Krailling/München) – *Abb. 51:* Chanel Haute Couture, Paris (Pressefoto: Guy Marineau) – *Abb. 53 (© by teutopress, Bielefeld), 103 (© by Bongarts), 104 (© by Teutopress, Bielefeld), 117, 172:* Bilderdienst Süddeutscher Verlag, München – *Abb. 54:* Stadtbibliothek Nürnberg (auch ABO) – *Abb. 58:* © Topham Picture Source, Kent – *Abb. 59, 186 (Foto: Frederic Dumas):* Hermès, Paris, droits reservés – *Abb. 60:* aus Ciba-Rundschau, 23/1938 – *Abb. 61:* aus Ciba-Rundschau, 71/1947 (British Museum, London) – *Abb. 62, 166:* © The Board of Trustees of the Victoria & Albert Museum, London (auch ABO) – *Abb. 65, 94, Tafel 7:* © Photothèque des Musées de la Ville de Paris by Spadem 1993 (Musée Carnavalet, Paris) – *Abb. 66, 68:* Roeckl, München – *Abb. 70:* Parkett, Kunstzeitschrift/Art Magazine, Zürich – *Abb. 72:* Bogner, München (ABO/Foto: Archiv Loschek, Krailling/München) – *Abb. 73:* © Paul Keers, London – *Abb. 74 (Foto: Peter Schauwienold), Abb. 75–79 (Foto: Liz Rehm):* aus Annette Wilzbach/Martina Wilzbach-Wald, Knopf Design, Frankfurt am Main 1990, mit freundlicher Genehmigung der Verlagsgruppe Deutscher Fachverlag, Frankfurt am Main – *Abb. 80:* Union Knopf, Bielefeld – *Abb. 81, 95:* aus Ruth Turner Wilcox, The Mode in Heads and Headdress, New York $^{2}$1959 – *Abb. 82:* aus Millia Davenport, The Book of Costume, Bd. 1, New York 1962 (British Museum, London) – *Abb. 83, 84:* aus Heilsspiegel (BTB 267), Die bibliophilen Taschenbücher, Dortmund 1981, mit freundlicher Genehmigung von Harenberg Kommunikation, Dortmund – *Abb. 85:* aus Der Große Brockhaus Atlas, Wiesbaden 1960 (Bibliothèque Nationale, Paris) – *Abb. 86:* Scala, Florenz

(Palazzo Borromeo, Mailand) – *Abb. 87:* Landesmuseum Oldenburg (Schloß- und Heimatmuseum Jever) – *Abb. 88:* Kunsthistorisches Museum Wien (auch ABO) – *Abb. 89:* Deutsche Fotothek, Dresden – *Abb. 91:* aus Waffen- und Kostümkunde, 2/1985 (ehemals Museum Boymans-van Beuningen, Rotterdam, Sammlung F. Koenigs) – *Abb. 102:* Museum im Gotischen Haus, Bad Homburg vor der Höhe (auch ABO) – *Abb. 108:* aus Mondo Uomo, 34/1990 – *Abb. 112:* Caisse Nationale des Monuments Historiques/Cicerone Stéphane – ARVIDA, Paris (Union Française des Arts du Costume, Paris) – *Abb. 113:* aus L'Officiele, 1955 (Archiv Loschek, Krailling/München) – *Abb. 115:* © by Ronald Zimmermann, München – *Abb. 121:* © Norah Waugh, London (Victoria & Albert Museum, London) – *Abb. 122, 138:* © Elizabeth Ewing, London – *Abb. 123:* © Dorice Cock, Emmaus, P.A., USA (Museum of the City of New York) – *Abb. 126:* DSV, Stuttgart – *Abb. 127:* Österreichische Galerie, Wien (auch ABO) – *Abb. 128, 129, 130 (Foto: Bettina Böhmer, München):* Fotoarchiv Dr. Walter Grasser, München (auch ABO) – *Abb. 131:* John Parnell. New York – *Abb. 132, 133, 135 (© Dior/Henkel & Grosse, Pforzheim):* Archiv Henkel & Grosse, Pforzheim – *Abb. 134:* © The Brooklyn Museum, New York, Millicent Rogers Collection (auch ABO) – *Abb. 136:* aus Herrenjournal, 3/1970 (Archiv Loschek, Krailling/München) – *Abb. 139, 164, Tafel 8:* © Service Photographique de la Réunion des Musées Nationaux, Paris (Musée des Antiquités, Saint-Germain-en-Laye/Paris; Musée National des Thermes et de l'Hôtel de Cluny, Paris; Musée du Louvre, Paris) – *Abb. 140:* Bayerische Staatsgemäldesammlungen, Neue Pinakothek, München (auch ABO) – *Abb. 141, 142:* aus T.S. Crawford, A History of the Umbrella, David & Charles Publ. Ltd., Newton Abbot 1970 – *Abb. 143:* aus Ciba-Rundschau, 52/1941 – *Abb. 144:* © Fratelli Alinari 1993, All rights reserved (Museo Etrusco-Gregoriano, Vatikan, Rom) – *Abb. 146:* Bibliothèque Nationale, Paris (auch ABO) – *Abb. 148, 153:* Irène Andréani, Photothèque des Musées de la Ville de Paris, © Spadem – *Abb. 152:* Chantal Fribourg, Paris – *Abb. 154:* Swatch eyes, Menrad Gruppe, München – *Abb. 157:* Joop!, Menrad Gruppe, München – *Abb. 158:* Ray-Ban, Menrad Gruppe, München – *Abb. 159, 161:* Axel Buschendorf, Berlin – *Abb. 165:* © The Textile Museum, Washington (auch ABO) – *Abb. 169:* aus Eduard Fuchs, Illustrierte Sittengeschichte. Die galante Zeit, München 1910 (Foto: Wolfgang Pulfer, München) – *Abb. 171 Mitte links, 171 Mitte rechts, 176:* Elbeo, Augsburg – *Abb. 173:* Ullstein Bilderdienst, Berlin – *Abb. 175:* Ergee, Sonthofen/Allgäu – *Abb. 180, 197:* Platt Hall, Manchester (auch ABO) – *Abb. 183:* Stadtmuseum, Köln (auch ABO) – *Abb. 188:* © Fotostudio Bartsch, Berlin (Berlin Museum) – *Abb. 190:* C&A Brenninkmeyer, Düsseldorf (ABO/ Foto: Archiv Loschek, Krailling/München) – *Abb. 192, Tafel 3:* © Foto-Commissie Rijksmuseum, Amsterdam (auch ABO) – *Abb. 193 (Foto: Lichtbildwerkstätte »Alpenland«, Wien), 194:* Kunsthistorisches Museum, Wien, Gemäldegalerie Schloß Ambras (auch ABO) – *Abb. 195:* Giraudon, Paris (Musée du Louvre, Paris) – *Abb. 198:* Rheinisches Landesmuseum, Bonn (auch ABO) – *Abb. 199:* aus M. Braun-Ronsdorf, The History of the Handkerchief, F. Lewis Publishers Ltd., Leigh-on-Sea, 1967 – *Tafel 1:* Artothek Hinrichs, Peissenberg/Joachim Blauel (Bayerische Staatsgemäldesammlungen, Alte Pinakothek, München) – *Tafel 2:* © English Heritage, London (Suffolk Collection, Ranger's House, Blackheath/London) – *Tafel 4:* Landesmuseum Bremen (auch ABO) – *Tafel 5:* La Fondation Ligne/ Cussac/Splendid Colour SPRL, Brüssel – *Tafel 9:* Staatliche Museen zu Berlin – Preußischer Kulturbesitz, Nationalgalerie (auch ABO) – *Frontispiz (S. 2):* aus Leo Schidrowitz, Sittengeschichte des Intimen, Leipzig 1926 – *Tafel 10:* aus Friedrich Wendel, Die Mode in der Karikatur, Dresden 1928 – *Tafel 11:* aus le tailleur flou, 1946 (Archiv Loschek, Krailling/München) – *Tafel 12 rechts:* mit freundlicher Genehmigung von Jean-Paul Gaultier, Paris – *Tafel 13 oben:* Museo Civico di Torino/Ricardo Gonella (auch ABO) – *Tafel 13 Mitte:* Verlag Christian Brandstätter, Wien (Privatbesitz) – *Tafel 13 unten links:* Badisches Landesmuseum, Karlsruhe (auch ABO) – *Tafel 14 oben rechts:* Bally Schuhmuseum, Schönenwerd/Schweiz (auch ABO) – *Tafel 14 Mitte rechts:* aus Salamander Schuhkalender 1984, Kornwestheim/Lehnert und Landrock, Kairo (Museum, Kairo) – *Tafel 15 oben rechts:* adidas, Herzogenaurach – *Tafel 15 Mitte rechts, Tafel 15 unten links:* © 1992 by Jim Arndt – *Tafel 15 unten rechts:* Dr. Martens, Dr. Ing. Funck, München – *Tafel 16 oben links:* Leonard, Paris – *Tafel 16 oben Mitte, Tafel 16 Mitte rechts (Schleife), Tafel 16 Mitte links (Schleife):* Martin Mascherl Manufaktur, Wien – *Tafel 16 oben rechts, Tafel 16 unten links, Tafel 16 unten rechts:* Sepp Halbritter (Gino Pilati), Fuchsstadt – *Tafel 16 Mitte rechts (Metallkrawatte):* Artmade – *Tafel 16 Mitte links (Krawattenklemme), Tafel 16 unten Mitte (Krawattenklemme):* Palm, Schmuck und Design, Harreshausen – *Tafel 17:* Sally Hawkins Gallery, New York (auch ABO) – *Tafel 18:* © 1977 by The Metropolitan Museum of Art, New York – *Tafel 19 links:* Wolford, Bregenz – *Tafel 19 rechts oben, Tafel 19 rechts Mitte, Tafel 19 rechts unten:* Kunert, Immenstadt/Allgäu